El poder
de los hábitos

books4pocket

Charles Duhigg

El poder
de los hábitos

**Por qué hacemos lo que hacemos
en la vida y en la empresa**

EDICIONES URANO

Argentina - Chile - Colombia - España
Estados Unidos - México - Perú - Uruguay - Venezuela

Título original: *The Power of Habit – Why We Do What We Do and How to Change It*

Editor original: Random House, an imprint of The Random House Publishing Group, a division of Random House, Inc, New York

Traducción: Alicia Sánchez Millet

Esta es una obra de no-ficción. Sin embargo, algunos nombres, características personales de los personajes o situaciones se han cambiado para ocultar sus identidades. Cualquier parecido con personas vivas o fallecidas es pura coincidencia y no intencionado.

1ª edición en **books4pocket** marzo 2015

Impreso por Novoprint, S.A.
Energía 53
Sant Andreu de la Barca (Barcelona)

Fotocomposición: Moelmo, S.C.P.

ISBN: 978-84-15870-54-8
Depósito legal: B-2033-2015

Código Bic: VS
Código Bisac: SEL031000

Impreso en España – *Printed in Spain*

A Oliver, John Hurry,
John y Doris,
y eternamente, a Liz.

Índice

Parte III
Los hábitos de las sociedades

Apéndice

Prólogo

Quitar el hábito

Era la participante favorita en las investigaciones de los científicos.

Lisa Allen, según su historial, tenía 34 años, había empezado a fumar y a beber a los 16, y había luchado contra la obesidad durante la mayor parte de su vida. Llegó un momento, cuando tenía unos 25 años, en que las agencias de morosos la acechaban para cobrar los más de 10.000 dólares que debía. Un currículum antiguo reflejaba que su trabajo de mayor duración no llegaba al año.

No obstante, la mujer que hoy se presentaba ante los investigadores era delgada y radiante, con un tono muscular en las piernas propio de una corredora. Parecía diez años más joven que en las fotos de su ficha, y capaz de hacer más ejercicio que todos los presentes en la sala. Según el último informe de su historial, Lisa no tenía grandes deudas, no bebía, y llevaba 3 años y 3 meses trabajando en una firma de diseño gráfico.

—¿Cuándo fumó por última vez? —le preguntó uno de los médicos. Era la primera de las preguntas habituales que Lisa respondía cada vez que acudía a este laboratorio a las afueras de Bethesda, Maryland.

—Hace casi cuatro años —respondió—; desde entonces he adelgazado veintisiete kilos y he corrido un maratón.

También había empezado a estudiar un máster y había comprado una casa. Había sido un periodo lleno de acontecimientos.

Entre los científicos de la sala había neurólogos, psicólogos, genetistas y sociólogos. En los tres últimos años, con los recursos de los Institutos Nacionales de la Salud, habían estado supervisando estrechamente a Lisa y a más de una docena de antiguos fumadores, adictos a la comida, bebedores problemáticos, compradores compulsivos y personas con otros hábitos destructivos. Todos los participantes tenían una cosa en común: habían rehecho sus vidas en periodos relativamente cortos. Los investigadores querían comprender cómo. Para ello midieron sus signos vitales, instalaron cámaras de vídeo dentro de sus hogares para observar sus rutinas diarias, secuenciaron partes de su ADN, y con tecnologías que les permitían ver lo que sucedía en el interior de su cráneo en tiempo real, observaron la sangre y los impulsos eléctricos fluyendo a través de sus cerebros cuando estaban expuestos a tentaciones como fumar y comidas abundantes. La meta de los investigadores era averiguar cómo actúan los hábitos en el ámbito neurológico, y qué es lo que hacía falta para cambiarlos.

—Ya sé que nos ha contado esta historia una docena de veces —le dijo el doctor a Lisa—, pero algunos de mis colaboradores sólo la conocen por boca de otros. ¿Le importaría volver a explicarnos cómo dejó de fumar?

—En absoluto —respondió Lisa—. Todo empezó en El Cairo.

Esas vacaciones habían sido fruto de una decisión precipitada, les explicó. Unos pocos meses antes, un día su esposo regresó de trabajar y le dijo que iba a abandonarla porque se había enamorado de otra mujer. A Lisa le llevó un tiempo asimilar el hecho de que se iba a divorciar. Pasó por un periodo de duelo, luego por otro de espiar obsesivamente a su marido, seguir a su nueva novia por toda la ciudad, llamarla pasada la medianoche y colgar el teléfono. También hubo una noche en que Lisa se presentó borracha en la casa de la novia de su marido, aporreó la puerta y se puso a gritarle que iba a quemar el edificio.

—No fueron buenos tiempos para mí —dijo Lisa— . Siempre había querido ver las pirámides y todavía me quedaba crédito en mis tarjetas, así que...

En su primera mañana en El Cairo, la llamada a la oración de una mezquita cercana la despertó al amanecer. Su habitación estaba totalmente a oscuras. A tientas y todavía bajo los efectos del cambio de horario, se puso a buscar un cigarrillo.

Estaba tan desorientada que no se dio cuenta —hasta que olió a plástico quemado— de que estaba intentando encender un bolígrafo, en vez de un Marlboro. Se había pasado los últimos cuatro meses llorando, atiborrándose, sin dormir, sintiéndose avergonzada, impotente, deprimida y furiosa, todo a la vez. En ese momento, se vino abajo en su cama.

—Fue como si me hundiera en una ola de tristeza —les dijo—. Sentí como si todo lo que siempre había deseado se hubiera hecho pedazos. Ni siquiera era capaz de encender correctamente un cigarrillo.

Luego empecé a pensar en mi ex marido, en lo difícil que sería encontrar otro trabajo cuando regresara y cuánto iba a odiarlo, y en lo poco sana que me sentía siempre. Me levanté y pasé a llevar una jarra de agua, que se esparció por el suelo, y empecé a llorar todavía con más fuerza. Sentí desesperación, la necesidad de cambiar algo; tenía que encontrar al menos una cosa que pudiera controlar.

Se duchó y salió del hotel. Mientras iba en un taxi por las maltrechas calles de El Cairo y luego por las carreteras de tierra que conducían a la Esfinge, a las pirámides de Gizeh y al vasto e interminable desierto que las rodeaba, por un momento dejó de autocompadecerse. Pensó que necesitaba tener un objetivo en la vida. Algo que conseguir.

Así que mientras iba en el taxi llegó a la conclusión de que regresaría a Egipto a caminar por el desierto.

Sabía que era una idea loca. No estaba en forma, estaba obesa y no tenía dinero. No conocía el nombre del desierto que estaba viendo, ni si era posible hacer ese tipo de viaje. Pero nada de eso le importaba. Necesitaba tener algo en qué concentrarse. Decidió que se concedería un año para prepararse. Y para sobrevivir a semejante expedición estaba segura de que debería hacer algunos sacrificios.

Concretamente, tendría que dejar de fumar.

Cuando por fin once meses después hizo su travesía por el desierto —en un tour organizado con vehículos con aire acondicionado y media docena más de personas, por cierto—, la caravana llevaba tanta agua, comida, tiendas, mapas, GPS y sistemas de comunicación por radio que incluir un cartón de cigarrillos no habría importado mucho.

Pero eso no lo sabía cuando iba en el taxi. Y para los científicos del laboratorio, los detalles de su aventura por el desierto no tenían importancia. Porque por razones que estaban empezando a comprender, ese pequeño cambio en la percepción de Lisa ese día en El Cairo —la convicción de que *tenía* que dejar de fumar para conseguir su meta— había desencadenado una serie de cambios que acabarían afectando a todos los demás aspectos de su vida. En los seis meses siguientes, sustituyó el tabaco por correr, y eso, a su vez, le hizo cambiar sus hábitos alimentarios, laborales, de sueño, empezó a ahorrar, se programaba sus días laborables, planificaba el futuro, etcétera. Empezó corriendo media maratón, varias veces, luego un maratón, retomó sus estudios, se compró una casa e inició una relación. Al final fue invitada a participar en el estudio científico, y cuando los investigadores empezaron a examinar las imágenes de su cerebro, observaron algo destacable: un conjunto de patrones neurológicos —sus viejos hábitos— había sido reemplazado por nuevos patrones. Todavía podían ver la actividad neuronal de sus viejas conductas, pero esos impulsos habían sido desplazados por otros nuevos. Al cambiar sus hábitos también había cambiado su cerebro.

Según los científicos, no fue ni el viaje a El Cairo, ni su divorcio, ni su viaje por el desierto, lo que había provocado el cambio. Fue su propósito de empezar a cambiar uno de sus hábitos: fumar. Todas las personas que participaban en el estudio habían pasado por procesos similares. Al concentrarse en un patrón —que era conocido como «hábito principal»—, Lisa también había aprendido por sí sola a reprogramar las otras rutinas automáticas de su vida.

No son sólo las personas las que pueden realizar estos cambios individualmente. Cuando las empresas se centran en cambiar sus costumbres, organizaciones enteras pueden transformarse. Compañías como Procter & Gamble, Starbucks,

Alcoa y Target se han acogido a esta visión para influir en la forma en que trabajan sus empleados, en cómo se comunican, y —sin que sus clientes lo sepan— en el modo en que compra la gente.

—Quiero mostrarle uno de sus últimos escáneres —le dijo uno de los investigadores a Lisa al final de su examen. Le enseñó una imagen del interior de su cabeza en la pantalla de su ordenador—. Cuando usted ve comida, estas áreas —le señaló una zona cerca del centro de su cerebro— que están asociadas con los antojos y el hambre, todavía siguen activas. Su cerebro todavía genera los impulsos que le hacen comer demasiado.

»Sin embargo, en esta zona hay una nueva actividad —le dijo señalándole una región más cercana a la frente—, que es donde creemos que comienza la inhibición de la conducta y la autodisciplina. Esa actividad se ha vuelto más pronunciada en cada una de las sesiones a las que ha estado asistiendo.

Lisa era la favorita de los científicos porque sus escáneres cerebrales eran tan evidentes que resultaban muy útiles para crear un mapa del lugar donde residen los patrones conductuales —hábitos— en nuestra mente.

—Usted nos está ayudando a comprender cómo se convierte una decisión en una conducta automática —le dijo el doctor.

Todos los presentes sentían que estaban a punto de hacer un gran descubrimiento. Y así fue.

Esta mañana al levantarte de la cama, ¿qué ha sido lo primero que has hecho? ¿Te has duchado, revisado tu correo electrónico, o has ido a por un donut a la cocina? ¿Te has cepillado los dientes antes o después de secarte? ¿Te has abrochado primero el zapato izquierdo o el derecho? ¿Qué les has dicho a tus hijos cuando los acompañabas a la puerta? ¿Qué camino has tomado para ir a trabajar? Cuando has llegado a tu despacho, ¿has mirado el correo electrónico, hablado con un compañero o has escrito un memo? ¿Has comido ensalada o hamburguesa al mediodía? Al llegar a casa, ¿te has puesto las zapatillas deportivas para salir a correr o te has sentado a beber y a comer delante de la televisión?

«Toda nuestra vida, en cuanto a su forma definida, no es más que un conjunto de hábitos», escribió William James en 1892. La mayor parte de las decisiones que tomamos a diario pueden parecernos producto de una forma reflexiva de tomar decisiones, pero no es así. Son hábitos. Y aunque cada hábito no tiene mucha importancia en sí mismo, con el tiempo, las comidas que pedimos, lo que decimos a nuestros hijos cada noche, si ahorramos o gastamos, la frecuencia con la que hacemos ejercicio y el modo en que organizamos nuestros pensamientos y rutinas de trabajo tienen un profundo impacto en nuestra salud, productividad, seguridad económica y felicidad. Un estudio publicado por un investigador de la Universidad Duke, en 2006, revelaba que más del 40 por ciento de las acciones que realizaban las personas cada día no eran decisiones de ese momento, sino hábitos.

William James —al igual que muchos otros, desde Aristóteles hasta Oprah— han pasado gran parte de su tiempo intentando comprender por qué existen los hábitos. Pero hace sólo dos décadas que los neurólogos, psicólogos, sociólogos y especialistas en marketing han empezado a comprender cómo *actúan* los hábitos; y, lo más importante, cómo cambian.

Este libro está dividido en tres partes. La primera parte se centra en cómo surgen los hábitos en la vida de cada persona. Explora la neurología de la formación de los hábitos, cómo forjar nuevos hábitos y cambiar los antiguos, y los métodos, por ejemplo, que usó un publicista para transformar la oscura práctica de cepillarse los dientes en una obsesión nacional. Muestra cómo Procter & Gamble transformó un aerosol llamado Febreze en un negocio multimillonario aprovechándose de los impulsos habituales de los consumidores, cómo Alcohólicos Anónimos reforma las vidas de las personas atacando los hábitos que provocan la adicción, y cómo el entrenador Tony Dungy invirtió el destino del peor equipo de la Liga Nacional de Fútbol Americano observando las reacciones automáticas de sus jugadores a las indicaciones sutiles en el campo de juego.

En la segunda parte del libro examino los hábitos de las empresas y organizaciones de éxito. Describo cómo un ejecutivo llamado Paul O'Neill —antes de que llegara a ser secretario de Hacienda— reconvirtió una empresa de aluminio que se estaba hundiendo en una de las principales del índice Promedio Industrial Dow Jones concentrándose en un hábito esencial, y cómo Starbucks convirtió a un mal estudiante en un alto ejecutivo inculcándole hábitos diseñados para reforzar su fuerza de voluntad. Describe por qué hasta los mejores cirujanos pueden cometer errores catastróficos cuando se tuercen los hábitos de organización del hospital.

La tercera parte contempla los hábitos de las sociedades. Relata cómo alcanzó el éxito Martin Luther King, y el movimiento de los derechos civiles, en parte gracias a cambiar los arraigados hábitos sociales de Montgomery, Alabama, y por qué un objetivo similar ayudó a un joven pastor llamado Rick Warren a construir la iglesia más grande de la nación en Saddleback Valley, California. Por último, explora cuestiones éticas espinosas, como si un asesino de Gran Bretaña debería ser puesto en libertad si puede argüir de modo convincente que fueron sus hábitos los que le condujeron a asesinar.

Cada capítulo gira en torno a un tema central: los hábitos se pueden cambiar si entendemos su funcionamiento.

Este libro se basa en cientos de estudios académicos, entrevistas a más de trescientos científicos y ejecutivos, e investigaciones realizadas en docenas de empresas. (Para el índice de las fuentes, véanse las notas del libro y http://www.thepowerofhabit.com.) Se centra en los hábitos que se describen técnicamente: las decisiones que todos tomamos deliberadamente en algún momento, y que luego seguimos tomando, con frecuencia a diario, pero sin pensar en ellas. Hay un momento en que todos decidimos conscientemente cuánto comer y en qué concentrarnos al llegar a la oficina, con qué frecuencia bebemos algo o salimos a correr. Luego dejamos de elegir y actuamos de forma automática. Es una consecuencia natural de nuestra red nerviosa. Y al comprender cómo sucede, podemos reconstruir esos patrones como más nos convenga.

La primera vez que me interesé en los hábitos fue hace ocho años, cuando era reportero en Bagdad. Al observar al ejército estadounidense en acción, se me ocurrió que era uno de los mayores experimentos de la historia sobre la formación de hábitos. El entrenamiento básico consiste en enseñar concienzudamente a los soldados hábitos diseñados para disparar, pensar y comunicarse en combate. En el campo de batalla, cada orden que se da se basa en las conductas practicadas hasta el punto de automatización. Toda la organización depende de rutinas para construir bases, establecer prioridades estratégicas y decidir cómo responder a los ataques, rutinas que han sido ensayadas hasta la saciedad. En los primeros días de la guerra, cuando se estaba expandiendo la insurgencia y aumentaba el número de víctimas, los comandantes buscaban hábitos que pudieran inculcar a sus soldados y a los iraquíes que fueran capaces de crear una paz duradera.

A los dos meses de estar en Irak, oí hablar de un oficial que estaba dirigiendo un programa improvisado de modificación de los hábitos en Kufa, una pequeña ciudad a 145 kilómetros de la capital. Se trataba de un mayor de la armada que había analizado vídeos de las últimas revueltas y había identificado un patrón: antes de que se desencadenaran los actos de violencia, los iraquíes se congregaban en una plaza o en algún otro espacio abierto, esa muchedumbre en el transcurso de varias horas aumentaba de número. Los vendedores de comida y los espectadores hacían su aparición. Luego, alguien lanzaba una piedra o una botella y así empezaba todo.

Cuando el mayor se reunió con el alcalde de Kufa le hizo una extraña petición.

—¿Podría sacar a los vendedores de comida de las plazas?

—Por supuesto —respondió el alcalde.

A las pocas semanas, se reunió un pequeño grupo cerca de Masjid al-Kufa, la Gran Mezquita de Kufa. En el transcurso de la tarde fue aumentando su número. Algunas personas empezaron a entonar eslóganes de protesta. La policía iraquí al darse cuenta del peligro se comunicó por radio con la base y pidió a las tropas estadounidenses que estuvieran alerta. Al anochecer, la muchedumbre empezó a inquietarse y a tener hambre. La gente buscaba a los vendedores de kebab que normalmente estaban por toda la plaza, pero no había ninguno. Los espectadores se marcharon. Los cantores se desanimaron. A las 8 de la tarde, todo el mundo se había ido.

Cuando visité la base cercana a Kufa hablé con el mayor.

—No hemos de contemplar necesariamente la dinámica de una muchedumbre en función de sus hábitos —me dijo.

Sin embargo, durante toda su carrera había sido instruido en la psicología de la formación de los hábitos.

En el campamento de entrenamiento de reclutas había adquirido los hábitos para cargar su arma, quedarse dormido en zona de guerra, mantener la concentración en medio del caos de la batalla y tomar decisiones estando agotado y abrumado. Había asistido a clases para aprender a ahorrar dinero, hacer ejercicio todos los días y comunicarse con los compañeros de dormitorio. A medida que fue ascendiendo de rango, fue aprendiendo la importancia de los hábitos de una organización para garantizar que los subordinados puedan tomar decisiones sin tener que pedir permiso constantemente, y cómo las rutinas correctas facilitaban poder trabajar con personas a las que normalmente no soportaría. Y ahora, como constructor improvisado de una nación, estaba viendo que las muchedumbres y las culturas se regían por las mismas reglas.

—En cierto modo —dijo—, una comunidad es una gigantesca colección de hábitos que interactúan entre miles de personas, que según como estén influenciadas, puede acabar en violencia o paz.

Además de eliminar a los vendedores ambulantes de comida, había realizado docenas de experimentos diferentes en Kufa para influir en las costumbres de sus residentes. Desde su llegada no se había producido ningún otro altercado.

—Comprender los hábitos es lo más importante que he aprendido en el ejército —me dijo el mayor—. Ha cambiado toda mi forma de ver el mundo. ¿Quieres dormirte deprisa y despertarte sintiéndote bien? Presta atención a tus patrones nocturnos y a lo que haces automáticamente cuando te despiertas. ¿Quieres que te resulte fácil correr? Crea detonantes que lo conviertan en una rutina. A mis hijos les enseño todo esto. Mi esposa y yo planificamos hábitos para nuestro matrimonio. Este es nuestro único tema de conversación en las reuniones de mando. Nadie en Kufa hubiera imaginado que podríamos influir en las masas eliminando los puestos de kebab, pero cuando lo ves todo como un conjunto de costumbres, es como si alguien te diera una linterna y una palanca, ya puedes ponerte a trabajar.

El mayor era un hombre de Georgia de complexión pequeña. Siempre estaba escupiendo en una taza cáscaras de pipas de girasol o el tabaco que mascaba. Me contó que antes de entrar en el ejército, su mejor opción profesional era dedicarse a reparar líneas telefónicas o, posiblemente, convertirse en un empresario adicto a la metanfetamina, camino que habían seguido algunos de sus compañeros de estudios con menos éxito. Ahora, supervisaba a 800 soldados en una de las organizaciones bélicas más sofisticadas del planeta.

—Lo que quiero decir es que si un paleto como yo puede aprender esto, todo el mundo puede. Siempre les repito a mis soldados que no hay nada imposible si adquieres unos buenos hábitos.

En la última década, nuestra comprensión sobre la neurología de los hábitos y el modo en que actúan los patrones en nuestras vidas, sociedades y organizaciones se ha ampliado de formas que jamás hubiéramos podido imaginar hace cincuenta años. Ahora sabemos por qué surgen los hábitos, cómo cambian y cuál es su mecánica de funcionamiento. Sabemos cómo desmenuzarlos en partes y reconstruirlos según nuestras especificaciones. Sabemos por qué la gente come menos, hace más ejercicio, es más eficiente en su trabajo y tiene una vida más saludable. Transformar un hábito no siempre es fácil o rápido. No siempre es sencillo.

Pero es posible. Y ahora sabemos por qué.

Parte I

LOS HÁBITOS
DE LAS PERSONAS

1

El bucle del hábito

Cómo actúan los hábitos

I

En el otoño de 1993, un hombre al que debemos gran parte de lo que sabemos sobre los hábitos, entró en un laboratorio de San Diego para acudir a la cita que tenía programada. Era mayor, medía más de 1,80 m, impecablemente vestido con una camisa clásica de color azul. Su espeso pelo blanco habría despertado envidia en cualquier reunión de antiguos compañeros de clase cincuentones. La artritis le hacía cojear un poco mientras cruzaba los pasillos del laboratorio, agarraba la mano de su esposa; caminaba despacio, como si no estuviera seguro de lo que iba a aportarle cada nuevo paso.

Aproximadamente, un año antes, Eugene Pauly o «E. P.» como sería conocido en la literatura médica, se encontraba en su casa en Playa del Rey, preparando la cena, cuando su esposa le dijo que iba a venir su hijo Michael.

—¿Quién es Michael? —preguntó Eugene.

—Tu hijo —le dijo su esposa, Beverly—. El que hemos criado tú y yo, ¿te acuerdas?

Eugene la miró anonadado.

—¿De quién me hablas? —preguntó.

Al día siguiente, empezó a vomitar y a retorcerse con retortijones en el estómago. En 24 horas, su grado de deshidratación era tal que Beverly asustada le llevó a urgencias. Le empezó a subir la fiebre hasta llegar a 40,5 °C, mientras el sudor dejaba un halo amarillo en las sábanas del hospital. Empezó a delirar, luego se puso violento, gritó y agredió a las enfermeras cuando intentaban ponerle una inyección intravenosa en el brazo. Cuando consiguieron sedarlo, el médico pudo introducirle una larga aguja entre dos vértebras en su zona lumbar y extraerle unas gotitas de líquido cefalorraquídeo.

El médico que le realizó la prueba enseguida notó que había un problema. El líquido que envuelve el cerebro y los nervios raquídeos es una barrera protectora contra las infecciones y heridas. En las personas sanas, es de color claro y fluye con facilidad, se desliza por la aguja con sedosa rapidez. La muestra extraída de la columna vertebral de Eugene era turbia y densa, como si estuviera cargada de una arenilla microscópica. Cuando estuvieron los resultados del laboratorio, los médicos supieron cuál era su enfermedad: padecía encefalitis viral, una enfermedad relativamente común que produce aftas, herpes labiales e infecciones leves en la piel. En raras ocasiones, el virus puede abrirse camino hacia el cerebro y causar estragos, pues se adentra en los delicados pliegues del tejido donde residen nuestros pensamientos y sueños —y según algunos, el alma— y los destruye.

Los médicos le dijeron a Beverly que no podían hacer nada para contrarrestar el deterioro que se había producido, pero que una gran dosis de fármacos antivirales podía evitar que se expandiera. Eugene entró en coma y estuvo diez días debatiéndose entre la vida y la muerte. Gradualmente, la medicación empezó a hacer su efecto, la fiebre fue bajando y el virus desapareció. Cuando por fin despertó, estaba débil y desorientado y no podía tragar correctamente. Era incapaz de formar frases, y a veces jadeaba, como si se hubiera olvidado momentáneamente de respirar. Pero estaba vivo.

Al final, Eugene se recuperó lo suficiente como para soportar toda una serie de pruebas. Los médicos se sorprendieron cuando descubrieron que su cuerpo —incluido su sistema nervioso— estaba mayormente ileso. Podía mover las extremidades y respondía al ruido y a la luz. Los escáneres de la cabeza, sin embargo, revelaban ominosas sombras cerca del centro del cerebro. El virus había destruido un óvalo de tejido cercano al punto donde se unen el cráneo y la columna vertebral.

«Puede que no vuelva a ser la persona que usted recuerda —le advirtió uno de los médicos a Beverly—. Ha de estar preparada por si su esposo ya no está.»

Trasladaron a Eugene a otra zona del hospital. A la semana, ya podía tragar con facilidad. Al cabo de otra semana, empezó a hablar normalmente, a pedir su postre de gelatina favorito y la sal, a hacer *zapping* y a quejarse de lo aburridos que eran los culebrones. Cuando transcurridas cinco semanas le dieron el alta para acudir a un centro de rehabilitación, Eugene ya caminaba por los pasillos y daba consejos a las enfermeras para sus planes de fin de semana sin que éstas se los pidieran.

—Creo que nunca había visto una recuperación como ésta —le dijo un doctor a Beverly—. No quiero crearle falsas esperanzas, pero esto es increíble.

A pesar de todo, Beverly estaba preocupada. En el centro de rehabilitación quedó claro que la enfermedad había cambiado a su esposo de manera inquietante. Por ejemplo, no podía recordar qué día de la semana era, ni los nombres de los médicos y enfermeras, por más veces que se presentaran.

—¿Por que siguen haciéndome todas esas preguntas? —le preguntó un día a Beverly cuando el médico salió de la habitación.

Cuando regresó a casa, las cosas empeoraron. No recordaba a sus amigos. Tenía problemas para seguir las conversaciones. Algunas mañanas se levantaba de la cama, iba a la cocina y se preparaba huevos con beicon, luego regresaba a la cama y encendía la radio. Pasados cuarenta minutos, volvía a hacer lo mismo: se levantaba, preparaba huevos con beicon, regresaba a la cama y encendía la radio. Y luego, otra vez.

Beverly alarmada, se puso en contacto con otros especialistas, incluido un investigador de la Universidad de California, San Diego, especializado en pérdida de la memoria. Así es como, en un día soleado, Beverly y Eugene se encontraron en un insulso edificio del campus universitario, agarrados de la mano y caminando lentamente por uno de sus pasillos. Los condujeron a un pequeño consultorio. Eugene empezó a hablar con una joven que estaba utilizando un ordenador.

—Como electrónico que he sido durante años me maravillo al ver todo esto —le dijo señalando la máquina con la que estaba escribiendo la joven—. Cuando yo era joven, ese aparato habría ocupado un par de estanterías de casi dos metros y llenado toda esta habitación.

La mujer siguió tecleando. Eugene esbozó una sonrisita.

—Es increíble —dijo—. Todos esos circuitos impresos y diodos y triodos. Cuando yo era electrónico, hubieran hecho falta un par de estanterías de dos metros para albergar esa cosa.

Entró un científico en la habitación y se presentó. Le preguntó la edad.

—Oh, veamos, ¿cincuenta y nueve o sesenta? —respondió Eugene. Tenía setenta y un años. El científico empezó a escribir en el ordenador. Eugene sonrió y lo señaló.

—Es algo extraordinario —dijo—. ¡Cuando yo era electrónico, hubieran hecho falta un par de estanterías de dos metros para albergar esa cosa!

El científico, Larry Squire, de 52 años, había dedicado tres décadas a estudiar la neuroanatomía de la memoria. Su especialidad era investigar de qué forma almacena el cerebro los acontecimientos. Sin embargo, su trabajo con Eugene pronto le conduciría a un nuevo mundo, no sólo a él, sino también a cientos de investigadores que han cambiado nuestra comprensión sobre cómo actúan los hábitos. Los estudios de Squire muestran que incluso una persona que no puede recordar su propia edad, o casi nada, puede desarrollar hábitos que parecen inconcebiblemente complejos, hasta que nos damos cuenta de que casi todo el mundo confía en procesos neurológicos similares todos los días. Sus investigaciones y las de otros científicos ayudarían a revelar los mecanismos subconscientes que influyen en infinidad de decisiones que parecen ser fruto de un pensamiento bien razonado, pero que en realidad están bajo la influencia de impulsos que la mayoría de nosotros apenas reconocemos o comprendemos.

Cuando Squire conoció a Eugene, había estado estudiando las imágenes de su cerebro durante semanas. Los escáneres indicaban que casi todo el daño que se había producido dentro del cráneo se limitaba a una zona de cinco centímetros cercana al centro de su cabeza. El virus había destruido casi por completo su lóbulo temporal medio, una fina estructura celular que los científicos consideran responsable de todo tipo de tareas cognitivas como recordar el pasado y regular algunas emociones. La magnitud del deterioro no sorprendió a Squire —la encefalitis viral consume tejido con una precisión implacable y casi quirúrgica—. Lo que le sorprendió fue lo familiares que le resultaban las imágenes.

Treinta años antes, cuando Squire estaba haciendo su doctorado en el MIT, trabajó con un grupo que estudiaba a un hombre llamado «H. M.», uno de los pacientes más famosos de las historias médicas. Cuando H. M. —su nombre real era Henry Molaison, pero los científicos ocultaron su identidad durante toda su vida— tenía siete años, le atropelló una bicicleta y al caer se dio un fuerte golpe en la cabeza. Al poco tiempo, empezó a tener ataques y a perder el conocimiento. A los 16 años tuvo su primera convulsión tónico-clónica generalizada, la que afecta a todo el cerebro; pronto empezó a perder la conciencia hasta diez veces al día.

A los 27 años, H. M. estaba desesperado. La medicación no le hacía nada. Era inteligente, pero no podía conservar ningún trabajo. Todavía vivía con sus padres. H. M. quería vivir una vida normal. Así que buscó la ayuda de un médico cuyo afán de experimentar superaba al temor a una denuncia por negligencia profesional. Los estudios parecían indicar que un área del cerebro denominada hipocampo podía estar implicada en el origen de los ataques. Cuando el médico le propuso abrirle la cabeza y levantar la parte frontal de su cerebro, y, con una cañita succionar el hipocampo y parte del tejido que lo rodea, H. M. dio su consentimiento.

La cirugía tuvo lugar en 1953, y a medida que se iba curando, sus ataques fueron disminuyendo. No obstante, casi de inmediato quedó patente que su cerebro había sido radicalmente alterado. H. M. sabía su nombre y que su madre era de Irlanda. Recordaba el hundimiento de la Bolsa de 1929 y noticias sobre la invasión de Normandía. Pero casi todo lo que sucedió después —todos los recuerdos, experiencias y vicisitudes de casi una década antes de la operación— habían sido borrados. Cuando el médico empezó a probar la memoria de H. M. mostrándoles naipes y listas de números, descubrió que H. M. no podía retener ninguna información nueva durante más de 20 segundos aproximadamente.

Desde el día de su operación hasta su muerte en 2008, todas las personas que conocía, cada canción que escuchaba, cada habitación en la que entraba, eran una experiencia completamente nueva. Su cerebro se había quedado congelado en el tiempo. Cada día le desconcertaba el hecho de que alguien pudiera cambiar de canal en la televisión apuntando con un rectángulo de plástico negro a la pantalla. Se presentaba a sus médicos y enfermeras una y otra vez, docenas de veces al día.

—Me gustaba saber cosas de H. M. porque la memoria parecía una forma muy tangible y fascinante de estudiar el cerebro —me dijo Squire—. Me eduqué en Ohio, y recuerdo que cuando estaba en primero, mi profesor nos daba lápices de colores a todos, yo empezaba a mezclar todos los colores para ver si conseguía hacer el negro. ¿Por qué conservo ese recuerdo y no recuerdo cómo era mi profesor? ¿Por qué decide mi cerebro que un recuerdo es más importante que otro?

Cuando Squire recibió las imágenes del cerebro de Eugene, se maravilló al comprobar lo parecidas que eran a las de H. M.

En ambas cabezas había zonas vacías del tamaño de una nuez. La memoria de Eugene —igual que la de H. M.— había sido borrada.

No obstante, cuando Squire empezó a examinar a Eugene, comprobó que su paciente era diferente en algunos aspectos importantes. Mientras que a los cinco minutos de conocer a Eugene todo el mundo se daba cuenta de que había algo que no funcionaba, Eugene podía mantener conversaciones y realizar tareas que a un observador ocasional no le harían sospechar que algo no funcionaba. Los efectos de la operación de H. M. fueron tan devastadores que tuvo que ser recluido durante el resto de su vida. Eugene, en cambio, vivía en su casa con su esposa. H. M. no podía mantener conversaciones. Eugene, en cambio, tenía el sorprendente don de reconducir casi cualquier conversación hacia un tema del que pudiera hablar largo y tendido, como de los satélites —había trabajado para una empresa aeroespacial— o del tiempo.

Squire empezó su examen médico preguntándole cosas sobre su juventud. Eugene le habló de la ciudad del centro de California en la que se había criado, de su época en la marina mercante, de un viaje que había hecho a Australia de joven. Podía recordar casi todos los eventos de su vida anteriores a 1960. Cuando el investigador le preguntó sobre décadas posteriores, Eugene cambió educadamente de tema y dijo que tenía problemas para recordar algunos acontecimientos recientes.

Squire le hizo algunas pruebas de memoria y se dio cuenta de que el intelecto de Eugene todavía estaba en forma para un hombre que no podía recordar las últimas tres décadas. Lo que es más, Eugene todavía conservaba todos los hábitos que había creado en su juventud, de modo que cuando Squire le daba un vaso de agua o le felicitaba por alguna respuesta detallada, éste le daba las gracias y le devolvía el cumplido. Siempre que entraba alguien en la habitación, Eugene se presentaba y le preguntaba cómo le iba.

Pero cuando Squire le pidió que memorizara una serie de números o que describiera el pasillo que había fuera del laboratorio, el doctor se dio cuenta de que el paciente no podía retener información nueva durante más de un minuto aproximadamente. Cuando alguien le enseñaba fotos de sus nietos, no tenía ni idea de quiénes eran. Cuando Squire le preguntó si recordaba que se había puesto enfermo, éste respondió que no tenía ningún recuerdo de su enfermedad ni de su estancia en el hospital. De hecho, Eugene rara vez recordaba que padecía amnesia. Su imagen mental de sí mismo no incluía la pérdida de memoria, y como no podía recordar su lesión, no podía concebir que le pasara algo.

Los meses siguientes a su primer encuentro con Eugene, Squire llevó a cabo experimentos para poner a prueba los límites de su memoria. Por aquel entonces, Eugene y Beverly se habían marchado de Playa del Rey para ir a San Diego, cerca de donde vivía su hija, y Squire solía ir a visitarlos a su casa. Un día, Squire le pidió a Eugene que hiciera un bosquejo de su casa. No fue capaz de dibujar un plano rudimentario para indicar dónde estaba la cocina o el dormitorio.

—Cuando se levanta por la mañana, ¿cómo sale de la habitación? —le preguntó Squire.

—Bueno —respondió él—. No estoy muy seguro.

Squire tomó notas en su ordenador portátil, y mientras éste escribía, Eugene se distrajo. Miró por la habitación y luego se levantó, caminó hacia el pasillo y abrió la puerta del cuarto de baño. A los pocos minutos se oyó la descarga de la cisterna y el agua del grifo, y Eugene, secándose las manos en los pantalones, regresó a la sala de estar y se sentó de nuevo en su silla cerca de Squire. Esperó pacientemente a que le formulara la siguiente pregunta.

En aquel momento, nadie se preguntó cómo un hombre que no podía dibujar un mapa de su casa era capaz de encontrar el cuarto de baño sin dudarlo. Pero esa pregunta, y otras similares, acabarían conduciendo a una estela de descubrimientos que han transformado nuestra comprensión del poder de los hábitos. Ayudaría a iniciar una revolución científica que en la actualidad implica a cientos de investigadores que, por primera vez, están empezando a entender todos los hábitos que influyen en nuestras vidas.

Cuando Eugene se sentó a la mesa, miró el portátil de Squire.

—Es extraordinario —dijo, señalando el ordenador—. Cuando yo era electrónico, hubieran hecho falta un par de estanterías de dos metros para albergar esa cosa.

A las primeras semanas de llegar a su nueva casa, Beverly intentaba sacar a pasear a Eugene todos los días. Los médicos le habían dicho que era importante que hiciera ejercicio, y si su esposo estaba demasiado tiempo sin salir, la volvía loca haciéndole las mismas preguntas una y otra vez, en un bucle sin fin. Así que cada mañana y cada tarde le llevaba a dar una vuelta a la manzana; siempre iban juntos y hacían la misma ruta.

Los médicos le habían advertido a Beverly que tendría que vigilarle constantemente. Le dijeron que si llegaba a perderse, jamás encontraría su casa. Pero una mañana, mientras ella se estaba vistiendo, Eugene salió de casa sin que ella se diera cuenta. Él solía ir de habitación en habitación, así que ella tardó un poco en enterarse de que se había marchado. Cuando se percató, se puso histérica. Salió a la calle y empezó a buscarle. No le vio. Se fue a la casa de los vecinos y golpeó sus ventanas. Las casas eran parecidas: ¿quizás Eugene se había confundido y se había metido dentro? Se fue a la puerta y tocó el timbre hasta que alguien le respondió. Eugene no estaba allí. Volvió corriendo a la calle y dio la vuelta a la manzana gritando su nombre. Se puso a llorar. ¿Y si había cruzado alguna calle? ¿Cómo iba a decirle a alguien dónde vivía? Ya llevaba fuera de casa quince minutos, buscando por todas partes. Regresó corriendo para llamar a la policía.

Entró en casa apresuradamente y se encontró a Eugene en la sala de estar, sentado delante de la televisión mirando el History Channel. Las lágrimas de su esposa le confundieron. No recordaba haberse marchado, no sabía dónde había estado y no podía entender por qué estaba tan preocupada. Entonces, Beverly vio un montón de piñas piñoneras, como el que había visto en el jardín de un vecino de la misma calle. Se acercó y le miró las manos. Tenía los dedos pegajosos de la resina. En ese momento se dio cuenta de que Eugene había salido a dar un paseo solo. Había estado vagando por la calle y recogido algunos recuerdos.

Y además había encontrado el camino de vuelta a casa.

Al poco, Eugene salía solo a dar sus paseos cada mañana. Beverly intentaba detenerle, pero era inútil.

«Aunque le dijera que no saliera, en pocos minutos ya lo habría olvidado», me dijo. Le seguí unas cuantas veces para asegurarme de que no se perdía, pero siempre encontraba el camino de regreso sano y salvo. A veces volvía con piñas o con piedras. Una vez volvió con un monedero; otra con un perrito cachorro. Nunca recordaba de dónde los había sacado.

Cuando Squire y sus ayudantes se enteraron de estos paseos, empezaron a sospechar que sucedía algo en la cabeza de Eugene que nada tenía que ver con su memoria consciente. Diseñaron un experimento. Uno de los ayudantes de Squire fue a su casa y le pidió a Eugene que dibujara un mapa de la manzana en la que vivía. No pudo hacerlo. Luego le pidió que le indicara dónde estaba situada su casa en la calle. Hizo unos garabatos y se olvidó de la tarea. Le pidió que le señalara el pasillo que conducía a la cocina. Eugene miró por la sala. «No sé cuál es», respondió. Entonces le preguntó qué haría si tuviera hambre. Se levantó, se dirigió a la cocina, abrió un armario y sacó un tarro con frutos secos.

Esa misma semana, otro visitante fue con Eugene a dar su paseo diario. Caminaron durante unos quince minutos en la primavera perpetua del Sur de California; el aroma de las buganvillas inundaba el aire. Eugene no habló mucho, pero dirigió el paseo en todo momento y parecía saber adónde iba. No pidió ninguna indicación. Cuando giraron la esquina cerca de su casa, el visitante le preguntó dónde vivía.

—No lo sé exactamente —respondió.

Luego siguió caminando por su acera, abrió la puerta de su casa, entró en la sala de estar y encendió la televisión.

Para Squire era evidente que Eugene estaba absorbiendo nueva información. Pero, ¿en qué parte de su cerebro residía esta información? ¿Cómo podía encontrar un tarro de frutos secos cuando no sabía decir dónde estaba la cocina? ¿O cómo podía encontrar el camino hacia su casa cuando no tenía ni idea de cuál era su casa? Squire se preguntaba: ¿cómo se forman los nuevos patrones de conducta dentro de su deteriorado cerebro?

II

En el interior del edificio que alberga el departamento del Cerebro y las Ciencias Cognitivas del Instituto Tecnológico de Massachusetts hay laboratorios que contienen lo que el observador ocasional podría interpretar como quirófanos en miniatura. Hay pequeños bisturís, taladros y sierras de menos de 5 a 6 milímetros de ancho pegados a unos brazos robóticos. Hasta las mesas de operaciones son diminutas, como si estuvieran preparadas para cirujanos del tamaño de un niño. Esas salas están siempre a la baja temperatura de 15 °C, porque el frío estabiliza los dedos de los investigadores durante sus delicados procedimientos. Dentro de esos laboratorios, los neurólogos abren los cráneos de las ratas anestesiadas y les implantan diminutos sensores que pueden registrar hasta los más mínimos cambios en sus cerebros. Cuando las ratas se despiertan, parecen no darse apenas cuenta de que ahora tienen docenas de cables microscópicos, como si fueran telas de araña microscópicas, en el interior de su cabeza.

Estos laboratorios se han convertido en el epicentro de una revolución silenciosa en la ciencia de la formación de los hábitos, y los experimentos que se realizan en ellos explican cómo Eugene —al igual que tú, yo y todos— pudo desarrollar las conductas necesarias para enfrentarse a cada nuevo día. Las ratas de estos laboratorios han aclarado la complejidad de los procesos que tienen lugar en el interior de nuestras cabezas cuando hacemos algo tan mundano como cepillarnos los dientes o salir marcha atrás en el coche. En cuanto a Squire, estos laboratorios ayudaron a explicar cómo Eugene se las había arreglado para aprender nuevos hábitos.

Cuando los investigadores del MIT empezaron a estudiar los hábitos en la década de 1990 —casi al mismo tiempo que Eugene cayó enfermo—, sintieron curiosidad por una masa de tejido neurológico conocida como ganglios basales. Si dibujamos el cerebro humano como si fuera una cebolla compuesta por diferentes capas celulares, las capas externas —las más cercanas al cuero cabelludo— suelen ser las más recientes desde una perspectiva evolutiva. Cuando se te ocurre un nuevo invento o te ríes con el chiste que te cuenta un amigo, son las partes externas del cerebro las que trabajan. Allí es donde tiene lugar el pensamiento más complejo.

En la parte más profunda, cerca del tronco cerebral —donde el cerebro se une con la columna vertebral— se encuentran las estructuras más antiguas y primitivas. Controlan nuestras conductas automáticas, como la respiración y el tragar, o el sobresalto que experimentamos cuando aparece alguien de detrás de un arbusto. Hacia el centro del cráneo hay una masa de tejido del tamaño de una pelota de golf que se parece a lo que encontraríamos en el interior de un pez, reptil o mamífero. Son los ganglios basales, un grupo de células de forma ovalada que, durante años, ha sido un gran desconocido para los científicos, salvo por algunas sospechas de que desempeñaba alguna función en enfermedades como el Parkinson.

A principios de la década de 1990, los investigadores del MIT empezaron a preguntarse si los ganglios basales también podían formar parte en el proceso de la creación de hábitos. Observaron que los animales con lesiones en los ganglios basales, de pronto desarrollaban problemas en tareas como aprender a recorrer los laberintos o recordar cómo abrir los comederos. Decidieron experimentar empleando nuevas microtecnologías que les permitieran observar con todo detalle lo que ocurría en el interior de las cabezas de las ratas cuando realizaban docenas de rutinas. Mediante cirugía, implantaban a cada rata algo parecido a un pequeño *joystick* y docenas de cablecitos insertados en su cerebro. Después, colocaban al animal en un laberinto en forma de T con chocolate en uno de sus extremos.

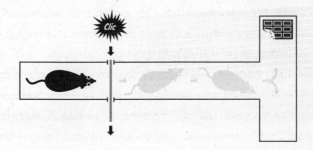

El laberinto estaba diseñado para colocar a la rata detrás de una compuerta que se abría cuando se oía un clic fuerte. Al principio, cuando la rata oía el clic y se abría la compuerta, solía ir arriba y abajo por el pasillo central, olisqueando por los rincones y rascando las paredes. Según parece olía el chocolate, pero no podía encontrarlo. Cuando llegaba al final de la T, casi siempre giraba a la derecha alejándose del chocolate, y luego se iba hacia la izquierda, a veces hacía una pausa sin ninguna razón aparente. Al final, la mayoría de los animales descubrían la recompensa. Pero no había ningún patrón discernible en su divagar. Era como si cada rata estuviera paseando tranquilamente y sin pensar.

Sin embargo, las investigaciones en los cerebros de las ratas parecían demostrar algo diferente. Cuando los animales vagaban por el laberinto, su cerebro —y más concretamente, sus ganglios basales— trabajaban mucho. Cada vez que una rata husmeaba o rascaba una pared, se producía una explosión de actividad en su cerebro, como si estuviera analizando cada nuevo olor, imagen y sonido. La rata estaba procesando información durante todo su paseo.

Los científicos repitieron el experimento una y otra vez, y observaron cómo la actividad cerebral de cada rata cambiaba cuando atravesaba la misma ruta cientos de veces. Fueron apareciendo lentamente una serie de cambios. Las ratas dejaron de olfatear los rincones y de girar erróneamente. Por el contrario, recorrían cada vez más deprisa el laberinto. Y dentro de sus cerebros sucedió algo inesperado: cuando las ratas aprendían a desplazarse por el laberinto, su actividad cerebral *disminuía*. Cuanto más automática se volvía la ruta, menos pensaban las ratas.

Era como si las primeras veces que las ratas exploraban el laberinto, su cerebro tuviera que trabajar a pleno rendimiento para ordenar toda la información nueva. Pero al cabo de unos días de recorrer la misma ruta, la rata ya no tenía necesidad de rascar las paredes o husmear el aire, y la actividad cerebral asociada a rascar y olfatear cesaba. Ya no necesitaba elegir qué dirección tomar; por lo tanto, los centros de toma de decisiones del cerebro se detenían. Lo único que tenía que hacer era recordar el camino más rápido hacia el chocolate. Al cabo de una semana, incluso las estructuras del cerebro relacionadas con la memoria estaban en reposo. La rata había asimilado de tal forma cómo recorrer el laberinto que apenas necesitaba pensar.

Pero esa asimilación —correr en línea recta, girar a la izquierda, comer el chocolate— dependía de los ganglios basales, según indicaban las investigaciones del cerebro. Cuanto más deprisa corría la rata y menos trabajaba el cerebro, esta diminuta y antigua estructura neurológica parecía adquirir el protagonismo. Los ganglios basales eran esenciales para recordar los patrones y actuar sobre ellos. Es decir, los ganglios basales almacenaban los hábitos aunque el resto del cerebro estuviera en reposo.

Para ver esta aptitud en acción veamos este gráfico que muestra la actividad dentro del cráneo de una rata cuando encuentra el laberinto por primera vez. Al principio, el cerebro está trabajando al máximo todo el tiempo:

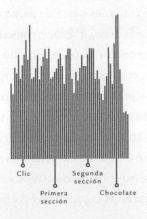

Clic

Primera
sección

Segunda
sección

Chocolate

Al cabo de una semana, cuando conoce la ruta y la carrera se ha convertido en hábito, el cerebro de la rata se estabiliza cuando corre por el laberinto:

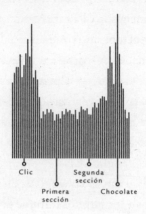

Este proceso —en que el cerebro convierte una secuencia de acciones en una rutina automática— se conoce como «fragmentación» y es la causa de la formación de los hábitos. Hay docenas —si no cientos— de fragmentos conductuales en los que confiamos todos los días. Algunos son sencillos: automáticamente ponemos pasta de dientes en el cepillo antes de llevárnoslo a la boca. Algunos, como vestirnos o preparar la comida de nuestros hijos, son un poco más complejos.

Otros son tan complicados que es sorprendente que un pequeño trozo de tejido que evolucionó hace millones de años pueda convertirlos en hábitos. Veamos la acción de sacar el coche en marcha atrás. Cuando aprendiste a conducir, para meter el vehículo por la entrada para coches necesitabas una gran dosis de concentración y no sin motivo: ello implica abrir la puerta del garaje, abrir la puerta del coche, ajustar el asiento, meter la llave para ponerlo en marcha, girarla en el sentido de las agujas del reloj, mover el retrovisor de dentro y los exteriores, revisar que no haya obstáculos, poner el pie en el freno, poner la marcha atrás, sacar el pie del pedal del freno, calcular mentalmente la distancia entre el garaje y la calle a la vez que mantenemos las ruedas alineadas y controlamos si viene algún coche, calcular las distancias reales a las que se encuentran las distancias reflejadas en los espejos respecto al parachoques, los cubos de basura y los setos, todo ello apretando suavemente el pedal del gas y del freno, y lo más probable, que también le estés diciendo a tu pasajero que deje de toquetear la radio.

No obstante, ahora haces todo esto sin apenas pensarlo cada vez que sales a la calle. La rutina se produce con el hábito.

Millones de personas interpretan esta compleja coreografía cada mañana automáticamente, porque en cuanto agarramos las llaves del coche, nuestros ganglios basales entran en acción, identificando los hábitos que hemos almacenado en nuestro cerebro respecto a sacar el coche a la calle. Una vez que empieza a desplegarse ese hábito, nuestra materia gris puede relajarse o cazar otros pensamientos, que es la razón por la que tenemos suficiente capacidad mental para darnos cuenta de que Jimmy se olvidó su fiambrera.

Los hábitos, según los científicos, surgen porque el cerebro siempre está buscando la forma de ahorrar esfuerzo. Si dejamos que utilice sus mecanismos, el cerebro intentará convertir casi toda rutina en un hábito, porque los hábitos le permiten descansar más a menudo. Este instinto de ahorrar energía es una gran ventaja. Un cerebro eficiente no necesita tanto espacio, lo cual hace que la cabeza sea más pequeña, lo que a su vez facilita el parto, y por lo tanto, provoca menos mortandad infantil y de las madres. Un cerebro eficiente también nos permite dejar de pensar constantemente en las conductas básicas, como caminar y decidir qué vamos a comer, así que podemos dedicar nuestra energía mental a inventar desde arpones y sistemas de riego hasta aviones y videojuegos.

Pero ahorrar esfuerzo mental es engañoso, porque si nuestro cerebro descansa en el momento inadecuado, puede que se nos pase por alto algo importante, como un depredador que se oculta detrás de unos arbustos o un coche que viene demasiado rápido cuando salimos a la calle. Nuestros ganglios basales han diseñado un sistema inteligente para determinar cuándo pueden actuar estos hábitos. Es algo que sucede cada vez que empieza o termina un fragmento de conducta.

Para ver cómo funciona, veamos de nuevo detenidamente el gráfico del hábito neurológico de la rata. Observemos que la actividad cerebral se dispara al comienzo del laberinto, cuando la rata oye el clic antes de que la compuerta empiece a abrirse, y otra vez al final, cuando encuentra el chocolate.

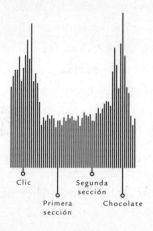

Esos picos son la forma que tiene el cerebro de determinar cuándo ha de cederle el control a un hábito, y qué hábito usar. Desde detrás de la compuerta, por ejemplo, para la rata es difícil saber si se encuentra dentro de un laberinto conocido o si está dentro de un armario con un gato al acecho en la puerta. Para afrontar esta incertidumbre, el cerebro invierte mucho esfuerzo al principio de un fragmento de conducta en busca de algo —una señal— que le dé una pista respecto a qué hábito recurrir. Detrás de la compuerta, si la rata oye el clic, sabe que ha de utilizar el hábito del laberinto. Si oye un miau, elegirá otro patrón. Al final de la actividad, cuando aparece la recompensa, el cerebro se despierta y se asegura de que todo ha sucedido como esperaba.

Este proceso dentro de nuestro cerebro es un bucle de tres pasos. Primero está la *señal*, el detonante que informa a nuestro cerebro que puede poner el piloto automático y el hábito que ha de usar. Luego está la *rutina*, que puede ser física, mental o emocional. Por último está la *recompensa*, que ayuda a nuestro cerebro a decidir si vale la pena recordar en el futuro este bucle en particular:

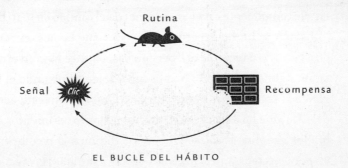

Rutina

Señal — *Clic*

Recompensa

EL BUCLE DEL HÁBITO

Con el tiempo, este bucle —señal, rutina, recompensa; señal, rutina, recompensa— se va volviendo más y más automático. La señal y la recompensa se superponen hasta que surge un fuerte sentimiento de expectación y deseo. Al final, ya sea en un frío laboratorio del MIT o en la entrada al garaje de tu casa, se acaba formando un hábito.

Los hábitos no son el destino. Tal como explico en los dos capítulos siguientes, los hábitos se pueden ignorar, cambiar o sustituir. Pero la razón por la que el descubrimiento del bucle del hábito es tan importante es porque revela una verdad básica: cuando emerge un hábito, el cerebro deja de participar plenamente en la toma de decisiones. Ya no trabaja tanto ni desvía su atención hacia otras tareas. Salvo que *combatas* deliberadamente un hábito —a menos que encuentres nuevas rutinas—, el patrón se activará de manera automática.

Sin embargo, el mero hecho de comprender cómo actúan los hábitos —aprender la estructura del bucle del hábito— hace más fácil controlarlos. Cuando fragmentamos un hábito en sus componentes, podemos jugar con el cambio de marchas.

«Hemos hecho experimentos en los que hemos entrenado a las ratas a recorrer el laberinto hasta que se ha convertido en un hábito, y luego lo hemos modificado cambiando el lugar de la recompensa —me dijo Ann Graybiel, investigadora del MIT que ha supervisado muchos de los experimentos sobre los ganglios basales—. Un día colocamos la recompensa en donde estaba antes, hacemos entrar a la rata, ¡y vaya, resulta que resurge el antiguo hábito! Los hábitos nunca llegan a desaparecer. Quedan grabados en las estructuras de nuestro cerebro, lo cual es una gran ventaja para nosotros, porque sería terrible que después de cada vacación tuviéramos que aprender a conducir de nuevo. El problema radica en que el cerebro no diferencia entre los buenos y los malos hábitos; por eso, si tienes uno malo, siempre te estará acechando, esperando la señal y la recompensa.»

Esto explica por qué nos cuesta tanto crear hábitos para hacer ejercicio, por ejemplo, o cambiar nuestra forma de comer. Una vez que hemos desarrollado la rutina de sentarnos en el sillón, en vez de salir a correr, o la de comer cada vez que vemos una caja de donuts, esos patrones permanecerán en nuestra cabeza. Por la misma regla, si aprendemos a crear nuevas rutinas neurológicas que se impongan a esas conductas —si podemos controlar el bucle del hábito—, podremos conseguir que esas malas tendencias queden en segundo plano, como hizo Lisa Allen después de su viaje a El Cairo. Y los estudios han demostrado que cuando alguien crea un patrón nuevo, salir a correr o pasar de los donuts es tan automático como cualquier otro hábito.

Sin los bucles del hábito, nuestro cerebro se cerraría, abrumado por las minucias de la vida cotidiana. Las personas cuyos ganglios basales están deteriorados debido a una lesión o enfermedad, suelen quedarse mentalmente paralizadas. Tienen problemas para realizar sus actividades básicas, como abrir una puerta o pensar qué van a comer. Pierden la capacidad de pasar por alto detalles insignificantes: en un estudio, por ejemplo, se descubrió que los pacientes con lesiones en los ganglios basales no podían reconocer las expresiones faciales, incluidas el miedo y el asco, porque siempre tenían dudas respecto a qué parte de la cara mirar. Sin los ganglios basales, perdemos acceso a cientos de hábitos en los que confiamos a diario. ¿Te has parado a pensar esta mañana qué zapato te atabas primero, el izquierdo o el derecho? ¿Te ha costado recordar si te lavas los dientes antes o después de ducharte?

Por supuesto que no. Esto son decisiones habituales, que no conllevan esfuerzo. Mientras los ganglios basales estén intactos, las señales permanecen activadas y la conducta se producirá sin pensarla. (Aunque cuando vas de vacaciones, puede que sin darte cuenta te vistas de otro modo o te cepilles los dientes en otro momento.)

Asimismo, la dependencia del cerebro en las rutinas automáticas puede ser peligrosa. Los hábitos son tanto una bendición como una maldición.

Veamos el caso de Eugene, por ejemplo. Los hábitos le devolvieron su vida después de haber perdido la memoria. Luego se lo volvieron a quitar todo.

III

A medida que Larry Squire, el especialista de la memoria, pasaba cada vez más tiempo con Eugene, se fue convenciendo de que su paciente, de algún modo, estaba aprendiendo nuevas conductas. Las imágenes del cerebro de su paciente mostraban que sus ganglios basales se habían librado de los efectos producidos por la encefalitis viral. ¿Era posible —se preguntaba el científico— que Eugene, incluso con un deterioro cerebral grave, todavía pudiera estar usando el bucle señal-rutina-recompensa? ¿Podría este antiguo proceso neurológico explicar cómo podía dar la vuelta a la manzana y encontrar el tarro con frutos secos?

Para averiguar si Eugene estaba formando nuevos hábitos, Squire diseñó un experimento. Tomó dieciséis objetos diferentes —trozos de plástico y juguetes de colores llamativos— y los pegó en cartulinas rectangulares. Luego, los dividió en ocho pares: opción A y opción B. En cada par, una de las cartulinas, elegida al azar, tenía una pegatina por detrás que ponía «correcto».

Le sentaban en una mesa, le daban un par de objetos y le pedían que eligiera uno. Luego, le decían que girara la cartulina para ver si detrás había una pegatina que pusiera «correcto». Es una prueba habitual para medir la memoria. Puesto que sólo hay dieciséis objetos, y siempre se presentan en los mismos pares de ocho, la mayoría de las personas pueden memorizar qué objeto es el «correcto» después de unas cuantas veces. Los monos tardan entre ocho y diez días en memorizarlo.

Eugene no podía recordar ninguno de los artículos «correctos», por más veces que hiciera el test. Repitió el experimento dos veces a la semana durante meses, mirando cuarenta pares cada día.

—¿Sabe usted por qué estamos hoy aquí? —le preguntó un investigador al principio de una sesión cuando ya llevaban algunas semanas con el experimento.

—Creo que no —respondió Eugene.

—Voy a enseñarle algunos objetos. ¿Sabe por qué?

—¿He de describírselos o decirle para qué se utilizan? —Eugene no recordaba nada de las sesiones anteriores.

Pero al cabo de unas semanas fue mejorando sus resultados. Tras 28 días de entrenamiento, Eugene elegía el objeto «correcto» el 85 por ciento de las veces. A los 36 días, acertaba el 95 por ciento de las veces. Al finalizar una de las pruebas, Eugene miró al investigador, desconcertado por su éxito.

—¿Cómo hago esto? —le preguntó.

—Dígame lo que pasa por su cabeza —le dijo el investigador—. ¿Se dice a usted mismo «recuerdo haber visto éste»?

—No —dijo Eugene—. Está aquí no sé cómo —señaló su cabeza— y la mano se dirige hacia él.

Sin embargo, a Squire no le extrañó. Eugene estaba expuesto a una señal: el par de objetos siempre se presentaba en la misma combinación. Había una rutina: podía elegir un objeto y comprobar si había una pegatina debajo, aunque no tuviera ni idea de por qué se sentía impulsado a girar la cartulina. Luego había una recompensa: la satisfacción que recibía después de encontrar la pegatina que ponía «correcto». Al final surgió el bucle del hábito.

BUCLE DEL HÁBITO DE EUGENE

Para asegurarnos de que este patrón era realmente un hábito, Squire realizó un experimento más. Tomó los dieciséis objetos y los puso delante de Eugene al mismo tiempo. Le pidió que agrupara los «correctos» en una pila.

Eugene no sabía por dónde empezar. «¡Dios mío! ¿Cómo voy a recordar esto?», preguntó. Tomó un objeto y empezó a girarlo. La investigadora le detuvo. «No», le dijo ella. La tarea era agruparlos en *pilas*. ¿Por qué intentaba darles la vuelta?

«Creo que es un hábito», respondió.

No fue capaz de hacerlo. Cuando se le presentaban los objetos fuera del contexto del bucle del hábito, no tenían sentido para él.

Ésta era la prueba que buscaba Squire. Los experimentos demostraban que Eugene tenía la habilidad de formar nuevos hábitos, incluso cuando supusieran tareas u objetos que no podía recordar durante más de unos segundos. Esto explicaba cómo se las arreglaba para ir a pasear solo cada mañana. Las señales —algunos árboles en las esquinas o la situación de algunos buzones de correos— eran constantes cada vez que salía a la calle, de modo que, aunque no pudiera reconocer su casa, sus hábitos siempre le guiaban de nuevo a la puerta de su domicilio. También explicaba por qué Eugene desayunaba tres o cuatro veces al día, aunque no tuviera hambre. Siempre y cuando estuvieran presentes las señales correctas —como su radio o la luz matinal a través de la ventana—, automáticamente seguía el guión que le dictaban sus ganglios basales.

Pero hay más, había docenas de hábitos en la vida de Eugene que nadie había notado hasta que empezaron a buscarlos. Su hija, por ejemplo, solía pasar por su casa para saludarles. Hablaba un poco con su padre en la sala de estar, luego se iba a la cocina a ver a su madre, y se marchaba diciendo adiós con la mano mientras se dirigía hacia la puerta. Eugene, que ya había olvidado su conversación anterior, se enfadaba —¿por qué se marchaba sin hablar con él?—, y luego se olvidaba de por qué se había enfadado. Pero ya había empezado el hábito emocional, y su enfado persistía, se acaloraba aunque sin entender la razón, hasta que el enfado se disolvía por sí mismo.

«A veces golpeaba la mesa o despotricaba, y si le preguntabas por qué, decía: "¡No lo sé, pero estoy furioso!"» —me dijo Beverly.

Le daba patadas a su silla o explotaba con la primera persona que entraba en la sala. Luego, a los pocos minutos, sonreía y se ponía a hablar del tiempo. «Era como si una vez empezado tuviera que acabar de expresar su frustración.»

El último experimento de Squire también demostró otra cosa: que los hábitos son sorprendentemente delicados. Si las señales cambiaban aunque sólo fuera un poco, sus hábitos se desintegraban. Las pocas veces que dio la vuelta a la manzana, por ejemplo, y algo había cambiado —estaban haciendo obras en la calle o un vendaval había partido algunas ramas que habían caído sobre la acera—, Eugene se perdía, por muy cerca que estuviera de su casa, hasta que algún vecino amable le conducía a su domicilio. Si su hija se detenía a hablar con él durante diez segundos antes de marcharse, nunca se activaba ese hábito del enfado.

Los experimentos de Squire con Eugene revolucionaron los conocimientos de la comunidad científica sobre cómo funciona el cerebro, demostrando, de una vez por todas, que es posible aprender y elegir conscientemente sin recordar nada sobre la lección o la decisión. Eugene demostró que hábitos, como la memoria y el razonamiento, son la raíz de nuestra conducta. Puede que no recordemos las experiencias que crean nuestros hábitos, pero una vez que se han instaurado en nuestro cerebro influyen en nuestros actos, muchas veces sin darnos cuenta.

Desde que se publicó el primer trabajo de Squire sobre los hábitos, la ciencia de la formación de hábitos se ha convertido en uno de los campos principales de estudio. Los investigadores de las universidades de Duke, Harvard, UCLA, Yale, USC, Princeton, de la Universidad de Pennsylvania, y de algunas universidades de Gran Bretaña, Alemania y Holanda, así como científicos que trabajan para empresas como Procter & Gamble, Microsoft, Google y cientos de compañías más, están interesados en comprender la neurología y la psicología de los hábitos, sus puntos fuertes y sus debilidades, por qué surgen y cómo se pueden cambiar.

Los investigadores han aprendido que las señales pueden ser de casi cualquier tipo, desde un detonante visual como una barrita de caramelo o un anuncio de televisión, hasta un lugar, una hora del día, una emoción, una secuencia de pensamientos, o estar en compañía de ciertas personas. Las rutinas pueden ser increíblemente complejas o fantásticamente simples (algunos hábitos, como los que están relacionados con las emociones, se miden en milisegundos). Las recompensas pueden ser desde comida o drogas, que son las que causan las principales sensaciones, hasta recompensas de tipo emocional, como los sentimientos de orgullo que acompañan a las alabanzas o autofelicitaciones.

En casi todos los experimentos, los investigadores han detectado lo que descubrió Squire con Eugene: los hábitos son poderosos, pero delicados. Pueden surgir fuera de nuestra conciencia, o se pueden diseñar deliberadamente. Con frecuencia se producen sin nuestro permiso, pero se pueden remodelar jugando con sus partes. Influyen en nuestra vida mucho más de lo que imaginamos: de hecho, son tan fuertes que hacen que nuestro cerebro se aferre a ellos a costa de excluir todo lo demás, incluido el sentido común.

En una serie de experimentos, por ejemplo, los investigadores afiliados al National Institute on Alcohol Abuse and Alcoholism [Instituto Nacional para el Abuso de Alcohol y el Alcoholismo] entrenaron a varios ratones a apretar palancas como respuesta a ciertas señales hasta que esa conducta se convirtió en un hábito. La recompensa siempre era la comida. Luego, envenenaron la comida para que se pusieran gravemente enfermos, o electrificaban el suelo, para que recibieran una descarga eléctrica cuando fueran a por su recompensa. Los ratones sabían que la comida y la jaula eran peligrosas: cuando les ofrecían bolitas envenenadas en un bol o veían los paneles electrificados en el suelo, se alejaban. Sin embargo, cuando veían las antiguas señales, inconscientemente presionaban la palanca y se comían la comida o caminaban por el suelo, aunque vomitaran o fueran dando saltos por las descargas eléctricas. El hábito estaba tan arraigado que los ratones no podían detenerse.

No es difícil encontrar analogías en el mundo de los humanos. La comida rápida, por ejemplo. Es normal —cuando los niños tienen hambre y estás volviendo a casa en coche después de un largo día— pararte en un McDonald's o Burger King, sólo por esta vez. Las comidas son baratas. Son agradables. Al fin y al cabo, una dosis de carne procesada, patatas fritas saladas y un refresco azucarado es un riesgo relativamente bajo, ¿no es cierto? No es algo que hagas todos los días.

Pero los hábitos surgen sin pedirnos permiso. Los estudios indican que, en general, las familias no *pretenden* comer comida rápida regularmente. Lo que sucede es que el patrón de una vez al mes, poco a poco se convierte en una vez a la semana, luego dos veces a la semana —y las señales y las recompensas crean un hábito—, hasta que los niños consumen dosis insalubres de hamburguesas y patatas fritas. Cuando los investigadores de las universidades de North Texas y de Yale intentaron comprender por qué las familias aumentaban gradualmente su consumo de comida rápida, descubrieron una serie de señales y recompensas que la mayoría de los consumidores no sabía que estaban influyendo en sus conductas. Descubrieron el bucle del hábito.

Por ejemplo, todos los McDonald's son idénticos, la empresa estandariza intencionadamente sus establecimientos y lo que los empleados han de decir a los clientes, de modo que todo se convierte en una señal sistemática para desencadenar las rutinas de compra. Los alimentos de algunas grandes cadenas están específicamente diseñados para proporcionar recompensas inmediatas —las patatas fritas, por ejemplo, están diseñadas para desintegrarse en el momento en que tocan tu lengua, para producir una descarga de sal y grasa lo antes posible, que hará que se activen tus centros de placer y que tu cerebro archive el patrón. Ideal para reforzar el bucle del hábito.

Sin embargo, incluso estos hábitos son delicados. Cuando cierra un restaurante de comida rápida, las familias que solían ir allí suelen volver a cenar más en casa, en lugar de buscar otro lugar. Incluso los pequeños cambios pueden poner fin al patrón. Pero, puesto que normalmente no reconocemos estos bucles de hábitos cuando se van desarrollando, desconocemos nuestra capacidad para controlarlos. Al aprender a observar las señales y las recompensas, podemos cambiar las rutinas.

IV

Hacia el año 2000, siete años antes de la enfermedad de Eugene, su vida había alcanzado una especie de equilibrio. Salía a pasear cada mañana. Comía lo que quería, a veces cinco o seis veces al día. Su esposa sabía que siempre y cuando la televisión estuviera encendida y sintonizada en el Canal de Historia, Eugene se sentaría en su sillón y miraría cualquier cosa que pusieran, ya fueran reposiciones o programas nuevos. Le daba lo mismo.

Sin embargo, a medida que fue envejeciendo, sus hábitos empezaron a afectar negativamente a su vida. Se volvió sedentario, a veces miraba la televisión durante horas seguidas porque no se cansaba nunca de los programas. Los médicos empezaron a preocuparse por su corazón. Aconsejaron a Beverly que le hiciera una estricta dieta de alimentos sanos. Ella lo intentó, pero era difícil controlar la frecuencia de sus comidas o lo que consumía. Nunca recordaba que ella le había regañado. Aunque la nevera estuviera repleta de frutas y verduras, él buscaba hasta encontrar el beicon y los huevos. Ésta era su rutina. Al envejecer, sus huesos se volvieron más frágiles y los médicos le dijeron que tenía que ir con más cuidado al caminar. Sin embargo, mentalmente Eugene era veinte años más joven. Nunca se acordaba de que tenía que andar con más cuidado.

«Toda mi vida me ha fascinado la memoria —me dijo Squire—. Luego conocí a E. P., y descubrí la riqueza que puede haber en la vida aunque no puedas recordarla. El cerebro posee esta extraordinaria habilidad de encontrar la felicidad incluso cuando han desaparecido los recuerdos de ella.

»Es difícil desactivarla, y al final actuó en su contra.»

Beverly intentaba utilizar sus conocimientos de los hábitos para ayudar a Eugene a evitar los problemas a medida que iba envejeciendo. Descubrió que podía cortocircuitar algunos de sus peores patrones insertando nuevas señales. Si no guardaba beicon en la nevera, Eugene no desayunaría de forma poco saludable varias veces. Cuando le puso una ensalada cerca de su sillón, a veces comía algo, y cuando la comida se convirtió en un hábito, dejó de ir a buscar recompensas a la cocina. Mejoró su dieta gradualmente.

Sin embargo, a pesar de sus esfuerzos la salud de Eugene siguió deteriorándose. Un día de primavera estaba mirando la televisión cuando de pronto dio un grito. Beverly entró corriendo y le vio agarrándose el pecho. Llamó a una ambulancia. En el hospital le diagnosticaron un infarto cardíaco leve. Cuando llegó allí el dolor ya había pasado y Eugene intentaba salir de su camilla. Pasó la noche intentando sacarse los monitores que le habían puesto en el pecho para poder darse la vuelta y dormir. Las alarmas empezaban a sonar y las enfermeras tenían que acudir corriendo. Intentaron que dejara de tocar los sensores fijándoselos con esparadrapo y diciéndole que tendrían que inmovilizarlo si seguía así. Fue inútil. Al momento se olvidaba de las amenazas.

Entonces la hija le dijo a una enfermera que intentara felicitarle por su voluntad de estarse quieto, y que repitiera el cumplido, una y otra vez, cada vez que entrara en la habitación.

«Queríamos que actuara su orgullo —me dijo su hija Carol Rayes—. Le decíamos: "Oh, papá, estás haciendo algo muy importante para la ciencia al mantener esos chismes en su lugar".» Las enfermeras empezaron a alabarle. A él le encantaba. Al cabo de un par de días, hacía todo lo que le pedían. Eugene regresó a su casa una semana después.

Posteriormente, en otoño de 2008, mientras caminaba por su sala de estar, tropezó con el borde de la chimenea, se cayó y se rompió la cadera. Squire y su equipo temían que sufriera ataques de pánico en el hospital al no saber dónde estaba. Así que le dejaron notas al lado de la cama explicándole lo que le había sucedido y le pusieron fotos de sus hijos en las paredes. Su esposa e hijos iban todos los días a verle.

Sin embargo, Eugene no se preocupó nunca. Ni preguntó por qué estaba en el hospital.

«No parecía preocuparle la incertidumbre —dijo Squire—. Hacía quince años que había perdido la memoria. Era como si parte de su cerebro supiera que había algunas cosas que nunca llegaría a entender y ya se había conformado.»

Beverly iba todos los días al hospital. «Pasaba mucho rato hablando con él —me dijo—. Le decía que le amaba, le hablaba de nuestros hijos y de la vida maravillosa que habíamos tenido. Le mostraba las fotos y le hablaba mucho de cuánto le queríamos todos. Estuvimos casados cincuenta y siete años, y cuarenta y dos de ellos fueron un matrimonio real y normal. A veces pasé momentos difíciles, porque deseaba con todas mis fuerzas que regresara el que había sido mi esposo. Pero al menos sabía que era feliz.»

Al cabo de unas pocas semanas, su hija fue a visitarle. «¿Qué hacemos hoy?» —le preguntó Eugene cuando llegó. Lo sacó al aire libre en una silla de ruedas, al césped del hospital. «Hace un buen día —dijo Eugene—. Muy buen tiempo, ¿verdad?» Ella le estuvo hablando de sus hijos y jugaron con un perro. Pensaba que su padre podría regresar pronto a casa. Ya estaba oscureciendo. Cuando se disponía a llevarle dentro Eugene la miró.

—Tengo mucha suerte de tener una hija como tú —le dijo. Ese comentario la pilló por sorpresa. No recordaba cuándo había sido la última vez que le había dicho algo tan agradable.

—Tengo suerte de que seas mi padre —le respondió ella.

—¡Vaya, hace un día fantástico! —dijo él—. ¿Qué te parece el tiempo?

Esa noche, a la una en punto de la madrugada, sonó el teléfono en casa de Beverly. El doctor le comunicó que Eugene había sufrido un infarto agudo de miocardio y que habían hecho todo lo posible para reanimarlo, pero no lo habían conseguido. Se había ido. Tras su muerte, se haría famoso entre los investigadores, las imágenes de su cerebro se estudiarían en cientos de laboratorios y facultades de medicina.

«Sé que se habría sentido muy orgulloso por su contribución a la ciencia —me dijo Beverly—. Una vez, al poco tiempo de habernos casado, me dijo que quería hacer algo importante en su vida, algo significativo. Y lo hizo. Sólo que nunca pudo recordarlo.

2

El cerebro ansioso

Cómo crear nuevos hábitos

I

Un día, a principios de la década de 1900, a Claude C. Hopkins, un destacado ejecutivo estadounidense, un viejo amigo le propuso una nueva idea comercial. Según explica, el amigo había descubierto un producto increíble y estaba convencido de que iba a ser un éxito. Era una pasta de dientes, un mejunje espumoso y mentolado que llamó «Pepsodent». Había algunos inversores arriesgados interesados —uno de ellos tenía dudosos negocios de tierras, otro se rumoreaba que mantenía contactos con la mafia—, pero esta empresa, le prometió su amigo, iba a ser algo grande. De ser así, Hopkins accedería a ayudarles a diseñar una campaña publicitaria a nivel nacional.

En aquellos tiempos Hopkins estaba en la cima de una industria en auge que apenas existía hacía unas pocas décadas: la publicidad. Hopkins fue el hombre que convenció a los estadounidenses para que compraran la cerveza Schlitz haciendo alarde de que la compañía limpiaba las botellas con «vapor a presión», eso sí, sin mencionar que todas las demás las limpiaban con el mismo método. Había seducido a millones de mujeres para que compraran el jabón Palmolive proclamando que Cleopatra se había lavado con él, a pesar de las acaloradas protestas de los indignados historiadores. Hizo famoso el Trigo Hinchado diciendo que «lo disparaban con armas» hasta que el grano se hinchaba «ocho veces su tamaño». Había convertido docenas de productos desconocidos —los Quaker Oats, los neumáticos Goodyear, la escoba para alfombras Bissell, el cerdo con judías de Van Camp— en marcas archiconocidas. Y con todo ello, se había hecho tan rico que en el *bestseller* de su autobiografía, *Mi vida en la publicidad*, dedicó largos pasajes a sus dificultades para gastar tanto dinero.

Pero Claude Hopkins fue más conocido por la serie de normas que acuñó para explicar cómo crear nuevos hábitos entre los consumidores. Estas normas transformarían las industrias y acabarían convirtiéndose en los conocimientos clásicos que han de tener todos los comerciales, reformadores de la educación, profesionales de la salud pública, políticos y ejecutivos. Incluso en la actualidad, las normas de Hopkins influyen en todas las cosas desde cómo compramos artículos de limpieza hasta los instrumentos que utilizan los estados para erradicar enfermedades. Son fundamentales para crear cualquier rutina nueva.

Sin embargo, cuando su viejo amigo fue a verle con la idea de Pepsodent, el publicista mostró poco interés. No era ningún secreto que la salud dental de los estadounidenses estaba en franco declive. A medida que la nación se enriquecía, las personas habían empezado a comprar mayor cantidad de alimentos azucarados y procesados. Cuando el Gobierno empezó a reclutar hombres para la Primera Guerra Mundial, había tantos reclutas con caries que los oficiales dijeron que la mala higiene dental era un riesgo para la seguridad nacional.

No obstante, Hopkins sabía que vender pasta de dientes era un suicidio financiero. Ya había todo un ejército de vendedores a domicilio intentando vender dudosos polvos y elixires dentales, que en su mayoría se habían arruinado en el intento.

El problema era que casi nadie compraba pasta de dientes porque, a pesar de los problemas dentales de la nación, casi nadie se cepillaba los dientes.

Así que Hopkins reflexionó un poco sobre la propuesta de su amigo y rechazó la oferta. Le dijo que prefería seguir con los jabones y los cereales. «No veía la forma de enseñar a la gente de la calle los tecnicismos de la pasta de dientes», explicó Hopkins en su autobiografía. Sin embargo, su amigo era insistente. Fue a verle una y otra vez, apelando al considerable ego de Hopkins, hasta que éste accedió.

«Al final accedí a dirigir la campaña si me concedía un paquete de acciones», escribió Hopkins. Su amigo aceptó.

Sería la decisión financiera más inteligente de Hopkins.

A los cinco años de haber iniciado su sociedad, Hopkins convirtió Pepsodent en uno de los productos más conocidos sobre la Tierra y, en ese proceso, ayudó a crear el hábito de cepillarse los dientes que se expandió por Estados Unidos con increíble rapidez. Pronto, todo el mundo, desde Shirley Temple hasta Clark Gable, alardeaba de su «sonrisa Pepsodent». En 1930, Pepsodent ya se vendía en China, Sudáfrica, Brasil, Alemania y en casi todas partes donde Hopkins podía comprar anuncios. Una década después de la primera campaña Pepsodent, los encuestadores descubrieron que cepillarse los dientes se había convertido en un ritual diario para más de la mitad de la población estadounidense. Hopkins había ayudado a instaurar el cepillado de dientes como una actividad cotidiana.

El secreto de su éxito, según diría el propio Hopkins posteriormente, fue que descubrió un tipo de señal y una recompensa que alimentaban un hábito en particular. Fue una alquimia tan poderosa que incluso hoy en día, los gigantes de los productos de consumo, diseñadores de videojuegos, empresas alimentarias, hospitales y millones de vendedores de todo el mundo todavía usan el mismo principio básico. Eugene Pauly nos enseñó el bucle del hábito, pero fue Claude Hopkins quien demostró cómo se pueden cultivar y desarrollar los nuevos hábitos.

¿Qué fue exactamente lo que hizo Hopkins?

Creó un deseo. Y resulta que ese deseo es lo que hace que funcionen las señales y las recompensas. Es lo que alimenta el bucle del hábito.

Una de las tácticas características de Claude Hopkins a lo largo de su carrera fue descubrir detonantes sencillos que convencieran a los consumidores a utilizar sus productos cada día. Vendió los copos de avena Quaker Oats, por ejemplo, como un cereal para el desayuno que proporcionaba energía durante veinticuatro horas, pero sólo si comías un bol cada mañana. Anunció tónicos que curaban los dolores de estómago, de articulaciones, los problemas cutáneos y «trastornos propios de la mujer», pero sólo si se tomaba el medicamento cuando aparecían los primeros síntomas. Al poco tiempo, la gente devoraba los copos de avena nada más levantarse y echaba mano de las botellitas marrones siempre que sentía algún indicio de cansancio o indigestión, que, con suerte, se producía al menos una vez al día.

Para vender Pepsodent, Hopkins necesitó algo que justificara el uso diario de la pasta de dientes. Se sentó a leer un montón de libros de texto sobre odontología. «Era una lectura muy poco amena —escribiría más adelante—. Pero a mitad de uno de los libros encontré una referencia a las placas de mucina adheridas a los dientes, que después denominé "la película". Eso me dio una idea muy atractiva. Decidí anunciar esta pasta de dientes como un artículo de belleza. Para combatir esa película turbia.»

Al concentrarse en la película dental, Hopkins parecía no darse cuenta de que esa película siempre había cubierto los dientes de las personas y que hasta ahora no parecía haberle preocupado a nadie. La película es una membrana que se genera de forma natural en los dientes y que no depende de lo que comes ni del número de veces que te cepilles los dientes. La gente nunca le había prestado demasiada atención y no había muchas razones para pensar que ahora iba a hacerlo: podemos eliminar la película comiendo una manzana, pasándonos un dedo por encima de los dientes, cepillándonos o enjuagándonos la boca vigorosamente con algún líquido. La pasta de dientes no aportaba nada para eliminar la película. De hecho, uno de los principales investigadores sobre odontología de aquellos tiempos dijo que todas las pastas de dientes —especialmente Pepsodent— eran absolutamente inútiles.

Eso no impidió que Hopkins explotara su descubrimiento. Llegó a la conclusión de que allí estaba la señal que desencadenaría el hábito. Las ciudades no tardaron en llenarse de anuncios de Pepsodent.

«Basta con que pases la lengua por encima de los dientes —decía uno—. *Notarás una película:* eso es lo que hace que se "decoloren" y favorece que se carien.»

«Mira cuántos dientes bonitos se ven por todas partes —decía otro anuncio, que presentaba bellezas sonrientes—. Millones de personas están usando un nuevo método para lavarse los dientes. ¿Por qué ha de tener una mujer una película turbia en sus dientes? ¡Pepsodent elimina la película!»

El atractivo de estos llamamientos era que se basaban en una señal —la película dental— que era universal e imposible de ignorar. Resulta que cuando se le pide a alguien que se pase la lengua por encima de los dientes, es probable que se pase la lengua por encima de los dientes. Y al hacerlo, es probable que note una película. Hopkins había encontrado una señal sencilla, que había existido desde hacía una eternidad, y tan fácil de activar, que un anuncio podría hacer que la gente obedeciera automáticamente.

Además, la recompensa, tal como la visualizó Hopkins, era incluso más atractiva. A fin de cuentas, ¿quién no quiere ser más guapo? ¿Quién no desea tener una sonrisa más bonita? Especialmente cuando lo único que hace falta es un rápido cepillado con Pepsodent.

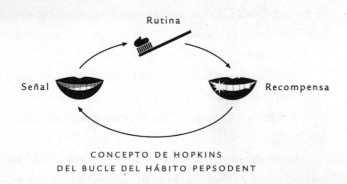

CONCEPTO DE HOPKINS
DEL BUCLE DEL HÁBITO PEPSODENT

Tras el lanzamiento de la campaña, hubo una semana de tranquilidad. Luego dos. Pero a la tercera semana se produjo una explosión de la demanda. Había tantos pedidos que la empresa no daba abasto. En tres años, el producto pasó a ser internacional y Hopkins diseñaba anuncios en español, alemán y chino. Al cabo de una década, Pepsodent era uno de los productos más vendidos del mundo. Fue la pasta de dientes más vendida en Estados Unidos durante más de treinta años, ganaron miles de millones con las ventas.

Antes de la aparición de Pepsodent, sólo el 7 por ciento de los estadounidenses tenían pasta de dientes en sus botiquines. Tras una década de que la campaña de Hokpins alcanzara ámbito nacional, ese porcentaje había ascendido al 65 por ciento. Hacia finales de la Segunda Guerra Mundial, los militares restaron importancia a su preocupación sobre la salud dental de los reclutas porque muchos soldados se cepillaban los dientes todos los días.

«Gané un millón de dólares con Pepsodent», escribió Hopkins a los pocos años de que el producto apareciera en los comercios. La clave, según él mismo dijo, fue que «había aprendido la psicología humana correcta». Esa psicología se basaba en dos reglas básicas:

- En primer lugar, encontrar una señal sencilla y evidente.
- En segundo lugar, definir claramente las recompensas.

Si acertabas con esos dos elementos, prometía Hopkins, era como hacer magia. Veamos lo que pasó con Pepsodent: identificó una señal —película dental— y una recompensa —dientes bonitos— que persuadió a millones de personas a empezar a realizar este ritual diario. Incluso hoy, las reglas de Hopkins son un clásico de los libros de texto de marketing y en las que se basan millones de campañas publicitarias.

Esos mismos principios se han utilizado para crear miles de hábitos, muchas veces sin que nadie se dé cuenta de lo que se acercan a la fórmula de Hopkins. Los estudios relativos a las personas que han empezado con éxito nuevas rutinas para hacer ejercicio, por ejemplo, han demostrado que es más fácil que sean capaces de seguirlas si eligen una señal específica, como salir a correr en cuanto llegan a casa después del trabajo, y una recompensa clara, como tomarse una cerveza o mirar la televisión por la noche sin sentirse culpables. Las investigaciones sobre las personas que siguen una dieta revelan que crear nuevos hábitos alimenticios requiere una señal predeterminada —como planificar los menús con antelación— y recompensas simples cuando se ciñen a sus intenciones.

«Ha llegado el momento en que la publicidad, en ciertas manos, ha alcanzado la categoría de ciencia —escribió Hopkins—. La publicidad, que en su momento fue una apuesta, se ha convertido así, bajo una dirección competente, en una de las empresas comerciales más seguras.»

Esto es ciertamente un logro. No obstante, resulta que las dos reglas de Hopkins no bastan. También hay una tercera regla que se ha de cumplir para crear un hábito, una regla tan sutil que el propio Hopkins confió en ella sin conocer su existencia. Lo explica todo: desde por qué es tan difícil no caer en la tentación de la caja de donuts hasta cómo salir a correr por la mañana se puede convertir en una rutina que no nos suponga ningún esfuerzo.

II

Científicos y ejecutivos de marketing de Procter & Gamble estaban reunidos alrededor de una mesa destartalada en una pequeña habitación sin ventanas, leyendo la transcripción de una entrevista con una mujer que tenía nueve gatos, hasta que alguien se atrevió a decir lo que todos estaban pensando.

—Si nos despiden, ¿qué es lo que sucede exactamente? —preguntó ella—. ¿Se presentan los guardias de seguridad y nos acompañan a la puerta, o recibimos algún tipo de notificación previa?

El líder del grupo, que había sido una promesa en una compañía llamada Drake Stimson, la miró fijamente.

—No lo sé —respondió. Tenía el pelo enredado. Los ojos cansados—. Nunca imaginé que las cosas podrían ir tan mal. Me dijeron que dirigir este proyecto era como si fuera una promoción.

Era el año 1996, y el grupo de la mesa estaba descubriendo, a pesar de las aserciones de Claude Hopkins, lo poco científico que puede llegar a ser el proceso de vender un producto. Todos trabajaban para una de las mayores firmas de productos de consumo del planeta, la compañía de las patatas chips Pringles, de Oil of Olay, de las toallitas de papel Bounty, de los cosméticos CoverGirl, de Dawn, Downy y Duracell, así como de docenas de otras marcas. P&G recopilaba más datos que casi ninguna otra empresa mercantil de la Tierra y confiaba en complejos métodos estadísticos para elaborar sus campañas de marketing. La empresa era muy buena para idear métodos de venta. Tan sólo en el mercado de los detergentes para la ropa, sus productos eran los que se utilizaban en una de cada dos cargas de lavadora en Estados Unidos. Los beneficios ascendían a 35.000 millones al año.

Pero el equipo de Stimson, al que se le había encomendado la misión de diseñar la campaña publicitaria de uno de los productos estrella de P&G, estaba al borde del fracaso. La compañía había invertido millones de dólares en diseñar un aerosol que eliminaba los malos olores de casi cualquier tejido. Y los investigadores de esa diminuta habitación sin ventanas no tenían ni idea de qué hacer para que la gente lo comprara.

El aerosol había sido creado hacía tres años, cuando uno de los químicos de P&G estaba trabajando con una sustancia denominada hidroxipropilbetaciclodextrina, o HPBCD, en un laboratorio. El químico era fumador. Su ropa solía oler a cenicero. Un día, después de haber estado trabajando con la HPBCD, al llegar del trabajo su esposa fue a recibirle a la puerta.

—¿Has dejado de fumar? —le preguntó.

—No —respondió él, poniéndose en guardia. Su esposa llevaba años sermoneándole para que dejara de fumar. Eso parecía algún truco psicológico retorcido.

—Pues no hueles a tabaco —le dijo ella.

Al día siguiente volvió al laboratorio y empezó a experimentar con la HPBCD y varios olores. Enseguida reunió cientos de frascos con trozos de tela que olían a perro mojado, puros, calcetines sudados, comida china, camisas con olor a humedad y toallas sucias. Al poner HPBCD en agua y rociarla sobre las muestras, los olores eran atraídos hacia las moléculas químicas. Al secarse la tela, el olor había desaparecido.

Cuando el químico explicó su descubrimiento a los ejecutivos de P&G, quedaron fascinados. Las investigaciones de mercado habían revelado durante años que los consumidores deseaban algo que fuera capaz de quitar los malos olores; no enmascararlos, sino eliminarlos. Un equipo de investigadores entrevistó a los clientes en sus casas y descubrió que muchos de ellos dejaban sus blusas o pantalones a la intemperie tras haber estado la noche antes en un bar o en una fiesta. «La ropa me huele a tabaco cuando llego a casa, pero no quiero que me cueste un lavado en seco cada vez que salgo», dijo una mujer.

P&G vio en ello una oportunidad e inició un proyecto de máximo secreto para transformar el HPBCD en un producto viable. Invirtieron millones de dólares en perfeccionar la fórmula. Al final fabricaron un líquido incoloro e inodoro que podía eliminar casi cualquier mal olor. La tecnología para su fabricación era tan avanzada que finalmente la NASA lo utilizaría para limpiar el interior de sus naves espaciales cuando regresaban de una misión. Lo mejor de todo es que su fabricación era barata, no dejaba manchas y podía hacer que cualquier sillón apestoso, chaqueta vieja, o el olor del interior de un coche manchado, bueno, que se le fuera el hedor. P&G había apostado muy fuerte por ese proyecto, pero esperaba ganar miles de millones, si daba con la campaña publicitaria correcta.

Decidieron ponerle por nombre Febreze, y le pidieron a Stimson, un ex niño prodigio de 31 años, experto en matemáticas y psicología, que dirigiera el equipo de marketing. Stimson era alto y atractivo, con mentón fuerte, voz suave, y gusto por la cocina selecta. («Preferiría que mis hijos fumaran hierba a que comieran en McDonald's», le dijo una vez a un compañero.) Antes de trabajar en P&G, había pasado cinco años en Wall Street creando modelos matemáticos para elegir acciones. Cuando se trasladó a Cincinnati, donde se hallaba la central de P&G, le contrataron para ayudar a dirigir varias áreas de negocios importantes, entre las que se incluían el suavizante para la ropa Bounce y las barritas aromáticas Downy para la secadora. Pero Febreze era diferente. Era una oportunidad para lanzar un producto de una categoría totalmente nueva: añadir algo que no se había visto antes en un carro de la compra de un consumidor. Lo único que necesitaba Stimson era cómo convertir Febreze en un hábito, y el producto desaparecería volando de los comercios. Pero, ¿cuánto iba a costar eso?

Stimson y sus colaboradores decidieron introducir Febreze en unos mercados de prueba: Phoenix, Salt Lake City y Boise. Volaron hasta allí y repartieron muestras, luego preguntaron a las personas si podían ir a visitarlas a sus casas. En el transcurso de dos meses visitaron cientos de hogares. El primer gran avance fue cuando visitaron a una guarda forestal de Phoenix. Era una mujer de casi treinta años que vivía sola. Su trabajo consistía en atrapar a los animales que habían salido del desierto. Atrapaba coyotes, mapaches, y algún que otro puma. Y mofetas. Muchas, pero que muchas mofetas. Que con frecuencia la rociaban cuando las atrapaba.

—Soy soltera y me gustaría encontrar a alguien con quien poder tener hijos —le dijo la guardabosques a Stimson y a sus colaboradores cuando la entrevistaban en su sala de estar—. Tengo muchas citas. Bueno, quiero decir que creo que soy atractiva. Soy inteligente y me considero un buen partido.

Pero les explicó que su vida amorosa era un fracaso porque en su vida todo olía a mofeta. Su casa, su camioneta, su ropa, sus botas, sus manos, sus cortinas. Incluso su cama. Había probado todo tipo de remedios. Compraba jabones y champúes especiales. Ponía velas y usaba sofisticadas máquinas para lavar la moqueta. Nada le había funcionado.

—Cuando tengo una cita, me viene un tufillo a mofeta y empiezo a obsesionarme con ello —les dijo—. Empiezo a preguntarme, ¿lo estará oliendo él? ¿Y si le llevo a casa y se quiere marchar?

»El año pasado salí cuatro veces con un chico realmente agradable, me gustaba y esperé mucho a invitarle a venir a mi casa. Al final vino y pensé que todo iba muy bien. Pero al día siguiente me dijo que quería "darse un respiro". Fue muy educado, pero todavía me pregunto si fue por el olor.»

—Bueno, me alegro de que hayas tenido la oportunidad de probar Febreze —le dijo Stimson—. ¿Qué te ha parecido?

Le miró con lágrimas en los ojos.

—Quiero darle las gracias —le dijo—. Este *spray* ha cambiado mi vida.

Cuando le dieron las muestras de Febreze, se fue a casa y roció el sillón, las cortinas, las alfombras, el cubrecama, sus tejanos, su uniforme, su coche. Se le acabó una muestra y abrió otra, y acabó de rociar el resto de las cosas.

—Les dije a todos mis amigos que vinieran —les contó—. Ya no notan el olor, se ha ido.

Entonces lloraba ya con tanta fuerza que uno de los colaboradores de Stimson la estaba consolando dándole palmaditas en el hombro.

—Muchas gracias —les dijo—. Ahora me siento libre. Gracias. Su producto es muy importante.

Stimson se puso a olfatear la sala de estar. No notaba nada. «Vamos a hacer un buen negocio con este producto», pensó. Stimson y su equipo regresaron a la central de P&G y empezaron a revisar la campaña publicitaria en la que estaban a punto de enfrascarse. La clave para vender Febreze era transmitir esa sensación de alivio que sintió la guarda forestal. Tenían que vender Febreze como algo que permitiera a la gente deshacerse de olores incómodos. Todo ello era afín a las normas de Claude Hopkins o a los modelos modernos que llenaban los libros de texto de las escuelas empresariales. Querían que la publicidad fuera sencilla: encontrar una señal evidente y definir la recompensa con claridad.

Diseñaron dos anuncios para la televisión. En el primero aparece una mujer hablando de la sección de fumadores de un restaurante. Siempre que iba a comer allí, le olía la chaqueta a tabaco. Una amiga le dice que si usa Febreze, eliminará el olor. La señal: el olor a tabaco. La recompensa: eliminar el olor de la ropa. En el segundo anuncio aparece una mujer a la que le preocupa su perra, *Sophie*, que tiene la costumbre de sentarse en el sofá. «*Sophie* siempre olerá a *Sophie* —dice—, pero con Febreze ahora mis muebles ya no tienen por qué oler.» La señal: la mascota huele, problema que tienen 70 millones de hogares con mascotas. La recompensa: una casa no tiene por qué oler a residencia canina.

Stimson y sus colaboradores empezaron a lanzar los anuncios en 1996, en las mismas ciudades donde habían hecho las pruebas. Repartieron más muestras, pusieron los anuncios en los buzones y pagaron a los dueños de los supermercados para que pusieran pilas de Febreze cerca de las cajas registradoras. Luego se sentaron a esperar y a pensar en qué se iban a gastar sus ingresos.

Pasó una semana. Dos. Un mes. Dos meses. Las ventas empezaron siendo débiles y fueron a peor. La compañía alarmada mandó investigadores a las tiendas para averiguar qué estaba sucediendo. Las estanterías estaban llenas de *sprays* de Febreze que nunca se habían tocado. Empezaron a visitar a las amas de casa a las que les habían dado muestras.

—¡Oh, sí! —dijo una de ellas a uno de los investigadores de P&G—. ¡El *spray*! Ya me acuerdo. Veamos. —La mujer se puso de rodillas en la cocina y empezó a buscarlo en el armario de debajo del fregadero—. Lo usé un tiempo y luego me olvidé de él. Creo que está por ahí al fondo. —Se levantó—. ¿Quizás está en el escobero? —Se dirigió hacia él y apartó algunas escobas—. ¡Sí! ¡Aquí está! ¿Lo ven? Está casi lleno. ¿Quieren que se lo devuelva?

Febreze era invendible.

Para Stimson, esto fue un desastre. Los ejecutivos rivales de otras divisiones vieron una oportunidad en este fracaso. Había oído comentarios de que algunas personas estaban conspirando para cargarse su Febreze y hacer que le reasignaran los productos para el cabello Nicky Clarke, una gama de productos que equivalía a ser desterrado a Siberia.

Uno de los presidentes de una de las divisiones de P&G convocó una reunión urgente y anunció que tenían que frenar las pérdidas ocasionadas por Febreze antes de que los miembros de la junta empezaran a hacer preguntas. El jefe de Stimson se levantó e hizo una exaltada petición.

—Todavía hay una oportunidad para darle la vuelta a todo esto —dijo—. Al menos, preguntemos a nuestros especialistas qué es lo que está pasando.

P&G recientemente había reclutado científicos de Standford, Carnegie Mellon y de otras universidades, que se suponía que eran expertos en psicología del consumo. El presidente de la división accedió a darle un poco más de tiempo al producto.

Así que al equipo de Stimson se unió un nuevo grupo de investigadores y empezaron a hacer más entrevistas. Su primera intuición de por qué estaba fracasando el producto fue cuando visitaron la casa de una mujer en las afueras de Phoenix. Olieron sus nueve gatos antes de entrar. Sin embargo, la casa por dentro estaba limpia y ordenada. La mujer les explicó que era un poco maniática de la limpieza. Pasaba el aspirador todos los días y no le gustaba tener las ventanas abiertas, porque entraba polvo. Cuando Stimson y los científicos entraron en su sala de estar, que es donde vivían los gatos, el olor era tan fuerte que a uno de ellos le entraron náuseas.

—¿Qué hace usted para el olor a gato? —le preguntó uno de los científicos.

—Normalmente no es un problema —respondió la mujer.

—¿Con qué frecuencia nota usted el olor?

—¡Oh! Una vez al mes —contestó.

Los investigadores se miraron entre ellos.

—¿Lo nota ahora? —le preguntó uno.

—No —respondió ella.

Ese mismo patrón se repitió en docenas de visitas a casas con olores fuertes. La gente no podía detectar la mayor parte de los olores desagradables que tenían en su vida. Si vives con nueve gatos acabas por no notar el olor. Si fumas, el tabaco perjudica tanto tu capacidad olfativa que no notas el olor a humo. Con los olores sucede algo peculiar: hasta los más fuertes dejamos de notarlos cuando estamos siempre expuestos a ellos. Stimson se dio cuenta de que esa era la razón por la que nadie usaba Febreze. La señal para el producto —lo que se suponía que iba a desencadenar su uso diario— les pasaba inadvertida a las personas que más lo necesitaban. Simplemente, no notaban los malos olores con la suficiente frecuencia como para desencadenar un hábito regular. El resultado era que Febreze terminaba enterrado en el fondo de un armario. Las personas con más motivos para utilizar el *spray* no notaban nunca los olores que deberían haberles recordado que su sala de estar necesitaba un rociado.

El equipo de Stimson regresó a la central y se reunió en la sala de reuniones sin ventanas, a releer la transcripción de la mujer que tenía nueve gatos. La psicóloga preguntó qué sucedía si los despedían. Stimson se llevó las manos a la cabeza. Si no podía venderle Febreze a una mujer con nueve gatos —se preguntaba—, ¿a quién se lo iba a vender? ¿Cómo creas un nuevo hábito de consumo cuando no hay ningún desencadenante para el uso, cuando los consumidores que más lo necesitan no aprecian la recompensa?

III

El laboratorio de Wolfram Schultz, profesor de neurociencia de la Universidad de Cambridge, no es un lugar muy agradable. Algunos de sus colegas han descrito su mesa de despacho como un agujero negro donde los documentos se pierden para siempre, o como una placa de Petri donde los organismos pueden crecer a su gusto y descontroladamente durante años. Cuando Schultz ha de limpiar algo, lo cual no es muy habitual, no utiliza *sprays* o limpiadores. Moja una servilleta de papel y frota con fuerza. Si la ropa le huele a tabaco o a pelo de gato, no se da cuenta. O no le importa.

No obstante, los experimentos que Schultz ha dirigido durante los últimos veinte años han revolucionado nuestra comprensión sobre cómo interactúan las señales y las recompensas. Él ha explicado por qué algunas señales y recompensas tienen más poder que otras, y ha proporcionado un mapa científico que explica por qué Pepsodent fue un éxito, cómo algunos fanáticos de las dietas y de hacer ejercicio cambian sus hábitos con tanta rapidez, y —por último— qué fue necesario para que se vendiera Febreze.

En la década de 1980, Schultz formaba parte de un grupo de científicos que estudiaba los cerebros de los monos cuando aprendían a realizar ciertas tareas, como tirar de palancas o abrir cierres. Su meta era averiguar qué partes del cerebro eran las responsables de las acciones nuevas.

«Un día observé esto y me interesó», me dijo Schultz. Nació en Alemania y ahora, cuando habla inglés, se parece un poco a Arnold Schwarzenegger si *Terminator* fuera un miembro de la Real Sociedad.

«A algunos de los monos que observamos les encantaba el zumo de manzana, y a otros les encantaba el zumo de uva, y me empecé a preguntar: ¿qué está sucediendo dentro de sus cabezas? ¿Por qué distintas recompensas afectan al cerebro de distintas formas?»

Schultz inició una serie de experimentos para descifrar cómo actúan las recompensas en el terreno neuroquímico. Con el avance de la tecnología, en la década de 1990 tuvo acceso a aparatos similares a los que usaban los investigadores en el MIT. Pero a Schultz no le interesaban las ratas, prefería a monos como *Julio*, un macaco de 3 kilos y ojos castaños al que le había insertado un electrodo muy fino en el cerebro que le permitía observar su actividad neuronal a medida que se iba produciendo.

Un día Schultz colocó a *Julio* en una silla, en una habitación poco iluminada, y encendió el monitor del ordenador. El trabajo de *Julio* consistía en tirar de una palanca siempre que aparecieran figuras de colores —pequeñas espirales amarillas, garabatos rojos, líneas azules— en la pantalla. Si *Julio* tiraba de la palanca cuando aparecía la figura, le caía una gota de zumo de mora por el tubo que colgaba del techo y que le llegaba a los labios.

A *Julio* le gustaba el zumo de mora.

Al principio, no estaba muy interesado en lo que sucedía en la pantalla. Pasaba la mayor parte del tiempo intentando salir de la silla. Pero en cuanto probó la primera dosis, enseguida se concentró en el monitor. Cuando empezó a comprender, a través de docenas de repeticiones, que las figuras que veía en la pantalla eran una señal para una rutina (tirar de la palanca) que tenía una recompensa (zumo de mora), comenzó a mirar fijamente a la pantalla con la intensidad de un láser. No se movía. Cuando aparecía un garabato amarillo, tiraba de la palanca. Cuando veía una línea azul, saltaba. Y cuando llegaba el zumo se lamía los labios con satisfacción.

Mientras Schultz monitorizaba la actividad en el cerebro de *Julio*, descubrió un patrón. Siempre que el mono recibía su recompensa, su actividad cerebral ascendía en pico dando a entender que experimentaba felicidad. Una transcripción de esa actividad neurológica muestra el aspecto del cerebro de un mono cuando dice «¡Tengo recompensa!».

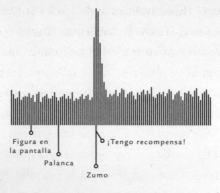

Figura en
la pantalla

Palanca

Zumo

¡Tengo recompensa!

RESPUESTA DE RECOMPENSA
CUANDO JULIO RECIBE EL ZUMO

Schultz repitió el mismo experimento infinidad de veces, y siempre registró esa respuesta neurológica. Cada vez que *Julio* recibía el zumo, aparecía el patrón de «¡Tengo recompensa!» en el ordenador conectado a la sonda que tenía en la cabeza. Paulatinamente, desde la perspectiva neurológica, la conducta de *Julio* se convirtió en un hábito.

Rutina

Señal

Recompensa

BUCLE DEL HÁBITO DE *JULIO*

No obstante, lo que más le interesaba a Schultz era cómo cambiaban las cosas a medida que avanzaba el experimento.

Cuando el mono fue adquiriendo más práctica en la conducta —a medida que el hábito se hacía más fuerte—, el cerebro de *Julio* empezó a *esperar* el zumo de mora. Las sondas de Schultz registraban el patrón de «¡Tengo recompensa!» en cuanto *Julio* veía las formas en la pantalla, *antes* de que llegara el zumo.

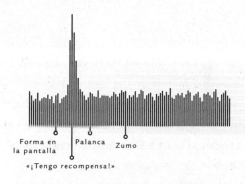

AHORA, LA RESPUESTA DE RECOMPENSA
SE PRODUCE ANTES DE QUE LLEGUE EL ZUMO

Es decir, las figuras que aparecen en la pantalla se han convertido en una señal no sólo para tirar de la palanca, sino también para una respuesta de placer dentro de su cerebro. *Julio* empezó a esperar su recompensa en cuanto veía las espirales amarillas y garabatos rojos.

Entonces Schultz modificó el experimento. Antes, *Julio* recibía el zumo cada vez que tiraba de la palanca. Ahora, había veces que el zumo no llegaba, aunque *Julio* lo hiciera bien. O llegaba con cierto retraso. O estaba aguado y era la mitad de dulce.

Cuando el zumo no caía, caía tarde o estaba diluido, *Julio* se enfadaba y emitía ruidos de descontento, o se quedaba abatido. Dentro de su cerebro, Schultz pudo observar que estaba surgiendo un nuevo patrón: el ansia. Cuando *Julio* esperaba el zumo pero no lo conseguía, dentro de su cerebro aparecía un patrón neurológico asociado al deseo y a la frustración. Cuando veía la señal, empezaba a anticipar una felicidad alimentada por el zumo. Pero si éste no llegaba, esa felicidad se convertía en un deseo que, si no quedaba satisfecho, le conducía a la ira o a la depresión.

Los investigadores de otros laboratorios descubrieron patrones similares. Otros monos fueron entrenados para esperar el zumo siempre que veían una figura en la pantalla. Entonces, los investigadores intentaban distraerlos. Abrían la puerta del laboratorio, para que pudieran salir y jugar con sus amigos. Les ponían comida en un rincón, para que pudieran comer si abandonaban el experimento.

En los monos que no habían desarrollado un hábito fuerte las distracciones funcionaban. Se escapaban de sus sillas, dejaban la sala y no volvían a mirar hacia atrás. No habían aprendido a desear el zumo. Sin embargo, cuando el mono había desarrollado el hábito —una vez que su cerebro *esperaba* la recompensa— las distracciones no tenían ningún atractivo. El animal se sentaba a mirar el monitor y tiraba de la palanca, una y otra vez, aunque le estuvieran ofreciendo comida o le dieran la oportunidad de salir afuera. La expectación y el fuerte deseo eran tan intensos que los monos empezaban a quedarse enganchados a sus pantallas, del mismo modo que un ludópata sigue jugando en una máquina tragaperras aunque haya perdido sus ganancias.

Esto explica por qué son tan poderosos los hábitos: porque crean deseos neurológicos. La mayoría de las veces estos deseos van apareciendo de forma tan gradual que realmente no somos conscientes de su existencia, por lo tanto desconocemos su influencia. Pero cuando asociamos las señales a ciertas recompensas, surge un fuerte deseo subconsciente en nuestro cerebro que activa el bucle del hábito. Un investigador de Cornell, por ejemplo, descubrió con qué fuerza pueden afectarnos el deseo de comida y los olores en nuestra conducta, cuando observó dónde estaban situadas las tiendas Cinnabon en los centros comerciales. La mayoría de los vendedores de comida sitúan sus paradas en patios dedicados a la restauración, pero Cinnabon intenta colocar sus tiendas *lejos* de los otros restaurantes o paradas. ¿Por qué? Porque los ejecutivos de Cinnabon quieren que el olor de los rollitos de canela [*cinnamon*] esté circulando siempre por los pasillos y esquinas para que las personas que están comprando empiecen inconscientemente a desear un rollito. Cuando el consumidor gira la esquina y se encuentra con la tienda de Cinnabon, ese deseo es una bestia hambrienta dentro de su cabeza, y automáticamente irá a buscar su monedero. El bucle del hábito empieza a activarse porque ha surgido un deseo.

«No hay nada programado en nuestro cerebro que haga que veamos una caja de donuts y que automáticamente deseemos darnos un banquete de dulce —me dijo Schultz—. Pero cuando el cerebro aprende que la caja de donuts contiene apetitoso azúcar y otros hidratos de carbono, empezará a *esperar* el subidón del azúcar. Nuestro cerebro nos dirigirá hacia la caja. Luego, si no nos comemos el donut, se sentirá decepcionado.»

Para entender este proceso, veamos cómo surgió el hábito de *Julio*. Primero veía una figura en la pantalla:

Señal

Con el tiempo aprendió que cuando aparecía una figura significaba que era el momento de realizar la rutina. Así que tiraba de la palanca:

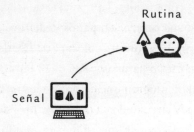

Rutina

Señal

Y, de este modo, *Julio* recibía una gota de zumo de mora.

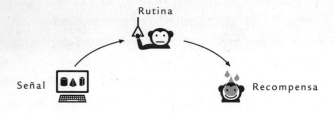

Rutina

Señal

Recompensa

Esto es aprendizaje básico. El hábito sólo surge cuando *Julio* empieza a *ansiar* el zumo al ver la señal. Cuando ya exista esa ansia, *Julio* actuará automáticamente. Seguirá el hábito:

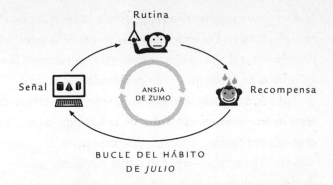

BUCLE DEL HÁBITO
DE *JULIO*

Así es como se crean nuevos hábitos: uniendo una señal, una rutina y una recompensa, y luego cultivando un fuerte deseo que es el que conduce al hábito. Por ejemplo, veamos el hábito de fumar. Cuando un fumador ve la señal —es decir, un paquete de Marlboro—, su cerebro empieza a esperar un chute de nicotina.

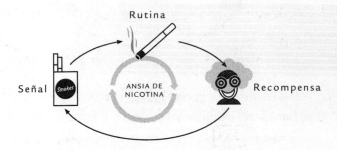

La mera visión de los cigarrillos es suficiente para que el cerebro ansíe una dosis de nicotina. Si no llega, aumenta el deseo hasta que el fumador se fuma uno sin pensarlo.

Veamos lo que sucede con el correo electrónico. Cuando oímos el aviso en el ordenador o vibra un *Smartphone* por la llegada de un nuevo mensaje, el cerebro empieza a esperar la distracción momentánea que ofrece la apertura de un correo electrónico. Esa expectativa, si no queda satisfecha, puede aumentar hasta encontrarnos en una reunión llena de ejecutivos ansiosos que están revisando sus ruidosas Black-Berrys por debajo de la mesa, aunque probablemente sólo se trate de los últimos resultados de la liga que le proporciona el programa Fantasy Football. (Por otra parte, si alguien desconecta el zumbido —y por lo tanto, elimina la señal—, puede trabajar durante horas sin pensar en revisar su buzón de entrada.)

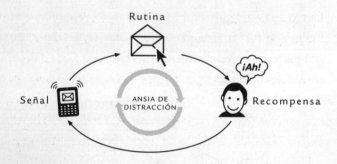

Los científicos han estudiado los cerebros de los alcohólicos, fumadores y adictos a la comida, y han medido los cambios en su neurología —las estructuras de sus cerebros y la circulación de sustancias neuroquímicas dentro de su cerebro— a medida que se van instaurando los deseos. Dos investigadores de la Universidad de Michigan escribieron que los hábitos especialmente fuertes producen reacciones similares a las adicciones, de modo que «desear se convierte en una ansia obsesiva» que puede obligar a nuestro cerebro a poner el piloto automático, «incluso ante la presencia de fuertes factores disuasorios como perder la reputación, el trabajo, el hogar y la familia».

Sin embargo, estos deseos no tienen el control absoluto sobre nosotros. En el capítulo siguiente explicaremos los mecanismos que pueden ayudarnos a no caer en las tentaciones. Pero para superar el hábito, hemos de reconocer qué ansia está guiando nuestra conducta. Si no somos conscientes de la expectación, somos como esos compradores que atraídos por una fuerza invisible, terminan en la tienda de Cinnabon.

Para comprender el poder que tienen los deseos para crear hábitos, veamos cómo surge el de hacer ejercicio. En 2002, un grupo de investigadores de la Universidad Estatal de Nuevo México querían comprender por qué las personas hacen ejercicio habitualmente. Estudiaron a 266 individuos, la mayoría de los cuales hacían ejercicio al menos tres veces a la semana. Descubrieron que muchos habían empezado a correr o a levantar pesas casi por antojo, o porque de pronto tenían tiempo libre, o porque querían liberarse de una situación de estrés inesperado en sus vidas. Sin embargo, la razón por la que *continuaron* —por qué se convirtió en un hábito— era debido a la recompensa específica que empezaron a ansiar.

En un grupo, el 92 por ciento de las personas dijeron que hacían ejercicio habitualmente porque las hacía «sentirse bien»: habían desarrollado la expectativa y el ansia de conseguir las endorfinas y otras sustancias neuroquímicas que proporcionaba el ejercicio. En otro grupo, el 67 por ciento de las personas dijeron que hacer ejercicio les aportaba un sentimiento de «realización personal»: habían llegado a desear regularmente ese sentimiento de triunfo a raíz de su actuación, y esa autorrecompensa era suficiente para transformar la actividad física en un hábito.

Si quieres empezar a correr cada mañana, es esencial que elijas una señal sencilla (como atarte siempre las zapatillas deportivas antes de desayunar o dejarte la ropa preparada cerca de la cama) y una recompensa clara (como una buena comida al mediodía, el sentimiento de realización personal por haber corrido los kilómetros que te habías propuesto, o la dosis de endorfinas que consigues después de salir a correr). Pero innumerables estudios han demostrado que una señal y una recompensa no bastan por sí solas, no son suficientes para que se instaure un nuevo hábito. Sólo cuando tu cerebro empieza a *esperar* la recompensa —el ansia de endorfinas o el sentimiento de realización personal—, el acto de atarte cada mañana las zapatillas de correr se convierte en un hábito. La señal, además de desencadenar una rutina, también ha de desencadenar un fuerte deseo por la recompensa.

—Quiero preguntarle por un problema personal —le dije a Wolfram Schultz, el neurocientífico, después de que me hubiera explicado cómo surgían los deseos.

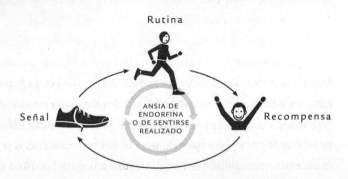

»Tengo un niño de dos años, y cuando estoy en casa dándole de cenar —croquetas de pollo o cosas por el estilo—, sin darme cuenta tomo una y me la como. Es una costumbre. Y ahora me estoy engordando.»

—Todo el mundo lo hace —dijo Schultz.

Él tiene tres hijos, ahora ya son todos adultos. Cuando eran pequeños él también picaba de su cena sin darse cuenta.

—En algunos aspectos somos como monos. Cuando vemos pollo o patatas fritas sobre la mesa, nuestro cerebro empieza a esperar esa comida aunque no tengamos hambre. Nuestro cerebro la desea. Francamente, a mí ni siquiera me *gusta* ese tipo de comida, pero de pronto me cuesta frenar ese impulso. En cuanto me la como, siento ese placer de haber satisfecho un deseo. Es vergonzoso, pero así es como funcionan los hábitos.

»Creo que he de estar agradecido —prosiguió— porque ese mismo proceso es el que me ha permitido crear buenos hábitos. Trabajo mucho porque tengo la esperanza de sentir el orgullo de hacer un descubrimiento. Hago ejercicio porque espero el sentimiento de bienestar. Sólo desearía poder elegir mejor.»

IV

Tras su desastrosa entrevista con la mujer de los gatos, el equipo de Drake Stimson de P&G empezó a buscar recursos externos para conseguir ayuda. Empezaron a recopilar información sobre nuevos experimentos como los conducidos por Wolfram Schultz. Pidieron a un catedrático de la Facultad de

Ciencias Empresariales de Harvard que realizara pruebas con las campañas publicitarias de Febreze. Entrevistaron cliente por cliente, en busca de algo que pudiera darles la señal para conseguir que Febreze se convirtiera en un producto de uso habitual.

Un día fueron a hablar con una mujer que vivía en las afueras cerca de Scottsdale. Tendría unos 40 años, y tenía cuatro hijos. Tenía la casa razonablemente limpia. Para sorpresa de los investigadores, estaba encantada con Febreze.

—Lo uso cada día —les dijo.

—¿De verdad? —dijo Stimson. La casa tampoco parecía ser un lugar con problemas de olores. No había mascotas. No fumaba nadie—. ¿Cómo es eso? ¿Qué olores quiere eliminar?

—No lo utilizo para olores específicos —respondió la mujer—. Bueno, sabe usted, tengo chicos. Están en la pubertad, y si no limpian sus habitaciones, huelen mal. Pero no lo uso de ese modo. Lo utilizo cuando hago la limpieza habitual, un par de rociadas de *spray* cuando termino de hacer una habitación. Es una buena forma de hacer que todo huela bien, de darle el toque final.

Le preguntaron si podían observarla cuando hacía la limpieza. En el dormitorio, hacía la cama, ahuecaba las almohadas, estiraba las sábanas y luego cogía el Febreze y rociaba el edredón cuando ya lo había alisado. En la sala de estar, pasaba el aspirador, recogía los zapatos de sus hijos, limpiaba la mesita de centro y rociaba Febreze sobre la alfombra recién aspirada.

—Es agradable, ¿sabe? —les dijo—. El rociado es como una pequeña celebración cuando ya he terminado una habitación.

Al ritmo que usaba Febreze, Stimson calculó que gastaría el frasco en unas dos semanas.

Con el paso de los años, P&G había recopilado miles de horas de vídeos de personas limpiando sus casas. Cuando los investigadores regresaron a Cincinnati, algunos pasaron una noche revisando las cintas de vídeo. A la mañana siguiente, uno de los científicos pidió a todos los miembros del equipo de Febreze que se reunieran con él en la sala de conferencias. Había seleccionado la cinta de una mujer —de 26 años y con tres hijos— haciendo la cama. Arreglaba las sábanas y colocaba bien las almohadas. Luego, sonreía y se marchaba de la habitación.

—¿Habéis visto eso? —preguntó entusiasmado el investigador.

Puso otro vídeo. Una mujer joven de pelo castaño, estiraba un cubrecama de colores, arreglaba las almohadas y sonreía al contemplar su obra.

—¡Ahí lo tenemos de nuevo! —dijo el investigador.

El vídeo siguiente mostraba a una mujer con ropa deportiva arreglando su cocina y limpiando la encimera antes de desperezarse relajadamente.

El investigador miró a sus colaboradores.

—¿Lo habéis visto? —les preguntó—. Todas hacen algún gesto relajante o de felicidad cuando terminan de limpiar. ¡Podemos hacer algo con esto! ¿Y si Febreze fuera algo que sucede al *final* de nuestra rutina de tareas domésticas, en lugar de al principio? ¿Y si fuera la parte divertida de hacer que algo esté más limpio?

El equipo de Stimson realizó una prueba más. Anteriormente, la campaña publicitaria del producto se había basado en eliminar los malos olores. La compañía hizo nuevas etiquetas que mostraban ventanas abiertas y ráfagas de aire fresco. Se añadió más perfume a la receta, así que en vez de neutralizar los olores, Febreze tuvo su propio olor característico. Los anuncios de la televisión mostraban a mujeres rociando camas recién hechas y ropa recién lavada. El primer eslogan había sido: «Saca los malos olores de la ropa». Lo cambiaron por el de: «Limpia los olores cotidianos».

Cada cambio fue diseñado para apelar a una señal diaria específica: limpiar una habitación. Hacer la cama. Pasar el aspirador por la alfombra. En cada una de ellas, Febreze era la recompensa: el olor agradable que queda al final de la limpieza. Pero lo más importante es que cada anuncio estaba calculado para despertar un fuerte deseo: que las cosas huelan tan bien como corresponde a su aspecto cuando se ha terminado el ritual de hacer limpieza. La ironía es que un producto diseñado para destruir los olores se transformó en lo opuesto. En lugar de eliminar los olores de la ropa sucia, se convirtió en un ambientador para dar el toque final, cuando todo está limpio.

Cuando los investigadores regresaron a los hogares de los clientes, tras haber lanzado la nueva campaña publicitaria y haber distribuido las botellas con el nuevo formato, en la prueba de mercado descubrieron que algunas amas de casa habían empezado a esperar —ansiar— el aroma de Febreze. Una mujer dijo que cuando se le acababa la botella, rociaba la ropa con perfume diluido.

«Si no huelo algo agradable al final, no me parece que esté limpio», les dijo.

«La guarda forestal que tenía el problema de los malos olores nos mandó en una dirección errónea —me dijo Stimson—. Nos hizo pensar que Febreze tendría éxito al facilitar una solución al problema. Pero, ¿quién quiere admitir que su casa apesta?»

Le estábamos dando un enfoque erróneo. Nadie desea la ausencia de olor. Por otra parte, muchas personas desean notar un olor agradable después de haberse pasado treinta minutos limpiando.

EL BUCLE DEL HÁBITO DE FEBREZE

El relanzamiento de Febreze tuvo lugar en el verano de 1998. A los dos meses, se habían duplicado las ventas. En un año, los clientes habían gastado más de 230 millones de dólares en el producto. Desde entonces, Febreze ha lanzado docenas de productos derivados —ambientadores, velas, detergentes para la ropa y *sprays* para cocinas— que, dicho sea de paso, ahora suponen unas ventas de más de mil millones de dólares anuales. Al final, P&G empezó a informar a los clientes que, además de oler bien, Febreze también acababa con los malos olores.

Stimson tuvo un ascenso y su equipo recibió primas. La fórmula había funcionado. Encontraron señales sencillas y evidentes. Habían definido claramente la recompensa.

Pero sólo cuando hubieron creado un fuerte deseo —el de hacer que todo oliera tan bien como su aspecto—, Febreze se convirtió en un éxito. Ese deseo es una parte esencial de la fórmula para crear nuevos hábitos que Claude Hopkins, el anunciante de Pepsodent, nunca reconoció.

V

Hopkins, en los últimos años de su vida se dedicó a dar conferencias. Sus charlas sobre «Las leyes de la publicidad científica» atrajeron a miles de personas. Desde los escenarios, solía compararse con Thomas Edison y George Washington y lanzar predicciones descabelladas para el futuro (la de los coches voladores era su favorita). Pero jamás mencionó los deseos intensos o raíces neurológicas del bucle del hábito. Al fin y al cabo, todavía pasarían otros setenta años hasta que los científicos del MIT y Wolfram Schultz llevaran a cabo sus experimentos.

¿Cómo se las arregló para crear un hábito tan poderoso como el de cepillarse los dientes sin el beneficio de esas conclusiones?

Bueno, en realidad *sí* se aprovechó de los principios que acabaron descubriendo en el MIT y en el laboratorio de Schultz, aunque en aquel tiempo nadie lo supiera.

Las experiencias de Hopkins con Pepsodent no fueron tan directas como él las describe en sus memorias. Aunque alardeaba de haber descubierto la fantástica señal de la película dental, y se enorgullecía de haber sido el primero en ofrecer a los clientes la clara recompensa de los dientes bonitos, resulta que él no fue el que originó esas tácticas. Ni mucho menos. Veamos, por ejemplo, algunos de los otros anuncios de pastas de dientes que llenaban las revistas y periódicos antes de que Hopkins conociera la existencia de Pepsodent.

«Los ingredientes de este preparado están especialmente diseñados para evitar la formación de depósitos de *sarro* en el cuello de los dientes —rezaba un anuncio del dentífrico Dr. Sheffield's Crème Dentifrice, anterior a Pepsodent—. ¡Limpia esa capa sucia!»

«Tu esmalte blanco está *escondido* bajo una capa de película —rezaba otro anuncio que aparecía mientras Hopkins revisaba su bibliografía sobre odontología—. Sanitol Toothpaste restaura rápidamente la blancura original eliminando la película.»

«El encanto de una agradable sonrisa depende de la belleza de tus dientes —proclamaba un tercer anuncio—. Unos dientes bellos y suaves como el satén suelen ser el secreto del atractivo de una chica guapa. Utilice S.S. White Toothpaste.»

Docenas de publicistas habían usado anteriormente el mismo lenguaje que Pepsodent, años antes de que Hopkins entrara en el juego. Todos los anuncios prometían eliminar la película dental y ofrecían la recompensa de unos dientes blancos y hermosos. Ninguno había funcionado.

Pero, cuando Hopkins lanzó su campaña, las ventas de Pepsodent se dispararon. ¿Por qué fue diferente Pepsodent?

Porque el éxito de Hopkins fue inducido por los mismos factores que hicieron que el mono *Julio* tirara de la palanca y que las amas de casa rociaran con Febreze sus camas recién hechas. Pepsodent creó un deseo.

Hopkins no menciona ninguno de los ingredientes de Pepsodent en su autobiografía, pero la etiqueta de la pasta dental revela algo interesante: a diferencia de otros dentífricos de la época, Pepsodent contenía ácido cítrico, así como menta y otras sustancias químicas. El inventor de Pepsodent utilizó esos ingredientes para hacer que la pasta de dientes tuviera un sabor fresco, pero también tuvieron otro efecto imprevisible. Esas substancias son productos irritantes que generan una sensación de frescor y picor en la lengua y las encías.

Después de que Pepsodent empezara a ser líder en el mercado, los investigadores de la competencia se pusieron manos a la obra para averiguar el porqué. Se encontraron con que los clientes les decían que se daban cuenta de que se olvidaban de utilizar Pepsodent, porque echaban en falta ese frescor y picor en la boca. Esperaban —*ansiaban*— esa ligera irritación. Si no la sentían, no notaban la boca limpia.

Claude Hopkins no estaba vendiendo dientes hermosos. Estaba vendiendo una sensación. Cuando la gente empezó a desear sentir ese refrescante picor —tras haberlo asociado a la limpieza— el cepillado se convirtió en un hábito.

Cuando otras compañías descubrieron lo que realmente estaba vendiendo Hopkins, empezaron a imitarle. En unas pocas décadas, casi todas las pastas de dientes contenían aceites y substancias químicas que provocaban ese picor en las encías. Pronto, Pepsodent dejó de ser la más vendida. Incluso hoy, casi todas las pastas de dientes contienen aditivos con la única finalidad de provocar ese picor al final del cepillado.

Rutina

Señal

ANSIA DE
SENSACIÓN
DE PICOR

Recompensa

EL VERDADERO BUCLE DEL HÁBITO DE PEPSODENT

«Los consumidores necesitan algún tipo de señal de que el producto está funcionando» —me dijo Tracy Sinclair, directora de la línea de productos Oral-B y de la pasta de dientes Crest Kids Toothpaste—. Podemos hacer que la pasta de dientes tenga cualquier sabor —arándanos, té verde—, y siempre y cuando produzca un picor refrescante, la gente sentirá que tiene la boca limpia. El picor no hace que la pasta dentífrica sea más eficaz. Simplemente convence a la gente de que está haciendo su trabajo.

Cualquiera puede utilizar esta fórmula básica para crear sus propios hábitos. ¿Quieres hacer más ejercicio? Elige una señal, como ir al gimnasio en cuanto te levantas, y una recompensa, como tomarte un batido después de cada sesión de ejercicio. Luego piensa en ese batido, o en la dosis de endorfinas que vas a sentir. Permítete esperar la recompensa. Al final, ese deseo te facilitará acudir al gimnasio todos los días.

¿Quieres generar un nuevo hábito alimentario? Cuando los investigadores adscritos al National Weight Control Registry [Registro Nacional para el Control del Peso] —un proyecto que implicaba a más de 6.000 personas que habían perdido más de 15 kilos— examinaron los hábitos de las personas que habían tenido éxito con sus dietas, descubrieron que el 78 por ciento desayunaba cada mañana, una comida marcada por una hora del día. Pero la mayoría de esas personas *también* habían visualizado una recompensa específica para ceñirse a su dieta: un biquini que querían ponerse o el orgullo que sentirían al pesarse cada día—, algo que habían elegido cuidadosamente y que realmente querían. Cuando aparecían las tentaciones se concentraban en el deseo de esa recompensa, y cultivaron esa ansia hasta que se convirtió en una ligera obsesión. Y lo que descubrieron fue que los fuertes deseos de esa recompensa superaban a la tentación de dejar la dieta. El ansia condujo al bucle del hábito.

Para las empresas, entender la ciencia del ansia es revolucionario. Existen docenas de rituales diarios que *deberíamos* realizar cada día y que jamás se convierten en hábitos. Deberíamos controlar nuestro consumo de sal y beber más agua. Deberíamos comer más verduras y menos grasas. Deberíamos tomar vitaminas y ponernos cremas de protección solar. Los hechos no podrían ser más claros en este último frente: aplicarnos un poco de protección solar en la cara cada mañana reduce significativamente la probabilidad de padecer cáncer de piel. Sin embargo, aunque todo el mundo se cepilla los dientes, menos del 10 por ciento de los estadounidenses se aplica crema de protección solar. ¿Por qué?

Porque no hay ningún deseo que haya convertido la protección solar en un hábito. Algunas compañías intentan conseguirlo fabricando cremas fotoprotectoras con sensación de picor o algo que les recuerde a los consumidores que se han puesto la crema. Esperan que desencadene un deseo del mismo modo que el picor de la boca nos recuerda que hemos de cepillarnos los dientes. Han utilizado tácticas similares en cientos de otros productos.

«Que haga espuma es una gran recompensa», dijo Sinclair, la directora del producto. El champú no tiene por qué hacer espuma, pero añadimos sustancias espumosas porque la gente espera eso cada vez que se lava el pelo. Lo mismo sucede con el detergente para la ropa. Y con la pasta de dientes: ahora todas las compañías añaden lauril sulfato de sodio para que la pasta de dientes haga más espuma. No limpia más, pero la gente se siente mejor cuando tiene un montón de espuma en la boca. Cuando el cliente empieza a desear esa espuma, se empieza a desarrollar el hábito.

Los deseos intensos son los que conducen a los hábitos. Y descubrir cómo crear un fuerte deseo hace que crear un nuevo hábito sea más sencillo. Esto es tan cierto hoy en día como lo fue hace casi un siglo. Cada noche, millones de personas se lavan los dientes para notar esa sensación de picor; cada mañana, millones de personas se ponen sus zapatillas deportivas para obtener la dosis de endorfinas a la que se han acostumbrado.

Y cuando llegan a casa, después de limpiar la cocina o arreglar sus dormitorios, algunas echarán un poco de Febreze.

3

La regla de oro
para cambiar los hábitos

Por qué se produce la transformación

I

El reloj en el otro extremo del campo marca que faltan ocho minutos y diecinueve segundos cuando Tony Dungy, el nuevo entrenador jefe del Buccaneers de Tampa Bay —uno de los peores equipos de la Liga Nacional de Fútbol Americano, por no decir de la historia del fútbol profesional— empieza a tener un rayito de esperanza.

Es última hora de la tarde del domingo día 17 de noviembre de 1996. Los Buccaneers están jugando en San Diego contra los Chargers, un equipo que el año pasado llegó a la Super Bowl. Los Bucs están perdiendo por 17 a 16. Han estado perdiendo todo el partido. Toda la temporada. Toda la década. Los Buccaneers no han ganado un partido en la Costa Oeste en dieciséis años, y muchos de los jugadores actuales del equipo estaban en primaria la última vez que tuvo una buena temporada. Este año, su récord estaba en 2-8. En uno de esos partidos, el Detroit Lions —un equipo tan malo que posteriormente se diría de él que no conocían la palabra «esperanza»— venció al

Bucs por 21 a 6, y luego, tres semanas más tarde, volvió a vencerles por 27 a 0. Un columnista ha empezado a referirse a los Bucs como el «Felpudo Naranja de Estados Unidos». ESPN predice que Dungy, al que han contratado en enero, podría ser despedido antes de finalizar el año.

No obstante, en la línea de banda, Dungy, al ver cómo se reorganiza su equipo para la próxima jugada, siente que por fin empieza a despuntar el sol entre las nubes. No sonríe. Nunca manifiesta sus emociones durante el partido. Pero está sucediendo algo en el campo, algo para lo que ha estado trabajando durante años. Mientras le llueven los abucheos de las 50.000 personas del estadio, Tony Dungy ve algo que nadie más ve. La prueba de que su plan está empezando a dar resultado.

Tony Dungy había esperado una eternidad para conseguir este puesto. Durante diecisiete años, había rondado por las líneas de banda como ayudante del entrenador, primero en la Universidad de Minnesota, luego con el Pittsburgh Steelers, después con el Kansas City Chiefs, luego volvió a Minnesota con el Vikings. En los últimos diez años le habían entrevistado cuatro veces para ocupar puestos de entrenador jefe con los equipos de la NFL.

En ninguna ocasión le fue bien.

Parte del problema era su filosofía de entrenamiento. En sus entrevistas de trabajo había explicado pacientemente su creencia de que la clave para ganar era cambiar los hábitos de los jugadores. Pretendía que los jugadores no tuvieran que tomar tantas decisiones durante el partido. Quería que reaccionaran automáticamente, de forma habitual. Si podía inculcarles los hábitos correctos a los jugadores, su equipo ganaría. Punto final.

«Los campeones no hacen cosas extraordinarias —explicó Dungy—. Hacen cosas ordinarias, pero las hacen sin pensar, demasiado deprisa para que el equipo contrario pueda reaccionar. Siguen los hábitos que han aprendido.»

¿Cómo —le preguntaban los propietarios— vas a crear esos nuevos hábitos?

Oh, no, él no iba a crear *nuevos* hábitos, respondía Dungy. Los jugadores se han pasado la vida forjando los hábitos que los han conducido a la NFL. Ningún deportista abandonará esos patrones simplemente porque se lo diga un nuevo entrenador.

Por eso, en lugar de crear nuevos hábitos, Dungy iba a *cambiar* las viejas costumbres de los jugadores. Y el secreto para cambiar los viejos hábitos era usar lo que ya había en las cabezas de los jugadores. Los hábitos son un bucle de tres pasos —la señal, la rutina y la recompensa—, y Dungy sólo quería abordar el paso intermedio, la rutina. Por experiencia sabía que era más fácil convencer a alguien para que adoptara una nueva conducta si había algo familiar al principio y al final.

Su estrategia de entrenamiento implicaba un axioma, la Regla de Oro para cambiar los hábitos que todos los estudios han demostrado que es una de las herramientas más poderosas para generar cambios. Dungy reconoció que jamás podemos acabar de eliminar las malas costumbres.

En su lugar, para cambiar un hábito es necesario conservar la señal y la recompensa de siempre, pero insertar una nueva rutina.

Ésta es la regla: si usamos la misma señal y proporcionamos la misma recompensa, podemos cambiar la rutina y cambiar el hábito. Casi todas las conductas se pueden transformar si la señal y la recompensa siguen siendo las mismas.

La Regla de Oro ha funcionado en tratamientos contra el alcoholismo, la obesidad, los trastornos obsesivo-compulsivos y otros cientos de conductas destructivas, y comprenderla puede ayudar a cualquier persona a cambiar sus viejas costumbres. (Los intentos para dejar de picotear entre horas, por ejemplo, suelen fracasar a menos que una nueva rutina satisfaga las viejas señales y recompensas. Una fumadora normalmente no puede dejar de fumar a menos que encuentre alguna actividad para reemplazar el tabaco cuando se activa su deseo de nicotina.)

Dungy explicó cuatro veces su filosofía basada en los hábitos a los dueños de los equipos. Cuatro veces le escucharon educadamente, le dieron las gracias por haberles dedicado su tiempo y contrataron a otro.

Hasta que en 1996, le llamaron del patético Buccaneers. Dungy voló hasta Tampa Bay y, una vez más, expuso su plan sobre cómo ganar. Al día siguiente después de la última entrevista le ofrecieron el puesto.

El sistema de Dungy acabó transformando al Bucs en uno de los equipos con más victorias de la liga. Sería el único entrenador de la historia de la NFL en llegar a los *play-offs* (partidos eliminatorios) durante diez años consecutivos, el primer entrenador afroamericano en ganar una Super Bowl, y una de las figuras más respetadas del deporte profesional. Sus técnicas de entrenamiento se utilizarían en toda la liga y en el resto de los deportes. Su método ayudaría a aclarar cómo podemos cambiar nuestros hábitos.

LA REGLA DE ORO PARA CAMBIAR LOS HÁBITOS

No podemos eliminar los malos hábitos, sólo cambiarlos

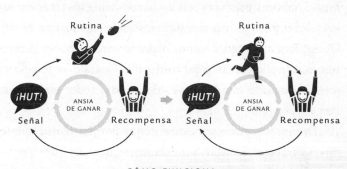

CÓMO FUNCIONA:
UTILIZAR LA MISMA SEÑAL.
MANTENER LA MISMA RECOMPENSA.
CAMBIAR LA RUTINA.

Pero todo eso vendría más adelante. Hoy, en San Diego, Dungy sólo pretendía ganar.

Desde la línea de banda, Dungy mira el reloj: faltan 8 m y 19 s. Los Bucs han ido rezagados todo el partido y han perdido una oportunidad tras otra, como solían hacerlo. Si su defensa no hace algo ahora mismo, el partido habrá concluido definitivamente. El San Diego tiene el balón en su propia línea de veinte yardas, y el *quarterback* [mariscal de campo] de los Chargers, Stan Humphries, se está preparando para dirigir un *drive* [ataque] que pondrá fin al partido. El reloj del campo se pone en marcha de nuevo y Humphries está listo para recoger el *snap* [pase del balón entre las piernas].

Pero Dungy no está mirando a Humphries, sino cómo sus jugadores se alinean en una formación que han estado perfeccionando durante meses. Tradicionalmente, el fútbol es un juego de fintas y contrafintas, trampas de juego y escaramuzas. Los entrenadores con los libros de jugadas más extensos y los esquemas más complicados suelen ser los que ganan. Dungy, sin embargo, ha optado por lo contrario. No le interesa la complicación ni crear confusión. Cuando los jugadores de su defensa se alinean, es evidente para todos qué jugada van a realizar.

Dungy ha optado por este enfoque porque, teóricamente, no necesita escaramuzas. Sencillamente, necesita que su equipo sea el más rápido. En fútbol, las milésimas de segundos cuentan. De modo que, en lugar de enseñar a sus jugadores cientos de formaciones, les ha enseñado sólo unas pocas, pero las han practicado una y otra vez hasta que se han vuelto automáticas. Cuando su estrategia funciona, sus jugadores se pueden mover a una velocidad imposible de superar.

Pero sólo cuando funciona. Si los jugadores piensan demasiado o dudan o conceden una oportunidad a sus instintos, falla el sistema. Y hasta el momento, sus jugadores han sido un desastre.

No obstante, esta vez, cuando los Bucs se están alineando en la línea de veinte yardas, ha sucedido algo diferente. Vamos a Regan Upshaw, un *defensive end* [extremo defensivo] de los Buccaneers que se ha acomodado en la posición en tres puntos en la línea de *scrimmage* [línea imaginaria que marca la posición de la pelota al inicio de la jugada]. En vez de mirar adelante y atrás de la línea para intentar absorber la máxima información posible, Upshaw sólo está pendiente de las señales en las que Dungy le ha enseñado a concentrarse. Primero, mira el pie externo del *lineman* contrario (los dedos de sus pies apuntan hacia atrás, lo que significa que se está preparando para bloquear cuando el *quarterback* haga el pase); a continuación, Upshaw mira los hombros del *lineman* (ligeramente rotados hacia dentro), y al espacio que hay entre él y el siguiente jugador (un poquito más estrecho de lo que pensaba).

Upshaw ha practicado cómo reaccionar ante cada una de esas señales tantas veces, que en este momento no tiene que pensar en lo que ha de hacer. Simplemente sigue sus hábitos.

El *quarterback* del San Diego se acerca a la línea de *scrimmage* y mira primero a la derecha, luego a la izquierda, vocifera el conteo y atrapa la pelota. Retrocede cinco pasos y se queda quieto y erguido, girando la cabeza en busca de un *open receiver* [receptor]. Han transcurrido tres segundos desde que ha empezado la jugada. Todos los ojos del estadio y las cámaras de televisión están puestos sobre él.

Pero lo que la mayoría de los asistentes no ven es lo que está sucediendo entre los Buccanneers. En cuanto Humphries recoge el *snap*, Upshaw entra en acción. Durante el primer segundo de la jugada, se desplaza a la derecha cruzando la línea de *scrimmage* con tal rapidez que el *lineman* ofensivo no puede bloquearle. Al segundo siguiente, Upshaw corre cuatro pasos más *downfield* (fuera del área), sus pasos son casi imperceptibles. Al segundo siguiente, se acerca tres zancadas al *quarterback*, su dirección es imposible de predecir para el *lineman* ofensivo.

Cuando el juego ya está en el cuarto segundo, Humphries, el *quarterback* del San Diego, se queda repentinamente expuesto. Duda, ve a Upshaw por el rabillo del ojo. Y entonces es cuando comete su error. Empieza a *pensar*.

Humphries ve a un compañero de equipo, un *tight end* [defensa lateral] novato llamado Brian Roche, a veinte yardas *downfield*. Hay otro *receiver* del San Diego mucho más cerca, haciéndole gestos con los brazos pidiéndole la pelota. El pase corto es la opción segura. Por el contrario, Humphries, al estar bajo presión, hace un análisis de una décima de segundo, levanta los brazos y lanza la pelota a Roche.

Esa decisión precipitada es justamente lo que Dungy estaba esperando. En cuanto la pelota está en el aire, un *safety* [uno de los jugadores defensivos] de los Buccaneers llamado John Lynch empieza a moverse. El trabajo de Lynch es directo: cuando empieza la jugada, corre hacia un punto concreto de la pista y espera su señal. Hay una gran presión para improvisar en esta situación. Pero Dungy ha entrenado a Lynch hasta que su rutina se ha vuelto automática. El resultado es que cuando el balón abandona las manos del *quarterback*, Lynch está de pie a diez yardas de Roche, esperando.

Mientras el balón gira en el aire, Lynch lee sus señales —la dirección de la máscara facial y de las manos del *quarterback*, el espacio entre los *receivers*— y empieza a moverse antes de que quede claro dónde aterrizará la pelota. Roche, el *receiver* del San Diego, salta hacia delante, pero Lynch le corta rodeándole e intercepta el pase. Antes de que Roche pueda reaccionar, Lynch despega hacia el otro extremo del campo, hacia la *end zone* [zona final] de los Charger. El resto de los Buccaneers están perfectamente posicionados para despejarle su ruta. Lynch corre 10, luego 15, luego 20, y por último casi 25 yardas antes de que por fin le empujen fuera del campo. La jugada entera ha durado menos de diez segundos.

Dos minutos después, los Bucs anotan un *touchdown* [la anotación más valiosa], quedando en cabeza por primera vez en todo el partido. A los cinco minutos anotan un gol de campo. Entretanto, los defensas de Dungy impiden cualquier intento de *comeback* [contraataque] del San Diego. Ganan los Buccaneers por 25 a 17, uno de los grandes acontecimientos de la temporada.

Al final del partido, Lynch y Dungy abandonan juntos el campo.

—Fue como si allí fuera hubiera algo diferente —dice Lynch cuando van entrando en el túnel.

—Estamos empezando a creer —responde Dungy.

II

Para comprender cómo un entrenador puede transformar a un equipo concentrándose en cambiar sus hábitos, hemos de salir del mundo de los deportes. Bastante lejos, en un lóbrego sótano del Lower East Side de la ciudad de Nueva York, en 1934, tuvo lugar uno de los más grandes y exitosos intentos a gran escala de cambiar los hábitos.

En ese sótano se encontraba un alcohólico de 39 años llamado Bill Wilson. Años antes, había tomado su primera bebida alcohólica durante su estancia en el campo de entrenamiento para oficiales de New Bedford, Massachusetts, donde estaba aprendiendo a utilizar armas de fuego antes de que lo embarcaran hacia Francia y la Primera Guerra Mundial. Las familias importantes que vivían cerca de la base solían invitar a cenar a los oficiales, y un domingo por la noche, Wilson asistió a una fiesta donde se sirvió *Welsh rarebit* [pan con queso tostado] y cerveza. Tenía 22 años y nunca había bebido alcohol. Le pareció que la única forma de responder educadamente era tomarse la bebida que le habían servido. Al cabo de unas pocas semanas, le invitaron a otro acontecimiento elegante. Los hombres iban de esmoquin, las mujeres coqueteaban. Se le acercó un mayordomo y le puso un cóctel Bronx —una combinación de ginebra, vermut seco y dulce y zumo de naranja— en la mano. Tomó un sorbito y sintió, como diría más adelante, que había encontrado el «elixir de la vida».

A mediados de la década de 1930, cuando ya había regresado de Europa, con su matrimonio prácticamente roto y la fortuna producto de haber vendido sus acciones se había esfumado, Wilson consumía tres botellas de alcohol al día. Una fría tarde de noviembre, mientras estaba sentado sumido en la tristeza, le llamó un viejo compañero de bebida. Wilson le invitó y mezcló en una jarra zumo de piña y ginebra. Le ofreció un vaso a su amigo.

Su amigo se lo devolvió. Le dijo que llevaba sobrio dos meses.

Wilson estaba atónito. Empezó a hablarle de su propia lucha contra el alcohol, incluida la pelea que había tenido en un club de campo que le había costado el trabajo. Había intentado dejarlo, pero no había podido. Había hecho una desintoxicación y tomado pastillas. Le había hecho promesas a su esposa y acudido a grupos de abstinencia. Nada había funcionado. Wilson se preguntaba cómo lo había conseguido su amigo.

«Tengo la religión», le dijo su amigo. Le habló del infierno y de la tentación, del pecado y del diablo. «Reconoce que estás vencido, admítelo y proponte entregarle tu vida a Dios.»

Wilson pensó que su amigo se había vuelto loco. «El verano pasado era un borracho chiflado; ahora, supuse que estaba un poco chiflado por la religión», escribiría posteriormente. Cuando se marchó su amigo, Wilson se acabó la jarra y se fue a dormir.

Un mes más tarde, en diciembre de 1934, Wilson ingresó en el Hospital Charles B. Towns para Drogadicciones y Alcoholismo, un centro de desintoxicación de lujo en Manhattan. Un médico empezó a darle infusiones cada hora de un fármaco alucinógeno llamado belladona, que entonces estaba de moda para tratar el alcoholismo. Wilson entraba y salía de su consciencia en la cama de una pequeña habitación.

Luego, en un episodio que se ha descrito en millones de reuniones en cafeterías, salas de clubes y sótanos de iglesias, Wilson empezó a retorcerse agonizando. Alucinó durante días. Los dolores del síndrome de abstinencia le hacían sentir como si tuviera insectos que le recorrían la piel. Tenía tantas náuseas que apenas podía moverse, pero el dolor era demasiado intenso para quedarse quieto. «¡Si Dios existe, que aparezca! —gritó Wilson en su habitación vacía—. ¡Estoy dispuesto a todo! ¡A todo!» En ese momento, escribiría más tarde, una luz blanca iluminó su habitación, cesó el dolor y se sintió como si estuviera en la cima de una montaña, «y que soplaba un viento, no de aire, sino de espíritu. Entonces, de pronto me di cuenta de que era un hombre libre. El éxtasis se fue apagando lentamente. Seguía tumbado en la cama, pero ahora, durante un tiempo había estado en otro mundo, un nuevo mundo de consciencia».

Bill Wilson no volvería a beber. En los treinta y seis años siguientes, hasta que murió de un enfisema en 1971, se dedicó a fundar, desarrollar y divulgar Alcohólicos Anónimos, hasta que se convirtió en la mayor, más conocida y exitosa organización mundial para cambiar los hábitos.

Se calcula que aproximadamente 2,1 millones de personas recurren a AA cada año en busca de ayuda, y que unos 10 millones de alcohólicos han conseguido estar sobrios gracias al grupo. AA no le funciona a todo el mundo —las cifras de éxitos son difíciles de calcular, debido al anonimato de los participantes—, pero millones de personas dicen que el programa les ha salvado la vida. El credo básico de AA, sus famosos Doce Pasos, se ha convertido en un imán cultural que se ha incorporado en programas de tratamientos para los adictos a la comida, al juego, al sexo, a las drogas, a acumular, a automutilarse, al tabaco, a los videojuegos, a la dependencia emocional y a docenas de otras conductas destructivas. En muchos aspectos, las técnicas del grupo ofrecen una de las fórmulas más poderosas para el cambio.

Todo esto es un tanto sorprendente, puesto que AA prácticamente no se basa en ninguna ciencia ni método terapéutico aceptado.

Por supuesto, el alcoholismo es más que un hábito. Es una adicción física con raíces psicológicas y quizá genéticas. No obstante, lo curioso del caso de AA es que el programa no aborda directamente muchos de los temas psiquiátricos o bioquímicos que los investigadores suelen decir que son la causa por la que una persona se vuelve alcohólica. De hecho, los métodos de AA parecen esquivar los descubrimientos científicos y médicos, así como los tipos de intervención que muchos psiquiatras dicen que necesitan los alcohólicos.*

---

* Suele ser difícil trazar la línea que separa los hábitos de las adicciones. Por ejemplo, la American Society of Addiction Medicine [Sociedad Americana

Lo que proporciona AA es un método para atacar los hábitos que envuelven el consumo de alcohol. AA es básicamente una maquinaria gigante para cambiar los bucles de los hábitos. Y aunque los hábitos asociados al alcoholismo son extremos, las lecciones que proporciona AA demuestran que se puede cambiar casi cualquier hábito, incluso los más arraigados.

---

de Medicina de la Adicción] define la adicción como «una enfermedad cerebral primaria y crónica, del circuito relacionado con la recompensa, la motivación y la memoria... La adicción se caracteriza por la incapacidad para controlar la conducta, las ansias, la imposibilidad de saber abstenerse de manera estable, y el deterioro de las relaciones».

Según esa definición, indican algunos investigadores, es difícil determinar por qué gastarse 50 dólares a la semana en cocaína es malo, pero no pasa nada si nos los gastamos en café. A un observador que piensa que 5 dólares por un café implica una «incapacidad para controlar la conducta», alguien que se muere por tomar un café con leche cada tarde puede parecerle que es clínicamente un adicto. ¿Alguien que prefiere salir a correr antes que desayunar con sus hijos es un adicto a hacer ejercicio?

En general, dicen muchos investigadores, aunque la adicción sea complicada y todavía poco entendida, muchas de las conductas que asociamos con ella suelen deberse al hábito. Algunas sustancias, como las drogas, el tabaco o el alcohol pueden crear dependencias físicas. Pero estos deseos físicos suelen desaparecer rápidamente cuando se interrumpe su uso. Una adicción física a la nicotina, por ejemplo, dura sólo mientras esa sustancia química está en el torrente sanguíneo del fumador (unas 100 horas tras el último cigarrillo). Muchos de los impulsos que quedan que creemos que son síntomas de la adicción son en realidad hábitos conductuales que se están reafirmando a sí mismos: nos apetece mucho fumar un cigarrillo a la hora de desayunar al cabo de un mes de haberlo dejado, no porque lo necesitemos físicamente, sino porque tenemos un grato recuerdo de la dosis que nos inyectábamos cada mañana. En los estudios clínicos se ha demostrado que atacar las conductas que consideramos adicciones modificando los hábitos que los rodean, es uno de los métodos más eficaces de tratamiento. (Aunque hay que recordar que algunas sustancias químicas, como los opiáceos, pueden provocar adicciones físicas prolongadas, y algunos estudios indican que un pequeño grupo de personas parecen estar predispuestos a buscar adicciones químicas, independientemente de las intervenciones que se realicen en su conducta. Sin embargo, el número de sustancias químicas que crea adicciones físicas a largo plazo, es relativamente reducido, y el número de adictos predispuestos es muy inferior al número de alcohólicos y adictos que buscan ayuda.)

Bill Wilson no leyó revistas académicas ni consultó a muchos médicos antes de fundar AA. Unos pocos años después de haber logrado estar sobrio, escribió los ahora famosos doce pasos, una noche en la cama, en un momento de inspiración. Eligió el número doce por los doce apóstoles. Y algunos aspectos del programa no son sólo poco científicos, sino que directamente pueden parecer raros.

Veamos, por ejemplo, la insistencia de AA de que los alcohólicos asistan a «noventa reuniones en noventa días» (un periodo de tiempo, según parece, elegido al azar). O la obsesión del programa en la espiritualidad, como se transmite en el Paso 3, que dice que los alcohólicos pueden dejar de serlo tomando «la decisión de poner nuestras voluntades y nuestras vidas al cuidado de Dios, como nosotros lo concebimos». En siete de los doce pasos se menciona a Dios o la espiritualidad, lo que suena extraño para un programa fundado por alguien que una vez fue agnóstico, y que durante casi toda su vida había sido abiertamente contrario a la religión organizada. Las reuniones de AA no tienen una planificación rigurosa. Más bien suelen comenzar cuando un miembro cuenta su experiencia, tras la cual se agregan otros. No hay profesionales que moderen las conversaciones, y hay pocas reglas sobre cómo se supone que han de funcionar las reuniones. En las últimas cinco décadas, en las que se ha producido una revolución en casi todos los aspectos de la psiquiatría e investigaciones sobre las adicciones, debido a los descubrimientos de las ciencias de la conducta, la farmacología y nuestra comprensión sobre el cerebro, AA ha permanecido congelada en el tiempo.

Debido a la falta de rigor del programa, los académicos e investigadores suelen criticarlo. El hincapié que hace AA en la espiritualidad, han dicho algunos, lo convierte más en un culto que en un tratamiento. En los últimos quince años, sin embargo, se ha empezado a reevaluarlo. Ahora, los investigadores dicen que los métodos del programa ofrecen lecciones valiosas. Los profesores de las universidades de Harvard, Yale, Chicago y Nuevo México, y docenas más de centros de investigación, han descubierto una especie de ciencia dentro de AA, similar a la que usó Tony Dungy en el campo de juego. Sus descubrimientos acreditan la Regla de Oro del cambio de hábitos: AA tiene éxito porque ayuda a los alcohólicos a utilizar las mismas señales y conseguir las mismas recompensas, pero cambia la rutina.

Los investigadores dicen que AA funciona porque el programa obliga a la gente a identificar las señales que propician sus hábitos de alcohólicas, y luego las ayuda a hallar nuevas conductas. Cuando Claude Hopkins estaba vendiendo Pepsodent, encontró la manera de crear un nuevo hábito activando una nueva ansia. Pero para cambiar un viejo hábito, has de fomentar una vieja ansia. Has de mantener las mismas señales y recompensas de antes, y alimentar el deseo insertando una nueva rutina.

Veamos los pasos 4: «Sin miedo, hicimos un minucioso inventario moral de nosotros mismos», y 5: «Admitimos ante Dios, ante nosotros mismos y ante otro ser humano, la naturaleza exacta de nuestros defectos».

«No es evidente por el modo en que están escritos, pero para completar esos pasos, alguien ha de crear una lista de todos los desencadenantes de los impulsos de los alcohólicos

—dice J. Scott Tonigan, un investigador de la Universidad de Nuevo México que ha estudiado AA durante más de una década—. Cuando haces inventario sobre ti mismo, estás descubriendo todas las causas que te hacen beber. Y admitir ante otra persona todas las cosas que has hecho mal es una buena forma de ser consciente de los momentos donde todo se descontrola.»

Luego, AA les pide a los alcohólicos que busquen las recompensas que les ofrece el alcohol. ¿Qué deseos —pregunta el programa— son los que crean tu bucle del hábito? Con frecuencia, la propia embriaguez no forma parte de la lista. Los alcohólicos ansían una copa porque les ofrece una vía de escape, para relajarse, encontrar compañía, calmar la ansiedad, una oportunidad para liberar emociones. Pueden tener ganas de tomar un cóctel para olvidar sus preocupaciones. Pero no necesariamente anhelan estar borrachos. Los efectos físicos del alcohol suelen ser una de las partes menos gratificantes de beber para los adictos.

«Hay un elemento hedonista en el alcohol —dice Ulf Mueller, un neurólogo alemán que ha estudiado la actividad cerebral entre los alcohólicos—. Pero la gente también utiliza el alcohol porque quiere olvidar algo o satisfacer otros deseos, y estos deseos satisfechos tienen lugar en partes del cerebro totalmente diferentes a las que anhelan el placer físico.»

A fin de ofrecer a los alcohólicos las mismas recompensas que obtienen en un bar, AA ha creado un sistema de reuniones y compañerismo —el «tutor» con el que trabaja cada socio— que pretende ofrecer la misma evasión, distracción y catarsis que una juerga de un viernes por la noche. Si alguien necesita consolarse, puede hacerlo con su tutor o asistiendo a las reuniones del grupo, en vez de tomar una copa con un compañero de bebida.

«AA te obliga a crear nuevas rutinas para lo que puedes hacer cada noche en lugar de beber —dice Toningan—. Puedes relajarte y hablar de tus ansiedades en las reuniones. Los desencadenantes y las recompensas son las mismas, sólo cambia la conducta.»

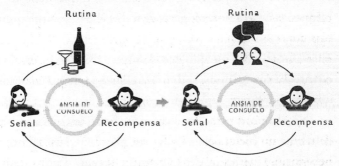

MANTENER LA MISMA SEÑAL,
PROPORCIONAR LA MISMA RECOMPENSA,
INSERTAR UNA NUEVA RUTINA

En 2007, tuvo lugar una demostración espectacular de cómo las señales y las recompensas se pueden transferir a nuevas rutinas, cuando Mueller, el neurólogo alemán, y sus colaboradores de la Universidad de Magdeburgo implantaron unos aparatitos eléctricos dentro del cerebro de cinco alcohólicos que habían intentado repetidas veces abandonar la bebida. Los alcohólicos del estudio habían pasado al menos seis meses en rehabilitación sin éxito. Uno de ellos se había sometido a más de 60 programas de desintoxicación.

Los dispositivos que les implantaron en la cabeza estaban situados dentro de sus ganglios basales —la misma parte del cerebro donde los investigadores del MIT hallaron el bucle del hábito— y emitían una carga eléctrica que interrumpía la recompensa neurológica que desencadena los deseos habituales. Cuando los hombres se recuperaron de sus operaciones fueron expuestos a señales que anteriormente hubieran desencadenado sus impulsos alcohólicos, como fotos de cerveza o ir a un bar. Normalmente, les habría sido imposible resistirse a beber. Pero los dispositivos que les habían implantado «anularon» los deseos neurológicos de todos ellos. No probaron ni una gota.

«Uno de ellos me dijo que el deseo había desaparecido en cuanto lo conectamos —dijo Mueller—. Luego, cuando lo apagamos, regresó inmediatamente.»

No obstante, erradicar los deseos neurológicos de los alcohólicos no fue suficiente para terminar con sus hábitos de bebedores. Cuatro de ellos volvieron a caer al poco tiempo de la operación, generalmente después de alguna situación de estrés. Agarraban la botella porque así es como afrontaban automáticamente la ansiedad. Sin embargo, cuando hubieron aprendido otras rutinas para afrontar el estrés, dejaron de beber para siempre. Por ejemplo, un paciente asistió a las reuniones de AA. Otros fueron a hacer terapia. Y cuando incorporaron sus nuevas rutinas para manejar el estrés y la ansiedad en sus vidas, el éxito fue espectacular. El hombre que se había sometido a 60 tratamientos de desintoxicación no volvió a beber. Los otros dos pacientes habían empezado a beber a los 12 años, a los 18 eran alcohólicos, bebían todos los días, y ahora hace cuatro años que no han probado el alcohol.

Obsérvese cómo se acerca este estudio a la Regla de Oro del cambio de hábito: incluso tras haber cambiado los cerebros de los alcohólicos a través de la cirugía, eso no fue suficiente. Las viejas señales y deseos de recompensas seguían estando presentes, al acecho. Los alcohólicos sólo cambiaron definitivamente cuando aprendieron nuevas rutinas que recurrían a los antiguos desencadenantes y proporcionaban un consuelo familiar. «Algunos cerebros son tan adictos al alcohol que sólo la cirugía puede remediarlo —dijo Mueller—. Pero esas personas también necesitan formas nuevas de afrontar la vida.»

AA proporciona un sistema similar y menos invasivo para incluir rutinas nuevas en los viejos bucles de los hábitos. A medida que los científicos han empezado a comprender cómo funciona AA, han empezado a aplicar los métodos del programa a otros hábitos, como las pataletas de los niños de 2 años, la adicción al sexo, e incluso tics de conducta de menor importancia. Con la expansión de los métodos de AA, éstos se han ido refinando en terapias que se pueden utilizar para cortar con casi cualquier patrón.

En verano de 2006, una graduada de 24 años llamada Mandy entró en el centro de asesoramiento de la Universidad Estatal de Mississipi. Durante casi toda su vida se había mordido las uñas, se las mordía hasta hacerse sangre. Mucha gente se muerde las uñas. No obstante, para los que tienen este vicio crónico es un problema a otra escala. Mandy se las solía morder hasta arrancárselas de la piel. Tenía las yemas de los dedos cubiertas de costras. Las yemas se habían vuelto redondas sin uñas que las protegieran, y a veces sentía cosquilleo o picor, un signo de que el nervio estaba dañado. Este hábito de morderse las uñas había deteriorado su vida social. Se sentía tan incómoda cuando estaba con sus amistades que se metía las manos en los bolsillos y, cuando tenía una cita, cerraba los puños. Había intentado terminar con este hábito pintándose las uñas con esmaltes que tuvieran mal sabor o prometiéndose, *a partir de ahora mismo*, que reuniría la suficiente fuerza de voluntad para dejarlo. Pero en cuanto empezaba a hacer deberes o a ver la televisión, terminaba con los dedos en la boca.

El centro de asesoramiento remitió a Mandy a un estudiante de psicología que estaba haciendo su doctorado y que estudiaba un tratamiento conocido como «entrenamiento de inversión de hábito». El psicólogo estaba bien versado en la Regla de Oro para cambiar los hábitos. Sabía que cambiar el hábito de Mandy requería insertar una nueva rutina en su vida.

—¿Qué sientes justo antes de llevarte la mano a la boca para morderte las uñas? —le preguntó.

—Un poco de tensión en mis dedos —dijo ella—. Me duele un poco aquí en el borde de la uña. A veces me reviso el pulgar buscando padrastros, y cuando noto algo, me lo llevo a la boca. Voy dedo a dedo y me muerdo todos los bordes que noto ásperos. Cuando empiezo, tengo que hacerlo en todos.

Preguntar a los pacientes qué es lo que desencadena su conducta habitual se denomina entrenamiento de conciencia, y al igual que la insistencia de AA para forzar a los alcohólicos a reconocer sus señales, es el primer paso en el entrenamiento de inversión de hábito. La tensión que sentía Mandy en sus uñas era la señal para el hábito de mordérselas.

«La mayoría de los hábitos de las personas son tan antiguos que ya no prestan atención a lo que se los ha provocado —dice Brad Dufrene, que trató a Mandy—. He tenido tartamudos, y les he preguntado qué palabras o situaciones desencadenan su tartamudez, y no lo saben porque hace mucho tiempo que dejaron de fijarse en ello.»

A continuación, el terapeuta le pidió a Mandy que le dijera por qué se mordía las uñas. Al principio, le costaba encontrar las razones. No obstante, a medida que fueron conversando, se le fue aclarando que se las mordía cuando estaba aburrida. El terapeuta le hizo ponerse en algunas situaciones típicas, como ver la televisión y hacer los deberes, y empezaba a mordérselas. Ella le dijo que cuando había acabado con todas sus uñas, sentía una ligera sensación de realización personal. Esa era la recompensa del hábito: un estímulo físico que había llegado a anhelar.

Rutina

Señal ANSIA DE ESTÍMULO ¡Ah! Recompensa

EL BUCLE DEL HÁBITO DE MANDY

Al final de la primera sesión, el terapeuta la mandó a su casa con una tarea: lleva siempre una ficha, y cada vez que sientas la señal —la tensión en las yemas de los dedos—, marca una rayita. Al cabo de una semana regresó con 28 marcas.

En ese momento fue plenamente consciente de las sensaciones que precedían a su hábito. Sabía cuántas veces tenían lugar mientras estaba en clase o mirando la televisión.

Luego el terapeuta le enseñó lo que se conoce como «respuesta competitiva». Le dijo que siempre que sintiera esa tensión en las yemas de los dedos, debía ponerse inmediatamente las manos en los bolsillos, debajo de las piernas, agarrar un lápiz o cualquier otra cosa que le impidiera ponerse las manos en la boca. Luego Mandy tenía que buscar algo que le proporcionara un estímulo físico rápido —como frotarse el brazo o dar golpecitos con los nudillos en una mesa —cualquier cosa que le produjera una respuesta física.

Las señales y recompensas seguían siendo las mismas. Sólo cambiaba la rutina.

NUEVO BUCLE DEL HÁBITO DE MANDY

Practicaron en la consulta del terapeuta durante casi 30 minutos y Mandy se fue a casa con una nueva tarea: continuar con la ficha, pero ahora tendría que poner una marca ( ) cuando sintiera la tensión en las yemas de los dedos, y dibujar una almohadilla (#) cada vez que superara el hábito.

Al cabo de una semana, Mandy se había mordido las uñas sólo tres veces y había usado la respuesta competitiva siete veces. Se recompensó con una manicura, pero siguió usando las fichas. Al cabo de un mes, había desaparecido su hábito. Las rutinas competitivas se habían vuelto automáticas. Un hábito había sustituido al otro.

«Parece ridículamente simple, pero cuando eres consciente de cómo actúa tu hábito, cuando reconoces las señales y las recompensas, has conseguido superar la mitad del problema —me dijo Nathan Azrin, uno de los que habían desarrollado la terapia del entrenamiento de inversión de hábito—. Parece que tendría que ser más complicado. Lo cierto es que el cerebro se puede reprogramar. Basta con que te lo propongas.»*

_____

* Es importante observar que aunque sea fácil describir el proceso de cambiar el hábito, no necesariamente lo es llevarlo a cabo. Es fácil suponer que el tabaco, el alcoholismo, comer en exceso u otros patrones arraigados se pueden cambiar sin un verdadero esfuerzo. El verdadero cambio requiere trabajo y entender las ansias que nos conducen a esas conductas. Cambiar cualquier hábito requiere determinación. Nadie dejará de fumar simplemente porque le dibujen un bucle del hábito.

Sin embargo, al entender los mecanismos de los hábitos, adquirimos una visión que hace que las nuevas conductas sean más fáciles de asimilar. Cualquiera que luche contra una adicción o conducta destructiva se puede beneficiar de la ayuda procedente de muchos frentes, incluidos terapeutas, médicos, trabajadores sociales y religiosos. Sin embargo, incluso los profesionales en esos campos están de acuerdo en que la mayoría de los alcohólicos, fumadores u otras personas con conductas problemáticas dejan el hábito por sí solas, lejos del entorno de los tratamientos. La mayoría de las veces, esos cambios se cumplen porque la gente examina las señales, los deseos y las recompensas que las incitan a sus conductas y luego encuentran formas de sustituir sus rutinas autodestructivas por otras alternativas más saludables, aunque no sean plenamente conscientes de lo que están haciendo. Comprender las señales y los deseos que conducen a nuestros hábitos no hará que éstos desaparezcan de pronto, pero nos aportará un medio para cambiar el patrón.

En la actualidad, la terapia de inversión de hábito se utiliza para tratar los tics verbales y físicos, la depresión, el tabaquismo, la ludopatía, la ansiedad, mojar la cama, la indecisión, los trastornos obsesivo-compulsivos y otros problemas de la conducta. Y sus técnicas ponen de manifiesto uno de los principios fundamentales de los hábitos: con frecuencia, no acabamos de entender las ansias que controlan nuestras conductas hasta que nos dedicamos a observarlas. Mandy nunca se había dado cuenta de que era el deseo de sentir un estímulo físico lo que estaba provocando que se mordiera las uñas, pero cuando hubo diseccionado el hábito, le fue fácil encontrar una nueva rutina que le proporcionara la misma recompensa.

Por ejemplo, quieres dejar de picotear cuando estás en el trabajo. ¿Es satisfacer el hambre la recompensa que estás buscando? ¿O se trata de interrumpir el aburrimiento? Si comes algo para hacer una pausa, puedes encontrar fácilmente otra rutina —como dar un corto paseo o concederte tres minutos de navegar por internet— que te proporcione la misma interrupción sin añadirle nada a tu cintura.

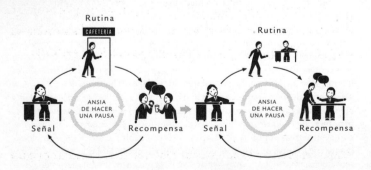

Si quieres dejar de fumar, pregúntate si fumas porque te gusta la nicotina o porque te proporciona un gran estímulo, te estructura el día o es una forma de socializar. Si fumas porque necesitas un estímulo, los estudios indican que un poco de cafeína por la tarde favorece que lo dejes. Más de tres docenas de estudios sobre antiguos fumadores han revelado que identificar las señales y las recompensas que asociamos al tabaco, y luego elegir nuevas rutinas que nos proporcionen recompensas similares —un Nicorette, una serie rápida de flexiones de brazos o simplemente dedicar unos minutos a hacer estiramientos y a relajarnos— hace que sea más fácil dejarlo.

Si identificas las señales y las recompensas, puedes cambiar la rutina. Al menos la mayoría de la veces. No obstante, para algunos hábitos, hace falta otro ingrediente: la convicción.

III

«Aquí tenéis las seis razones por las que todos pensáis que no podéis ganar», les dijo Dungy a sus Buccaneers cuando se convirtió en su entrenador en 1996. Eso fue meses antes de que comenzara la temporada y el equipo estaba sentado en el vestuario. Dungy empezó a enumerar las teorías que todos habían leído en los periódicos o escuchado por la radio: la dirección del equipo era caótica. No se había probado al nuevo entrenador. Los jugadores estaban viciados. A la ciudad no le importaba nada. Los mejores jugadores estaban lesionados. Les faltaba el talento necesario.

«Esas son las supuestas razones —dijo Dungy—. Ahora tenéis el hecho: nadie podrá con nosotros.»

Según él mismo explicó, su estrategia era cambiar las conductas de su equipo hasta que actuaran de forma automática. No creía que los Buccaneers necesitaran un libro de jugadas más grueso. No creía que tuvieran que memorizar cientos de formaciones. Bastaba con que aprendieran unos cuantos movimientos clave y siempre los hicieran bien.

Sin embargo, la perfección es difícil de alcanzar en el fútbol americano. «Cada jugada que realizas en el fútbol americano —cada jugada— alguien te la desbarata —dijo Herm Edwards, uno de los segundos entrenadores de Dungy, en Tampa Bay—. La mayoría de las veces, no es algo físico. Es mental.» Los jugadores se lían cuando empiezan a pensar demasiado o a cuestionarse sus jugadas. Lo que quería Dungy era eliminar la toma de decisiones durante el partido.

Y para ello, tenían que reconocer sus hábitos y aceptar nuevas rutinas.

Empezó por observar cómo jugaba su equipo.

—Trabajemos la *under defense* [defensa débil] —gritó Dungy durante una práctica matinal—. Número cincuenta y cinco, ¿cuál es tu lectura?

—Estoy observando al *running back* [defensa] y al *guard* [guarda] —dijo Derrick Brooks, un *linebacker* [defensa de apoyo] exterior.

—¿Qué es exactamente lo que estás *mirando*? ¿Dónde están tus ojos?

—Estoy mirando el movimiento del *guard* —dijo Brooks—. Estoy observando las piernas y caderas del QB [*quarterback*] después de que consigue el balón. Y estoy buscando espacios en la línea para ver si van a hacer un pase y si el QB va a lanzar hacia mi lado o hacia fuera.

En fútbol americano, estas señales visuales se conocen como «llaves» y son esenciales en cada jugada. La innovación de Dungy era utilizar estas llaves como señales para modificar los hábitos. A veces sabía que Brooks dudaba un momento demasiado largo al inicio del juego. Tenía que pensar en tantas cosas —¿iba a salir el *guard* de la formación? ¿Indica el pie del *running back* que se está preparando para correr o para hacer un pase?— que eso a veces le retrasaba.

La meta de Dungy era liberar la mente de Brooks de todos esos análisis. Al igual que Alcohólicos Anónimos, utilizó las mismas señales a las que Brooks estaba acostumbrado, pero le cambió las rutinas, hasta que al final se produjeron de manera automática.

—Quiero que utilices las mismas llaves —le dijo a Brooks—. Pero al principio concéntrate sólo en el *running back*. Eso es todo. Hazlo sin pensar. Cuando estés en posición, *entonces* empieza a buscar al QB.

Esto fue un cambio relativamente modesto: los ojos de Brooks se fijaban en las mismas señales, pero en vez de mirar a muchos sitios a la vez, Dungy le dio una secuencia y le dijo con antelación la opción que debía elegir en cada llave. Lo fantástico de este sistema es que eliminaba la necesidad de tomar decisiones. Le permitió a Brooks moverse más deprisa, porque todo lo que hacía era una reacción —y al final, un hábito— en lugar de una decisión.

Dungy dio instrucciones similares a todos los jugadores y les hizo practicar innumerables veces todas las formaciones. Le costó casi un año instaurar los nuevos hábitos. El equipo perdió los primeros partidos, que eran los más fáciles. Los columnistas deportivos se preguntaban por qué los Bucs estaban malgastando tanto tiempo en chorradas psicológicas.

Pero gradualmente empezaron a mejorar. Al final, los patrones se volvieron tan familiares para los jugadores que los realizaban automáticamente en cuanto pisaban el campo. En la segunda temporada de Dungy como entrenador, los Bucs ganaron sus primeros cinco partidos y fueron a los *play-offs* por primera vez en quince años. En 1999, ganaron el campeonato de la división.

El estilo de entrenamiento de Dungy empezó a acaparar la atención nacional. Los medios deportivos se enamoraron de su tono de voz suave, su piedad religiosa, y de la importancia que daba a equilibrar el trabajo y la familia. Las historias que contaba la prensa hablaban de que llevaba a sus hijos, Eric y Jamie, al estadio para que estuvieran durante los entrenamientos. Hacían los deberes en el despacho de Dungy y recogían toallas en los vestuarios. Parecía que por fin había llegado el éxito.

En el 2000, los Bucs volvieron a ir a los *play-offs*, y de nuevo en 2001. Ahora, sus seguidores llenaban cada semana el estadio. Los comentaristas deportivos hablaban del equipo como posibles aspirantes a la Super Bowl. Todo se iba a hacer realidad.

Pero incluso cuando los Bucs se hubieron convertido en unos gigantes, apareció un problema. Normalmente, hacían jugadas ajustadas y disciplinadas. Sin embargo, en los momentos cruciales y de mucho estrés, se desmoronaban.

En 1999, tras acumular hasta seis victorias seguidas al final de la temporada, los Bucs perdieron en el Campeonato de la Conferencia contra el St. Louis Rams. En 2000, estaban a un partido de la Super Bowl cuando se desintegraron contra los Philadelphia Eagles perdiendo por 21 a 3. Al año siguiente, les volvió a pasar lo mismo y los Bucs perdieron contra los Eagles por 31 a 9, arruinando su oportunidad para avanzar.

«Practicamos, todo encajaba e íbamos a jugar un gran partido, pero fue como si el entrenamiento se hubiera esfumado —me dijo Dungy—. Después mis jugadores dijeron: "Bueno, fue un partido crucial y volví a lo que ya sabía" o "Sentí que tenía que rendir al máximo". Lo que en *realidad* estaban diciendo era que casi siempre confiaban en nuestro sistema, pero que cuando todo estaba todavía por decidir, esa creencia se desplomaba.»

Al final de la temporada de 2001, después de que los Bucs no consiguieran llegar a la Super Bowl por segundo año consecutivo, el director general del equipo le pidió a Dungy que fuera a verle a su casa. Aparcó cerca de un enorme roble, entró, y treinta segundos después estaba despedido.

Los Bucs ganaron la Super Bowl al año siguiente utilizando las formaciones y los jugadores de Dungy, y confiando en los hábitos que él había modelado. Él vio por la televisión cómo el entrenador que le reemplazó se alzó con el trofeo Lombardi. Pero para entonces él ya estaba muy lejos.

IV

Casi sesenta personas —mamás-taxi* y abogados en su pausa para comer, vejestorios con tatuajes descoloridos y *hipsters*** con finos tejanos— están sentadas en una iglesia escuchando a un hombre un poco barrigón que lleva una corbata a juego con sus ojos azul claro. Parece un político triunfador con el cálido carisma de la reelección asegurada.

—Me llamo John y soy alcohólico —dice.

—Hola, John —responden todos.

—La primera vez que decidí pedir ayuda fue cuando mi hijo se rompió el brazo —dice John. Está de pie detrás de un podio—. Tenía un romance con una compañera de trabajo y ella me dijo que quería poner fin a lo nuestro. Así que me fui a un bar, me tomé dos vodkas y regresé a mi despacho, a la hora de comer fui a Chili's con un amigo, y nos tomamos unas cuantas cervezas, luego, a eso de las dos en punto, me fui con otro amigo y encontramos un sitio donde ofrecían una *happy-hour* de dos por uno. Era el día en que me tocaba ir a recoger

---

* En inglés, *soccer mothers* (madres fútbol), las madres de clase media alta que viven en zonas residenciales y que tienen que llevar en coche a sus hijos pequeños a todas las actividades extraescolares, generalmente deportivas. (*Nota de la T.*)

** Subcultura urbana que se caracteriza por la forma de vestir y de pensar. (*Nota de la T.*)

a mis hijos —mi esposa todavía no sabía lo de mi romance—, conduje hasta la escuela y los recogí, me dirigía a casa por una calle por la que debía haber pasado un millar de veces y choqué contra una señal de *stop* al final de la manzana. Me subí a la acera y, ¡bum!, justo en medio de la señal. Sam —mi hijo— no se había puesto el cinturón de seguridad, así que salió proyectado contra el parabrisas y se rompió el brazo. Había sangre en el salpicadero contra el cual chocó con la nariz, el parabrisas se rajó y yo estaba aterrorizado. Entonces fue cuando me di cuenta de que necesitaba ayuda.

»Ingresé en una clínica y luego salí; durante un tiempo todo parecía ir bastante bien. Durante unos trece meses, todo fue fantástico. Sentía que tenía el control e iba a las reuniones cada dos días, pero al final empecé a pensar: "No estoy tan mal como para necesitar estar en compañía de un puñado de borrachos". Así que dejé de asistir.

»Entonces a mi madre le descubrieron un cáncer y me llamó al trabajo, casi a los dos años de estar sobrio. Salía de la consulta del médico y se dirigía a casa cuando me dijo: "Me ha dicho que podemos tratarlo, pero que está muy avanzado". Lo primero que hice cuando colgué fue irme a un bar, y en los dos años siguientes me emborraché mucho hasta que mi esposa decidió marcharse, y también me tocaba ir a recoger a los niños. Por aquel entonces yo estaba en un puesto muy malo. Un amigo me estaba enseñando a tomar coca, y cada tarde me esnifaba una raya dentro de mi despacho, y a los cinco minutos de sentir ese goteo en el fondo de mi garganta, me esnifaba otra raya.

»Bueno, como iba diciendo, era el día en que me tocaba pasar a recoger a mis hijos. Iba de camino a la escuela y me sentía muy bien, como si estuviera por encima de todo, me salté un semáforo en rojo en un cruce y un camión enorme chocó contra mi coche. De hecho, lo volcó de lado. No me hice ni un rasguño. Salí y empecé a intentar enderezar el vehículo porque pensé que si podía llegar a mi casa y salir de allí antes de que llegara la poli, no pasaría nada. Por supuesto, eso no funcionó, y cuando me arrestaron por conducir bajo la influencia del alcohol, me mostraron cómo había quedado el asiento del pasajero, que estaba totalmente hundido. Allí es donde normalmente se sentaba Sammy. Si hubiera estado allí, habría muerto.

»De modo que volví a asistir a las reuniones y mi tutor me dijo que no importaba que sintiera que había recobrado el control. Sin un poder superior en mi vida, sin admitir mi impotencia, nada iba a funcionar. Pensé que eso eran chorradas; soy ateo. Pero sabía que si algo no cambiaba, acabaría matando a mis hijos. Así que empecé a trabajar en eso, a trabajar mi fe en algo superior a mí. Y está funcionando. No sé si es Dios o lo que quiera que sea, pero hay un poder que me ha ayudado a permanecer sobrio durante siete años, y no dejo de maravillarme. No me levanto sobrio cada mañana; lo que quiero decir es que, aunque no haya vuelto a beber en siete años, algunas mañanas pienso que voy a recaer. Esos días invoco al poder superior y llamo a mi tutor, y la mayor parte de las veces no hablamos de la bebida. Hablamos de la vida, del matrimonio y de mi trabajo, y cuando estoy listo para ducharme, mi cabeza ya vuelve a estar en su sitio.

Las primeras fisuras en la teoría de que Alcohólicos Anónimos tenía éxito únicamente porque reprogramaba los hábitos de los participantes empezaron a aparecer hace poco más de una década y se debieron a historias de alcohólicos como

John. Los investigadores empezaron a descubrir que sustituir los hábitos funcionaba muy bien en muchas personas hasta que el estrés de la vida —como descubrir que tu madre tiene cáncer o que tu matrimonio se está rompiendo— era demasiado fuerte, y es entonces cuando los alcohólicos perdían el tren. Los académicos se preguntaban por qué si la sustitución de los hábitos era tan eficaz, parecía fallar en los momentos críticos. Y a medida que fueron indagando en las experiencias de los alcohólicos para hallar la respuesta a esa pregunta, aprendieron que la sustitución de los hábitos sólo se convierte en conductas duraderas cuando va acompañada de algo más.

Un grupo de investigadores del Grupo de Investigación sobre el Alcoholismo de California, por ejemplo, observó un patrón en las entrevistas. Una y otra vez, los alcohólicos repetían lo mismo: identificar las señales y elegir nuevas rutinas es importante, pero sin otro ingrediente, los nuevos hábitos nunca llegan a arraigar.

El secreto, según dijeron los alcohólicos, era Dios.

Los investigadores odiaban esa explicación. Dios y la espiritualidad no son hipótesis duraderas. Las iglesias están llenas de borrachos que siguen bebiendo a pesar de su fe. No obstante, en las conversaciones con adictos, el tema de la espiritualidad era una constante. Así que en 2005, un grupo de científicos —esta vez afiliados a la Universidad de California en Berkeley, la Universidad Brown y los Institutos Nacionales de la Salud— empezaron a hacerles preguntas a los alcohólicos sobre todo tipo de temas religiosos y espirituales. Luego cotejaron los datos para ver si existía alguna correlación entre las creencias religiosas y el tiempo en que las personas estaban sin beber.

Apareció un patrón. Los alcohólicos que practicaban las técnicas de sustitución de hábitos, según indicaban los datos, podían permanecer sobrios hasta que se producía una situación de estrés en sus vidas; en ese momento, ciertas personas empezaban a beber de nuevo, por muchas nuevas rutinas que hubieran adoptado.

Sin embargo, los alcohólicos que creían, como John de Brooklyn, que había llegado un poder superior a sus vidas, era más probable que superaran los periodos de estrés sin alterar su sobriedad.

Lo que importaba no era Dios, según los investigadores, sino el propio acto de creer. Cuando las personas aprendían a creer en algo, esa habilidad empezaba a transmitirse a otros aspectos de sus vidas, hasta que comenzaban a creer que podían cambiar. La fe era el ingrediente que hacía que el bucle del hábito transformado se convirtiera en una conducta duradera.

«No lo hubiera dicho un año antes; así de rápido cambian nuestros conocimientos —dijo Tonigan, el investigador de la Universidad de Nuevo México—, pero la fe parece ser esencial. No has de creer en Dios, pero necesitas la capacidad para creer que las cosas mejorarán.

»Aunque les ofrezcas a las personas mejores hábitos, eso no remedia la causa por la que empezaron a beber. Llega un momento en que tienen un mal día, y ninguna rutina conseguirá que todo parezca que está bien. Lo que realmente puede cambiar las cosas es *creer* que pueden afrontar esa situación de estrés sin el alcohol.»

Al situar a los alcohólicos en reuniones donde la fe es un don —donde, realmente, la fe forma parte integral de los Doce Pasos—, AA entrena a las personas a creer en algo hasta que creen en el programa y en sí mismas. Ayuda a que la gente practique la creencia de que las cosas mejorarán, hasta que realmente sucede así.

«En algún momento, la gente de AA echa un vistazo a la sala y piensa: *si a ese hombre le ha funcionado, creo que a mí también me funcionará* —dice Lee Ann Kaskutas, una de las científicas más antiguas del Grupo para la Investigación sobre el Alcoholismo—. Hay algo muy poderoso en los grupos y en compartir experiencias. Las personas pueden ser escépticas respecto a su capacidad para cambiar si están solas, pero un grupo las convencerá para que corrijan su falta de fe. Una comunidad crea fe.»

Cuando John abandonaba la reunión de AA, le pregunté por qué ahora le funcionaba el programa, cuando antes le había fallado.

—Cuando empecé a venir a las reuniones después del accidente con el camión, alguien pidió voluntarios para recoger las sillas —me dijo—. Yo levanté la mano. No era nada especial, nos llevó cinco minutos, pero me sentí bien haciendo algo que no girara sólo en torno a *mí*. Creo que fue eso lo que me hizo tomar otra dirección.

»Cuando vine la primera vez no estaba preparado para integrarme en el grupo, pero cuando regresé, estaba dispuesto a empezar a creer en algo.

V

Al cabo de una semana de que los Bucs hubieran despedido a Dungy, el dueño de los Indianapolis Colts le dejó un apasionado mensaje de quince minutos en su contestador. Los Colts, a pesar de tener uno de los mejores *quarterbacks* de la NFL, Peyton Manning, acababan de cerrar una temporada terrible. El propietario necesitaba ayuda. Le dijo que estaba harto de perder. Dungy se trasladó a Indianapolis y se convirtió en su entrenador.

Inmediatamente empezó a aplicar el mismo plan de juego básico: rehacer las rutinas de los Colts y enseñar a los jugadores a utilizar las viejas señales para reconstruir los hábitos. En su primera temporada, los Colts consiguieron 10-6 y se calificaron para los *play-offs*. La temporada siguiente consiguieron 12-4 y entraron en la Super Bowl. La fama de Dungy aumentó. La prensa y la televisión hablaban de él por todo el país. Los aficionados empezaron a viajar donde vivía para visitar la iglesia a la que asistía Dungy. Sus hijos formaban parte del vestuario de los Colts y de las líneas de banda. En 2005, Jamie, su hijo mayor se graduó en el instituto y fue a una universidad en Florida.

No obstante, aunque su popularidad iba en aumento, volvían a surgir los mismos patrones conflictivos. Los Colts podían jugar una temporada con disciplina, ganando los partidos de fútbol, pero luego, bajo la presión de los *play-offs*, se quedaban atascados.

«La fe es la parte más importante en el éxito del fútbol americano profesional —me dijo Dungy—. El equipo *quería* creer, pero cuando las cosas se ponían verdaderamente difíciles, regresaban a sus zonas de confort y a sus viejos hábitos.»

Los Colts terminaron la temporada regular de 2005 con catorce victorias y dos derrotas, el mejor récord de su historia.

Entonces llegó la tragedia.

Tres días antes de Navidad, sonó el teléfono en casa de Tony Dungy a mitad de la noche. Su esposa respondió y le pasó el auricular pensando que se trataba de uno de sus jugadores. Era una enfermera la que llamaba. Su hijo Jamie había sido ingresado por la tarde en el hospital con heridas de compresión en la garganta. Su novia le había encontrado ahorcado en su apartamento, con un cinturón alrededor de su cuello. Los paramédicos le habían trasladado enseguida al hospital, pero todos los intentos de reanimación fueron inútiles. Había fallecido.

Un capellán tomó un avión para pasar las navidades con la familia. «La vida no volverá a ser igual —les dijo el capellán— pero no os sentiréis siempre así.»

A los pocos días después del funeral, Dungy regresó al campo de entrenamiento. Necesitaba algo con qué distraerse, y su esposa y su equipo le animaron a que volviera al trabajo. «Estaba abrumado por su amor y su apoyo —escribió más tarde—. Como grupo siempre nos habíamos apoyado los unos a los otros en los momentos difíciles; ahora los necesitaba más que nunca.»

El equipo perdió su primer partido de los *play-offs*, con lo que pusieron fin a su temporada. Pero en el periodo en que observaron la tragedia que vivía Dungy, «algo cambió —me dijo uno de sus jugadores de aquellos tiempos—. Veíamos a nuestro entrenador pasar por aquellos terribles momentos y todos deseábamos ayudarle de algún modo.»

Es simplista, incluso arrogante, sugerir que la muerte de un joven pueda tener una repercusión en los partidos de fútbol americano. Dungy siempre había dicho que para él no había nada más importante que su familia. Pero tras la muerte de Jamie, mientras los Colts se estaban preparando para la siguiente temporada, algo cambió, según dicen sus jugadores. El equipo se entregó a la visión de Dungy sobre cómo se debería jugar al fútbol americano como nunca lo había hecho antes. Empezaron a creer.

«Había pasado muchas temporadas preocupándome por mi contrato y mi sueldo —dijo uno de los jugadores que, al igual que los otros, habló de esa etapa desde el anonimato—. Cuando regresó el entrenador, después del funeral, yo quería entregarle todo lo que pudiera para ayudarle a aliviar su pena. Fue como entregarme al equipo.»

«A algunos hombres les gusta abrazarse —me dijo otro jugador—. A mí no, no he abrazado a mis hijos en diez años. Pero cuando regresó el entrenador, me dirigí hacia él y le abracé todo el tiempo que pude, porque quería que supiera que yo estaba allí para lo que hiciera falta.»

Tras la muerte del hijo de Dungy, el equipo empezó a jugar de otro modo. Surgió una convicción entre los jugadores sobre la fuerza de la estrategia de Dungy. En las prácticas y en los juegos que los condujeron al inicio de la temporada de 2006, los Colts jugaron al fútbol americano de forma justa y precisa.

«La mayor parte de los equipos de fútbol americano no son realmente un equipo. Simplemente hombres que trabajan juntos —me dijo otro jugador de esa época—. Pero nosotros nos convertimos en un *equipo*. Era una sensación increíble. El entrenador era la chispa, pero era algo más grande que él. Tras su regreso, parecía que realmente creíamos los unos en los otros, como si supiéramos cómo jugar juntos como nunca lo habíamos hecho antes.»

En el caso de los Colts, la fe en su equipo empezó a emerger —en la táctica de Dungy y en su capacidad para ganar— a raíz de una tragedia. Pero ese tipo de creencia también puede surgir sin que haya habido ninguna adversidad.

En un estudio de la Universidad de Harvard realizado en 1994, examinaron a personas que habían cambiado sus vidas de forma radical; por ejemplo, los investigadores descubrieron que algunas de ellas habían rehecho sus hábitos tras una tragedia personal, como un divorcio o una enfermedad grave. Otras los habían cambiado tras ver que algún amigo pasaba por una situación terrible, como los jugadores del equipo de Dungy le vieron en su lucha.

No obstante, también se daban los mismos casos en que la transformación de las personas no se debía a ninguna tragedia previa. Más bien habían cambiado porque estaban integradas en grupos sociales que facilitaban ese cambio. Una mujer dijo que toda su vida había cambiado cuando se apuntó a una clase de psicología y conoció a un grupo maravilloso. «Se abrió una caja de Pandora —dijo la mujer a los investigadores—. Ya no podía aguantar la situación anterior. Tenía que cambiar desde lo más profundo.» Un hombre dijo que había conocido nuevas amistades con las cuales podía practicar ser gregario. «Cuando me esfuerzo para superar mi timidez, siento que no soy yo el que está allí, que es otra persona», les dijo. Pero practicando con su nuevo grupo, ya no sentía que estaba actuando. Empezó a creer que no era tímido, y al final, dejó de serlo. Cuando las personas se unen a grupos donde el cambio parece viable, el potencial para que éste se produzca es más real. Para la mayoría de las personas que hacen inventario de sus vidas, no hay momentos críticos o desastres que les cambien la vida. Simplemente comunidades —a veces de una sola persona— que hacen creíble el cambio. Una mujer les explicó a los investigadores que su vida se transformó después de pasarse un día limpiando retretes, y tras semanas de hablar con el resto del equipo de limpieza sobre si debía dejar a su marido.

«El cambio ocurre cuando estás con otras personas —me dijo Todd Heatherton, uno de los investigadores del estudio—. Parece real cuando podemos verlo en los ojos de otras personas.»

Los mecanismos exactos de la fe todavía no se han llegado a entender. Nadie está seguro de por qué un grupo al que conoces en una clase de psicología puede convencer a una mujer de que todo es diferente, o por qué el equipo de Dungy se unió tras la muerte del hijo de su entrenador. Muchas personas hablan a sus amigos sobre sus desdichados matrimonios y nunca dejan a su pareja; muchos equipos tienen entrenadores que pasan por adversidades y nunca llegan a unirse.

Pero lo que sí sabemos es que para que los hábitos cambien de manera permanente, la gente ha de estar convencida de que el cambio es posible. El mismo proceso que hace a AA tan eficaz —el poder de un grupo para enseñar a creer a los demás— tiene lugar cada vez que la gente se reúne para ayudarse mutuamente a cambiar. La fe es más fácil cuando se produce dentro de una comunidad.

A los diez meses de la muerte de Jamie, empezó la temporada de fútbol americano de 2006. Los Colts jugaron de forma inigualable y ganaron los nueve primeros partidos, terminando el año con 12-4. Ganaron su primer partido del *play-off*, y luego vencieron al Baltimore Ravens en el título de la división. En ese momento estaban a un paso de la Super Bowl, jugando para el Campeonato de la Conferencia, el partido donde Dungy había perdido ocho veces anteriormente.

El encuentro tuvo lugar el 21 de enero de 2007, contra el New England Patriots, el mismo equipo que les había frustrado dos veces sus aspiraciones a la Super Bowl.

Los Colts iniciaron el partido con fuerza, pero antes de que concluyera el primer tiempo, empezaron a desmoronarse. Los jugadores tenían miedo de cometer errores, o estaban tan ansiosos por superar la final de la Super Bowl que se olvidaron de aquello en lo que tenían que concentrarse. Dejaron de confiar en sus hábitos y empezaron a pensar demasiado. Los malos *tackles* [placajes] condujeron a los *turnovers* [pérdida del balón]. Uno de los pases de Peyton Manning fue interceptado y convertido en un *touchdown* [máxima anotación posible: 6 puntos]. Sus oponentes, los Patriots, tomaron la delantera por 21 a 3. Ningún equipo en la historia de la NFL había superado antes una ventaja tan grande en un campeonato de la conferencia. Una vez más, el equipo de Dungy iba a perder.

En el descanso, el equipo entró en el vestuario y Dungy los congregó a todos. El bullicio del estadio se filtraba por las puertas cerradas, pero allí reinaba el silencio. Dungy miró a sus jugadores.

—Tenéis que creer —les dijo Dungy.

«Nos hemos enfrentado a esta misma situación, y contra este mismo equipo, en 2003. —En ese partido habían estado a una yarda de la victoria. A una yarda—. Preparad vuestra espada porque esta vez vamos a ganar. Éste es *nuestro* partido. Es *nuestro* momento.»

Cuando los Colts salieron en el tercer cuarto, volvieron a jugar como lo habían estado haciendo en todos los partidos anteriores. Empezaron a concentrarse en sus señales y hábitos. Ejecutaron cuidadosamente las jugadas que habían estado practicando durante cinco años hasta llegar a realizarlas automáticamente. Su ofensiva, en el *drive* de apertura, consiguió 76 yardas con los *grounding* [abortar el balón] en catorce jugadas y anotó un *touchdown*. Luego, a los tres minutos de tener la siguiente posesión, volvieron a anotar.

En el transcurso del cuarto cuarto, los equipos intercambiaron puntuaciones. Los Colts igualaron el juego, pero no conseguían ponerse en cabeza. Cuando quedaban 3.49 minutos de partido, los Patriots anotaron, colocando a los jugadores de Dungy en una desventaja de 34 a 31. Los Colts se adueñaron del balón y empezaron a hacer *drives* [pases] por el campo. Se desplazaron 70 yardas en 19 segundos y llegaron a la *end zone*. Por primera vez, los Colts estaban en cabeza, 38 a 34. Quedaban sólo 60 segundos. Si el equipo de Dungy podía impedir que los Patriots anotaran un *touchdown*, la victoria sería suya.

En fútbol americano, sesenta segundos es una eternidad.

El *quarterback* de los Patriots, Tom Brady, había anotado *touchdowns* en mucho menos tiempo. Como cabía esperar, en cuestión de segundos desde el inicio de la jugada, Brady movió a su equipo a mitad del campo. En los diecisiete segundos restantes, los Patriots estaban dentro de la distancia de ataque, preparados para la gran jugada final que supondría otra derrota para Dungy y que destrozaría una vez más los sueños de su equipo de ganar la Super Bowl.

Cuando los Patriots se aproximaron a la línea de *scrimmage*, la defensa de los Colts adoptó sus posiciones. Marlin Jackson, un *cornerback* [esquinero] se sitúa a diez yardas de la línea. Observa sus señales: las distancias de los huecos entre los *linemen* del Patriots y la profundidad de la posición del *running back*. Ambas le estaban diciendo que eso iba a ser una jugada de pase. Tom Brady, el *quarterback* de los Patriots, recogió el *snap* e hizo el *drop back* [retirarse hacia atrás] para hacer el pase. Jackson ya se estaba moviendo. Brady ladeó el brazo y lanzó el balón. Su objetivo era un *receiver* de los Patriots que estaba a 22 yardas, en campo abierto, hacia la mitad del campo. Si el *receiver* cogía el balón, era probable que pudiera acercarlo a la *end zone* o anotar un *touchdown*. El balón voló por los aires. Jackson, el *cornerback* de los Colts, ya estaba corriendo en ángulo, obedeciendo a sus hábitos. Se precipitó hasta el hombro derecho del *receiver*, cortándole el paso por delante justo antes de que llegara el balón. Jackson atrapó el balón en el aire para interceptarlo, corrió unos pasos más y se deslizó hasta el suelo, abrazando el balón contra su pecho. Toda la jugada se había producido en menos de cinco segundos. Fin del partido. Dungy y los Colts habían ganado.

Dos semanas más tarde, ganaron la Super Bowl. Existen docenas de razones que explicarían por qué los Colts llegaron a ser campeones ese año. Quizá tuvieron suerte. Quizás era su momento. Pero los jugadores de Dungy dicen que es porque *creyeron*, y porque esa fe hizo que todo lo que habían aprendido —todas las rutinas que habían practicado hasta automatizarlas— se consolidara, incluso en los momentos de mayor estrés.

«Nos sentimos orgullosos de haber ganado ese campeonato para nuestro líder, el entrenador Dungy», dijo después Peyton Manning al público, abrazando el Trofeo Lombardi.

Dungy se giró hacia su esposa. «Lo conseguimos», le dijo.

¿Cómo cambian los hábitos?

Por desgracia, no existe una serie de pasos específicos que nos garantice que a todos nos funcionará. Sabemos que un hábito no se puede erradicar; sencillamente, se ha de sustituir. Y sabemos que los hábitos son más maleables cuando se aplica la Regla de Oro para cambiar los hábitos: mantener la misma señal y la misma recompensa, e insertar una nueva rutina.

Pero eso no basta. Para que el hábito se afiance, hemos de creer que el cambio es posible. Normalmente, esa creencia sólo surge con la ayuda de un grupo.

Si quieres dejar de fumar, instaura una rutina diferente que satisfaga el deseo de fumar. Luego, busca un grupo de apoyo, unos cuantos ex fumadores, o una comunidad que te ayude a creer que puedes estar sin nicotina, y utiliza al grupo cuando sientas que te fallan las fuerzas.

Si quieres adelgazar, estudia tus hábitos para determinar por qué te levantas *realmente* todos los días de tu mesa de trabajo para ir a comer algo, y luego encuentra a alguien con quien puedas dar el paseo, o cotillear en su despacho en lugar de ir a la cafetería, un grupo con el que puedas perseguir tus metas para perder peso o alguien que prefiera tener una reserva de manzanas, en lugar de tener unas patatas chips.

Es evidente: si quieres cambiar un hábito has de hallar una rutina alternativa, y tus probabilidades de éxito aumentarán espectacularmente cuando te comprometas a cambiar formando parte de un grupo. Tener fe es esencial, y eso se produce a raíz de una experiencia grupal, aunque esa comunidad sólo se componga de dos personas.

Sabemos que el cambio es *posible*. Los alcohólicos pueden dejar de beber. Los fumadores pueden dejar de fumar. Los eternos perdedores pueden llegar a ser campeones. Puedes dejar de morderte las uñas o de picotear en el trabajo, de gritar a tus hijos, de pasarte la noche en vela o de preocuparte por cosas pequeñas. Y tal como han descubierto los científicos, no sólo cambian las vidas de las personas cuando se ocupan de sus hábitos. También las empresas, organizaciones y comunidades pueden hacerlo, como veremos en los siguientes capítulos.

PARTE II

LOS HÁBITOS
DE LAS ORGANIZACIONES
DE ÉXITO

4

Hábitos básicos,
o la balada de Paul O'Neill

Qué hábitos son los más importantes

Un borrascoso día de octubre de 1987, un tropel de destacados inversores de Wall Street y analistas bursátiles se reunieron en el salón de baile de un elegante hotel de Manhattan. Estaban allí para conocer al nuevo consejero delegado de la Aluminum Company of America —o Alcoa, por su nombre popular—, una empresa que durante casi un siglo lo había fabricado todo: desde el papel de aluminio que recubre los Hershey's Kisses y las latas de Coca-Cola hasta los tornillos utilizados en la construcción de los satélites.

El fundador de Alcoa había inventado hacía un siglo el proceso para la fundición del aluminio, y desde entonces había sido una de las compañías más poderosas del planeta. Muchas de las personas que estaban allí habían invertido millones en las acciones de Alcoa y disfrutado de unos beneficios regulares. No obstante, el año pasado los inversores habían empezado a quejarse. La dirección de Alcoa había cometido un fallo tras otro, intentando expandirse con nuevas líneas de productos mientras la competencia les robaba los clientes y sus beneficios.

Así que cuando la junta directiva de Alcoa anunció que iba a cambiar al director, hubo una palpable sensación de alivio. No obstante, ese alivio se convirtió en desasosiego cuando anunciaron su elección: el nuevo gerente iba a ser un antiguo funcionario del Gobierno que se llamaba Paul O'Neill. Muchos en Wall Street nunca habían oído hablar de él. Cuando Alcoa programó este encuentro de bienvenida en el salón de baile de Manhattan, todos los inversores importantes pidieron una invitación.

Cuando quedaban unos minutos para el mediodía, O'Neill subió al estrado. Tenía 51 años, llevaba un traje gris de raya diplomática y una corbata clásica de color rojo. Tenía el pelo blanco y una postura erguida propia de un militar. Subió ágilmente los escalones y les regaló una cálida sonrisa. Su mirada era digna, sólida y denotaba seguridad en sí mismo. Típica de gerente general.

Entonces empezó a hablar.

—Quiero hablarles de la prevención del riesgo laboral —les dijo—. Cada año, muchos trabajadores de Alcoa sufren graves accidentes que les obligan a perder algún día de trabajo. Nuestro historial de seguridad laboral es mejor que el de la media de las empresas estadounidenses, sobre todo si tenemos en cuenta que nuestros empleados trabajan con metales a 800 grados centígrados y con maquinaria que puede arrancarles un brazo. Pero eso no basta. Voy a hacer que Alcoa sea la compañía más segura de Estados Unidos. Busco el «efecto cero» en accidentes laborales.

El público se sorprendió. Estas reuniones suelen seguir siempre el mismo guión: el nuevo gerente empieza con una introducción, bromea sobre su persona en un acto de falsa modestia —me pasé el tiempo durmiendo cuando estaba en la Facultad de Ciencias Empresariales de Harvard, por ejemplo—, luego promete incrementar los beneficios y abaratar los costes. Después toca vilipendiar los impuestos, las normativas empresariales, y a veces, con una exaltación propia de una experiencia directa en un tribunal de divorcios, a los abogados. Por último, la charla termina con un aluvión de palabras de moda —«sinergia», «dimensionamientonidóneo» y «competencia cooperativa»— tras lo cual todo el mundo puede regresar a su trabajo con la garantía de que el capitalismo está a salvo un día más.

O'Neill no habló de las ganancias. Ni mencionó los impuestos. No dijo nada de «estar sintonizados para conseguir una ventaja sinérgica en el mercado en la que todos salgamos ganando». Por lo que los oyentes sabían, dada su charla sobre seguridad en el trabajo, O'Neill podía ser partidario de la pro-regulación. Era una perspectiva aterradora.

—Antes de seguir —dijo O'Neill—, quiero destacar que en este salón hay seguridad. —Señaló la parte posterior de la sala—. Hay un par de puertas al fondo, y en el caso improbable de incendio u otra emergencia, deberíamos salir tranquilamente por allí, bajar la escalera hasta el vestíbulo y abandonar el edificio.

Silencio absoluto. El único ruido era el murmullo del tráfico que se filtraba por las ventanas. ¿Seguridad? ¿Salidas de incendios? ¿Es un chiste? Uno de los inversores de la audiencia sabía que O'Neill había estado en Washington, D.C., durante los años sesenta. *Este hombre debe haber tomado muchas drogas*, pensó.

Al final, alguien levantó la mano y preguntó sobre los inventarios de la división aeroespacial. Otro preguntó sobre el coeficiente de capital de la compañía.

—Creo que no me han oído —dijo O'Neill—. Si queremos entender por qué Alcoa está como está, hemos de fijarnos en nuestras cifras de seguridad. Si reducimos los accidentes laborales, no será por las palabras de ánimo o las tonterías que a veces oyen decir a otros gerentes. Será debido a que las personas de esta empresa han aceptado formar parte de algo importante: porque se han comprometido a crear un hábito de excelencia. La seguridad será el indicativo de que estamos progresando en cambiar nuestros hábitos en toda la institución. Así es como tendrán que evaluarnos.

Los inversores casi salieron en estampida al terminar la presentación. Uno cruzó el vestíbulo corriendo para encontrar un teléfono público y llamar a sus veinte mejores clientes.

«Les dije que la junta había contratado a un hippie loco para el puesto y que se iba a cargar la compañía —me dijo ese inversor—. Les ordené que vendieran sus acciones inmediatamente, antes de que todos los demás asistentes empezaran a llamar a sus clientes para decirles lo mismo.

»Fue el peor consejo que he dado en mi carrera.»

Al cabo de un año de la charla de O'Neill, los beneficios de Alcoa se dispararon hasta alcanzar un récord. Cuando O'Neill se jubiló en el año 2000, los ingresos netos de la compañía se habían quintuplicado desde su llegada y su capitalización bursátil había ascendido a 27.000 millones de dólares. Alguien que hubiera invertido un millón de dólares en Alcoa el día en que contrataron a O'Neill habría ganado otro tanto en dividendos durante el tiempo en que estuvo al mando de la compañía, y se habría quintuplicado el valor de sus acciones hasta el día en que se jubiló.

Pero lo más importante es que todo esto sucedió mientras Alcoa se convertía en una de las compañías con mayor seguridad laboral del mundo. Antes de la llegada de O'Neill, casi todas las plantas de Alcoa contabilizaban al menos un accidente laboral a la semana. Cuando se puso en práctica su plan de prevención de riesgos, algunas plantas estuvieron años sin que un solo empleado perdiera un día de trabajo debido a un accidente. El índice de accidentes laborales descendió una vigésima parte con respecto a la media en Estados Unidos.

Entonces, ¿cómo consiguió O'Neill que una de las compañías más grandes, importantes y potencialmente peligrosas se convirtiera en una máquina de ganancias y en un bastión de la seguridad laboral?

Atacando un hábito y luego observando la onda expansiva de los cambios por toda la organización.

«Sabía que tenía que transformar Alcoa —me dijo O'Neill—. Pero no se le puede *ordenar* a la gente que cambie. El cerebro no funciona así. De forma que decidí que iba a empezar por concentrarme en una cosa. Si podía empezar a cambiar los hábitos en torno a algo, eso se expandiría por toda la empresa.»

O'Neill creía que algunos hábitos tienen el poder de iniciar una reacción en cadena, cambiando otros hábitos a medida que se instauran en una organización. Es decir, algunos hábitos importan más que otros para rehacer los negocios y la vida. Son «hábitos básicos» y pueden influir en el modo en que trabajan, comen, juegan, viven, gastan y se comunican las personas. Los hábitos básicos inician un proceso que con el tiempo lo transforma todo.

Los hábitos básicos dicen que el éxito no depende de que todo salga bien, sino de identificar unas cuantas prioridades clave y convertirlas en poderosas palancas. En la primera parte de este libro he explicado cómo funcionan los hábitos, cómo se pueden crear y cambiar. Pero, ¿por dónde debería empezar un aspirante a controlar sus hábitos? La respuesta a esa pregunta está en comprender los hábitos básicos: los hábitos que más importan son aquellos que, cuando empiezan a cambiar, desplazan y rehacen otros patrones.

Los hábitos básicos explican cómo Michael Phelps llegó a ser campeón olímpico y por qué algunos alumnos universitarios son mejores que sus compañeros. Describen por qué algunas personas, después de intentarlo durante años, de pronto adelgazan 20 kilos a la vez que se vuelven más productivas en su trabajo y llegan a tiempo a su casa para cenar con sus hijos. Los hábitos básicos explican cómo Alcoa llegó a ser una de las empresas con una cotización más alta en el índice Dow Jones, a la vez que se convirtió en uno de los lugares más seguros sobre la Tierra.

Cuando Alcoa le propuso a O'Neill que ocupara el cargo de gerente de la compañía, él no estaba seguro de querer ese puesto. Ya había ganado mucho dinero en su vida y a su esposa le gustaba Connecticut, que es donde vivían. No sabían nada de Pittsburgh, donde Alcoa tenía su central. Pero antes de rechazar la oferta, O'Neill les pidió que le dejaran un tiempo para reflexionar. Para tomar la decisión, empezó a confeccionar una

lista sobre cuáles serían sus principales prioridades si aceptaba el puesto.

O'Neill siempre había creído mucho en las listas. Las listas eran su forma de organizarse la vida. Cuando estaba en
la escuela universitaria en la ciudad de Fresno (California)
—donde terminó sus estudios en algo más de tres años, a la
vez que trabajaba treinta horas a la semana—, O'Neill había
hecho una lista de todo lo que quería hacer en su vida; entre
las primeras cosas estaba «Hacer algo único». Tras graduarse
en 1960, siguiendo los consejos de un amigo, recogió una solicitud para acceder a una oferta de empleo público del Gobierno federal para estudiantes y, junto con otros 300.000 más,
hizo las oposiciones para un puesto estatal. Seleccionaron a
3.000 personas para las entrevistas. A 300 les ofrecieron un
puesto. O'Neill fue una de ellas.

Empezó en un puesto directivo intermedio en la Veterans
Administration [Administración para los Veteranos] y le pidieron que aprendiera informática. Todo ese tiempo, O'Neill
siguió haciendo sus listas, anotando por qué algunos proyectos tenían más éxito que otros, qué contratistas cumplían y
cuáles no. Cada año le ascendían. Y a medida que fue ascendiendo en la VA, se fue creando la reputación de persona cuyas listas siempre parecían incluir una V de visto que indicaba que había resuelto un problema.

A mediados de la década de 1960, esas habilidades estaban muy solicitadas en Washington, D.C.; Robert McNamara
acababa de reestructurar el Pentágono contratando a un grupo de jóvenes matemáticos, estadistas y programadores informáticos. El presidente Johnson quería tener sus propios
niños prodigio. Así que reclutaron a O'Neill para la que aca-

baría siendo conocida como la Oficina de Administración y Presupuesto, uno de los organismos más poderosos. En una década, cuando tenía 38 años, le ascendieron a director adjunto, y de pronto se convirtió en una de las personas más influyentes de la ciudad.

Allí es donde realmente comenzó la formación de O'Neill en los hábitos organizativos. Una de sus primeras funciones fue crear un entorno analítico para estudiar cómo gastaba el estado su presupuesto en salud pública. Pronto se dio cuenta de que los esfuerzos del Gobierno, que deberían haberse guiado por reglas lógicas y prioridades deliberadas, eran dirigidos por extraños procesos institucionales que, en muchos aspectos, actuaban como si fueran hábitos. Los burócratas y políticos, en lugar de tomar decisiones, respondían a las señales con rutinas automáticas a fin de conseguir recompensas como promociones o reelecciones. Era el bucle del hábito, que se había expandido a miles de personas y a miles de millones de dólares.

Por ejemplo, tras la Segunda Guerra Mundial, el Congreso había creado un programa para construir hospitales para la comunidad. Un cuarto de siglo después, todavía seguían con el proyecto, así que siempre que los legisladores destinaban nuevos fondos a salud pública, los burócratas inmediatamente empezaban a construir. Las ciudades donde se construían los nuevos hospitales no necesariamente *necesitaban* más camas de hospital, pero eso no importaba. Lo que importaba era erigir una gran estructura que un político pudiera señalar con el dedo cuando estuviera en su campaña electoral.

Los empleados federales «se pasaban meses discutiendo sobre si las cortinas tenían que ser azules o amarillas, pensando si las habitaciones de los pacientes debían tener una o dos televisiones, diseñando las zonas de control de enfermería, asuntos sin importancia —me dijo O'Neill—. La mayoría de las veces, nadie le consultaba a la ciudad si quería un hospital. Los burócratas habían adquirido el hábito de resolver todos los problemas médicos construyendo algo para que algún congresista pudiera decir "¡Esto lo he hecho yo!". No tenía ningún sentido, pero todo el mundo hacía lo mismo una y otra vez».

Los investigadores han descubierto hábitos institucionales en casi todas las compañías u organizaciones que han revisado. «Las personas tienen hábitos, los grupos tienen rutinas —escribió el académico Geoffrey Hodgson, que se pasó toda su vida profesional examinando los patrones organizativos—. Las rutinas en las organizaciones son análogas a los hábitos.»

Para O'Neill, este tipo de hábitos era peligroso. «Básicamente, estamos cediendo la toma de decisiones a un proceso que ha tenido lugar sin pensar», dijo O'Neill. Pero en otras instituciones, donde se respiraba el aire del cambio, los buenos hábitos organizativos estaban creando el éxito.

Algunos departamentos de la NASA, por ejemplo, se estaban adelantando instaurando deliberadamente rutinas organizativas que fomentaran que los ingenieros asumieran más riesgos. Cuando explotaban cohetes no tripulados en el despegue, los jefes de los departamentos aplaudían, para que todo el mundo supiera que su división lo había intentado y, aunque había fracasado, al menos lo había intentado. Al final, el centro de misión de control se llenaba de aplausos cada vez que explotaba algún caro artefacto. Se convirtió en un hábito de la organización. O veamos la Environmental Protection Agency [Agencia de Protección del Medio Ambiente] creada en 1970. El primer administrador de la EPA, William Ruckelshaus diseñó conscientemente hábitos organizativos que incitaran a sus reguladores a ser agresivos en la ejecución. Cuando los abogados solicitaban permiso para presentar una demanda o la ejecución de una sentencia, la solicitud pasaba por un proceso de aprobación. La respuesta por defecto era su autorización. El mensaje era claro: en la EPA, la agresividad tiene recompensa. En 1975, la EPA dictaba más de 1.500 normativas medioambientales nuevas al año.

«Cada vez que me fijaba en alguna parte del Gobierno, descubría estos hábitos que parecían explicar por qué las cosas tenían éxito o fracasaban —me dijo O'Neill—. Los mejores organismos entendían la importancia de las rutinas. Los peores estaban dirigidos por personas que jamás pensaban en ello, y que luego se preguntaban por qué nadie seguía sus órdenes.»

En 1977, tras dieciséis años en Washington, D.C., O'Neill consideró que era el momento de marcharse. Trabajaba quince horas al día, siete días a la semana, y su esposa estaba harta de educar sola a cuatro hijos. O'Neill dimitió y aceptó un puesto en International Paper, la mayor compañía mundial de pasta química y papel. Ulteriormente llegó a ser su presidente.

Por aquel entonces, algunos de sus viejos amigos del Gobierno formaban parte de la junta directiva de Alcoa. Cuando la compañía necesitó un nuevo gerente ejecutivo, pensaron en él, y así es como terminó escribiendo una lista de sus prioridades para decidir si aceptaba el puesto.

En aquellos momentos, Alcoa tenía dificultades. Los críticos decían que los empleados de la compañía no eran lo bastante aptos y que la calidad de sus productos no era buena. Pero entre los primeros puestos de la lista de prioridades de O'Neill no había escrito «calidad» o «eficiencia». En una compañía tan grande y antigua como Alcoa, no se puede pretender que de la noche a la mañana todo el mundo trabaje más o sea más productivo. El gerente anterior había intentado exigir unas mejoras, y 15.000 trabajadores habían ido a la huelga. La cosa se puso tan fea que incluso llevaron maniquís a las zonas de aparcamiento, los vistieron de directores y los quemaron. «Alcoa no era una familia feliz —me dijo una persona de aquellos tiempos—. Más bien se parecía a la familia Manson, pero con el añadido del metal fundido.»

O'Neill llegó a la conclusión de que su máxima prioridad, si aceptaba el trabajo, tendría que ser algo que todos —sindicatos y ejecutivos— consideraran que era importante. Necesitaba algo que uniera a las personas, que les diera una razón para cambiar su forma de trabajar y de comunicarse.

«Me remití a lo básico —me dijo—. Todo el mundo se merece salir del trabajo tan a salvo como ha entrado, ¿no le parece? No has de temer que alimentar a tu familia pueda costarte la vida. Eso fue en lo que quise concentrarme: en cambiar sus hábitos de seguridad.»

Al principio de su lista escribió «seguridad» y se marcó una meta audaz: cero accidentes. Ese iba a ser su compromiso por mucho que costara.

O'Neill decidió aceptar el trabajo.

«Me alegro de estar aquí», dijo O'Neill en una sala llena de trabajadores de una planta de fundición de Tennessee a los pocos meses de haber sido contratado. No todo había ido sobre ruedas. En Wall Street todavía estaban aterrados. Los sindicatos estaban preocupados. Algunos de los vicepresidentes de Alcoa se sentían ofendidos porque no se les había tenido en cuenta para ocupar el puesto principal. Y O'Neill seguía hablando de seguridad laboral.

«Estaré encantado de negociar con vosotros lo que haga falta», les dijo O'Neill. Estaba haciendo una gira por todas las plantas de Alcoa en Estados Unidos, tras la cual visitaría las instalaciones de la compañía en 31 países. «Pero hay algo que nunca será negociable, y eso es la seguridad. No quiero oíros decir jamás que no hemos tomado todas las medidas necesarias para asegurarnos de que no vais a tener accidentes laborales. El que quiera rebatirme ese tema, lleva las de perder.»

La genialidad de su planteo era que, como es natural, nadie quería discutir con O'Neill respecto a ese tema. Los sindicatos habían estado luchando durante años para conseguir mejores normas de seguridad. Los directores tampoco querían contradecirle porque los accidentes laborales reducían la productividad y bajaban la moral.

No obstante, lo que la mayoría de las personas no veían era que el plan de O'Neill de cero accidentes implicaba la reestructuración más radical de la historia de Alcoa. O'Neill creía que la clave para proteger a sus empleados era comprender *por qué* se producían los accidentes laborales. Y para entender *por qué* sucedían los accidentes, se tenía que estudiar *dónde* estaba fallando el proceso de fabricación. Para entender *por qué* iban mal las cosas, había que traer personas que pudieran formar a los trabajadores en control de calidad y en procesos de trabajo más eficaces, para que fuera más fácil hacer las cosas bien, puesto que trabajar bien también implica trabajar con más seguridad.

Resumiendo, para proteger a los trabajadores, Alcoa necesitaba llegar a ser la mejor compañía de aluminio y la más funcional del planeta.

El plan de seguridad de O'Neill, se diseñó de acuerdo con el bucle del hábito. Identificó una señal sencilla: un accidente laboral. Diseñó una rutina automática: cada vez que se produjera un accidente laboral, el presidente de la unidad tendría que informar de ello a O'Neill en las veinticuatro horas siguientes y presentar un plan para garantizar que eso no volvería a pasar. Y una recompensa: las únicas personas que ascenderían serían las que siguieran el sistema.

Los presidentes de las unidades eran personas muy ocupadas. Para poder informar a O'Neill de un accidente laboral en un plazo de veinticuatro horas, tenían que enterarse por boca de sus vicepresidentes en cuanto éste se produjera. Así que los vicepresidentes tenían que estar en comunicación constante con los jefes de planta. Y los jefes de planta tenían que conseguir que cuando los trabajadores descubrieran algún problema se lo comunicaran enseguida y tuvieran a mano una lista de sugerencias, para que cuando el vicepresidente les pidiera un plan de acción ya hubiera un buzón lleno de posibilidades. Para poner todo esto en marcha, cada planta tenía que crear nuevos sistemas de comunicación que facilitaran que hasta el trabajador de menor grado pudiera hacer llegar una idea al ejecutivo de mayor rango lo antes posible. Casi toda la jerarquía rígida de la compañía tenía que cambiar para acomodar el plan de seguridad de O'Neill. Estaba creando nuevos hábitos corporativos.

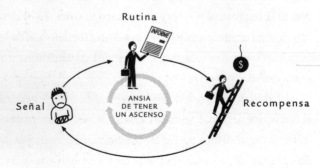

BUCLE DEL HÁBITO INSTITUCIONAL DE ALCOA

A medida que cambiaban los patrones de seguridad de Alcoa, también cambiaban otros aspectos de la compañía con una rapidez sorprendente. Las normas a las que hacía años que se oponían los sindicatos —como medir la productividad individual de los trabajadores— fueron aceptadas de golpe, porque esas medidas ayudaban a todos a descubrir cuándo se descontrolaba alguna parte del proceso de manufacturación, planteando un riesgo de seguridad. Las políticas a las que tanto se habían resistido los directivos —como autorizar a los trabajadores para cerrar una línea de producción cuando el ritmo fuera abrumador— ahora eran bien recibidas, porque esa era la mejor forma de evitar los accidentes antes de que se produjeran. La compañía cambió tanto que algunos empleados empezaron a adoptar los hábitos de seguridad en otras áreas de su vida.

«Hace dos o tres años, estaba en mi despacho mirando por la ventana el puente de la calle Nueve, y había unos hombres que estaban trabajando sin seguir los procedimientos correctos de seguridad —dijo Jeff Shockey, actual director de seguridad laboral de la compañía. Uno de ellos estaba de pie encima de la baranda, mientras que el otro le sujetaba el cinturón. No utilizaban arneses ni cuerdas de seguridad—. Trabajaban para alguna empresa que no tenía nada que ver con nosotros, pero sin pensarlo, me levanté de la silla, bajé cinco pisos, me dirigí hacia el puente y les dije a esos hombres que estaban arriesgando su vida, que tenían que ponerse el arnés y el resto del equipo de seguridad.» Los hombres le explicaron que su supervisor se había olvidado de traerles el equipo. Entonces, Shockey llamó a la Administración de Salud y Seguridad Ocupacional e hizo venir al supervisor.

«Otro ejecutivo me dijo que un día hizo detener una excavación cerca de su casa porque no utilizaban cajas para trincheras y les dio a todos una charla sobre la importancia de utilizar los procedimientos correctos. Era fin de semana y detuvo su coche con sus dos hijos dentro para sermonear a los trabajadores de la ciudad sobre la seguridad al cavar trincheras.

Eso no es natural, pero de eso se trata. Ahora hacemos cosas sin pensarlas.»

O'Neill nunca prometió que concentrarse en la seguridad laboral aumentaría las ganancias de Alcoa. Sin embargo, a medida que las nuevas rutinas se iban expandiendo por la organización, se fueron reduciendo los costes, aumentó la calidad y se disparó la productividad. Si el metal fundido lesionaba a sus empleados cuando salpicaba, entonces se tenía que rediseñar un sistema de vertido que produjera menos accidentes. También ahorraba dinero porque Alcoa perdía menos materia prima en los derrames. Si la máquina se estropeaba habitualmente, se sustituía, lo que implicaba menos riesgo de que un equipo defectuoso le arrancara un brazo a un empleado. Ello también implicaba productos de más calidad porque, tal como descubrió Alcoa, el mal funcionamiento del equipo era la causa principal de que el aluminio fuera de calidad inferior.

Los investigadores descubrieron dinámicas similares en docenas de entornos diferentes, incluida la vida privada de las personas.

Veamos, por ejemplo, los estudios de la pasada década en los que se estudia el efecto de hacer ejercicio diariamente. Cuando las personas empiezan a hacer ejercicio de forma habitual, incluso aunque sólo sea una vez a la semana, empiezan a cambiar, muchas veces inconscientemente, otros patrones en su vida que no tienen ninguna relación. Por lo general, las personas que hacen ejercicio empiezan a comer mejor y a ser más productivas en su trabajo. Fuman menos y tienen más paciencia con sus compañeros de trabajo y con su familia. No usan tanto las tarjetas de crédito y tienen menos estrés. No se sabe exactamente por qué. Pero para muchas personas hacer ejercicio es el hábito clave que desencadena un cambio generalizado. «Hacer ejercicio influye en todo —dice James Prochaska, un investigador de la Universidad de Rhode Island—. Tiene algo que hace que sea más fácil adoptar otras buenas costumbres.»

Los estudios han demostrado que las familias que suelen cenar juntas parecen educar mejor a sus hijos para hacer los deberes, sacar mejores notas, tener más control emocional y más confianza en sí mismos. Hacerse la cama cada mañana está correlacionado con una mayor productividad, mayor sensación de bienestar y ser más capaz de ceñirse al presupuesto. No es que una comida familiar o una cama arreglada *hagan* que tengamos mejores notas o no gastemos tanto. Pero por alguna razón esos cambios iniciales activan cadenas de reacción que ayudan a que se establezcan otros hábitos.

Si nos concentramos en cambiar y en cultivar los hábitos esenciales, podemos producir cambios generalizados. Sin embargo, identificar los hábitos básicos es engañoso. Para descubrirlos has de saber dónde tienes que mirar. Detectar los hábitos básicos significa buscar ciertas características. Los hábitos básicos ofrecen lo que conocemos dentro de la literatura académica como «pequeños triunfos». Ayudan a que florezcan otros hábitos creando nuevas estructuras, y establecen sistemas de trabajo en los que el cambio se vuelve contagioso.

Pero tal como O'Neill y un sinfín de personas han descubierto, salvar el abismo entre comprender esos principios y utilizarlos requiere un poco de ingenio.

II

Cuando el despertador de Michael Phelps sonó a las 6:30, la mañana del 13 de agosto de 2008, salió a rastras de su cama en la villa olímpica de Pekín y se sumió directamente en su rutina.

Agarró unos pantalones sudaderas y se fue a desayunar. A principios de semana ya había ganado tres medallas de oro —lo que sumaban nueve en su carrera— y ese día tenía dos carreras. A eso de las 7:00 estaba en la cafetería tomando su desayuno habitual para un día de competición, un menú de huevos, avena y batidos energéticos, la primera tanda de las más de 6.000 calorías que consumiría en las dieciséis horas siguientes.

Su primera carrera, 200 metros mariposa, la prueba más fuerte, estaba programada para las 10:00 en punto. Dos horas antes del disparo inicial, empezó con su rutina habitual de estiramientos; empezó por los brazos, luego la espalda, después los tobillos, que eran tan flexibles que se podían extender más de 90 grados, más que una bailarina *en pointe*. A las 8:30 se sumergió en la piscina y empezó su primera vuelta de calentamiento, 800 metros de mezcla de estilos, seguidos de 600 metros de pataleo, 400 metros tirando de una boya entre sus piernas, 200 metros de ejercicios de brazada, y una serie de *sprints* de 25 metros para acelerar su ritmo cardíaco. El entrenamiento duró exactamente 45 minutos.

A las 9:15, se marchó de la piscina y empezó a embutirse su LZR Racer, una malla tan ajustada que para colocársela bien necesitaba 20 minutos. Luego se colocó los auriculares para natación en las orejas, se puso la selección de hip-hop que escuchaba antes de cada carrera y esperó.

Phelps había empezado a nadar a los siete años para quemar algo de la energía que estaba volviendo locos a su madre y a sus profesores. Cuando el entrenador de natación de su localidad, Bob Bowman, vio el largo torso de Phelps, sus grandes manos y sus piernas relativamente cortas (que ofrecían menos resistencia en el agua) supo que podía llegar a ser un campeón. Pero Phelps era muy emotivo. Le costaba calmarse antes de las carreras. Sus padres se estaban divorciando y no sabía controlar el estrés. Bowman le compró un libro de ejercicios de relajación y le dijo a su madre que se los leyera en voz alta cada noche. El libro contenía un guión —«Tense su mano derecha cerrando el puño y relájela. Imagine que la tensión desaparece»— para que Phelps tensara y relajara cada parte de su cuerpo antes de dormirse.

Bowman creía que para los nadadores, la victoria del éxito estaba en crear las rutinas correctas. Bowman sabía que Phelps tenía el cuerpo perfecto para la piscina. Dicho esto, todos los que acaban compitiendo en los Juegos Olímpicos tienen una musculatura perfecta. Bowman también vio, incluso cuando Phelps todavía era muy joven, que tenía capacidad para obsesionarse, lo que le convertía en un atleta ideal. De hecho, todos los atletas de élite son obsesivos.

Sin embargo, lo que Bowman podía ofrecerle a Phelps —lo que le diferenciaría de los demás competidores— eran los hábitos que le convertirían en el nadador con la mente más fuerte de la piscina. No necesitaba controlar todos los aspectos de la vida de Phelps. Lo único que tenía que hacer era localizar unos pocos hábitos específicos que nada tuvieran que ver con la natación, y sí con crear un nuevo entorno mental. Diseñó una serie de conductas que Phelps pudiera usar para calmarse y concentrarse antes de cada carrera, para encontrar esas diminutas ventajas que, en un deporte en que la victoria se alcanza por milésimas de segundos, pueden ser decisivas.

Por ejemplo, cuando Phelps era adolescente, al final de cada entrenamiento Bowman le decía que se fuera a casa y «se pusiera la cinta de vídeo. Mírala antes de irte a dormir y cuando te levantes».

La cinta de vídeo no era tal en sentido literal. Se refería a una visualización mental de la carrera perfecta. Cada noche antes de acostarse y cada mañana después de levantarse, Phelps se imaginaba que saltaba del poyete [pilar de salida] y nadaba a la perfección a cámara lenta. Visualizaba sus brazadas, las paredes de la piscina, sus giros y el final. Imaginaba la estela que dejaba su cuerpo, el agua goteando de sus labios cuando su boca llegara a la superficie, cómo se sentiría al quitarse el gorro de baño al final. Se estiraba en la cama con los ojos cerrados a observar toda la competición, hasta los más ínfimos detalles, una y otra vez, hasta que conocía cada segundo al dedillo.

Durante los entrenamientos, cuando Bowman le ordenaba que nadara a velocidad de carrera, le gritaba «¡Ponte la cinta de vídeo!» y Phelps se esforzaba al máximo. Casi se sentía decepcionado cuando cortaba el agua. Lo había hecho tantas veces mentalmente que se lo sabía de memoria. Pero funcionó. Cada vez iba más deprisa. Al final, lo único que tenía que hacer Bowman antes de una carrera era susurrarle: «Prepara la cinta» y Phelps se calmaba y arrasaba en la carrera.

Cuando Bowman hubo establecido unas cuantas rutinas esenciales en la vida de Phelp, pareció como si todos los demás hábitos —su dieta y horarios de entrenamientos, los estiramientos y el horario de dormir— hubieran encontrado su lugar por sí solos. La razón de fondo de por qué esos hábitos fueron tan eficaces, por qué actuaron como hábitos básicos, fue algo que en la literatura académica se conoce como «pequeño triunfo».

Los pequeños triunfos son justamente lo que parecen y forman parte del proceso en que los hábitos básicos crean cambios generalizados. Un gran número de investigaciones han demostrado que los pequeños triunfos tienen un poder enorme, una influencia desproporcionada para lo que son los logros de las propias victorias. «Los pequeños triunfos son la aplicación constante de las pequeñas ventajas —escribió un catedrático de la Universidad de Cornell en 1984—. Cuando se ha logrado un pequeño triunfo, se ponen en marcha las fuerzas para lograr otro pequeño triunfo.» Los pequeños triunfos alimentan cambios transformadores elevando las pequeñas ventajas a patrones que convencen a las personas de que pueden lograr cosas aún mayores.

Por ejemplo, cuando las organizaciones por los derechos de los gays empezaron a hacer campañas contra la homofobia a finales de la década de 1960, sus intentos iniciales no produjeron más que una serie de fracasos en cadena. Intentaron hacer fuerza para revocar las leyes contra los gays y sufrieron un rotundo fracaso en las legislaturas estatales. Hubo profesores que intentaron crear planes de estudios para asesorar a los adolescentes gays, y fueron despedidos por sugerir que se debía aceptar la homosexualidad. Parecía que las metas más importantes de la comunidad gay —terminar con la discriminación y el acoso político, convencer a la American Psychiatric Association [Asociación Psiquiátrica de Estados Unidos] para que dejara de clasificar la homosexualidad como una enfermedad mental— estaban fuera de su alcance.

Hasta que a principios de la década de 1970, la American Library Association's Task Force on Gay Liberation [Equipo de la Liberación Gay de la Asociación Estadounidense de Bibliotecas] decidió concentrarse en una meta modesta: convencer a la Biblioteca del Congreso que reclasificara los libros sobre el movimiento de liberación gay, que les cambiara la categoría HQ 71-471 (Relaciones Sexuales Anormales, Incluidos Crímenes Sexuales) por otra menos peyorativa.

En 1972, tras recibir una carta solicitando la reclasificación, la Biblioteca del Congreso aceptó realizar el cambio y clasificar los libros en una categoría recién creada, HQ 76.5 («Homosexualidad, Lesbianismo — Movimiento de Liberación Gay, Movimiento Homófilo). Fue un pequeño detalle de un antiguo hábito institucional respecto a la forma de archivar los libros, pero el efecto fue impresionante. La noticia sobre la nueva normativa se difundió por todo el país. Las organizaciones a favor de los derechos de los gay, apoyándose en esa victoria iniciaron campañas de recolección de fondos. En unos pocos años, políticos que se declaraban gays abiertamente se presentaban como candidatos para puestos oficiales en California, Nueva York, Massachusetts y Oregón, muchos de ellos haciendo mención a la decisión e inspiración de la Biblioteca del Congreso. En 1973, la American Psychiatric Association, tras años de debates internos, reescribió la definición de homosexualidad y dejó de ser considerada una enfermedad mental, lo que allanó el terreno para el cambio de las leyes estatales que considerarían ilegal la discriminación de las personas debido a su orientación sexual.

Y todo ello empezó con una pequeña victoria.

«Las pequeñas victorias no implican de un modo claro, lineal y secuenciado, que cada paso que se da se acerque demostrablemente a una meta determinada —escribió Karl Weick, un eminente psicólogo de empresa—. Lo más común es la circunstancia en la que los pequeños triunfos están diseminados... como experimentos en miniatura que ponen a prueba teorías implícitas sobre la resistencia y la oportunidad, que descubren tanto los recursos como las barreras que eran invisibles antes de que la situación saliera a la luz.»

Eso es justamente lo que sucedió con Michael Phelps. Cuando Bob Bowman empezó a trabajar con Phelps y su madre en los hábitos básicos de visualización y relajación, ni Bowman ni Phelps tenían idea de lo que estaban haciendo. «Experimentábamos, probábamos cosas diferentes hasta que descubrimos lo que funcionó —me dijo Bowman—. Al final descubrimos que era mejor concentrarnos en esos pequeños momentos de éxito y convertirlos en detonantes mentales. Los convertimos en una rutina. Hay una serie de cosas que hacemos antes de cada carrera que están diseñadas para que Michael sienta que está creando su victoria.

»Si le preguntaras a Michael qué piensa antes de una competición, respondería que en realidad no piensa en nada. Simplemente está siguiendo el programa. Pero eso no es cierto. Más bien, lo que sucede es que sus hábitos se han puesto al frente. Cuando llega el momento de la carrera está a más de la mitad de camino de su plan en el que cada paso que ha dado ha sido un triunfo. Todos los estiramientos han ido como los tenía planeados. Los ejercicios de calentamiento han salido tal como los había visualizado. Por los auriculares suena la música que le gusta. La carrera es un paso más de un patrón que ha empezado a primera hora del día y que ha sido una sucesión de victorias. Ganar es la consecuencia lógica.»

Volvamos a Pekín. Son las 9:56 de la mañana (cuatro minutos antes del inicio de la carrera). Phelps se encuentra detrás del poyete de salida, balanceándose ligeramente sobre las puntas de los dedos de sus pies. Cuando el presentador anuncia su nombre, sube al poyete, como hace siempre antes de una carrera, y luego vuelve a bajar, también como hace siempre. Balancea los brazos tres veces, como ha hecho siempre desde los 12 años. Vuelve a subir al poyete, adopta su postura, y salta cuando suena el disparo.

Phelps supo que algo no iba bien nada más rozar el agua. Tenía humedad en sus gafas. No sabía si filtraban por arriba o por abajo, pero en cuanto traspasó la superficie y empezó a nadar, sólo le quedó la esperanza de que el goteo no empeorara demasiado.

Pero en el segundo giro todo se estaba poniendo borroso. Casi en el tercer giro y última piscina, tenía las gafas llenas de agua. No veía nada. Ni la línea del fondo de la piscina, ni la T negra que indica que estás llegando a la pared. No podía ver cuántas brazadas le quedaban. Para la mayoría de los nadadores no ver nada a mitad de una final olímpica sería motivo suficiente para asustarse.

Phels estaba tranquilo.

Todo lo demás había salido según lo previsto. La filtración de las gafas era un mal menor para el que además estaba preparado. Bowman le había hecho nadar una vez a oscuras en una piscina de Michigan porque sabía que tenía que estar preparado para cualquier sorpresa. Algunos de los vídeos mentales de Phelps habían previsto contrariedades de este tipo. Había ensayado mentalmente cómo responder a los problemas con las gafas. Cuando empezó el último largo, Phelps calculó cuántas brazadas tenía que dar —diecinueve o veinte, quizá veintiuna— y empezó a contar. Estaba totalmente relajado mientras nadaba a toda velocidad. A mitad de la piscina empezó a aumentar la velocidad, un arranque final que se había convertido en una de sus técnicas principales para derrotar a sus rivales. A las dieciocho brazadas, empezó a esperar la pared. Podía oír el clamor del público pero como no veía nada, no tenía la menor idea de si le estaban aclamando a él o a otro. Diecinueve brazadas, veinte. Parecía que le faltaba una. Eso es lo que le dijo el vídeo que tenía en su cabeza. En la número veintiuna, dio una gran brazada, deslizándose con el brazo extendido y tocó la pared. Lo había calculado a la perfección. Cuando se sacó las gafas y miró el marcador, vio «WR» —récord mundial— junto a su nombre. Había ganado otro oro.

Después de la carrera, un reportero le preguntó cómo se había sentido nadando a ciegas.

«Me sentí como había imaginado que me sentiría», respondió. Fue una victoria más en una vida repleta de pequeños triunfos.

A los seis meses de su nombramiento como consejero delegado de Alcoa, Paul O'Neill recibió una llamada por teléfono a mitad de la noche. El director de una planta de Arizona le llamaba aterrorizado para contarle que una prensa de extrusión había dejado de funcionar y que uno de los trabajadores —un joven que había sido contratado hacía tan sólo unas semanas porque la empresa le ofrecía un buen seguro médico para su esposa embarazada— había intentado repararla. Había saltado el muro amarillo de seguridad que rodeaba la prensa y caminado por el foso. Se había quedado encallado un trozo de aluminio en una bisagra de un brazo oscilante de casi dos metros de largo. El joven tiró del pedazo de aluminio y lo sacó. La máquina estaba arreglada. Detrás de él, el brazo retomó su movimiento en arco y se dirigió a su cabeza. Cuando colisionó, le aplastó el cráneo. Murió al instante.

Catorce horas después, O'Neill convocaba a todos los jefes de planta —así como a los máximos dirigentes de la planta de Alcoa en Pittsburg— para una reunión urgente. La mayor parte del día recrearon penosamente el accidente con esquemas y vieron las cintas de vídeo una y otra vez. Identificaron docenas de errores que habían contribuido a su muerte, incluidos dos jefes que le habían visto saltar la barrera y no le detuvieron; un programa de formación donde no se había enfatizado lo bastante que no le iban a culpar por un fallo de la máquina; la falta de instrucciones para que supiera que antes de intentar realizar una reparación debía consultarlo a un jefe, y la ausencia de sensores que detuvieran la máquina automáticamente cuando alguien entraba en el foso.

«Nosotros hemos matado a este hombre —dijo O'Neill al grupo con cara de preocupación—. Ha sido un fallo mío de dirección. Yo he provocado esta muerte. Y es un fallo de todos los que estáis en la cadena de mando.»

Los ejecutivos que estaban en la sala se quedaron desconcertados. Nadie negaba que se había producido un trágico accidente, pero eso formaba parte de la rutina de Alcoa. Era una gran compañía cuyos empleados tenían que manejar máquinas peligrosas y metal candente. «Cuando Paul se incorporó era un extraño, y había mucho escepticismo cuando nos hablaba de seguridad laboral —dijo Bill O'Rourke, uno de los directores ejecutivos—. Pensábamos que eso le duraría unas semanas y que luego empezaría a fijarse en otra cosa. Pero esa reunión realmente nos desconcertó a todos. Hablaba en serio, tan en serio que se pasaría noches en vela preocupándose por un empleado al que ni siquiera había conocido. Entonces, fue cuando las cosas empezaron a cambiar.»

Al cabo de una semana de la reunión, todas las barandillas de seguridad de las plantas de Alcoa fueron repintadas de amarillo brillante y se redactaron nuevas reglamentaciones. Los jefes les dijeron a sus subordinados que no tuvieran miedo de adelantarse en sugerir un mantenimiento, y se aclararon las normas para que nadie intentara reparar algo sin medidas de seguridad. Las nuevas medidas dieron como resultado una rápida disminución del número de accidentes. Alcoa había conseguido un pequeño triunfo.

Entonces O'Neill volvió a intervenir.

«Quiero felicitaros a todos por haber reducido el número de accidentes, aunque sólo hayan pasado dos semanas —escribió en un memo que hizo llegar a todos los empleados de la compañía—. No deberíamos celebrar que estamos siguiendo las normas, ni que hemos reducido una cifra. Hemos de celebrar que estamos salvando vidas.»

Los trabajadores hicieron copias de la nota y la pegaron en sus taquillas. Alguien hizo una pintura mural de O'Neill en una de las paredes de una planta de fundición e incluyó una cita del memo al pie. Del mismo modo que las rutinas de Michael Phelps nada tenían que ver con la natación y mucho con el éxito, los esfuerzos de O'Neill empezaron a crear un efecto bola de nieve que se tradujo en cambios que nada tenían que ver con la seguridad, pero que a pesar de todo eran transformadores.

«A nuestros trabajadores por hora les dije: "Si vuestros superiores no cumplen con las normas de seguridad, llamadme a casa, éste es mi número" —me dijo O'Neill—. Los trabajadores empezaron a llamarle, pero no para hablar de accidentes, sino de todas las grandes ideas que se les ocurrían.»

Por ejemplo, la planta de Alcoa que fabricaba revestimientos de aluminio para fachadas, hacía años que tenía problemas porque sus directivos intentaban anticiparse a las tendencias de colores e inevitablemente se equivocaban. Pagaban millones de dólares a sus asesores para que eligieran los tonos de pintura, y a los seis meses, el almacén estaba cargado de «amarillo cadmio» y de pronto, en la calle se estaba pidiendo el «verde cazador». Un día, un empleado normal y corriente hizo una sugerencia que rápidamente llegó al director general: si agrupaban todas las máquinas de pintura, podrían cambiar con más rapidez los colores y ser más flexibles para responder a las exigencias del mercado. Al cabo de un año se duplicaron las ganancias en las ventas de los revestimientos de aluminio.

Las pequeñas victorias que empezaron cuando O'Neill se concentró en la seguridad crearon un clima donde pudieron florecer todo tipo de ideas nuevas.

«Según parece ese empleado había estado sugiriendo esta idea de las pinturas durante una década, pero no se la había comunicado a ningún miembro de la dirección —me dijo un ejecutivo de Alcoa—. Entonces, imagino que como les habíamos estado pidiendo sugerencias para mejorar la seguridad, debió pensar: "¿Por qué no hablarles de esta *otra* idea?" Fue como si nos hubiera dado el número premiado de la lotería.»

III

Cuando el joven Paul O'Neill trabajaba para el Gobierno y estaba creando un marco para analizar el gasto federal en salud pública, uno de los temas que más preocupaba a los funcionarios era la mortalidad infantil. En aquellos tiempos, Estados Unidos era uno de los países más ricos del planeta. Sin embargo, poseía un índice de mortalidad infantil superior al de la mayoría de los países europeos y de algunas partes de Sudamérica. Las zonas rurales, principalmente, experimentaban una apabullante cifra de muertes de bebés que no alcanzaban a cumplir su primer año.

O'Neill tenía que averiguar por qué. Pidió a otros organismos federales que empezaran a analizar los datos de mortalidad infantil, y cada vez que alguien regresaba con alguna respuesta, él le planteaba otra pregunta, en un intento de profundizar, de entender la raíz del problema. Cada vez que aparecía alguien con algún descubrimiento, O'Neill empezaba a interrogarle planteándole nuevas dudas. Volvía loca a la gente con su inagotable afán de saber más, para comprender qué estaba pasando *realmente*. («Adoro a Paul O'Neill, pero no volvería a trabajar para él ni por todo el oro del mundo —me dijo un funcionario—. Un hombre que nunca ha obtenido una respuesta que no pudiera transformar en otras veinte horas de trabajo.»)

Algunos investigadores, por ejemplo, sugerían que la causa principal de las muertes infantiles eran los nacimientos prematuros. Y la razón por la que los bebés nacían demasiado pronto era porque las madres padecían desnutrición durante el embarazo. Luego, para reducir la mortalidad infantil había que mejorar las dietas de las madres. Sencillo, ¿verdad? Pero para frenar la desnutrición, las mujeres tenían que mejorar sus dietas *antes* de quedarse embarazadas. Lo que implicaba que el Gobierno tenía que empezar a educar a las mujeres sobre nutrición antes de que fueran sexualmente activas. Lo que a su vez implicaba que los funcionarios tenían que crear programas sobre nutrición en los institutos.

Sin embargo, cuando O'Neill empezó a preguntar cómo crear esos programas, descubrió que muchos profesores de instituto de las zonas rurales carecían de los conocimientos básicos de biología para enseñar nutrición. Así que el Gobierno tuvo que reformar la formación universitaria de los profesores y darle más importancia a la biología para que al final pudieran enseñar nutrición a las jóvenes; de este modo esas adolescentes estarían suficientemente bien nutridas cuando tuvieran hijos.

Los funcionarios que trabajaban con O'Neill llegaron a la conclusión de que la raíz del problema era la mala formación de los profesores. Si les hubieran pedido a los médicos o funcionarios de la salud pública que idearan un plan para combatir la mortalidad infantil, ninguno de ellos hubiera sugerido que se debía cambiar la formación de los profesores. No hubieran sabido que existía una relación. Sin embargo, al enseñar biología a los estudiantes universitarios, éstos acabaron transmitiendo sus conocimientos a las adolescentes, que empezaron a comer de una forma más saludable y posteriormente dieron a luz a bebés más fuertes. En la actualidad, la tasa de mortalidad infantil en Estados Unidos ha descendido un 68 por ciento respecto a la cifra existente cuando O'Neill empezó en su puesto.

Las experiencias de O'Neill con la mortalidad infantil ilustran la segunda forma en que cambian los hábitos básicos: crear estructuras que ayuden a florecer otros hábitos. En el caso de las muertes de los prematuros, cambiar los programas de estudios universitarios de los profesores inició una reacción en cadena que acabó repercutiendo en la educación de las jóvenes en las áreas rurales, y en que estuvieran bien nutridas cuando se quedaban embarazadas. Y el hábito de O'Neill de incitar a otros funcionarios a que siguieran investigando hasta encontrar la raíz del problema, cambió la visión que tenía el Gobierno sobre problemas como la mortalidad infantil.

Lo mismo sucede en la vida de las personas. Por ejemplo, hasta hace unos veinte años, la sabiduría popular afirmaba que la mejor forma de adelgazar era que una persona cambiara radicalmente su forma de vida. Los médicos recetaban estrictas dietas a sus pacientes, les decían que fueran al gimnasio, asistieran regularmente a sesiones de asesoramiento —a veces con una frecuencia diaria— y que cambiaran sus rutinas, como por ejemplo, subir por la escalera en lugar de tomar el ascensor. Según se creía, los malos hábitos sólo se podían contrarrestar cambiando completamente tu vida.

Pero cuando los investigadores estudiaron la eficacia de estos métodos a largo plazo, descubrieron que eran un fracaso. Los pacientes subían por la escalera unas semanas, pero al final del mes les resultaba demasiado pesado. Empezaban dietas e iban al gimnasio, pero tras el primer brote de entusiasmo, volvían a sus viejos hábitos de comer y ver la televisión. Acumular tantos cambios de una vez impedía que se asentara ninguno de ellos.

En 2009, un grupo de investigadores patrocinado por los Institutos Nacionales de la Salud publicó un estudio sobre una visión diferente para adelgazar. Habían reunido a un grupo de 600 personas obesas y les habían pedido que escribieran todo lo que comían al menos un día a la semana.

Al principio fue difícil. Los participantes se olvidaban de llevar sus diarios de comidas, o comían algo y no se acordaban de anotarlo. No obstante, gradualmente empezaron a anotar sus comidas una vez a la semana, y, a veces, más a menudo. Muchos participantes empezaron a anotarlo a diario. Al final se convirtió en un hábito. Después sucedió algo inesperado. Los participantes empezaron a revisar lo que habían escrito y descubrieron patrones de los que no eran conscientes. Algunos vieron que solían comer algo a eso de las 10 de la mañana, así que empezaron a llevarse una manzana o un plátano al trabajo para cuando les viniera el hambre. Otros empezaron a usar sus diarios para planificar sus comidas, y cuando llegaba la hora de cenar, comían la comida saludable que habían escrito, en lugar de echar mano de la comida basura de su nevera.

Los investigadores no les habían sugerido ninguna de estas conductas. Simplemente les habían pedido que, una vez a la semana, anotaran lo que comían. Pero el hábito básico —hacer un diario de comidas— creó una estructura que ayudó a que florecieran otros hábitos. A los seis meses de haberse iniciado el estudio, las personas que hicieron un diario de sus comidas habían perdido hasta el doble de peso que las demás.

«Al cabo de un tiempo, tenía el diario metido dentro de mi cabeza —me dijo una persona—. Empecé a pensar en las comidas de otro modo. Me ofreció un sistema para pensar en la comida sin deprimirme.»

Algo parecido sucedió en Alcoa cuando O'Neill aceptó el cargo. Del mismo modo que los diarios de comidas aportaban una estructura para que pudieran aparecer otros hábitos, los hábitos de seguridad de O'Neill crearon una atmósfera propicia para que surgieran otras conductas. Con anterioridad, O'Neill había dado el curioso paso de ordenar que las oficinas de Alcoa estuvieran interconectadas por una red electrónica. Eso fue a principios de la década de 1980, cuando las grandes redes internacionales no solían estar conectadas a los ordenadores de los despachos de las personas. O'Neill justificó esta orden diciendo que era esencial crear un sistema de seguridad de datos en tiempo real que los directivos pudieran utilizar para compartir sugerencias. El resultado fue que Alcoa desarrolló uno de los primeros sistemas corporativos de correo electrónico a nivel mundial.

O'Neill se conectaba cada mañana y enviaba mensajes para asegurarse de que todos estaban conectados. Al principio, la gente utilizaba la red para hablar de temas de seguridad. Luego, a medida que el hábito de usar el correo electrónico se fue instaurando y los empleados se fueron sintiendo más cómodos, empezaron a introducir información sobre todo tipo de asuntos, como las condiciones del mercado local, las cuotas de ventas y los problemas comerciales. A los ejecutivos de alto rango se les pidió que cada viernes enviaran un informe que todos pudieran leer. Un directivo de Brasil utilizaba la red para enviarle datos a un colega de Nueva York sobre las variaciones en el precio del acero. El neoyorquino recogía esa información y la utilizaba para conseguir grandes beneficios en Wall Street para la compañía. Al poco tiempo, todos utilizaban el sistema para comunicárselo todo. «Yo enviaba mi informe de accidentes y sabía que todo el mundo lo leería, así que pensé: ¿por qué no voy a enviar información sobre precios o cualquier otra cosa de otras compañías? —me dijo un directivo—. Fue como si hubiéramos descubierto un arma secreta. La competencia no podía averiguar cómo lo hacíamos.»

Cuando la Web pasó a ser del dominio público, Alcoa estaba perfectamente posicionada para ir en cabeza. El hábito básico de O'Neill —trabajar con más seguridad— había creado una plataforma que condujo a otra práctica —correo electrónico— muchos antes de que la adoptara la competencia.

Hacia 1996, Paul O'Neill ya llevaba casi diez años en Alcoa. Sus artes ejecutivas se habían estudiado en la Facultad de Ciencias Empresariales de Harvard y en la Kennedy School of Government. Se hablaba de él como posible candidato para secretario de Comercio o secretario de Defensa. Sus empleados y los sindicatos le daban muy buena nota. Bajo su mandato, el precio de las acciones de Alcoa había subido más del 200 por ciento. Por fin, se había convertido en un triunfo universalmente reconocido.

En mayo de ese mismo año, en una reunión de accionistas en la ciudad de Pittsburgh, en la sesión de preguntas y respuestas, una monja benedictina se puso en pie y acusó a O'Neill de mentir. La hermana Mary Margaret representaba a un grupo de defensa social que se encargaba de las condiciones laborales y de los salarios de la planta de Alcoa en Ciudad Acuña, México. Dijo que mientras O'Neill ensalzaba las medidas de seguridad de Alcoa, los trabajadores mexicanos estaban enfermando por emisión peligrosa de gases.

«Eso no es cierto», dijo O'Neill a la audiencia de la sala. Mostró los datos de la planta mexicana que tenía en su portátil. «¿Lo ven?», dijo enseñando la alta puntuación obtenida en seguridad, el cumplimiento de las normativas medioambientales y las encuestas de satisfacción de los empleados. El ejecutivo encargado de la planta era Robert Barton, uno de los directivos más antiguos de Alcoa. Llevaba décadas en la empresa y era responsable de algunas de sus sociedades más importantes. La monja dijo a la audiencia que no confiaran en O'Neill y se sentó.

Después de la reunión, O'Neill le pidió que fuera a verle a su despacho. La orden religiosa tenía cincuenta acciones de Alcoa, y llevaba meses pidiendo el voto de los accionistas para revisar las operaciones de la compañía en México. O'Neill le preguntó a la hermana Mary si había estado en alguna de las plantas. Le respondió que no. O'Neill para asegurarse, le pidió al jefe de recursos humanos y al consejo general de la compañía que fueran a México y averiguaran qué estaba pasando allí.

Cuando llegaron, revisaron los informes de la planta de Acuña y encontraron informes de un incidente que no había sido remitido a la central. Unos pocos meses antes se había producido una concentración de gases dentro de un edificio. Fue un incidente relativamente leve. Barton, el responsable de la planta, había instalado ventiladores para eliminar los gases. Las personas que se habían sentido indispuestas se habían recuperado por completo en un día o dos.

Pero Barton no informó de lo sucedido.

Cuando los ejecutivos regresaron a Pittsburgh y le presentaron pruebas de lo que habían descubierto, O'Neill planteó una pregunta.

—¿*Sabía* Bob Barton que los empleados habían enfermado?

—No nos reunimos con él —respondieron—. Pero, sí, está bastante claro que lo sabía.

Dos días después, Barton estaba despedido.

Su marcha de la compañía desconcertó a las personas ajenas a la empresa. Se habían escrito artículos en los que se mencionaba a Barton como uno de los directivos más valiosos de la compañía. Su despido supuso un fuerte revés para futuros proyectos de importantes iniciativas conjuntas.

No obstante, dentro de Alcoa no fue una sorpresa para nadie. Se contempló como una extensión inevitable de la cultura de trabajo que había creado O'Neill.

«Barton se ha despedido a sí mismo —me dijo uno de sus compañeros—. No cabía ninguna otra opción.»

Ésta es la forma decisiva en que los hábitos básicos fomentan un cambio generalizado: creando culturas donde medren nuevos valores. Los hábitos básicos hacen que las decisiones difíciles —como despedir a un alto cargo ejecutivo— resulten más fáciles, porque si esa persona no respeta la cultura de trabajo, es evidente que se ha de ir. A veces estas culturas se manifiestan con vocabularios especiales, cuyo uso se convierte en un hábito en sí mismo, que define a una organización. En Alcoa, por ejemplo, había «Programas Básicos» y «Filosofías de Seguridad», frases que eran como maletas, que contenían conversaciones enteras sobre prioridades, metas y formas de pensar.

«En otra empresa despedir a alguien que llevaba tanto tiempo trabajando hubiera sido más duro —me dijo O'Neill—. Para mí no lo fue. Lo que dictaban nuestros valores estaba muy claro. Se le despidió porque no comunicó el incidente, privando al resto de la oportunidad de aprender de él. No compartir una oportunidad para aprender es un pecado capital.»

Las culturas empresariales se desarrollan a partir de los hábitos básicos que tiene cada organización, tanto si sus líderes son conscientes de ello como si no. Por ejemplo, los investigadores que estudiaron a una nueva quinta de cadetes en West Point, tuvieron en cuenta sus calificaciones medias, condición física, habilidades militares y autodisciplina. Sin embargo, cuando cotejaron esos factores con el hecho de que esos estudiantes llegaran a graduarse o abandonaran, descubrieron que ninguno de ellos era tan importante como un factor al que los investigadores se refirieron como «tener moral», que definieron como la tendencia a trabajar «agotadoramente para afrontar los retos, mantener el esfuerzo y el interés con el paso de los años a pesar de los fracasos, la adversidad y los estancamientos en el progreso».

Lo más interesante respecto a tener moral es cómo surge. Se desarrolla a partir de una cultura que crean los propios cadetes, y esa cultura suele aparecer gracias a los hábitos básicos que adoptan en West Point. «Hay muchas cosas difíciles en esta escuela —me dijo un cadete—. Al primer verano lo llaman "Beast Barracks" [cuartel bestial], porque intentan acabar con tu moral. Muchos abandonan antes de que empiece el año escolar.

»Pero los dos primeros días encontré a este grupo de chicos, y comenzamos a reunirnos cada mañana para asegurarnos de que todos nos sentíamos fuertes. Si estoy preocupado o abatido recurro a ellos, y sé que me van a respaldar. Sólo somos nueve y nos autodenominamos mosqueteros. Sin ellos, no creo que hubiera durado ni un mes aquí.»

Los cadetes que prosperan en West Point llegan a la escuela armados con sus hábitos de disciplina mental y física. No obstante, esas ventajas sólo los llevan hasta allí. Para triunfar necesitan un hábito básico que cree una cultura —como reunirse cada día con amigos con mentalidades afines— que les ayude a encontrar la fuerza necesaria para superar los obstáculos. Los hábitos básicos nos transforman creando culturas que nos aclaran los valores, que en los momentos difíciles o de incertidumbre es fácil que olvidemos.

En el 2000, O'Neill se jubiló de Alcoa, y a petición del recién elegido presidente, George W. Bush, se convirtió en secretario del Tesoro.* Abandonó ese cargo a los dos años, y actual-

---

* El mandato de O'Neill como secretario del Tesoro no fue tan popular como su carrera en Alcoa. Tras tomar posesión del cargo, casi inmediatamente empezó a concentrarse en algunos asuntos esenciales entre los que se incluían la seguridad laboral, la creación de empleo, la responsabilidad ejecutiva y la lucha contra la pobreza en África, entre otras iniciativas.

Sin embargo, la política de O'Neill no coincidía con la del presidente Bush, e inició una lucha interna oponiéndose al recorte de impuestos que proponía

mente dedica la mayor parte de su tiempo a enseñar a los hospitales a concentrarse en la seguridad de los trabajadores y en los hábitos básicos que pueden reducir los índices de errores médicos, a la vez que ofrece sus servicios a diversas juntas corporativas.

Las compañías y organizaciones de todo Estados Unidos han adoptado la idea de utilizar hábitos básicos para reestructurar los centros de trabajo. En IBM, por ejemplo, Lou Gerstner reestructuró la empresa empezando por concentrarse en un hábito básico: las rutinas de investigaciones y de ventas de IBM. En la empresa de asesoramiento McKinsey & Company, se crea una cultura de mejora constante a través del hábito básico de divulgar las críticas internas que reciben todas las tareas. En Goldman Sachs, un hábito básico que respalda todas las decisiones es la evaluación del riesgo.

En Alcoa perdura el legado de O'Neill. Incluso en su ausencia, el número de accidentes ha seguido bajando. En 2010, en el 82 por ciento de las instalaciones de Alcoa no se perdió ni un solo día de trabajo de ningún empleado debido a un accidente, casi un récord sin precedentes. En general, es más fácil que se lesionen los empleados de una empresa de *software*, los dibujantes de animación para películas o los contables haciendo declaraciones de impuestos, que manejando aluminio fundido en Alcoa.

«Cuando me nombraron director de la planta —dijo Jeff Shockey, el ejecutivo de Alcoa—, el primer día que entré en

---

Bush. A finales del 2002, le pidieron que dimitiera. «Lo que yo consideraba que era lo correcto para la economía era lo contrario de lo que quería la Casa Blanca —me dijo O'Neill—. Eso no es bueno para un secretario del Tesoro, así que me despidieron.»

el aparcamiento vi todas estas plazas cerca de la entrada con los títulos de las personas. El responsable de esto o de aquello. La gente importante tenía las mejores plazas de aparcamiento. Lo primero que hice fue decirle a un jefe de mantenimiento que borrara con pintura todos esos cargos. Quería que el que llegara antes al trabajo consiguiera el mejor sitio. Todo el mundo entendió el mensaje: todos somos importantes. Fue una extensión de lo que Paul estaba haciendo respecto a la seguridad en el trabajo. Eso revolucionó la planta. Enseguida todos empezaron a llegar más temprano cada día.»

5

Starbucks
y el hábito del éxito

*Cuando la fuerza de voluntad
se vuelve automática*

I

La primera vez que Travis Leach vio a su padre tomar una sobredosis tenía 9 años. Su familia acababa de trasladarse a un piso pequeño al final de un callejón, el último dentro de una aparentemente interminable serie de traslados, motivo por el cual hacía poco habían abandonado su vivienda anterior en mitad de la noche y a tirar todas sus pertenencias en negras bolsas de basura tras haber recibido una orden de desahucio. Demasiada gente entrando y saliendo a horas demasiado intempestivas de la noche, dijo el dueño. Demasiado ruido.

A veces, en su antigua casa, Travis regresaba de la escuela y encontraba las habitaciones cuidadosamente aseadas, los restos de comida bien envueltos en el frigorífico y los paquetes de salsa picante y ketchup en recipientes de Tupperware. Eso significaba que sus padres habían cambiado temporalmente la heroína por las manías, y se pasaban el día limpiando. Eso normalmente no acababa bien. Travis se sentía más a salvo cuando la casa era un caos y sus padres estaban en el sofá, mirando dibujos animados con los ojos entreabiertos. No hay caos al final de un viaje de heroína.

El padre de Travis era un hombre amable al que le encantaba cocinar, y salvo por el tiempo que estuvo en la Marina, había pasado toda su vida a unos pocos kilómetros de sus padres en Lodi, California. Cuando tuvieron que trasladarse al piso del callejón, la madre de Travis estaba en la cárcel por posesión de heroína y prostitución. Básicamente, sus padres eran adictos funcionales y la familia mantenía una fachada de normalidad. Iban de *camping* cada verano, y la mayor parte de los viernes por la noche asistían a los partidos de *softball* de su hermana y su hermano. Cuando Travis tenía 4 años, fue a Disneylandia con su padre, y un empleado de Disney le hizo una foto por primera vez en su vida. La cámara de la familia la habían vendido hacía años a una tienda de empeño.

La mañana de la sobredosis, Travis y su hermano estaban jugando en la sala de estar encima de las mantas que ponían cada noche en el suelo para dormir. Su padre se disponía a hacer tortitas cuando se metió en el cuarto de baño. Llevaba en la mano el calcetín sin talón donde guardaba su aguja, cuchara, encendedor y algodón. Momentos después, salió, abrió la nevera para sacar los huevos y se cayó al suelo. Cuando llegaron los niños corriendo, su padre tenía convulsiones y la cara se le estaba poniendo azul.

Los hermanos de Travis ya habían visto antes los efectos de una sobredosis y sabían lo que tenían que hacer. Su hermano lo puso de lado. Su hermana le abrió la boca para que no se asfixiara con su lengua y le dijeron a Travis que corriera a casa del vecino y que llamara al 911.

«Me llamo Travis, mi papá se ha desmayado y no sabemos qué le ha sucedido. No respira.» Travis le mintió al operador de la policía. Incluso a los 9 años sabía por qué estaba inconsciente su padre. No quería decirlo delante del vecino. Tres años antes, uno de los amigos de su padre había muerto en su sótano después de un chute. Cuando los paramédicos sacaron el cuerpo, los vecinos se quedaron atónitos al ver a Travis y a su hermana aguantando la puerta abierta para que entrara la camilla. Uno de los vecinos tenía un primo cuyo hijo estaba en su clase, y pronto se enteró toda la escuela.

Tras colgar el teléfono, Travis se fue hasta el final del callejón para esperar a la ambulancia. Esa mañana su padre había recibido tratamiento en el hospital, por la tarde le había detenido la policía, y estaba de vuelta en casa para cenar. Había hecho espaguetis. Travis cumpliría los diez dentro de unas pocas semanas.

A los 16 años Travis dejó los estudios. «Estaba harto de que me llamaran maricón, de que me siguieran hasta mi casa y me tiraran cosas. Todo me parecía insoportable. Era más fácil marcharme e irme a otra parte.» Se trasladó a dos horas hacia el sur, a Fresno, y consiguió un trabajo en un tren de lavado de coches. Le despidieron por insubordinación. Trabajó en McDonald's y en Hollywood Video, pero cuando los clientes eran groseros —«¡Te he pedido la *salsa barbacoa*, imbécil!»— perdía el control.

«¡Salga de mi local!», le gritó a una mujer lanzándole los *nuggets* de pollo al coche antes de que su jefe le metiera dentro a rastras.

A veces se disgustaba tanto que empezaba a llorar en pleno cambio de turno. Solía llegar tarde o se tomaba un día libre sin ninguna justificación. Por la mañana se gritaba a sí mismo al verse en el espejo, se ordenaba ser mejor, intentaba sobreponerse. Pero no podía llevarse bien con la gente, ni era lo bastante fuerte para soportar el flujo constante de críticas y vejaciones. Cuando la cola que tenía en caja era demasiado larga y su jefe le gritaba, Travis empezaba a temblar y tenía la sensación de que le faltaba el aire. Se preguntaba si eso era lo que habían sentido sus padres cuando recurrieron a las drogas, esa indefensión ante la vida.

Un día, un cliente habitual de Hollywood Video que conocía un poco a Travis, le sugirió que pensara en trabajar para Starbucks.

«Vamos a abrir una nueva sucursal en Fort Washington, y yo voy a ser subdirector —le dijo el hombre—. Deberías presentar una solicitud.» Al cabo de un mes, Travis era "barista" [experto en la preparación y mezclas de café] en el turno de la mañana.

Eso fue hace seis años. Hoy, Travis tiene 25 años y es director de dos locales de Starbucks donde supervisa a 40 empleados, y es el artífice de unos ingresos que superan los 2 millones de dólares al año. Gana 44.000 dólares anuales, tiene un plan de jubilación 401 (k) y ninguna deuda. Nunca llega tarde. No se enfada en el trabajo. Un día una de sus empleadas se puso a llorar cuando un cliente le gritó; Travis se la llevó aparte.

«Tu delantal es como un escudo —le dijo—. Nada de lo que nadie pueda decirte puede hacerte daño. Siempre serás tan fuerte como quieras serlo.»

Escogió ese ejemplo para uno de sus cursos de formación para Starbucks, un programa educativo que empieza el primer día de trabajo y continúa a lo largo de toda la carrera del empleado. El programa tiene una estructura que permite conseguir créditos universitarios completando módulos. Travis dice que la formación ha cambiado su vida. Starbucks le ha enseñado a vivir, a concentrarse, a hacer el trabajo a tiempo y a dominar sus emociones. Pero lo más importante es que le ha enseñado a tener fuerza de voluntad.

«Starbucks es lo más importante que me ha pasado en la vida —me dijo—. Se lo debo todo a esta empresa.»

Para Travis y otros miles de personas, Starbucks —al igual que muchas otras empresas— ha logrado enseñar el tipo de aptitudes para la vida que las escuelas, familias y comunidades no han sabido aportar. Con más de 137.000 empleados y más de un millón de alumnos, en cierto modo Starbucks es una de las instituciones educativas más grandes de la nación. Todos sus empleados, durante el primer año, dedican al menos 50 horas a formación, y docenas de horas más en casa con los cuadernos de trabajo de Starbucks y hablando con los mentores que les han asignado.

La esencia de toda esa formación es concentrarse intensamente en el hábito más importante: la fuerza de voluntad. Docenas de estudios demuestran que la fuerza de voluntad es el hábito básico más importante para el éxito individual. En un estudio realizado en 2005, por ejemplo, los investigadores de la Universidad de Pensilvania analizaron a 164 alumnos de octavo, evaluaron sus CI y otros factores, incluido el de la fuerza de voluntad que demostraban los alumnos, mediante tests para medir su autodisciplina.

Los estudiantes que tenían un alto grado de fuerza de voluntad era más probable que consiguieran buenas notas y fueran admitidos en escuelas más selectivas. Tenían menos absentismo, no veían tanto la televisión y dedicaban más horas a los deberes. «Los adolescentes muy disciplinados superaron a sus compañeros más impulsivos en todas las variables de rendimiento académico —escribieron los investigadores—. La autodisciplina predecía mejor el rendimiento académico que el CI. La autodisciplina también predecía qué alumnos mejorarían sus notas durante el curso académico, mientras que el CI no... La autodisciplina influye más en el rendimiento académico que el talento intelectual.»

Y según indican los estudios, la mejor forma de reforzar la fuerza de voluntad y de echar un cable a los alumnos es convertirla en un hábito. «A veces parece que las personas que tienen mucho autocontrol no trabajan duro, pero eso es porque lo han convertido en algo automático —me dijo Angela Duckworth, una de las investigadoras de la Universidad de Pensilvania—. La fuerza de voluntad se produce sin que tengan que pensar en ella.»

Para Starbucks, la fuerza de voluntad es más que una peculiaridad académica. Cuando la compañía empezó a diseñar su estrategia de crecimiento masivo a finales de la década de 1990, sus directivos reconocieron que para tener éxito debían cultivar un entorno que justificara pagar 4 dólares por una taza de café exótico. La compañía tenía que formar a sus empleados para que fueran capaces de transmitir un poco de felicidad cuando sirvieran sus *caffe lattes* y *scones* [panecillos]. Así que casi desde el principio, Starbucks empezó a buscar la manera de enseñar a sus empleados a controlar sus emociones y a armarse de disciplina para que fueran capaces de transmitir un torrente de vitalidad en cada servicio. A menos que los "baristas" hayan sido entrenados para dejar a un lado sus problemas personales, las emociones de algunos empleados inevitablemente interferirán en su trato con los clientes. Sin embargo, si un trabajador sabe concentrarse y ser disciplinado, incluso al final de su turno de ocho horas será capaz de ofrecer el servicio de calidad superior de un establecimiento de comida rápida que el cliente de Starbucks espera.

La compañía ha invertido millones de dólares en crear programas de formación para enseñar autodisciplina a los trabajadores. Los ejecutivos han escrito libros de trabajo que, de hecho, sirven de guías para convertir la fuerza de la voluntad en un hábito en las vidas de los trabajadores. Esos programas son, en parte, la razón por la que Starbucks ha pasado de ser una tranquila empresa de Seattle a convertirse en un monstruo con más de 17.000 locales y unos ingresos superiores a los 10.000 millones de dólares anuales.

¿Cómo lo hace Starbucks? ¿Cómo aceptan a gente como Travis —el hijo de unos drogadictos y un fracaso escolar que era incapaz de controlarse lo suficiente como para conservar un trabajo en McDonald's— y enseñarle a supervisar a docenas de empleados y decenas de miles de dólares de ingresos cada mes? ¿Qué fue exactamente lo que aprendió Travis?

II

Todos los que habían entrado en la sala de la Universidad Case Western Reserve donde se realizaba el experimento coincidían en una cosa: las galletas tenían un olor delicioso. Acababan de sacarlas del horno y estaban apiladas en un recipiente, repletas de perlas de chocolate. En la mesa que estaba al lado de las galletas había otro recipiente con rábanos. Durante todo el día entraron estudiantes hambrientos, y se sentaron delante de los dos alimentos, y sin saberlo, estaban participando en una prueba de fuerza de voluntad que cambiaría radicalmente nuestra comprensión sobre cómo funciona la autodisciplina.

En aquellos tiempos no se habían realizado muchas investigaciones académicas sobre la fuerza de voluntad. Los psicólogos consideraban que este tipo de temas eran aspectos de algo que denominaban «autorregulación», pero no era un campo que inspirara demasiada curiosidad. En la década de 1960, se realizó un famoso experimento en que los científicos de Stanford pusieron a prueba la fuerza de voluntad de un grupo de niños de 4 años. Pusieron a los niños en una habitación con una selección de golosinas, incluidas "nubes" o "esponjas". Les ofrecieron hacer un trato: se podían comer una nube enseguida, o si esperaban unos minutos, podrían comerse dos. Dicho esto, los investigadores salieron de la habitación. Algunos niños cayeron en la tentación y se comieron una nube en cuanto se marchó el adulto. Casi el 30 por ciento fue capaz de controlar sus impulsos, y cuando regresaron los científicos al cabo de 15 minutos, comieron su ración doble. Los científicos que lo estaban observando todo detrás de un cristal unidireccional, tomaron buena nota de los niños que tenían suficiente autocontrol para conseguir la segunda nube.

Años más tarde hicieron un seguimiento de muchos de los participantes del estudio. Ahora, ya iban al instituto. Los investigadores les preguntaron por sus notas y sus resultados en el SAT [prueba de selectividad], su capacidad para conservar las amistades y para «enfrentarse a los problemas importantes». Descubrieron que los niños que habían sido capaces de retrasar su gratificación más tiempo eran los que posteriormente habían obtenido mejores notas y puntuaciones medias en los exámenes de SAT de hasta 210 puntos más que los demás alumnos. Eran más populares y tomaban menos drogas. Según el estudio parece que, si de preescolar eras capaz de resistir a la tentación de comerte una nube, de adolescente también eras capaz de ser puntual en clase, de hacer los deberes, de hacer amistades y resistir a la presión de los compañeros. Era como si los niños que habían sido capaces de controlarse para no comerse la nube tuvieran aptitudes de autorregulación que les proporcionaban ventaja a lo largo de su vida.

Los científicos empezaron a realizar experimentos similares para intentar averiguar cómo ayudar a los niños a desarrollar sus aptitudes autorreguladoras. Descubrieron que enseñarles trucos sencillos —como distraerse haciendo un dibujo, imaginar un marco alrededor de la "nube" para que pareciera más una foto, en vez de suponer una tentación real— les ayudaba a autocontrolarse. Hacia la década de 1980, apareció una teoría que fue extensamente aceptada: la fuerza de voluntad es una habilidad que se puede aprender, algo que se puede enseñar a los niños igual que las matemáticas y a decir «gracias». Pero los fondos para estas investigaciones eran escasos.

El tema de la fuerza de voluntad no estaba de moda. Muchos de los científicos de Stanford se pasaron a otros campos de investigación.

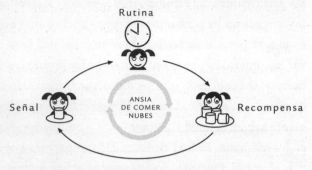

CUANDO LOS NIÑOS APRENDEN
HÁBITOS PARA CONTROLAR
SUS DESEOS...

ESOS HÁBITOS SE EXTIENDEN
A OTROS ASPECTOS DE LA VIDA

No obstante, cuando un grupo de estudiantes de doctorado de psicología de la Case Western —incluido uno llamado Mark Muraven— descubrió esos estudios a mediados de los noventa, empezaron a plantearse preguntas que las investigaciones anteriores no habían respondido. Para Muraven, este modelo de la fuerza de voluntad como habilidad no era una explicación satisfactoria. A fin de cuentas, una habilidad es algo que permanece constante todos los días. Si el miércoles sabes hacer una tortilla, el viernes todavía sabes cómo hacerla.

No obstante, la experiencia personal de Muraven era que parecía haberse olvidado de ejercer constantemente su fuerza de voluntad. Algunas tardes llegaba a casa del trabajo y no tenía ningún problema en salir a correr. Otros días, sin embargo, no era capaz de hacer más que tirarse en el sofá y ver la televisión. Era como si su cerebro —o al menos, aquella parte encargada de obligarle a hacer ejercicio— se hubiera olvidado de reunir la fuerza de voluntad necesaria para hacerle salir de casa. Unos días, comía de forma muy saludable. Otros, cuando estaba cansado, asaltaba las máquinas expendedoras y se hinchaba de comer dulces y patatas fritas.

Si la fuerza de voluntad es una habilidad, se preguntaba Muraven, ¿por qué no se mantiene igual todos los días? Intuía que había algo más sobre la fuerza de voluntad de lo que habían revelado los experimentos anteriores. Pero ¿cómo probar eso en un laboratorio?

La solución de Muraven fue poner en un laboratorio un recipiente con galletas recién hechas y otro con rábanos. La habitación era una especie de armario, con un cristal unidireccional, donde había una mesa, una silla de madera, una campana de mano y un horno tostador. Reclutaron a 67 estudiantes y les dijeron que no comieran ese día. Todos ellos fueron pasando individualmente y se sentaron delante de los dos recipientes.

«La finalidad del experimento es probar las percepciones del gusto» les decía una investigadora a cada uno de los estudiantes, lo cual era falso. La cuestión era obligar a los estudiantes —pero sólo a *algunos* estudiantes— a ejercer su fuerza de voluntad. Con ese fin, a la mitad de los estudiantes se les dijo que se comieran las galletas y pasaran de los rábanos; y a la otra mitad se les dijo que se comieran los rábanos y que no tocaran las galletas. La teoría de Muraven era que no tocar las galletas era difícil, requería fuerza de voluntad. Por otra parte, no comerse los rábanos apenas requería esfuerzo alguno.

«Recuerda —decía la investigadora—, sólo debes comer la comida que se te ha asignado.» Luego salía de la habitación.

Una vez que se quedaban a solas, los estudiantes empezaban a comer. Los que tenían asignado comer galletas estaban en la gloria. Para los que tenían que comer rábanos era una agonía. Se sentían fatal teniendo que abstenerse de comer las galletas recién hechas. A través del cristal unidireccional los investigadores vieron que uno de los que tenían asignado comer rábanos cogió una galleta, la olió con anhelo, y volvió a dejarla en el recipiente. Otro agarraba unas cuantas galletas, las dejaba y se lamía el chocolate fundido que le había quedado en los dedos.

A los cinco minutos la investigadora volvía a entrar en la habitación. Según Muraven, la fuerza de voluntad de los que comieron rábanos había quedado muy mermada al tener que ingerir ese vegetal amargo y abstenerse de los dulces; los que comieron las galletas apenas habían utilizado su autodisciplina.

«Hemos de esperar unos quince minutos para que desaparezca el recuerdo sensorial de lo que has comido», le decía la investigadora a cada uno de los participantes. Para ayudarles a pasar el tiempo les pedía que resolvieran un rompecabezas. Parecía bastante fácil: haz un dibujo geométrico sin levantar el lápiz de la página o sin pasar dos veces por la misma línea. Si quieres marcharte, le decía la investigadora, toca el timbre. Les daba a entender que el rompecabezas no iba a ser muy largo.

A decir verdad, el rompecabezas era irresoluble.

No era una forma de pasar el rato, sino la parte más importante del experimento. Seguir con el rompecabezas requería una enorme fuerza de voluntad, especialmente cuando habían fallado todos los intentos. Los científicos se preguntaban si los estudiantes que habían empleado su fuerza de voluntad resistiéndose a la tentación de las galletas cederían ahora más deprisa ante el rompecabezas. Es decir, ¿era la fuerza de voluntad un recurso finito?

Los investigadores observaban desde la parte posterior del cristal unidireccional. Los que habían comido las galletas, con sus reservas de autodisciplina intactas, empezaron a trabajar en el rompecabezas. En general, se los veía más relajados. Uno de ellos probó un enfoque directo, se encontró con un obstáculo, y empezó de nuevo. Y otra vez. Y otra vez. Algunos trabajaron durante más de media hora antes de que la investigadora les dijera que parasen. En general, los que comieron las galletas pasaron casi 19 minutos cada uno intentando resolver el rompecabezas antes de tocar el timbre.

Los que comieron rábanos, con su fuerza de voluntad debilitada, actuaron de un modo totalmente distinto. Murmuraban mientras trabajaban. Se frustraban. Uno se quejó diciendo que todo el experimento era una pérdida de tiempo. Algunos pusieron la cabeza sobre la mesa y cerraron los ojos. Uno le habló con brusquedad a la investigadora cuando ésta regresó a la habitación. En general, los que comieron rábanos trabajaron sólo durante 8 minutos antes de rendirse, un 60 por ciento menos del tiempo que emplearon antes de rendirse los que comieron las galletas. Después, cuando la investigadora les preguntó cómo se habían sentido, uno de ellos dijo: «Harto de este absurdo experimento».

«Al hacer que los estudiantes tuvieran que utilizar un poco de su fuerza de voluntad para no tocar las galletas, les hemos puesto en un estado en que deseaban abandonar mucho antes —me dijo Muraven—. Desde entonces se han realizado más de 200 estudios sobre esta idea, y en todos se ha descubierto lo mismo. La fuerza de voluntad no es sólo una habilidad. Es un músculo, como los de los brazos y los de las piernas, y se cansa cuando trabaja duro, así que le queda menos fuerza para hacer otras cosas.»

Los investigadores se han basado en este hallazgo para explicar todo tipo de fenómenos. Algunos han sugerido que ayuda a aclarar la razón por la que personas que tienen éxito en otros aspectos de su vida, sucumben a la tentación de tener romances extraconyugales (que es más probable que se produzcan ya avanzada la noche, tras un largo día de usar la fuerza de voluntad en el trabajo), o por la que buenos médicos cometen errores tontos (que suelen ocurrir cuando el profesional ha terminado una larga y complicada tarea que requiere mucha concentración). «Si quieres hacer algo que requiera fuerza de voluntad —como salir a correr al llegar de trabajar—, has de conservar tu músculo de la fuerza de voluntad durante el día —me dijo Muraven—. «Si lo usas demasiado pronto en tareas tediosas como escribir correos electrónicos o rellenar aburridas y complicadas hojas de gastos, habrás perdido toda la fuerza al llegar a casa.»

Pero, ¿hasta dónde se extiende esta analogía? ¿Si ejercitamos los músculos de la fuerza de voluntad conseguiremos fortalecerlos como fortalecemos los bíceps cuando utilizamos las mancuernas?

En 2006, dos investigadores australianos —Megan Oaten y Ken Cheng— intentaron responder a esa pregunta con la creación de un ejercicio de fuerza de voluntad. Reclutaron dos docenas de personas de edades comprendidas entre los 18 y los 50 años para participar en un programa de ejercicio físico y, en el transcurso de dos meses, les hicieron realizar un número cada vez mayor de ejercicios de levantamiento de peso, entrenamiento de resistencia y rutinas aeróbicas. Una semana tras otra, los participantes se veían obligados a hacer ejercicio con más frecuencia, y a utilizar más y más la fuerza de voluntad cada vez que entraban en el gimnasio.

Al cabo de dos meses, investigaron los otros aspectos de la vida de los participantes para ver si trabajar la fuerza de voluntad en el gimnasio se traducía en una mayor fuerza de voluntad en casa. Antes de que empezara el experimento, la mayoría de los participantes confesaban ser sedentarios. Ahora, por supuesto, estaban en mejor forma física. Pero otros aspectos de su vida también eran más saludables. Cuanto más tiempo pasaban en el gimnasio, menos fumaban y menos alcohol, cafeína y comida basura consumían. Pasaban más horas haciendo sus deberes y menos horas mirando la televisión. No se deprimían tanto.

Oaten y Cheng se preguntaron si quizás esos resultados no tuvieran nada que ver con la fuerza de voluntad. ¿Y si hacer ejercicio simplemente hace que las personas sean más felices y tengan menos ganas de comer comida basura?

De modo que diseñaron otro experimento. Esta vez, reclutaron a 29 personas para que siguieran un programa de cuatro meses para administrar el dinero. Les pusieron metas de ahorro y pidieron a los participantes que se abstuvieran de lujos, como ir a comer a restaurantes o ir al cine. Se pidió a los participantes que anotaran detalladamente todo lo que compraban, lo que al principio fue un poco molesto, pero al final las personas consiguieron tener la suficiente fuerza de voluntad como para anotar cada una de sus compras.

Su economía fue mejorando durante el progreso del programa. Lo más curioso es que fumaban menos, bebían menos alcohol y tomaban menos cafeína: como media, dos tazas de café menos, dos cervezas menos, y en el caso de los fumadores, quince cigarrillos menos al día. Comían menos comida basura y eran más productivos en su trabajo y en sus estudios. Era como el ejercicio del estudio: cuando las personas reforzaban sus músculos de la fuerza de voluntad en un aspecto de su vida —en el gimnasio, o en un programa para administrarse su dinero—, esa fuerza se trasladaba a su forma de comer o al esfuerzo que ponían en su trabajo. Cuando la fuerza de voluntad se fortalecía, afectaba a todo.

Oaten y Cheng hicieron un experimento más. Esta vez reclutaron a 45 estudiantes para un programa de mejora académica que se concentraba en crear hábitos de estudios. Tal como se podía prever, mejoraron las habilidades de aprendizaje de los participantes. Los estudiantes fumaron menos, bebieron menos, vieron menos la televisión, hicieron más ejercicio, comieron más sano, aunque ninguna de esas cosas se mencionó durante el programa. Una vez más se demostró que cuando se fortalecían los músculos de la fuerza de voluntad, los buenos hábitos parecían extenderse a otros aspectos de su vida.

«Cuando aprendes a esforzarte para ir al gimnasio o empiezas a hacer los deberes o comes una ensalada en lugar de una hamburguesa, parte de lo que sucede es que estás cambiando tu forma de pensar —dice Todd Heatherton, un investigador de Darmouth que ha trabajado en estudios sobre la fuerza de voluntad—. La gente aprende a regular mejor sus impulsos. A distraerse de las tentaciones. Y una vez que entras en la onda de la fuerza de voluntad, tu cerebro está entrenado para ayudarte a concentrarte en una meta.»

Actualmente, hay cientos de investigadores, en casi todas las universidades importantes, que estudian la fuerza de voluntad. Escuelas públicas y escuelas *charter* [un tipo de escuela pública de Estados Unidos] de Filadelfia, Seattle, Nueva York y de otras partes han empezado a incorporar en sus programas clases sobre cómo reforzar la fuerza de voluntad. En las KIPP [«El Conocimiento es un Programa de Poder»] —una serie de escuelas *charter* a nivel nacional para las personas con pocos ingresos—, enseñar autocontrol forma parte de su filosofía. (Una escuela KIPP de Filadelfia dio camisas a sus alumnos que ponían «No te comas las nubes».) En muchas de estas escuelas los alumnos han mejorado espectacularmente sus notas.

«Ésta es la razón por la que apuntar a los niños a clases de piano o a hacer algún deporte es tan importante. Nada tiene que ver con convertirlos en grandes músicos o en estrellas del fútbol a los cinco años —dijo Heatherton—. Cuando aprendes a esforzarte para practicar durante una hora o corres cinco vueltas, empiezas a construir una fuerza autorreguladora. Un niño de 5 años que puede seguir el balón durante diez minutos se convierte en un alumno de sexto que puede empezar a hacer sus deberes puntualmente.»

Las investigaciones sobre la fuerza de voluntad se han convertido en un tema candente en las revistas científicas y en los artículos de los periódicos, y ha empezado a calar en el ámbito corporativo de Estados Unidos. Empresas como Starbucks —y Gap, Wal-Mart, restaurantes o cualquier otro negocio que cuente con trabajadores sin experiencia previa—, todos se enfrentan a un mismo problema: por mucho que sus empleados *quieran* trabajar bien, muchos fracasan por falta de autodisciplina. Llegan tarde. Reaccionan mal con los clientes groseros. Se distraen cuando hay dramas laborales o se implican demasiado en ellos. Se marchan sin dar explicaciones.

«Para muchos empleados, Starbucks es su primera experiencia laboral —dice Christine Deputy, que supervisó los programas de formación de la compañía durante más de una década—. Si tus padres o profesores te han estado diciendo toda tu vida lo que tenías que hacer, y de pronto los clientes te gritan y tu jefe está demasiado ocupado para indicarte cómo has de actuar, puede ser una experiencia abrumadora. Hay muchas personas que son incapaces de hacer esa transición. Así que lo que pretendemos es averiguar cómo enseñar a nuestros empleados la autodisciplina que no aprendieron en la escuela.»

Pero cuando compañías como Starbucks intentaron aplicar en el trabajo las lecciones sobre la fuerza de voluntad extraídas de estudios como el de los rábanos y las galletas y el de hacer ejercicio, tuvieron dificultades. Patrocinaron clases para adelgazar y gimnasios para los empleados, con la esperanza de que eso repercutiría en su forma de servir el café. La asistencia era escasa. Los empleados decían que les costaba asistir a clase o ir al gimnasio tras todo un día de trabajo. «Si alguien tiene problemas con la autodisciplina en el trabajo, probablemente también los tendrá para asistir a un programa diseñado para reforzar su autodisciplina *después* del trabajo», dijo Muraven.

Pero Starbucks se había propuesto resolver este problema. Hacia el 2007, en la cumbre de su periodo de expansión, la compañía abría 7 establecimientos nuevos cada día y contrataba hasta 1.500 empleados a la semana. Era esencial formarlos para destacar en el servicio de atención al cliente: llegar puntuales, no enfadarse con los clientes y servirles a todos con una sonrisa, recordando los pedidos de los clientes y, a ser posible, hasta sus nombres. Las personas esperan que les sirvan un *latte* caro con un poco de gracia. «No estamos en el negocio del café sirviendo a las personas —me dijo Howard Behar, ex presidente de Starbucks—. Estamos en el negocio de las personas sirviéndoles café. Todo nuestro modelo empresarial se basa en ofrecer un servicio excelente al cliente. Sin eso, estamos perdidos.»

Starbucks descubrió que la solución era convertir la autodisciplina en un hábito organizativo.

III

En 1992, una psicóloga británica fue a dos de los hospitales de traumatología más concurridos de Escocia y reclutó a 60 pacientes para un experimento que esperaba que pudiera explicar cómo potenciar la fuerza de voluntad en las personas que se resisten mucho al cambio.

La edad media de los pacientes era de 68 años. La mayoría ganaba menos de 10.000 dólares al año y no tenía más titulación que la graduación del instituto. Todos ellos habían sido sometidos recientemente a una operación de prótesis de cadera o de rodilla, pero como eran relativamente pobres y con poco nivel cultural, muchos habían esperado durante años para ser operados. Eran jubilados, mecánicos mayores y dependientes. Estaban en la etapa final de su vida, y la mayoría no sentían el menor deseo de ponerse a leer un libro nuevo.

La recuperación de una operación de prótesis de cadera o de rodilla es muy lenta y difícil. La operación implica cortar articulaciones y serrar huesos. Durante la recuperación, hasta los más mínimos movimientos —cambiar de posición en la cama o flexionar una articulación— pueden ser muy dolorosos. Sin embargo, es esencial que los pacientes empiecen a hacer ejercicio casi de inmediato, en cuanto se despiertan de la operación. Han de empezar a mover las piernas y las caderas antes de que los músculos y la piel se hayan curado, de lo contrario la cicatriz quedará adherida a la articulación y destruirá su flexibilidad. Además, si los pacientes no empiezan a hacer ejercicio, corren el riesgo de que se les formen coágulos de sangre. Pero es tan doloroso que no es extraño que los pacientes se salten las sesiones de rehabilitación. Los pacientes, especialmente los mayores, muchas veces se niegan a seguir las recomendaciones del médico.

Los participantes del estudio escocés eran del tipo de personas que más probabilidades tenían de fracasar en la rehabilitación. La psicóloga que dirigía el experimento quería ver si podía ayudarles a reforzar su fuerza de voluntad. Después de la operación entregó a cada paciente un folleto con su programa de rehabilitación detallado; al final había 13 páginas adicionales —una para cada semana— con espacios en blanco e instrucciones: «Mis metas para esta semana son _____ . Escribe exactamente lo que vas a hacer. Por ejemplo, si esta semana vas a pasear, escribe dónde y cuándo vas a hacerlo». Pidió a los pacientes que rellenaran cada una de las páginas con planes específicos. Luego, comparó las recuperaciones de los que habían escrito sus metas con las de otro grupo de pacientes que habían recibido los mismos folletos, pero que no escribieron nada.

Parece absurdo pensar que dar a las personas unas cuantas hojas de papel en blanco pueda influir en la rapidez con la que se recuperan de una operación. Pero cuando la investigadora visitó a los pacientes tres meses después, observó que existía una gran diferencia entre los dos grupos. Los pacientes que habían escrito sus planes en los folletos empezaron a caminar casi el doble de rápido que los que no lo habían hecho. Empezaron a sentarse y a levantarse de sus sillas, sin ayuda, casi en la tercera parte de tiempo que los otros. Se empezaron a poner los zapatos, a hacer la colada y a prepararse ellos mismos la comida antes que los que no habían escrito sus metas con antelación.

La psicóloga quería comprender por qué. Examinó los folletos y descubrió que la mayoría de las páginas en blanco habían sido rellenadas con planes detallados y específicos, sobre los aspectos más mundanos de la recuperación. Un paciente, por ejemplo, había escrito: «Mañana iré a la parada del autobús a buscar a mi esposa cuando regrese del trabajo», y luego había anotado la hora en que saldría de casa, la ruta que iba a hacer, la ropa que iba a llevar, el abrigo que se pondría si llovía y qué pastillas tomaría si el dolor era demasiado agudo. En un estudio de características similares, otro paciente escribió una serie de horarios muy específicos respecto a los ejercicios que haría cada vez que fuera al baño. Otro escribió un itinerario minuto a minuto para dar un paseo alrededor de la manzana.

Cuando los psicólogos revisaron los folletos, se dieron cuenta de que muchos de los planes tenían algo en común: se centraban en cómo afrontarían los pacientes un momento específico de dolor. El hombre que hacía ejercicio mientras iba al cuarto de baño, por ejemplo, sabía que cada vez que se levantaba del sofá, el dolor era muy intenso. Así que escribió un plan para afrontarlo: dar el primer paso automáticamente, enseguida, así no sentiría la tentación de volver a sentarse. El paciente que iba a buscar a su esposa a la parada del autobús temía las tardes porque ese paseo era el más largo y doloroso del día. Así que detalló todos los obstáculos con los que podría encontrarse y dio con una solución antes de que se presentaran.

Dicho de otro modo, los planes de los pacientes giraban en torno a puntos de inflexión en los que sabían que el dolor —y por lo tanto, la tentación de abandonar— sería más fuerte. Los pacientes se decían a sí mismos cómo iban a superarlo.

Cada uno empleó intuitivamente las mismas normas que Claude Hopkins había utilizado para vender Pepsodent. Identificaron señales sencillas y recompensas evidentes.

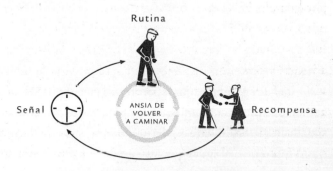

HÁBITOS DE FUERZA DE VOLUNTAD
DISEÑADOS POR LOS PACIENTES PARA AYUDARSE
A SUPERAR LOS PUNTOS DE INFLEXIÓN DOLOROSOS

El hombre que iba a buscar a su esposa al autobús, por ejemplo, identificó una señal sencilla —*son las 3:30, ¡ya está de camino a casa!*— e identificó claramente su recompensa —*¡Cariño, estoy aquí!*—. Cuando aparecía la tentación de volver atrás a medio camino, el paciente podía superarla porque había transformado la autodisciplina en un hábito.

No hay razón para que los otros pacientes —los que no escribieron sus planes de recuperación— no se comportaran del mismo modo. A todos los pacientes les habían dado las mismas recomendaciones y advertencias en el hospital. Todos sabían que hacer ejercicio era esencial para su recuperación. Todos pasaron semanas haciendo recuperación.

Pero los pacientes que no habían escrito nada estaban en clara desventaja, porque nunca pensaron de antemano cómo afrontar los puntos de inflexión dolorosos. Nunca diseñaron deliberadamente los hábitos de fuerza de voluntad. Aunque intentaran dar una vuelta a la manzana, su voluntad les abandonaba cuando se enfrentaban a la agonía de dar los primeros pasos.

Cuando los intentos de Starbucks para fomentar la fuerza de voluntad de sus empleados fallaron, sus ejecutivos vieron que tenían que cambiar de enfoque. Empezaron por examinar con detalle lo que realmente estaba pasando en sus establecimientos. Vieron que, al igual que les sucedía a los pacientes escoceses, sus empleados fracasaban cuando llegaban a un punto de inflexión. Lo que necesitaban eran hábitos institucionales que les ayudaran a ser autodisciplinados.

Los directivos llegaron a la conclusión de que en algunos aspectos habían interpretado erróneamente cómo utilizar la fuerza de voluntad. Resultaba que los empleados con falta de fuerza de voluntad, la mayoría de las veces no tenían dificultad alguna en realizar su trabajo. En un día normal y corriente, un trabajador al que se pusiera a prueba su fuerza de voluntad no se diferenciaba demasiado del resto. Pero a veces, concretamente al enfrentarse a situaciones de estrés o incertidumbres inesperadas, esos empleados respondían mal y su autocontrol se esfumaba. Por ejemplo, un cliente empezaba a gritarles, y un empleado normalmente tranquilo, perdía la compostura. Un local lleno de gente impaciente puede abrumar a un "barista", y de pronto está a punto de llorar.

Lo que realmente necesitaban los empleados eran instrucciones claras respecto a cómo manejar los puntos de inflexión;

algo similar a los folletos de los pacientes escoceses: una rutina para que sigan adelante cuando sus músculos de fuerza de voluntad empiezan a flojear. Así que la compañía desarrolló material de formación nuevo con rutinas para los momentos en que sus empleados tenían que enfrentarse a una situación difícil. Los manuales enseñaban a los trabajadores a responder a señales específicas, como un cliente que grita o una cola larga en caja. Los directivos entrenaron a los empleados mediante juegos de rol hasta que sus respuestas se volvieron automáticas. La compañía señaló recompensas específicas —un cliente agradecido, un elogio de un jefe— que los empleados pudieran considerar como una prueba de que habían hecho bien su trabajo.

Starbucks enseñó a sus empleados a afrontar los momentos de adversidad proporcionándoles bucles de hábitos de fuerza de voluntad.

Por ejemplo, cuando Travis empezó en Starbucks, su jefe le introdujo enseguida en los hábitos.

—Uno de los aspectos más difíciles de este trabajo es tratar con un cliente enfadado —le dijo su jefe—. Cuando aparece alguien que empieza a gritarte porque te has equivocado al servirle la consumición, ¿cuál es tu primera reacción?

—No lo sé —respondió Travis—. Creo que me asustaría un poco. O me enfadaría.

—Es normal —le dijo su jefe—. Pero nuestro trabajo es proporcionar el mejor servicio al cliente, incluso cuando trabajamos bajo presión.

El jefe abrió un manual de Starbucks y le mostró una página donde había muy poco escrito. Al principio de la página ponía: «Cuando un cliente está descontento, mi plan es...».

—Este libro de trabajo es para que te imagines las situaciones desagradables y escribas un plan para responder —le dijo el jefe—. Uno de los sistemas que utilizamos es el que hemos bautizado como el método *LATTE* (por sus siglas en inglés). *Escuchamos* al cliente, *Reconocemos* su queja, *Actuamos* resolviendo el problema, le damos las *Gracias* y le *Explicamos* por qué se ha producido el error.

EL BUCLE DEL HÁBITO «LATTE»

—¿Por qué no dedicas unos minutos a escribir un plan para tratar a un cliente enfadado? Utiliza el método LATTE. Cuando lo hayas hecho, practicaremos un poco con un juego de rol.

Starbucks cuenta con docenas de rutinas que aprenden sus empleados para utilizarlas en esos momentos de inflexión estresantes. Tenemos el sistema para críticas *Qué Qué Por qué* y el sistema *Conecta, Descubre y Responde* para tomar pedidos cuando empieza el agobio. Hay hábitos aprendidos para ayudar a los baristas a distinguir a los clientes que sólo quieren un café («un cliente con prisa que te habla con urgencia y que puede parecer impaciente o que mira su reloj»), y los que necesitan un poco más de atención («un cliente habitual que conoce a los baristas por su nombre y que suele pedir siempre lo mismo»). En los manuales de formación hay docenas de páginas en blanco donde los empleados pueden escribir planes para remontar los puntos de inflexión. Luego los practican, una y otra vez, hasta que se vuelven automáticos.

Así es como la fuerza de voluntad se convierte en un hábito: eligiendo un tipo de conducta con antelación, y luego, siguiendo esa rutina cuando llegue el punto de inflexión. Cuando los pacientes escoceses rellenaron sus folletos, o cuando Travis estudió el método *LATTE*, eligieron con antelación cómo reaccionar ante una señal —un músculo que duele o un cliente furioso. Cuando llegaba la señal, la rutina proseguía.

Starbucks no es la única compañía que utiliza estos métodos de formación. Por ejemplo, en Deloitte Consulting, la compañía de servicios financieros e impuestos más grande del mundo, se forma a los empleados en una materia denominada «Momentos que importan», que se centra en afrontar los puntos de inflexión, como un cliente que se queja de su factura, el despido de un compañero, o cuando un asesor de Deloitte ha cometido un error. Existen rutinas preprogramadas para cada una de esas situaciones —*Siente curiosidad, Di lo que nadie más diría, Aplica la regla del 5/5/5*— que orientan a los empleados para responder a ellas. En Container Store, los empleados reciben más de 185 horas de formación sólo en su primer año. Se les enseña a reconocer puntos de inflexión como un compañero enfadado o un cliente abrumado, y hábitos como rutinas para calmar a los compradores o evitar una confrontación. Por ejemplo, cuando llega un cliente abrumado, el empleado enseguida le pide que visualice el espacio en su hogar que quiere organizar y que le describa cómo se sentiría cuando todo estuviera ordenado. «Hemos tenido clientes que han venido y nos han dicho: "Esto es mejor que ir al psicólogo"», le dijo el gerente de la compañía a un periodista.

IV

Howard Schultz, el hombre que convirtió a Starbucks en un coloso, en ciertos aspectos no es tan diferente de Travis. Se crió en una zona de viviendas de protección oficial en Brooklyn, donde vivía con sus padres y dos hermanos en un piso de dos habitaciones. Tenía 7 años cuando su padre se rompió el tobillo y perdió su trabajo como chófer de camiones de basura. Eso bastó para que toda la familia entrara en crisis. Cuando se le curó el tobillo, fue de un trabajo mal pagado a otro peor. «Mi padre no encontró nunca su camino —me dijo Schultz—. Vi cómo se destruía su autoestima. Yo sentía que podía haber logrado muchas más cosas.»

El colegio al que iba Schultz era un lugar hacinado y caótico con patios de recreo de asfalto y niños jugando al fútbol, baloncesto, *softball, punch ball, slap ball*, y cualquier otro juego que pudieran inventar. Si perdía tu equipo, puede que tuvieras que esperar una hora para conseguir otro turno. Así que Schultz se aseguraba de que su equipo ganara siempre, a cualquier precio. Llegaba a casa lleno de heridas, con sangre en los codos y en las rodillas, que su madre limpiaba con cuidado con una gasa húmeda. «No abandones», le dijo ella.

Gracias a su competitividad consiguió una beca de fútbol en la universidad (se partió una mandíbula y nunca más volvió a jugar), se graduó en comunicaciones, y por último consiguió un trabajo como comercial de Xerox en Nueva York. Cada mañana se levantaba y se dirigía a algún bloque nuevo de oficinas de la zona centro, tomaba el ascensor hasta el último piso y comenzaba a preguntar educadamente puerta por puerta si alguien necesitaba tóner o fotocopiadoras. Luego bajaba otro piso en ascensor y volvía a empezar todo el proceso.

Hacia principios de la década de 1980, Schultz trabajaba para un fabricante de plásticos cuando observó que un pequeño empresario poco conocido de Seattle encargaba un número exorbitado de conos para filtros de café. Schultz tomó un avión y se enamoró de la compañía. Dos años después, cuando se enteró de que Starbucks, que por aquel entonces contaba sólo con 6 tiendas, estaba en venta, pidió dinero a todos sus conocidos y la compró.

Eso fue en 1987. En tres años, ya tenía 84 tiendas; seis años después, más de mil. En la actualidad, hay 17.000 tiendas en más de 50 países.

¿Por qué resultó ser Schultz tan diferente de los demás niños de su clase? Algunos de sus compañeros son policías o bomberos en Brooklyn. Otros están en prisión. Schultz tiene más de mil millones de dólares. Se le considera uno de los mejores empresarios del siglo xx. ¿Cómo encontró la determinación —la fuerza de voluntad— para ascender desde un barrio de viviendas protegidas hasta tener un *jet* privado?

«No lo sé —me dijo—. Mi madre siempre me decía: "Vas a ser el primero en ir a la universidad, en ser un profesional, harás que todos nos sintamos orgullosos". Me hacía preguntas como: "¿Cómo vas a estudiar esta noche? ¿Qué vas a hacer mañana? ¿Cómo sabes que estás preparado para el examen?" Me enseñó a ponerme metas.

»He tenido suerte —me dijo—. Y realmente creo que si les dices a las personas que tienen todo lo que necesitan para triunfar, te demostrarán que es cierto.»

El enfoque de Schultz en la formación de los empleados y en el servicio al cliente convirtió a Starbucks en una de las compañías más famosas del mundo. Durante años estuvo personalmente implicado en casi todos los aspectos de la dirección de la empresa. En el año 2000 estaba agotado y delegó en otros ejecutivos los asuntos cotidianos; a partir de ese momento, Starbucks empezó su declive. Al cabo de unos pocos años, los clientes empezaron a quejarse de la calidad de las bebidas y del servicio al cliente. Los ejecutivos, concentrados en la frenética expansión de la compañía, muchas veces desoían las quejas. Los empleados dejaron de estar contentos. Las encuestas indicaban que la gente empezaba a asociar Starbucks con café tibio y sonrisas vacías.

Así que en 2008 Schultz volvió a asumir la gerencia de la compañía. Entre sus prioridades estaba reestructurar algunos puntos del programa de formación de la empresa, entre los que se incluían potenciar la fuerza de voluntad y la autoconfianza de los empleados —o *partners* [socios], en el léxico de Starbucks. «Teníamos que empezar a recobrar la confianza de los clientes y de los *partners*», me dijo Schultz.

Casi simultáneamente, se empezaron a realizar una nueva serie de estudios que contemplaban la ciencia de la fuerza de voluntad de un modo ligeramente distinto. Los investigadores habían observado que algunas personas, como Travis, podían crear hábitos de fuerza de voluntad con relativa facilidad. Otras, sin embargo, siempre tenían que esforzarse, por más cursos de formación y apoyo que recibieran. ¿Cuál era el problema?

Mark Muraven, que por aquel entonces era catedrático de la Universidad de Albany, ideó un nuevo experimento. Colocó a estudiantes universitarios en una habitación donde había una bandeja con galletas calientes recién hechas y les pidió que no las tocaran. A la mitad de los participantes se los trató con delicadeza. «Os agradeceríamos que no os comierais las galletas. ¿De acuerdo?», les dijo la investigadora. Luego les explicó que el propósito del experimento era medir su capacidad para resistir las tentaciones y les daba las gracias por haberles dedicado su tiempo. «Si tenéis alguna sugerencia o idea sobre cómo mejorar este experimento, estamos abiertos a sugerencias. Queremos que nos ayudéis a hacer que esta experiencia sea lo más agradable posible.»

Al resto del grupo, no se los trató del mismo modo. Simplemente, recibieron órdenes.

«No podéis comer las galletas», les dijo la investigadora. No les explicó la finalidad del experimento, ni les dio las gracias, ni mostró interés alguno en sus opiniones. «Empezamos ya», les dijo.

Los estudiantes de ambos grupos tenían que hacer caso omiso de las galletas durante cinco minutos, una vez que la investigadora había salido de la habitación. Nadie cedió ante la tentación.

Luego regresó la investigadora. Pidió a cada uno de los estudiantes que mirara la pantalla de un ordenador. Estaba programado para que aparecieran números rápidamente, de uno en uno, durante 500 milisegundos [medio segundo] cada vez. Los participantes tenían que presionar la barra espaciadora cada vez que veían un «6» seguido de un «4». Esto se ha convertido en una forma estándar de medir la fuerza de voluntad: prestar atención a una secuencia aburrida de números que pasan muy rápido requiere una concentración parecida a la de intentar resolver un rompecabezas imposible.

Los estudiantes que fueron bien tratados obtuvieron buenos resultados en la prueba del ordenador. Cada vez que aparecía un «6» seguido de un «4», le daban a la barra espaciadora. Pudieron mantener su concentración durante los 12 minutos. A pesar de haber resistido a la tentación de las galletas, todavía tenían fuerza de voluntad.

Los estudiantes que habían sido tratados con mala educación, lo hicieron fatal. Se olvidaban de apretar la barra espaciadora. Dijeron que estaban cansados y que no podían concentrarse. Según los investigadores, su músculo de la fuerza de voluntad se había fatigado por las órdenes bruscas que habían recibido.

Muraven empezó a investigar la causa por la que los estudiantes que habían sido tratados con educación tenían más fuerza de voluntad, y descubrió que la gran diferencia residía en que sentían que tenían control sobre la experiencia. «Hemos observado esto en múltiples ocasiones —me dijo Muraven—. Cuando se les pide a las personas que hagan algo que requiere autocontrol, si piensan que lo están haciendo por razones personales —si sienten que es como una opción o algo que les gusta porque ayuda a alguien—, les cuesta mucho menos. Si sienten que no tienen autonomía, que simplemente están siguiendo órdenes, sus músculos de la fuerza de voluntad se cansan mucho antes. En ambas clases, los participantes no tocaron las galletas. Pero cuando los alumnos fueron tratados como objetos, en vez de como personas, necesitaron más fuerza de voluntad.»

Para las compañías y organizaciones, esta visión tiene grandes implicaciones. El mero hecho de dar a los empleados un voto de confianza —el sentimiento de que tienen el control, de que tienen autoridad para tomar decisiones— puede aumentar radicalmente la cantidad de energía y concentración que aportan a sus trabajos. En un estudio realizado en 2010, en una planta industrial de Ohio, por ejemplo, se observó a los trabajadores de la cadena de montaje a los que se dio potestad para tomar pequeñas decisiones sobre sus horarios y entorno de trabajo. Diseñaron sus propios uniformes y tenían autoridad sobre los turnos. No cambió nada más. Todos los procesos de manufacturación y escalas salariales eran idénticos. A los dos meses, la productividad de la planta había aumentado un 20 por ciento. Los trabajadores hacían pausas más cortas. Cometían menos errores. Dar la oportunidad a los empleados para que sintieran que tenían el control hizo que aumentara notablemente el grado de autodisciplina que utilizaban en su trabajo.

Lo mismo sucedió en Starbucks. Hoy en día, la compañía está centrada en conceder a los empleados una mayor autoridad. Les han pedido que vuelvan a diseñar la disposición de las cafeteras espresso y de las cajas registradoras, que decidan ellos mismos cómo dar la bienvenida a los clientes y dónde colocar los productos. No es extraño que un *store manager* [el responsable del local] pase horas reunido con sus empleados discutiendo dónde es el mejor lugar para colocar una batidora.

«Hemos empezado a pedir a nuestros *partners* que utilicen su intelecto y creatividad, en lugar de decirles «saca el café de la caja, pon aquí la taza, sigue esta regla —dice Kris Engskov, uno de los vicepresidentes de Starbucks—. A la gente le gusta sentir que tiene el control sobre su vida.»

Ha descendido el número de empleados que se marchan. Ha aumentado la satisfacción de los clientes. Desde el regreso de Schultz, Starbucks ha incrementado sus ingresos en más de 1.200 millones de dólares al año.

V

Cuando Travis tenía 16 años, antes de dejar los estudios y empezar a trabajar para Starbucks, su madre le contó una historia. Iban juntos en el coche y Travis le preguntó a su madre por qué no tenía más hermanos. Su madre siempre había intentado ser muy sincera con sus hijos, y le explicó que se había quedado embarazada dos años antes de que naciera él, pero que había abortado. En aquel entonces ya tenían dos hijos y eran drogadictos. No creían que pudieran mantener a otro hijo. Luego, un año después, se quedó embarazada de Travis. Pensó en volver a abortar, pero eso ya era demasiado para ella. Era más fácil dejar que la naturaleza siguiera su curso. Y nació Travis.

«Me dijo que había cometido muchos errores, pero que haberme tenido era una de las mejores cosas que le habían sucedido —me dijo Travis—. Cuando tus padres son adictos, creces sabiendo que no puedes confiar en ellos cuando necesites algo. Pero he tenido la suerte de encontrar unos jefes que me han aportado lo que me faltaba. Si mi madre hubiera tenido mi misma suerte, creo que las cosas habrían sido muy diferentes para ella.»

A los pocos años de esta conversación, le llamó su padre para decirle que a su madre se le había infectado una de las zonas del brazo donde solía pincharse y que la infección había llegado a la sangre. Travis se dirigió inmediatamente al hospital, pero ella estaba inconsciente cuando él llegó. Murió media hora después, cuando le retiraron el sistema de soporte vital.

Una semana después, su padre ingresaba en el hospital por una neumonía. Tenía colapso pulmonar. Travis volvió a ir en su coche hasta Lodi, pero ya eran las 8 de la noche cuando llegó a urgencias. Una enfermera le dijo con malos modos que tenía que regresar al día siguiente porque la hora de visita ya había pasado.

Travis ha pensado mucho en ese momento desde aquel día. Todavía no había empezado a trabajar en Starbucks. No había aprendido a controlar sus emociones. No tenía los hábitos que, desde entonces, lleva años practicando. Ahora, cuando reflexiona sobre su vida, sobre lo lejos que se encuentra del mundo de las sobredosis, del que aparezcan coches robados en la puerta de casa y del momento en que una enfermera parece un obstáculo insuperable, se maravilla de que se pueda ir tan lejos en tan poco tiempo.

«Si [mi padre] hubiera muerto un año más tarde, todo habría sido distinto», me dijo Travis. Entonces, ya hubiera sabido cómo tratar pacientemente a la enfermera. Habría sabido reconocer su autoridad y pedirle con educación que hiciera una pequeña excepción. Habría podido entrar. Por el contrario, abandonó y se marchó. «Yo le dije: "Sólo quiero hablar con él por última vez", y ella me respondió: "Ni siquiera está despierto, ya no es hora de visita, vuelve mañana". No sabía qué responder. Me sentí muy insignificante.»

El padre de Travis murió esa noche.

Todos los años, el día de su muerte Travis se levanta muy temprano, se da una ducha más larga de lo habitual, se planifica el día cuidadosamente y va en coche a su trabajo. Siempre llega a la hora.

6

El poder de una crisis

Cómo crean hábitos los líderes a través
de los accidentes y el diseño

I

El paciente ya estaba inconsciente mientras le llevaban al quirófano del Hospital de Rhode Island. Tenía la mandíbula floja, los ojos cerrados, y por sus labios asomaba el extremo de un tubo de intubación. Cuando la enfermera le conectó a una máquina de respiración asistida para la operación, uno de sus brazos se descolgó de la camilla; tenía la piel moteada con manchas hepáticas.

Era un hombre de 86 años y hacía tres días que se había caído en su casa. Después de la caída, tenía problemas para permanecer despierto y responder a preguntas, por lo que al final su esposa llamó a una ambulancia. En urgencias, un médico le preguntó qué le había pasado, pero el hombre se dormía a mitad de sus frases. Un escáner de la cabeza reveló el motivo: el traumatismo había hecho que su cerebro se golpeara contra el cráneo, provocando lo que se conoce como hematoma subdural. La sangre se estaba acumulando en la parte izquierda de la cabeza, comprimiendo los delicados pliegues tisulares dentro del cráneo. El fluido se había ido acumulando durante casi 72 horas, y las zonas del cerebro que controlan la respiración y el corazón estaban empezando a fallar. A menos que se drenara esa sangre, el hombre moriría.

En aquellos tiempos, el Hospital de Rhode Island era una de las principales instituciones médicas de la nación, el principal hospital universitario de la Universidad Brown, y el único centro de traumatismos de primer grado en el sudeste de Nueva Inglaterra. En el interior del alto edificio de ladrillo y cristal, sus médicos eran pioneros en la tecnología médica más vanguardista, incluido el uso de ultrasonidos para destruir tumores dentro del cuerpo del paciente. En 2002, la National Coalition on Health Care [Coalición Nacional de Salud Pública] había catalogado la unidad de cuidados intensivos del hospital como una de las mejores del país.

Pero cuando fue ingresado ese paciente, el Hospital de Rhode Island también tenía otra reputación: era un lugar dividido por las tensiones internas. Había enemistades profundas y arraigadas entre médicos y personal sanitario. En el año 2000, el sindicato de enfermeras y enfermeros había votado a favor de ir a la huelga para quejarse de que se veían obligadas a afrontar el peligro de trabajar durante largas jornadas laborales. Más de 300 profesionales se plantaron en la puerta del hospital con pancartas que decían: «Basta de esclavitud» y «No pueden arrebatarnos nuestro orgullo».

«Este sitio puede ser horrible —recordaba haberle dicho una enfermera a un periodista—. Los médicos pueden hacerte sentir que no vales nada, que eres desechable. Como si tuviéramos que estarles agradecidas por ir detrás de ellos recogiendo lo que van dejando tirado.»

La administración al final accedió a reducir las horas extras obligatorias del personal de enfermería, pero siguió habiendo tensiones. Al cabo de unos pocos años, un cirujano se disponía a realizar una operación rutinaria de abdomen cuando una enfermera dijo que era el momento de hacer una pausa quirúrgica. Esas pausas son un procedimiento habitual en la mayoría de los hospitales, una forma que tienen tanto médicos como enfermeras y enfermeros de evitar errores. La plantilla de enfermería del Hospital de Rhode Island insistía en hacer esas pausas quirúrgicas, concretamente desde que un cirujano le había extirpado por error las amígdalas a una joven a la que se suponía que debía haberle hecho una cirugía ocular. Las pausas eran para evitar los errores antes de que se produjeran.

En la cirugía del abdomen, cuando la enfermera de quirófano pidió al equipo que se reunieran en torno al paciente para hacer una pausa quirúrgica y hablar sobre el procedimiento a seguir, el médico se marchó del quirófano.

—¿Por qué no lo dirige usted? —le dijo el cirujano a la enfermera—. Salgo un momento a hacer una llamada. Llámeme cuando haya terminado.

—Se supone que usted ha de estar aquí, doctor —respondió ella.

—Usted puede hacerlo —le dijo el cirujano, mientras se dirigía hacia la puerta.

—Doctor, no me parece apropiado.

El médico se detuvo y se quedó mirándola.

—Si quisiera su maldita opinión se la pediría —le dijo—. No se le ocurra volver a cuestionar mi autoridad. Si no es capaz de hacer su trabajo, salga de mi quirófano.

La enfermera dirigió la pausa quirúrgica, el médico volvió a entrar a los pocos minutos y la operación se llevó a cabo sin complicaciones. Nunca más volvió a contradecir a un médico, ni jamás dijo nada cuando veían que se saltaban otras normas de seguridad.

«Algunos médicos eran buenas personas, otros eran auténticos monstruos —me dijo una enfermera que trabajaba en el Hospital de Rhode Island hacia mediados de la década de 2000—. Lo llamábamos la fábrica de vidrio porque parecía que todo se fuera a romper de un momento a otro.»

Para afrontar estas tensiones, el personal había creado unas normas informales —hábitos exclusivos para la institución— que servían para evitar los conflictos más obvios. Las enfermeras, por ejemplo, siempre revisaban dos veces las órdenes de los médicos que solían cometer más errores y se aseguraban sin decir nada de que se administraban las dosis correctas; se entretenían en escribir con buena letra en las fichas de los pacientes, no fuera que algún cirujano con prisas cortara en el lugar equivocado. Una enfermera me contó que habían ideado un sistema de códigos de colores para avisarse entre ellas. «Poníamos los nombres de los médicos en distintos colores en las pizarras blancas —me dijo—. Azul significaba "agradable", rojo "gilipollas", y negro significaba que «hagas lo que hagas, no le contradigas o te cortará la cabeza.»

El Hospital de Rodhe Island era un lugar impregnado de una cultura corrosiva. A diferencia de Alcoa, donde los hábitos básicos cuidadosamente diseñados en torno a la seguridad laboral habían aportado cada vez más éxitos, en ese hospital los hábitos del personal de enfermería habían surgido de forma espontánea para contrarrestar la arrogancia de los médicos. Las rutinas del hospital no eran muy elaboradas. Más bien se habían producido por accidente y difundido mediante advertencias hechas bajo mano, hasta que aparecieron los patrones tóxicos. Esto puede suceder dentro de cualquier organización donde los hábitos no han sido deliberadamente planificados. Del mismo modo que elegir los hábitos básicos correctos puede conducir a cambios asombrosos, los hábitos incorrectos pueden provocar desastres.

Y cuando los hábitos en el Hospital de Rhode Island implosionaron, provocaron errores tremendos.

El personal de urgencias, al ver los escáneres del cerebro del hombre de 86 años con hematoma subdural, enseguida llamó al neurocirujano de guardia. Éste estaba practicando una operación rutinaria de columna, pero en cuanto recibió el aviso, dejó un momento la mesa de operaciones y miró las imágenes de la cabeza del anciano en la pantalla de un ordenador. El cirujano le dijo a su ayudante —un enfermero especializado— que fuera a urgencias y que hiciera que la esposa del anciano firmara una hoja de consentimiento informada para operar. Terminó su operación de columna. A la media hora, el anciano era conducido al mismo quirófano.

El personal de enfermería iba como loco. Colocaron al anciano inconsciente sobre la mesa de operaciones. Un enfermero cogió la hoja de consentimiento informada y la historia clínica.

—Doctor —dijo el enfermero mirando la historia del paciente—. La hoja de consentimiento informada no indica dónde está el hematoma.

El enfermero revisó los papeles. Ninguno indicaba claramente en qué lado de la cabeza había que operar.

Todos los hospitales confían en los informes para dirigir las operaciones. Antes de abrir a un paciente, el propio paciente, o en su defecto un familiar, ha de firmar una hoja de consentimiento informada para aprobar todos los procedimientos y comprobar los detalles. En un entorno caótico, donde casi una docena de médicos y enfermeras pueden atender a un paciente desde la sala de urgencias hasta la sala de recuperación, las hojas de consentimiento informadas son las instrucciones que sirven para saber lo que se supone que ha de ocurrir. Salvo en urgencias, se supone que nadie puede entrar en quirófano si no es con una hoja de consentimiento informada y firmada.

—Antes he visto los escáneres —dijo el cirujano—. Era en el lado derecho. Si no intervenimos pronto, morirá.

—Quizá deberíamos volver a ver las imágenes —dijo el enfermero dirigiéndose al ordenador. Por razones de seguridad, los ordenadores del hospital se bloqueaban a los quince minutos de estar parados. El enfermero tardaría al menos un minuto en volver a conectarlo y cargar los escáneres del cerebro del paciente en la pantalla.

—No hay tiempo —dijo el cirujano—. Me han dicho que le está comprimiendo. Hemos de aliviar la presión cuanto antes.

—¿Y si vamos a buscar a la familia? —preguntó el enfermero.

—¡Si es eso lo que quiere, llame a las jodidas urgencias y busque a la familia! Mientras tanto, yo voy a salvarle la vida.

El cirujano agarró los formularios, garabateó «correcto» en la hoja de consentimiento informada y empezó.

—Aquí —dijo él—. Hemos de operar de inmediato.

El enfermero llevaba un año trabajando en el hospital. Conocía el sistema de trabajo del hospital. Sabía que el nombre de ese médico normalmente estaba escrito en negro en la gran pizarra blanca del pasillo, para indicar al resto del personal de enfermería que fuera con cuidado. Las reglas no escritas en esta situación eran evidentes: el cirujano siempre lleva las de ganar.

El enfermero dejó el historial y se quedó de pie a un lado mientras el médico colocaba la cabeza del anciano en un soporte que le permitía acceder al lado derecho de su cráneo, le afeitó y le puso antiséptico en la cabeza. El plan era abrir el cráneo y extraer la sangre que se estaba acumulando en la parte superior de su cerebro. El cirujano rebanó una capa de cuero cabelludo, dejó el cráneo al descubierto y trepanó el hueso blanco con un taladro. Siguió trepanando hasta que la broca se detuvo con un suave «plop». Hizo dos agujeros más y utilizó una sierra para seccionar un trozo triangular del cráneo. Debajo se encontraba la duramadre, la capa traslúcida que envuelve el cerebro.

—¡Oh, Dios mío! —dijo alguien.

No había hematoma. El hematoma estaba en el otro lado de la cabeza.

—¡Hemos de darle la vuelta! —gritó el cirujano.

Le soldaron el triángulo de hueso con unas plaquitas de metal y unos tornillos, y le cosieron el cuero cabelludo. Le cambiaron la cabeza de posición y entonces, otra vez afeitaron, desinfectaron, seccionaron y taladraron hasta que el cirujano le sacó otro triángulo de cráneo. Esta vez, el hematoma era claramente visible, un bulto oscuro que cuando perforó la duramadre, exudó una especie de sirope denso. El cirujano aspiró la sangre y la presión en el cráneo del anciano cedió inmediatamente. La operación que debía haber durado una hora, había durado casi el doble.

Después, el paciente fue trasladado a la unidad de cuidados intensivos, pero jamás recobraría totalmente la consciencia. Dos semanas más tarde, murió.

La investigación que se llevó a cabo posteriormente concluyó que no se podía precisar la causa de la muerte, pero la familia del paciente arguyó que el traumatismo provocado por el error médico había sido excesivo para su frágil cuerpo, que el estrés de arrancar dos trozos de cráneo, el tiempo extra de cirugía y el retraso en extraer el hematoma habían sido demasiado. La familia alegaba que de no haber sido por el error todavía estaría vivo. El hospital pagó una indemnización, y al cirujano le prohibieron volver a trabajar en el Hospital de Rhode Island.

Posteriormente, algunas enfermeras dirían que ese accidente fue inevitable. Los hábitos institucionales del hospital eran tan disfuncionales que el hecho de que se produjese algún error grave era sólo cuestión de tiempo.* No son sólo los hospitales los que alimentan patrones peligrosos. Los hábitos de organización destructivos se pueden encontrar en cientos

---

* El relato de este capítulo se basa en entrevistas realizadas a bastantes personas que trabajan en el Hospital de Rhode Island y que estuvieron implicadas en este incidente, algunas de las cuales dieron versiones diferentes de los acontecimientos. Para más detalles sobre las respuestas por parte de los representantes del hospital y del cirujano, véanse las Notas.

de industrias y miles de empresas. Y, casi siempre, son fruto de la inconsciencia de directivos que no tienen en cuenta la cultura de empresa y que permiten que ésta se desarrolle sin orden ni concierto. No existe organización sin hábitos institucionales. Sólo hay lugares donde éstos se crean deliberadamente y lugares donde se crean sin previa reflexión, por lo que suelen generarse a raíz de rivalidades o miedos.

Pero, a veces, incluso los hábitos destructivos se pueden transformar gracias a algún líder que sepa aprovechar las oportunidades correctas. A veces en el peor momento de una crisis es cuando surgen los hábitos correctos.

II

Cuando se publicó *An Evolutionary Theory of Economic Change* en 1982, muy pocas personas se enteraron fuera del ámbito académico. La insulsa tapa del libro y la desalentadora primera frase: «En este libro desarrollamos una teoría evolutiva sobre las capacidades y conducta de las empresas comerciales que operan en el ámbito del mercado, y construimos y analizamos una serie de modelos que se corresponden con esa teoría», casi parecían diseñadas para disuadir a los posibles lectores. Sus autores, los catedráticos de Yale, Richard Nelson y Sidney Winter, eran más conocidos por una serie de artículos muy analíticos sobre la teoría de Schumpeter que ni siquiera la mayoría de los candidatos a obtener un doctorado pretenden entender.

No obstante, en el mundo de la estrategia comercial y de la teoría de la organización, el libro fue un bombazo. Pronto se consideró como uno de los textos más importantes del siglo. Los catedráticos de economía empezaron a hablar del libro a sus colegas de las escuelas de ciencias empresariales, que a su vez empezaron a hablar sobre él a los directores ejecutivos en sus conferencias, y muy pronto los ejecutivos citaban a Nelson y a Winter en compañías tan dispares como General Electric, Pfizer y Starwood Hotels.

Nelson y Winter habían pasado más de una década examinando cómo trabajan las empresas, abriéndose paso a través de mares de datos antes de llegar a su conclusión principal: «La mayor parte de la conducta de las empresas —escribieron— se entiende mejor cuando la contemplamos más como un reflejo de los hábitos generales y orientaciones estratégicas procedentes de empresas del pasado, que como el resultado de un cuidadoso estudio de las ramitas lejanas del árbol de la decisión».

O, dicho en el lenguaje que utilizan las personas que no pertenecen al ámbito de la economía teórica, puede *parecer* que la mayoría de las organizaciones hacen sus elecciones de forma racional basándose en la toma de decisiones deliberada, pero no es así como funcionan realmente las compañías. Por el contrario, las empresas se guían por hábitos organizativos antiguos, patrones que muchas veces se forman a raíz de las decisiones individuales de miles de empleados. Y estos hábitos tienen un impacto más profundo de lo que nadie había llegado a entender hasta entonces.

Por ejemplo, puede parecer que el gerente de una empresa de ropa tomó la decisión, el año pasado, de poner una rebeca roja en la portada de su catálogo tras haber revisado detenidamente las ventas y los datos de marketing. Pero, de hecho, lo que ha sucedido realmente es que su vicepresidente siempre está rastreando las web que se dedican a las tendencias de moda japonesa (donde el rojo fue el color de moda la última primavera), y los expertos en marketing de las empresas preguntan rutinariamente a sus amistades qué colores están de «moda», y los ejecutivos de la compañía, que acaban de regresar de su viaje anual a París para ver las pasarelas de moda, dicen que han oído que los diseñadores de la competencia estaban usando nuevos pigmentos magenta. Todas estas pequeñas informaciones, resultado de patrones descoordinados entre los cotilleos de los ejecutivos sobre la competencia y conversaciones con sus amistades, se mezclan con las rutinas más formales de investigación y desarrollo hasta que al final se crea un consenso: el rojo será el color de este año. Nadie ha tomado una decisión deliberada en solitario. Más bien ha sido la convergencia de docenas de hábitos, procesos y conductas lo que les ha hecho llegar a la conclusión de que el rojo era la opción ineludible.

Estos hábitos respecto a la organización —o «rutinas», como los llamaron Nelson y Winter— tienen una importancia enorme, porque sin ellos, la mayoría de las compañías jamás llegaría a realizar ningún trabajo. Las rutinas proporcionan cientos de normas no escritas necesarias para el funcionamiento de las empresas. Permiten que los trabajadores puedan experimentar con ideas nuevas sin tener que pedir permiso para cada cosa que hacen. Aportan una especie de «memoria organizativa», para que los directivos no tengan que reinventar los procesos de ventas cada seis meses o les entre el pánico cada vez que se marcha un vicepresidente. Las rutinas reducen la incertidumbre: un estudio sobre las labores de reconstrucción después de los terremotos de México y de Los Ángeles, por ejemplo, reveló que los hábitos de los trabajadores de los equipos de rescate (que repetían de un desastre a otro, y que incluían cosas como establecer redes de comunicación contratando a niños que hicieran de mensajeros entre los barrios) fueron cruciales, «porque sin ellos, la tarea de crear los sistemas y ponerlos en práctica se perdería en una jungla de detalles».

Pero entre los beneficios más importantes de las rutinas se encuentra el de que crean treguas entre grupos potencialmente rivales o entre individuos dentro de una organización.

La mayoría de los economistas están acostumbrados a tratar a las compañías como si fueran lugares idílicos donde todos se entregan a una meta común: ganar tanto dinero como sea posible. Nelson y Winter señalaron que, en el mundo real, no es así como funcionan las cosas. Las compañías no son grandes familias donde todos trabajan juntos sin problemas. Por el contrario, la mayoría de los lugares de trabajo están constituidos por feudos donde los ejecutivos compiten por el poder y los méritos, normalmente en escaramuzas ocultas que hacen que sus propias actuaciones parezcan superiores y reduzcan las de sus rivales. Las divisiones compiten por los recursos y se sabotean entre ellas para robarse la gloria. Los jefes crean divisiones entre sus subordinados para que no puedan rebelarse contra ellos.

Las compañías no son familias. Son campos de batalla en una guerra civil. Sin embargo, a pesar de esta capacidad para la guerra intestina, la mayoría de las compañías funcionan con una paz relativa, año tras año, porque tienen rutinas —hábitos— que crean treguas que permiten que todo el mundo deje a un lado sus rivalidades durante el tiempo suficiente para completar el trabajo del día.

Los hábitos organizativos ofrecen una promesa básica: si sigues los patrones establecidos y acatas las treguas, las rivalidades no destruirán a la compañía, aumentarán las ganancias y, al final, todos seremos ricos. Una vendedora, por ejemplo, sabe que puede incrementar sus comisiones si a los buenos clientes les ofrece descuentos interesantes a cambio de que éstos le hagan pedidos más grandes. Pero también sabe que si todos los vendedores ofrecen grandes descuentos, la empresa irá a la quiebra y no podrá pagarle sus comisiones. Así que surge una rutina: todos los vendedores se reúnen cada mes de enero y acuerdan limitar la cantidad de descuentos que van a ofrecer para salvaguardar los ingresos de la compañía; de este modo a final de año todos recibirán un aumento.

Veamos el ejemplo de un joven ejecutivo que aspira a ser vicepresidente, que con una llamada secreta a uno de los clientes principales podría acabar con una venta y sabotear la división de un compañero, lo cual le eliminaría de la competición por el puesto. El problema del sabotaje es que, aunque sea bueno para ti, suele ser malo para la empresa. De modo que en la mayor parte de las compañías se crea un pacto tácito: está bien ser ambicioso, pero si juegas *demasiado* fuerte, tus compañeros se unirán contra ti. Por otra parte, si te concentras en potenciar tu propio departamento en lugar de acabar con tu rival, probablemente, con el tiempo te tendrán en cuenta.

RUTINAS QUE CREAN TREGUAS

Las rutinas y las treguas proporcionan una especie de justicia en la organización, y debido a ello, Nelson y Winter escribieron que el conflicto dentro de las empresas «sigue caminos bastante predecibles y permanece dentro de unos límites también predecibles que se corresponden con la rutina en curso... Se realiza la cantidad de trabajo habitual, broncas y halagos se distribuyen con la frecuencia habitual... Nadie intenta virar bruscamente el barco de la organización con la esperanza de lanzar a un rival por la borda».

La mayoría de las veces, las rutinas y las treguas funcionan perfectamente. Las rivalidades seguirán existiendo, por supuesto, pero debido a los hábitos institucionales, se mantienen bajo control y el negocio prospera.

No obstante, a veces una tregua resulta ser insuficiente. A veces, tal como descubrió el Hospital de Rhode Island, una paz inestable puede ser tan destructiva como una guerra civil.

En alguna parte de tu despacho, enterrado en un cajón de tu mesa de despacho, probablemente tengas el manual que te dieron el primer día de trabajo. Contiene hojas de gastos y normas sobre las vacaciones, tipos de seguros y el organigrama de la empresa. Tiene gráficos en distintos colores que describen diferentes planes de asistencia médica, una lista de los números de teléfono importantes, e instrucciones sobre cómo acceder a tu correo electrónico o suscribirte al plan de jubilación 401(k).

Ahora imagina qué le dirías a un nuevo compañero que te ha pedido consejo sobre cómo *medrar* en la empresa. Tus recomendaciones probablemente no contendrán nada de lo que se pueda encontrar en el manual de la compañía. Por el contrario, los consejos que le transmitirás —en quién puede confiar; qué secretarias tienen más poder que sus jefes; cómo manejar la burocracia para conseguir algo— son hábitos en los que confías todos los días para sobrevivir. Si pudieras de algún modo hacer un diagrama de tus hábitos de trabajo —y de las estructuras de poder informales, de las relaciones, las alianzas y los conflictos que representan— y luego superponer tus diagramas con los que han preparado tus compañeros, se crearía un mapa de la jerarquía secreta de la empresa, una guía sobre quién sabe cómo hacer que sucedan las cosas y quién parece que nunca consigue nada.

Las rutinas de Nelson y Winter —y las treguas que las hacen posibles—, son esenciales en todos los negocios. En un estudio de la Universidad de Utrecht en Holanda, por ejemplo, investigaron las rutinas dentro del mundo de la alta costura. Para sobrevivir, cada diseñador de moda debe poseer algunas cualidades básicas: creatividad y un don para la alta costura, para empezar. Pero eso no basta para tener éxito. Lo que marca la diferencia entre el éxito y el fracaso son las rutinas del diseñador: si tiene un sistema para conseguir velarte italiano antes de que al mayorista se le acaben las existencias, un proceso para encontrar las mejores costureras para coser botones y cremalleras, una rutina para enviar un vestido a una tienda en diez días en lugar de hacerlo en tres semanas. La moda es un negocio tan complicado que, sin los procesos correctos, una empresa nueva puede quedarse colapsada por la logística, y cuando eso sucede, la creatividad ya no importa.

¿Y qué nuevos diseñadores es más probable que posean los hábitos correctos? Los que se han formado con las treguas correctas y han encontrado las alianzas correctas. Las treguas son tan importantes que las nuevas marcas de moda normalmente sólo triunfan si están respaldadas por personas que se han marchado de *otras* firmas de moda y han conservado sus buenas relaciones.

Se podría pensar que Nelson y Winter escribieron un libro sobre una teoría económica árida. Pero lo que realmente hicieron fue una guía de supervivencia para el mundo empresarial en Estados Unidos.

Es más, las teorías de Nelson y Winter también explican por qué las cosas fueron tan mal en el Hospital de Rhode Island. El hospital tenía rutinas que crearon una paz incómoda entre el personal de enfermería y los médicos; las pizarras blancas, por ejemplo, y las advertencias que se cuchicheaban las enfermeras entre ellas eran hábitos que establecieron una precaria tregua. Estos delicados pactos permitían el funcionamiento de la organización la mayoría de las veces. Pero las treguas sólo son duraderas cuando pueden crear una justicia real. Si una tregua no está compensada —si la paz no es real—, las rutinas fracasan cuando más se necesitan.

El punto crítico del Hospital de Rhode Island era que el personal de enfermería era el único que cedía su poder para que hubiera una tregua. Era el personal de enfermería el que revisaba dos veces la medicación y hacía un esfuerzo extra para escribir claramente las instrucciones en las fichas; el que aguantaba los malos tratos de los médicos estresados; el que diferenciaba los médicos amables de los déspotas, para que el resto del personal supiera quién toleraba las sugerencias en el quirófano y quién explotaría si abrías la boca. Los médicos normalmente no se molestaban en aprenderse los nombres de los enfermeros y enfermeras. «Los médicos eran los jefes y nosotras las subordinadas —me dijo una enfermera—. Escondimos la cabeza bajo el ala y sobrevivimos.»

Las treguas del Hospital de Rhode Island eran unilaterales. Así que en esos momentos cruciales —cuando, por ejemplo, un cirujano estaba a punto de hacer una incisión equivocada y un enfermero intentó intervenir—, las rutinas que podían haber evitado el accidente se desmoronaron, y se perforó innecesariamente una parte del cráneo de un paciente de 86 años.

Se podría sugerir que la solución sería tener treguas más equitativas. Que si la dirección del hospital hubiera sido más eficaz en la distribución de la autoridad, se hubiera producido un equilibrio más saludable de poder, y médicos y personal de enfermería se habrían visto obligados a mantener un respeto mutuo.

Eso es un buen comienzo. Pero por desgracia, no basta. Crear organizaciones con éxito no es sólo una cuestión de equilibrar la autoridad. Para que una organización funcione, sus dirigentes han de cultivar hábitos que creen una paz real y equilibrada y, paradójicamente, dejar bien claro quién manda.

III

Philip Brickell, un empleado de 43 años del Metro de Londres, estaba en el interior de uno de los cavernosos pasillos principales de la estación de King's Cross una tarde del mes de noviembre de 1987, recogiendo billetes, cuando un pasajero le avisó de que había un pañuelo de papel ardiendo al pie de una de las escaleras mecánicas cercanas.

King's Cross era una de las estaciones más grandes y con más tráfico de pasajeros del Metro londinense, un laberinto de largas escaleras, pasadizos y túneles, algunos de los cuales tenían casi un siglo. Las escaleras mecánicas, concretamente, eran famosas por su tamaño y antigüedad. Algunas tenían una altura de casi cinco pisos desde el suelo y estaban hechas de escalones de madera y pasamanos de caucho, los materiales que se utilizaban para construirlas hacía décadas. Mas de un cuarto de millón de pasajeros pasaba cada día por King's Cross procedente de seis líneas de tren distintas. En la hora punta de la tarde, el vestíbulo donde estaban las taquillas de boletería era un hervidero de gente corriendo bajo un techo que se había repintado tantas veces que nadie podía recordar su tono original.

El pañuelo de papel que le había dicho el pasajero estaba al principio de una de las escaleras más largas de la estación, la que correspondía a la línea de Piccadilly. Brickell abandonó inmediatamente su puesto, bajó por la escalera hasta el andén,

encontró la bola de papel en brasas y con una revista enrolla-
da apagó el fuego. Luego regresó a su puesto.

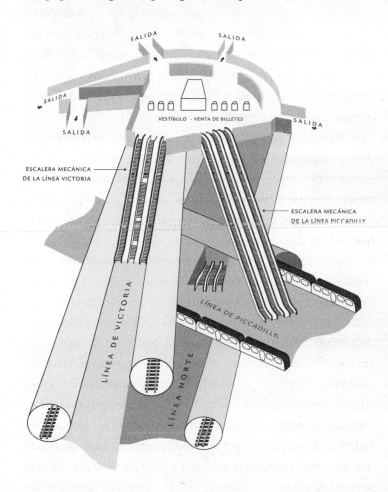

Brickell no se preocupó más. No intentó investigar por
qué estaba ardiendo el papel o si procedía de algún incendio
más grande en otra parte de la estación. No mencionó el incidente a ningún otro empleado ni llamó al departamento

de incendios. Había otro departamento que se encargaba de la seguridad respecto al tema de incendios, y Brickell, respetando las estrictas divisiones que regían el Metro, sabía bien que no podía meterse en territorio ajeno. Además, aunque *hubiera* indagado por su cuenta para descubrir si había un incendio, no habría sabido qué hacer con la información. La estricta cadena de mando del Metro le prohibía ponerse en contacto con otro departamento sin la autorización previa de un superior. Y las rutinas del Metro —transmitidas de empleado a empleado— le indicaban que bajo ninguna circunstancia debía decir en voz alta dentro de la estación *nada* que se pareciera a la palabra «fuego», para evitar que cundiera el pánico entre los pasajeros. Así no era como se hacían las cosas.

El Metro se regía por una especie de manual teórico de normas que nadie había visto ni leído jamás, y que, de hecho, no existía salvo por las normas tácitas que regían la vida de cada uno de sus empleados. Durante décadas, el Metro había estado bajo la dirección de los «Cuatro Barones» —ingeniero jefe civil, ingeniero jefe de señalización, ingeniero jefe eléctrico e ingeniero jefe mecánico—, y dentro de cada uno de los departamentos había jefes y subjefes que guardaban celosamente su autoridad. Los trenes eran puntuales porque los 19.000 empleados del Metro cooperaban en un delicado sistema que hacía que pasajeros y trenes pasaran por docenas —a veces cientos— de manos al día. Pero esa cooperación dependía de un equilibrio de poder entre los cuatro departamentos y todos sus responsables y, en sí misma, dependía de los miles de hábitos de sus empleados. Estos hábitos crearon una tregua entre los Cuatro Barones y sus subdirectores. Y de esa tregua surgieron normas como la que le decía a Brickell: indagar sobre temas de incendios no es tu trabajo. No cruces las fronteras.

«Ni siquiera al más alto nivel, un director se atrevía a traspasar el territorio de otro —escribió más tarde un investigador—. Por lo tanto, el director de ingeniería no se ocupaba de que el personal estuviera debidamente entrenado en seguridad contra incendios y procedimientos de evacuación porque consideraba que esos asuntos dependían de la Dirección de Operaciones.»

Por lo tanto, Brickell no dijo nada del papel quemado. Bajo otras circunstancias, habría sido un detalle sin importancia. En este caso, el papel fue una vaga advertencia —un poco de combustible que se había escapado de un incendio oculto y más grande— que demostraría lo peligrosas, aunque estén perfectamente equilibradas, que pueden llegar a ser las treguas si no están bien diseñadas.

A los quince minutos de que Brickell regresara a su taquilla, otro pasajero observó un hilo de humo al subir por la escalera de la línea de Piccadilly, y se lo mencionó a un empleado del Metro. Por fin avisaron al inspector de seguridad de King's Cross, Christopher Hayes, para que investigara. Un tercer pasajero, al ver el humo y el resplandor por debajo de la escalera mecánica, presionó el botón de emergencia y empezó a gritar a los pasajeros que abandonaran la escalera. Un policía vio un poco de humo dentro del largo túnel donde estaba situada la escalera, y a mitad de camino, las llamas empezaron a aparecer por encima de los escalones.

Sin embargo, el inspector Hayes no llamó a los bomberos. No había visto el humo con sus propios ojos, y otra de las normas tácitas del Metro era que jamás se debía llamar a los bomberos salvo que fuera absolutamente necesario. No obstante, el policía que había visto la nube de humo creyó que tenía que llamar a comisaría. Pero su radio no funcionaba en el subterráneo, así que subió hasta la calle por una de las largas escaleras y llamó a sus superiores, que al final dieron el aviso a los bomberos. A las 19:36 —veintidós minutos después de que alguien avisara a Brickell del papel ardiendo— el departamento de bomberos recibió un aviso: «Pequeño incendio en King's Cross». Los pasajeros entraban a empujones pasando por el lado del policía que estaba fuera hablando por su radio. Se apresuraban a entrar en la estación, a adentrarse en los túneles, para llegar cuanto antes a sus casas para cenar.

En cuestión de minutos, muchos de ellos estarían muertos.

A las 19:36, un trabajador del Metro cerró la entrada de la escalera de Piccadilly y otro empezó a dirigir a la gente hacia otra escalera. Llegaban trenes cada pocos minutos. Los andenes donde llegaban los pasajeros estaban abarrotados. Se empezó a formar un embotellamiento al principio de una de las escaleras abiertas.

Hayes, el inspector de seguridad, se metió en un pasadizo que conducía a la sala de máquinas de la escalera mecánica de Piccadilly. Sumido en la oscuridad, había un control de mandos para activar un sistema de aspersores especialmente diseñado para los incendios en las escaleras. Se había instalado hacía unos años, después de que un incendio en otra estación hubiera conducido a una serie de informes sobre los riesgos de que se produjera un incendio espontáneo. Más de una docena de estudios y amonestaciones indicaban que el Metro no estaba preparado para los incendios, y que el personal tenía que ser entrenado para usar los aspersores y los extintores que había en cada andén. Hacía dos años el ayudante del jefe de bomberos de Londres había escrito al director de operaciones de los trenes, denunciando los hábitos de seguridad de los trabajadores del metro.

«Estoy muy preocupado —decía la carta—. Quiero recalcar que... se han de dar instrucciones claras para que, en cualquier sospecha de incendio, se deberá llamar a los bomberos de inmediato. Esto podría salvar vidas.»

Sin embargo, el inspector de seguridad nunca vio esa carta porque fue enviada a una división que no era para la que él trabajaba, y nunca se volvieron a redactar unas normas del Metro que incluyera ese aviso. Nadie en King's Cross sabía utilizar el sistema contra incendios ni estaba autorizado a usar los extintores, porque era otro departamento el que lo controlaba. Hayes se olvidó por completo de que existía el sistema contra incendios por aspersión. Las treguas que regían el Metro garantizaban que todo el mundo estuviera en su lugar, pero no dejaban espacio para aprender nada que no fuera lo que cada uno tenía asignado. Hayes pasó al lado de los mandos del sistema contra incendios sin tan siquiera echarles un vistazo.

Llegó a la sala de máquinas medio desmayado por el calor. El incendio era demasiado grande para combatirlo. Volvió corriendo al vestíbulo principal. Había una cola de personas de pie en las máquinas expendedoras y cientos de personas arremolinándose por la sala, que se dirigían hacia los andenes o salían de la estación. Hayes encontró a un policía.

«Hemos de detener los trenes y sacar a todo el mundo de aquí —le dijo—. El fuego se ha descontrolado. Se está extendiendo por todas partes.»

A las 19:42 —casi media hora después del pañuelo de papel ardiendo— llegó el primer bombero a King's Cross. Cuando entró en el vestíbulo de venta de billetes, vio un humo oscuro y denso que empezaba a serpentear por el techo. La goma de los pasamanos de la escalera había empezado a arder. Cuando el olor agrio de la goma empezó a extenderse, los pasajeros que se hallaban en el vestíbulo empezaron a darse cuenta de que pasaba algo. Se dirigieron hacia las salidas, mientras los bomberos intentaban abrirse paso entre la muchedumbre, nadando contra corriente.

Más abajo, el fuego se estaba extendiendo. Ahora ya estaba ardiendo toda la escalera y emanaba un gas sobrecalentado que salía de la boca del foso, donde se quedaba atrapado contra el techo, que estaba cubierto por unas veinte capas de pintura. Unos pocos años antes, el director de operaciones del Metro había sugerido que toda esa pintura podía suponer un riesgo de incendio. «¿No se podrían eliminar las capas viejas antes de dar una nueva mano?»

No obstante, los protocolos de pintura no eran de su incumbencia. La responsabilidad de pintar era del departamento de mantenimiento, cuyo jefe agradeció educadamente la recomendación de su colega, y luego agregó que si quería interferir en otros departamentos, el favor le sería devuelto rápidamente.

El director de operaciones retiró su recomendación.

Cuando el gas sobrecalentado se acumuló en el techo del túnel de la escalera, todas esas viejas capas de pintura empezaron a absorber el calor. Cada tren nuevo que llegaba empujaba una nueva ola de oxígeno fresco a la estación, alimentando el fuego como si fuera un fuelle.

A las 19:43 llegó un tren y bajó en la estación un vendedor llamado Mark Silver. Enseguida se dio cuenta de que pasaba algo. El aire era denso y el andén estaba lleno de gente. El humo flotaba por el aire alrededor de donde él se encontraba, envolviendo los vagones asentados en las vías. Intentó volver a entrar en el tren, pero se cerraron las puertas. Golpeó las ventanas, pero había una normativa no oficial para evitar retrasos: una vez que se cerraban las puertas no se volvían a abrir. Por todo el andén, Silver y otros pasajeros le gritaron al conductor para que abriera las puertas. El semáforo se puso verde y el tren arrancó. Una mujer saltó a las vías y se puso a correr detrás del tren a medida que éste se adentraba en el túnel. «¡Déjeme subir!», gritaba.

Silver caminó por el andén hacia donde estaba el policía dirigiendo a las personas a otra de las escaleras. Había grupos de personas aterrorizadas esperando subir. Todas podían oler el humo, y estaban apiñadas. Hacía mucho calor, ya fuera por el fuego o por el abarrotamiento, Silver no estaba seguro. Al final llegó a una escalera que había sido desconectada. Mientras subía hacia el vestíbulo, notaba que le ardían las piernas por el calor procedente de una pared de cuatro metros que le separaba del foso de la escalera de Picadilly. «Miré hacia arriba y vi que las paredes y el techo empezaban a arder», diría más tarde.

A las 19:45, la llegada de otro tren originó otra gran ráfaga de aire en la estación. Cuando el oxígeno alimentó el fuego, se produjo la llamarada de la escalera de Piccadilly.

Los gases sobrecalentados que había en el techo alcanzaron la temperatura de combustión, conocida como «punto de inflamación». En ese momento, todo dentro del foso —la pintura, la escalera de madera y cualquier otro material combustible— prendió en llamas violentamente. La fuerza de la incineración súbita actuó del mismo modo que la explosión de la pólvora en la base del cañón de un rifle. Empezó a empujar el fuego hacia arriba por el largo foso, absorbiendo más calor y velocidad a medida que la llama se expandía hasta salir disparada del túnel y estallar en el vestíbulo en una bola de llamas que prendió fuego al metal, los azulejos y la carne. La temperatura dentro del vestíbulo se disparó a 800 grados centígrados en medio segundo. Un policía que estaba subiendo por otra de las escaleras dijo posteriormente a los investigadores que vio «un chorro de llamas que subía hacia arriba y que acabó convirtiéndose en una especie de bola». Había casi 50 personas en el vestíbulo en aquel momento.

En la superficie, en la calle, un transeúnte notó la explosión de calor de una de las salidas del metro, vio a un pasajero que salía tambaleándose y corrió a socorrerle. «Le agarré la mano derecha con mi mano derecha, pero cuando nuestras manos se tocaron, noté que estaba ardiendo y me quedé con parte de su piel en mi mano», dijo el rescatador. Un policía que en aquel momento entraba en el vestíbulo explicó a los periodistas desde la cama del hospital que «una bola de fuego me dio en la cara y me tumbó. Mis manos se incendiaron. Se me estaban derritiendo».

Fue una de las últimas personas en salir vivas del vestíbulo.

Al poco de la explosión llegaron docenas de camiones de bomberos. Pero como las normas del departamento de incendios decían que se tenían que conectar las mangueras a los hidrantes de la calle, en lugar de hacerlo en los instalados por el Metro dentro de la estación, y como ningún empleado del Metro tenía los planos que mostraran dónde se encontraban las bocas de incendios de la estación —todos los planos estaban en una oficina cerrada con llave y ninguno de los revisores o jefes de estación tenía las llaves—, tardaron horas en extinguir el incendio.

Cuando por fin apagaron el fuego era la 1:46 de la madrugada, seis horas después de que alguien avisara del pañuelo de papel en llamas. Hubo 31 muertos y docenas de heridos.

«¿Por qué me enviaron directamente al fuego? —preguntaba un profesor de música al día siguiente desde la cama de un hospital—. Podía verlos quemándose. Podía oír sus gritos. ¿Por qué nadie se hizo cargo de la situación?»

Para responder a estas preguntas, veamos algunas de las treguas en las que basaba su funcionamiento el Metro de Londres:

Los vendedores de billetes estaban advertidos de que su jurisdicción se limitaba estrictamente a la venta de billetes, por lo tanto si veían un papel en llamas, no avisaban a nadie por temor a traspasar sus fronteras.

Los empleados de la estación no sabían utilizar el sistema de aspersión ni los extintores, porque el equipo lo supervisaba otra división.

El inspector de seguridad de la estación jamás vio la carta del cuerpo de bomberos de Londres avisando del riesgo de incendio porque fue enviada al director de operaciones, y ese tipo de información no se compartía con otras divisiones.

Los empleados tenían instrucciones de llamar a los bomberos sólo como último recurso, para no provocar innecesariamente el pánico entre los pasajeros.

El cuerpo de bomberos insistió en utilizar los hidrantes de la calle y no quiso saber nada de las tomas de agua del vestíbulo de venta de billetes que podían haber suministrado agua, porque tenían órdenes de no utilizar equipos instalados por otras empresas.

En cierto modo, cada una de estas normas informales, por sí sola, tenía cierto sentido. Por ejemplo, los hábitos que hacían que los vendedores de billetes se dedicaran sólo a eso en lugar de tener también otras funciones, existía porque años antes el Metro había tenido problemas con las taquillas que a veces quedaban escasas de personal. Los vendedores dejaban sus puestos para ir a recoger basura o indicar a los turistas qué trenes tenían que tomar, y el resultado era que se formaban largas colas. Al final, se les ordenó que no se movieran de sus taquillas, que vendieran billetes y que no se ocuparan de nada más. Funcionó. Las colas desaparecieron. Si los vendedores veían que faltaba algo fuera de su taquilla —que no entraba dentro de sus responsabilidades— seguían preocupados de lo suyo.

¿Y el hábito del cuerpo de bomberos de utilizar su propio equipo? Eso fue el resultado de un incidente que había tenido lugar hacía una década, cuando se había propagado un incendio en otra estación mientras los bomberos malgastaban unos minutos preciosos intentando conectar sus mangueras a bocas de incendios que no conocían. Después de eso decidieron que era mejor ceñirse a lo que conocían.

Resumiendo, ninguna de estas rutinas era arbitraria. Cada una estaba diseñada por una razón. El Metro era tan grande e intrincado que sólo podía funcionar sin problemas si las treguas salvaban los obstáculos potenciales. A diferencia del Hospital de Rhode Island, cada tregua creaba un genuino equilibrio de poder. Ningún departamento pesaba más que otro.

A pesar de todo, murieron 31 personas.

Las rutinas y treguas del Metro de Londres parecían lógicas hasta que se provocó el incendio. En ese momento se destapó la aterradora verdad: ninguna persona, departamento o barón tenía la responsabilidad final sobre la seguridad de los pasajeros.

A veces una prioridad —o un departamento o una persona o una meta— *ha de* imponerse sobre todo lo demás, aunque pueda ser impopular o amenazar el equilibrio de poder que hace que los trenes circulen a su hora. A veces las treguas pueden crear peligros que no compensan la paz.

Esta observación es paradójica, desde luego. ¿Cómo puede una organización poner en práctica hábitos que igualen la autoridad y, que al mismo tiempo, elija a una persona o meta que esté por encima de todos? ¿Cómo puede el personal médico y el de enfermería compartir autoridad, a la vez que tienen claro quién es el responsable? ¿Cómo puede el sistema del metro evitar perderse en batallitas de campo, a la vez que garantiza que la seguridad es una prioridad, aunque ello implique la reestructuración de algunas líneas de mando?

La respuesta reside en aprovechar la misma ventaja que encontró Tony Dungy cuando se hizo cargo de los terribles

Bucs, y que descubrió Paul O'Neill cuando se convirtió en gerente general de la por aquel entonces fallida Alcoa. Es la misma oportunidad que explotó Howard Schultz al regresar a Starbucks en 2007, cuando el negocio empezaba a flaquear. Todos esos líderes aprovecharon las posibilidades creadas por una crisis. En los momentos de inestabilidad, los hábitos organizativos se vuelven lo bastante maleables como para asignar responsabilidades y crear un equilibrio de poder más equitativo. De hecho, las crisis son tan valiosas, que a veces vale más provocar un poco la sensación de que se aproxima una catástrofe que dejar que las cosas se vayan muriendo lentamente.

IV

Cuatro meses después de que el anciano al que le hicieron una chapuza en la operación de cráneo muriera en el Hospital de Rodhe Island, otro cirujano del mismo hospital cometió un error similar, al operar a otro paciente en una zona sana de su cabeza. El departamento de sanidad estatal amonestó a la institución y le impuso una sanción de 50.000 dólares. A los dieciocho meses de este suceso otro cirujano operó en el lado bueno de la boca de un niño en una cirugía de paladar hendido. Cinco meses después, un cirujano operó el dedo bueno de un paciente. Diez meses después, un trozo de broca se quedó dentro de la cabeza de un paciente. Estas transgresiones costaron al hospital otros 450.000 dólares de multas.

El Hospital de Rhode Island no es la única institución médica donde pasan estos accidentes, pero tuvo la mala suerte de que sus errores salieran a la luz. Los periódicos locales publicaban historias detalladas de cada incidente. Las cadenas de televisión se plantaban delante del hospital. Los medios nacionales también se sumaron. «El problema no desaparece», dijo un vicepresidente de la organización de homologación nacional de hospitales a un periodista de Associated Press. Las autoridades médicas del estado declararon que en el Hospital de Rhode Island reinaba el caos.

«Era como trabajar en zona de guerra —me dijo una enfermera—. Había periodistas de las cadenas de televisión que asediaban a los médicos cuando se dirigían a sus coches. Un niño me pidió que me asegurara de que el médico no le cortara el brazo por error en la operación. Parecía como si todo estuviera fuera de control.»

Cuando los críticos y los medios se aglutinaron, en el hospital se creó un sentimiento de crisis. Algunos administradores empezaron a preocuparse de que la institución perdiera su reputación. Otros se pusieron a la defensiva, atacando a las cadenas de televisión por hablar de ellos. «He encontrado una insignia que pone "Cabeza de turco" y me la voy a poner para ir a trabajar —me dijo un médico—. Mi esposa me dijo que no era una buena idea.»

Luego habló una administradora, la doctora Mary Reich Cooper, que había sido nombrada supervisora de calidad unas pocas semanas antes de que muriera el hombre de 86 años. En las reuniones con los administradores del hospital y el personal, Cooper les dijo que se equivocaban del todo en la forma de valorar la situación.

Todas estas críticas no eran algo negativo, les dijo. En realidad, al hospital le habían dado una oportunidad que pocas organizaciones reciben alguna vez.

«Vi esto como una salida —me dijo la doctora—. Hay una larga trayectoria de hospitales que han intentado atajar estos problemas y han fracasado. A veces las personas necesitan un empujón, y toda esa mala prensa era un *grave* empujón. Nos dio la oportunidad de volver a revisarlo todo.»

El Hospital de Rhode Island cerró todas las unidades de cirugía electiva durante todo un día —un gasto considerable— y sometió a todo el personal a un programa intensivo de formación donde se hacía hincapié en el trabajo en equipo y en la importancia de dar más autoridad al personal de enfermería y al personal médico. El jefe de neurocirugía dimitió y se nombró a otro nuevo. El hospital invitó al Center for Transforming Healthcare [Centro para Transformar la Sanidad] —una coalición de instituciones médicas punteras— para que les ayudara a rediseñar sus medidas preventivas quirúrgicas. Los administradores instalaron videocámaras en los quirófanos para garantizar que se respetaban los tiempos de descanso y que se exigían las listas de control para cada operación. Un sistema informático permitía que cualquier empleado del hospital informara anónimamente de cualquier problema que pusiera en peligro la salud de un paciente.

Algunas de estas iniciativas ya habían sido propuestas unos años antes en el hospital, pero siempre se habían desestimado. Ni el personal médico ni el de enfermería querían que nadie grabara sus intervenciones ni que otros hospitales les dijeran cómo hacer su trabajo.

Pero cuando el sentimiento de crisis se apoderó del hospital, todo el mundo estaba más abierto al cambio.

Otros hospitales han hecho cambios similares a raíz de sus errores y han reducido el número de éstos cuando tan sólo unos años antes parecían inmunes a la mejora. Al igual que el Hospital de Rhode Island, estas instituciones han descubierto que la reforma sólo parecer ser posible cuando el sentimiento de crisis hace acto de presencia. Por ejemplo, uno de los hospitales universitarios de la Universidad de Harvard, el Beth Israel Deaconess Medical Center, cometió una serie de errores y sufrió batallas internas a finales de la década de 1990, que trascendieron a la prensa y se manifestaron en desagradables encuentros a voz en grito entre el personal de enfermería y los administradores en las reuniones públicas. Algunos funcionarios del Gobierno propusieron obligar al hospital a cerrar algunos departamentos hasta que pudieran demostrar que los errores iban a dejar de producirse. Entonces el hospital, bajo esa amenaza, empezó a buscar soluciones para cambiar su cultura de trabajo. La respuesta, en parte, fueron las «rondas de charlas sobre seguridad», en las cuales cada tres meses, un médico veterano hablaba de alguna operación o diagnóstico en particular y describía con todo detalle un error o cuasi error a una audiencia de cientos de compañeros y compañeras.

«Admitir públicamente un error es espantoso —dijo el doctor Donald Moorman, hasta hace poco jefe de cirugía asociado—. Hace veinte años, los médicos no lo hubieran hecho. Pero ahora se ha expandido un gran temor en todos los hospitales, e incluso los mejores cirujanos están dispuestos a hablar de lo cerca que han estado de cometer un grave error. La cultura de la medicina está cambiando.»

● ● ●

Los buenos líderes aprovechan las crisis para rehacer los hábitos de una organización. Los administradores de la NASA, por ejemplo, intentaron durante años mejorar los hábitos de seguridad de la agencia, pero sus intentos no tuvieron éxito hasta que explotó la nave espacial *Challenger*, en 1986. Tras esa tragedia, la organización consiguió superar los obstáculos para replantearse normas de calidad más exigentes. Los pilotos de aviones también habían intentado durante años convencer a los fabricantes de aviones y a los controladores aéreos de que cambiaran el diseño de las cabinas y la forma en que se comunicaban con los controladores. Entonces, en 1977, en la isla de española de Tenerife se produjo un error en la pista de aterrizaje que causó 583 víctimas mortales, y cinco años después se había cambiado el diseño de las cabinas de mando, los procedimientos de movimientos en las pistas, y las rutinas de comunicación con los controladores aéreos.

En realidad, las crisis son oportunidades tan valiosas que un líder inteligente prolonga deliberadamente ese sentimiento de emergencia. Eso es justamente lo que ocurrió tras el incendio en la estación de King's Cross. Cinco días después del incendio, el secretario de Estado británico nombró a un investigador especial, Desmond Fennel, para que estudiara el incidente. Fennel empezó por entrevistar a los directivos del Metro, y enseguida se dio cuenta de que todos sabían —desde hacía años— que las medidas de prevención contra incendios eran un problema grave, y, sin embargo, nada había cambiado. Algunos administradores habían propuesto nuevas jerarquías que hubieran aclarado la responsabilidad de la prevención contra incendios. Otros habían propuesto conceder más poder a los jefes de estación para que pudieran sortear las divisiones entre los departamentos. Ninguna de esas reformas se había llevado a cabo.

Cuando Fennell empezó a sugerir cambios propios, comenzó a encontrarse con los mismos obstáculos: los jefes de departamento se negaban a responsabilizarse, o le saboteaban con amenazas secretas a sus subordinados.

Así que decidió traspasar su investigación al circo mediático.

Convocó sesiones públicas que duraron 91 días y pusieron al descubierto una organización que había hecho caso omiso de las múltiples advertencias sobre los riesgos. Dio a entender a los periodistas de los periódicos que los pasajeros corrían un grave peligro cada vez que entraban en el metro. Interrogó repetidamente a docenas de testigos que describieron la organización como un lugar donde las batallitas eran más importantes que la seguridad de los pasajeros. Su informe final de 250 páginas, publicado casi al cabo de un año del incendio, era una acusación mordaz sobre el Metro donde se retrataba a una organización malograda por la ineptitud burocrática. «Habiendo comenzado como una investigación de los acontecimientos de una noche —escribió Fennel—, el alcance del informe se ha extendido necesariamente al examen de un sistema.» Concluyó con páginas y páginas de críticas mordaces y con recomendaciones que, en esencia, sugerían que gran parte de la organización o era incompetente o corrupta.

La respuesta fue inmediata y abrumadora. Los pasajeros se amotinaron delante de las oficinas del Metro. Los directivos fueron despedidos. Se dictaron un montón de nuevas normas y se superó la cultura del Metro. Actualmente, todas las estaciones tienen un jefe cuya responsabilidad principal es la seguridad de los pasajeros, y todos los empleados tienen la obligación de comunicar hasta el menor indicio de riesgo. Todos los trenes siguen funcionando a su hora. Pero los hábitos del Metro y sus treguas se han adaptado lo suficiente como para dejar claro quién tiene la última palabra para la prevención contra incendios, y todo el mundo está autorizado para actuar, sin que importe que se esté metiendo en el territorio de otro.

En todas las compañías donde los hábitos institucionales han creado treguas tóxicas —a través de hacer las cosas automáticamente o por negligencia— es posible realizar el mismo tipo de cambios. Una compañía con hábitos disfuncionales no puede cambiar simplemente porque se lo ordene algún directivo. Por el contrario, los ejecutivos inteligentes buscan el momento de crisis —o crean una percepción de crisis— y cultivan ese sentimiento de que *algo ha de cambiar*, hasta que al final todo el mundo está dispuesto a superar los patrones con los que viven todos los días.

«Nunca dejes que una crisis grave se desperdicie —dijo Rahm Emanuel en una conferencia que dio a altos ejecutivos tras el hundimiento financiero global de 2008, poco después de que fuera nombrado jefe del Estado Mayor del presidente Obama—. Esta crisis nos proporciona la oportunidad de hacer cosas que no hubiéramos hecho antes». Poco después, la administración de Obama convenció a un Congreso reticente para que aprobara el plan de estímulo propuesto por el presidente, de 787.000 millones de dólares. El Congreso también aprobó la ley de reforma sanitaria de Obama, reformó las leyes de protección al consumidor y aprobó docenas de estatutos más, desde la ampliación del seguro de salud para los niños hasta dar a las mujeres nuevas oportunidades para combatir la discriminación salarial. Fue una de las grandes reformas políticas desde la *Great Society* y el *New Deal*, y se produjo porque, tras la catástrofe financiera, los legisladores vieron una oportunidad.

Algo parecido sucedió en el Hospital de Rhode Island tras la muerte del hombre de 86 años y los otros errores quirúrgicos. Desde que las nuevas medidas de seguridad del hospital se aplicaron en su totalidad en 2009, no se han producido más errores. El hospital ha conseguido recientemente un premio Beacon, el reconocimiento más prestigioso para la enfermería de cuidados intensivos, y honores del Colegio Estadounidense de Cirujanos por la calidad de sus cuidados contra el cáncer.

Y lo más importante, según dice el personal médico y de enfermería que allí trabaja, es que el Hospital de Rhode Island parece un lugar completamente distinto.

En 2010, una joven enfermera llamada Allison Ward entró en un quirófano para participar en una operación rutinaria. Había empezado a trabajar en quirófano hacía tan sólo un año. Era la más joven y con menos experiencia de la sala. Antes de que comenzara la operación, todo el personal se reunió en torno al paciente inconsciente para hacer una pausa quirúrgica. El cirujano leyó la lista de control, que había pegada en la pared, donde se detallaba cada paso de la operación.

—Muy bien, último paso —dijo antes de coger su bisturí—. ¿Tiene alguien alguna pregunta antes de que empecemos?

El cirujano había realizado cientos de operaciones como ésa. Tenía el despacho lleno de diplomas y premios.

—Doctor —dijo la joven Ward de 27 años—. Quisiera recordar a todo el mundo que hemos de hacer una pausa quirúrgica antes del primer y segundo procedimiento. Usted no lo mencionó y tan sólo quería asegurarme de que todos nos acordábamos.

Era el tipo de comentario que unos años atrás podía haberle costado una reprimenda. O el fin de su carrera.

—Gracias por su aportación —dijo el cirujano—. Recordaré mencionarlo la próxima vez. Y ahora, vamos a empezar.

—Sé que este hospital ha pasado épocas muy duras —me dijo posteriormente Ward—. Pero ahora es un lugar donde todo el mundo coopera. Nuestra formación, todos nuestros modelos de rol, toda la cultura del hospital está focalizada en el trabajo en equipo. Creo que no puedo decir nada más. Es un lugar increíble para trabajar.

7

Cómo sabe Target
lo que quieres antes que tú

Cuando las compañías predicen (y manipulan) los hábitos

I

Andrew Pole, al poco de haber sido contratado como analista de datos para los grandes almacenes Target, recibió la visita de unos compañeros del departamento de marketing que le hicieron el tipo de preguntas que Pole sabía cómo responder:

«¿Puedes averiguar con tus ordenadores qué clientas están embarazadas, aunque ellas no quieran que lo sepamos?»

Pole era estadístico. Toda su vida giraba en torno a utilizar los datos para entender a las personas. Había crecido en una pequeña ciudad de Dakota del Norte, y mientras sus amigos pasaban el rato en una organización juvenil o fabricaban maquetas de cohetes, Pole jugaba con ordenadores. Se graduó en estadística y en economía, y mientras la mayoría de sus compañeros de clase del programa de economía de la Universidad de Missouri conseguían colocarse en compañías de seguros o en puestos administrativos estatales, Pole estaba en otro camino. Estaba obsesionado con la forma en que los economistas utilizaban los análisis de patrones para explicar las conductas humanas. De hecho, Pole había hecho sus intentos en unos pocos experimentos informales. Una vez organizó una fiesta e hizo que todos votaran por sus chistes favoritos, y luego intentó crear un modelo matemático para la ocurrencia perfecta. Había intentado calcular la dosis exacta de cerveza que necesitaba beber para conseguir la confianza necesaria y ser capaz de dirigirse a las chicas en las fiestas, pero sin sobrepasarse para no ponerse en ridículo. (Ese estudio concretamente nunca llegó a salirle bien.)

Pero él sabía que esos experimentos eran un juego de niños en comparación con la forma en que las corporaciones estadounidenses utilizaban los datos para indagar en la vida de las personas. Pole quería formar parte de ello. Así que, cuando se licenció y se enteró de que Hallmark, la empresa de las tarjetas de felicitación, buscaba estadísticos en Kansas City, remitió una solicitud, y no tardó en pasarse el día revisando los datos de compra para averiguar qué tarjetas de cumpleaños se vendían más, la de los osos panda o la de los elefantes, y si la frase «¿Qué sucede cuando vas a casa de la abuela?» es más divertida en tinta roja o en azul. Era el paraíso.

En 2002, seis años después, cuando se enteró de que Target buscaba analistas de datos, dio el salto. Sabía que Target era una nueva dimensión en lo que a recopilación de datos se refería. Cada año, millones de compradores entraban en las 1.147 tiendas de Target y entregaban terabites de información sobre ellos mismos. La mayoría no tenían ni idea de lo que estaban haciendo. Utilizaban sus tarjetas de fidelidad, entregaban cupones de descuento que habían recibido por correo o usaban sus tarjetas de crédito, sin saber que Target podía relacionar sus compras con un perfil demográfico individualizado.

Para un estadístico, estos datos eran una ventana mágica para averiguar las preferencias de los clientes. Target vendía de todo, desde comestibles, ropa y electrónica hasta muebles de jardín, y rastreando de cerca los hábitos de compra de las personas, los analistas de la compañía podían predecir lo que estaba ocurriendo en sus casas. ¿Alguien compra toallas, sábanas, cubertería, cacharros de cocina y cenas congeladas? Probablemente acaba de comprarse una casa o se ha divorciado. ¿Un carro de la compra cargado de insecticidas en *spray*, ropa interior para niños, una linterna, muchas pilas, recetas de cocina y una botella de Chardonnay? Un campamento de verano está al caer y mamá está impaciente.

Trabajar en Target le ofreció a Pole la oportunidad para estudiar a la más compleja de las criaturas —el comprador estadounidense— en su hábitat natural. Su trabajo consistía en construir modelos matemáticos que pudieran rastrear los datos y determinar en qué hogares había niños y cuáles correspondían a personas solteras; a qué compradores les gustaban las actividades al aire libre y cuáles estaban más interesados en los helados y las novelas románticas. Su tarea era convertirse en un vidente matemático: descifrar los hábitos de los compradores para convencerles para gastar más.

Así fue como, una tarde, algunos compañeros del departamento de marketing fueron a verle. Querían saber cuántas clientas de Target estaban embarazadas basándose en sus hábitos de compra. A fin de cuentas, las embarazadas y los papás y mamás novatos eran el no va más de las ventas al por menor. Casi no hay ningún otro grupo más rentable, ansioso de productos e insensible a los precios. No se trata sólo de los pañales y toallitas húmedas. Las personas con bebés están tan cansadas que comprarán todo lo que necesiten —zumos y papel del váter, calcetines y revistas— dondequiera que compren sus biberones y la leche para sus bebés. Es más, si unos padres primerizos empiezan a comprar en Target, seguirán haciéndolo durante años.

En resumen, averiguar quién estaba embarazada podía suponer millones de dólares para Target.

Pole estaba intrigado. ¿Qué mejor reto para un adivinador estadístico que meterse no sólo en las mentes de los compradores sino también en sus dormitorios?

Cuando finalizara el proyecto, Pole habría aprendido grandes lecciones sobre los peligros de ahondar en los hábitos más íntimos de las personas. Por ejemplo, aprendería que a veces ocultar lo que sabes es tan importante como saberlo, y que no a todas las mujeres les agrada que un programa informático se inmiscuya en sus planes reproductivos.

Tampoco, no a todo el mundo le gusta la videncia matemática.

«Creo que las personas que ven esto desde fuera pueden considerarlo un poco como un Gran Hermano —me dijo Pole—. Eso hace que algunas personas se sientan incómodas.»

Tiempo atrás, una compañía como Target jamás hubiera contratado a un muchacho como Andrew Pole. Tan sólo veinte años atrás los minoristas no se dedicaban a estos análisis de datos tan intensos. Por el contrario, tanto Target como otras tiendas de comestibles, centros comerciales, vendedores de tarjetas, tiendas de ropa y otras empresas, intentaban entrar en las mentes de sus clientes al estilo antiguo: contratando psicólogos que les vendían tácticas dudosamente científicas que según ellos hacían que los clientes gastaran más.

Algunos de estos métodos todavía se usan actualmente. Si entras en una tienda de Walmart, Home Depot o en tu centro comercial y te fijas bien, verás trucos que las tiendas han empleado durante décadas, diseñados para explotar nuestro subconsciente comprador.

Veamos por ejemplo cómo compramos comida.

Es muy probable que lo primero que veas al entrar en tu tienda de comestibles sean frutas y verduras estéticamente ordenadas en generosas pilas. Si lo piensas detenidamente, colocar ese producto en la entrada de la tienda no tiene mucho sentido, porque las frutas y las verduras se estropean fácilmente en el fondo del carro de la compra; por lógica, se deberían colocar cerca de las cajas registradoras, para comprarlas al final del recorrido. Pero tal como pensaron los psicólogos hace mucho tiempo, si *empezamos* nuestra aventura de compra cargando comida saludable, es más probable que nos apetezca más comprar los Doritos, las Oreos y la pizza congelada que encontraremos más adelante. El arrebato de virtud subconsciente que se produce al comprar la calabaza al principio facilita que luego seamos condescendientes para comprar un tarro de helado.

O veamos la forma en que la mayoría giramos a la derecha en cuanto entramos en la tienda. (¿Sabías que giras a la derecha? Es casi seguro que lo haces. Hay cientos de horas de grabaciones de vídeos que muestran que los compradores giran a la derecha en cuanto traspasan las puertas del establecimiento.) A raíz de esta tendencia, los vendedores llenan el lado derecho de las tiendas con los productos más rentables con la esperanza de que los compraremos de buenas a primeras. Veamos los cereales y las sopas: cuando están almacenados sin orden alfabético y aparentemente al azar, tenemos el instinto de entretenernos un poco más y echarle un vistazo a todos los productos. Por lo que rara vez encontrarás el Raisin Bran cerca del Rice Chex. Tendrás que buscar por las estanterías para encontrar el cereal que quieres, y en ese proceso puedes tener la tentación de coger un paquete extra de otra marca.

Sin embargo, el problema con estas tácticas es que tratan a todos los compradores por igual. Son bastante primitivas, soluciones de talla única para desencadenar hábitos de compra.

En las dos últimas décadas que el mercado se ha vuelto cada vez más competitivo, cadenas como Target han empezado a darse cuenta de que no podían seguir confiando en sus viejos trucos. La única forma de aumentar las ganancias era descubrir los hábitos de compra de cada cliente y vender a cada persona individualmente, con recursos personalizados para atraer las preferencias de compra únicas de cada consumidor.

En parte, se dieron cuenta de esto a raíz de que cada vez había una mayor concienciación de la fuerza con la que pueden influir los hábitos en casi todas las decisiones de compra. Una serie de experimentos convencieron a los especialistas de marketing de que si eran capaces de entender los hábitos particulares de los compradores, podrían conseguir que compraran casi cualquier cosa. Se realizó un estudio donde grabaron en audio a los consumidores que entraban en una tienda de comestibles. Los investigadores querían saber cómo la gente tomaba sus decisiones a la hora de comprar. Concretamente, buscaban compradores que llegaban con listas de la compra, gente que, en teoría, había decidido con antelación lo que quería.

Lo que descubrieron fue que, a pesar de esas listas, más del 50 por ciento de las decisiones de comprar algo las tomaban en el momento en que veían un producto en el estante, porque a pesar de las mejores intenciones de los clientes, sus hábitos eran más fuertes que sus intenciones escritas. «Veamos —murmuró para sí un comprador cuando entraba en la tienda—. Aquí están las patatas chips. Voy a pasar de largo. Un momento. ¡Oh! ¡Las patatas Lay están de oferta!» Puso una bolsa en su carro. Algunos clientes compraban siempre las mismas marcas, aunque admitieran que no les gustaba mucho el producto («No me entusiasma Folgers, pero es lo que compro, ¿sabe? ¿Qué otra cosa hay?», dijo una mujer mientras estaba frente a una estantería donde había docenas de otras marcas de café). Los clientes compraban más o menos la misma cantidad de comida cada vez que iban a comprar, incluso aunque se hubieran prometido recortar gastos.

«Los consumidores a veces actúan como animales de costumbres, repiten automáticamente conductas antiguas sin tener demasiado en cuenta sus metas actuales» escribieron dos psicólogos de la Universidad del Sur de California en 2009.

No obstante, el aspecto más sorprendente de estos estudios fue que aunque todo el mundo confiaba en los hábitos para hacer sus compras, cada persona tenía hábitos diferentes. El hombre que vio el paquete de patatas chips compraba una bolsa cada vez, pero la mujer de Folgers nunca fue a la zona donde estaban las patatas chips. Había personas que compraban leche siempre que iban a comprar —aunque tuvieran de sobra en su casa—, y había personas que siempre compraban postres aunque dijeran que estaban intentando adelgazar. Pero las compradoras de leche y las adictas a los postres normalmente no coincidían.

Los hábitos eran únicos de cada persona.

Target quería aprovechar estas singularidades. Pero cuando cada día entran millones de personas en tus establecimientos, ¿cómo averiguas sus preferencias y patrones de compra?

Recopilas datos. Una cifra enorme, casi inconcebible, de datos.

Target empezó hace poco más de una década a recopilar un extenso almacén de datos donde se asignaba a cada comprador un código de identificación —conocido internamente como «ID number [número de identificación] del cliente»—, que servía para guardar datos sobre cómo compraba cada persona. Cuando un cliente usaba una tarjeta de crédito de Target, cuando entregaba en caja una etiqueta de comprador habitual, cambiaba un cupón que había recibido en su casa por correo, rellenaba una encuesta, hacía una devolución por correo, telefoneaba a la línea de atención al cliente, se abría una cuenta de correo electrónico de Target, visitaba Target.com, o compraba algo por internet, el ordenador de la compañía tomaba nota. Cada compra se registraba en el número de ID del cliente junto con toda la información sobre todo lo que había comprado con anterioridad.

A ese número de ID del cliente se vinculaba información demográfica que Target recogía de, o compraba a otras empresas, incluida la edad del comprador, si estaba casado o casada y si tenía hijos, en qué zona de la ciudad vivía, cuánto tardaba en llegar en coche hasta la tienda, un cálculo aproximado de su sueldo, si hacía poco que se había trasladado a la zona, qué páginas web visitaba, las tarjetas de crédito que llevaba encima, su casa y sus números de móvil. Target puede comprar datos que indiquen la raza del comprador, su currículum laboral, las revistas que lee, si alguna vez ha estado en números rojos, el año en que compró (o perdió) su casa, a qué universidad o instituto fue, o si prefiere ciertas marcas de café, papel del váter, cereales o salsa de manzana.

Hay vendedores de datos como InfiniGraph que «escuchan» las conversaciones de los clientes por internet en los tablones de anuncios y foros de internet y rastrean los productos que mencionan positivamente. Una firma que se llama Rapleaf vende información sobre las tendencias políticas de los compradores, hábitos de lectura, donaciones benéficas, el número de coches que tienen y si prefieren las noticias sobre religión u ofertas de tabaco. Otras compañías analizan las fotos que cuelgan los consumidores en la red y los clasifican como gordos o delgados, con pelo o calvos, y por el tipo de producto que compren a raíz de ello. (Target, en un comunicado, se negó a indicar con qué empresas demográficas se relaciona y qué tipo de información estudia.)

«Antes las empresas sólo sabían lo que sus clientes *querían* que supiesen —dice Tom Davenport, uno de los principales investigadores sobre cómo utilizar los datos y los análisis en las empresas—. El mundo va muy por detrás de nosotros. Le impresionaría saber cuánta información hay por ahí, y todas las compañías la compran porque es la única forma de sobrevivir.»

Si usted utiliza la tarjeta de crédito Target para comprar una caja de helados Popsicles una vez a la semana, generalmente a las 18:30 en un día laborable, y bolsas de basura industriales cada mes de julio y octubre, los estadistas de Target y los programas informáticos determinarán si tiene niños en casa, si suele hacer la compra cuando regresa de su trabajo, si tiene césped que se ha de podar en verano y árboles a los que se les caen las hojas en otoño.

Observará sus otros patrones de compra y verá que a veces compra cereales, pero nunca compra leche (lo que significa que puede que la esté comprando en otro sitio). Por lo tanto, Target le enviará por correo cupones para que obtenga un descuento del 2 por ciento en la leche, así como para los fideos de chocolate, equipamiento escolar, muebles de jardín, rastrillos y —como es probable que usted desee descansar tras una larga jornada de trabajo— cerveza. La compañía adivinará lo que usted suele comprar e intentará convencerle de que lo compre en Target.

La empresa tiene la capacidad para personalizar los anuncios y los cupones que envía a cada cliente, aunque usted quizá ni siquiera llegue a darse cuenta de que ha recibido un prospecto diferente del de sus vecinos.

«Con el número de ID del cliente, tenemos su nombre, dirección y propuesta, sabemos si tiene una Visa Target, una tarjeta de débito, y podemos vincular todo eso a las compras que hace en la tienda», dijo Pole a un grupo de estadistas de ventas en una conferencia que dio en 2010. La compañía puede relacionar con personas concretas casi la mitad de todas las ventas que se realizan en las tiendas, casi todas las que se realizan por internet, y casi una cuarta parte de las visitas "online".

En esa conferencia, Pole pasó una diapositiva para mostrar el tipo de datos que recopilaba Target, un diagrama que provocó que algunas personas del público silbaran de admiración cuando apareció en pantalla:

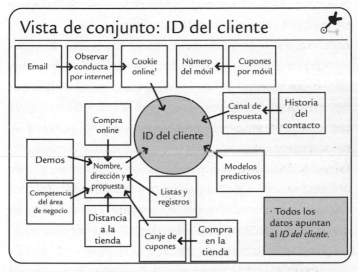

Vista de conjunto: ID del cliente

Email → Observar conducta por internet → Cookie online[1] → Número del móvil ← Cupones por móvil

Compra online

ID del cliente ← Canal de respuesta ← Historia del contacto

Demos → Nombre, dirección y propuesta

Competencia del área de negocio

Distancia a la tienda

Listas y registros

Modelos predictivos

Canje de cupones ← Compra en la tienda

· Todos los datos apuntan al *ID del cliente*.

1. Código de identificación en la red.

No obstante, el problema con todos estos datos es que no tienen sentido sin estadísticos para descifrarlos. Para un neófito, dos clientes que compran zumo de naranja son iguales. Se necesita un matemático especial para descifrar que uno de ellos es una mujer de 34 años que compra zumo para sus hijos (y que por tanto puede valorar un cupón para conseguir un DVD de Thomas the Tank Engine) y que el otro es un soltero que bebe zumo cuando vuelve de correr (y que por lo tanto responderá mejor a un descuento para unas zapatillas deportivas). Pole y los otros 50 miembros del departamento de Datos de Clientes y Servicios Analíticos de Target fueron quienes descubrieron los hábitos ocultos en los hechos.

Lo llamamos «retrato del cliente —me dijo Pole—. Cuanto más sé sobre alguien, mejor puedo adivinar sus patrones de compra. No voy a adivinarlo todo sobre usted cada vez, pero seguro que tendré más aciertos que fallos.»

Cuando Pole empezó a trabajar para Target en 2002, el departamento de análisis ya había fabricado programas informáticos para identificar las casas donde había niños, y cada noviembre enviaban a los padres catálogos de bicicletas y *scooters* que supondrían un regalo perfecto para el árbol de Navidad, así como cupones para comprar material escolar en septiembre y anuncios para juguetes de piscina en junio. En el mes de abril los ordenadores buscaban compradoras para bikinis, y les enviaban cupones de descuentos para cremas solares en el mes de julio, y libros para adelgazar en el mes de diciembre. Si lo deseaba, Target podía enviar a cada cliente un libro de cupones lleno de descuentos para productos que estaban casi seguros que sus clientes iban a comprar, porque ya habían comprado exactamente esos mismos artículos antes.

Target no es la única empresa que desea predecir los hábitos de sus consumidores. Casi todas las grandes empresas, incluidas Amazon.com, Best Buy, supermercados Kroger, 1-800-Flowers, Olive Garden, Anheuser-Busch, Correos de Estados Unidos, Fidelity Investments, Hewlett-Packard, Bank of America, Capital One y otros cientos, tienen departamentos de «análisis predictivo» dedicados a adivinar las preferencias de los consumidores. «Pero Target siempre ha sido la más inteligente en este campo —dice Eric Siegel, que dirige un congreso que lleva por nombre Predictive Analytics World—. Los datos no significan nada por sí solos. Target es buena adivinando las preguntas realmente difíciles.»

No hace falta ser un genio para saber que alguien que compra cereales probablemente también necesita leche. Pero había otras preguntas mucho más difíciles —y lucrativas— que responder.

Esa era la razón por la que a las pocas semanas de haber contratado a Pole, sus compañeros le preguntaron si era posible averiguar quién estaba embarazada, aunque las clientas no quisieran que nadie lo supiese.

En 1984, un catedrático invitado de la UCLA, Alan Andreasen, publicó un trabajo encaminado a responder a una pregunta básica: ¿Por qué algunas personas cambian de pronto sus rutinas de compra?

El equipo de Andreasen se había pasado todo un año realizando encuestas telefónicas a consumidores de Los Ángeles, preguntándoles sobre sus últimas salidas para ir a comprar. Siempre que alguien respondía al teléfono, los científicos los asediaban con preguntas como qué marcas de pasta de dientes y de jabón habían comprado y si habían cambiado sus preferencias. En total, entrevistaron a casi 300 personas. Al igual que otros investigadores, descubrieron que la mayoría de las personas compraba las mismas marcas de cereales y de desodorante cada semana. Los hábitos imperaban.

Excepto cuando no era así.

Por ejemplo, el 10,5 por ciento de las personas encuestadas por Andreasen había cambiado de pasta de dientes en los últimos seis meses. Más del 15 por ciento había empezado a comprar otro detergente nuevo para la ropa.

Andreasen quería saber por qué esas personas se habían desviado de sus patrones habituales. Lo que descubrió fue el pilar de la teoría moderna sobre el marketing: es más probable que los hábitos de compra de las personas cambien cuando les sucede algo importante en la vida. Por ejemplo, cuando alguien se casa, es más fácil que empiece a comprar otra marca de café. Al trasladarse a una casa nueva, es más probable que las personas compren otra marca de cereales. Cuando se divorcian, hay más posibilidades de que empiecen a comprar otras marcas de cerveza. Los consumidores que atraviesan por situaciones cruciales en su vida no suelen darse cuenta, ni importarles, que hayan cambiado sus patrones de compra. Sin embargo, los comerciantes sí se dan cuenta, y les importa bastante.

«Cambiar de residencia, casarse o divorciarse, perder o cambiar de trabajo, tener una persona nueva en casa o alguna que se va —escribió Andreasen— son cambios en la vida que hacen más vulnerables a los consumidores a la intervención de los especialistas de marketing.»

¿Y cuál es el acontecimiento más grande para la mayoría de las personas? ¿Lo que provoca mayor trasiego y «vulnerabilidad a las intervenciones de marketing»? Tener un bebé. Casi no hay época de mayor frenesí para la mayoría de los consumidores que la llegada de un hijo. Como consecuencia, los hábitos de los nuevos padres son más flexibles en esa etapa que en casi cualquier otra fase de su vida de adultos.

De modo que para las empresas, las mujeres embarazadas son minas de oro.

Los nuevos padres compran montones de cosas —pañales y toallitas húmedas, cunas y peleles, mantas y biberones— que tiendas como Target venden obteniendo beneficios significativos. Una encuesta realizada en 2010 dio como resultado que el promedio de gasto de unos padres primerizos es de 6.800 dólares en artículos para el bebé antes de que éste cumpla su primer año de vida.

Pero eso no era más que la punta del iceberg de la compra. Esos gastos iniciales no eran nada comparado con lo que puede ganar una tienda aprovechándose de los nuevos hábitos de compra de esos padres. Si las madres agotadas y los padres faltos de sueño empiezan a comprar la leche para el biberón y los pañales en Target, también empezarán a comprar comida, productos de limpieza, toallas, ropa interior y... —bueno, el cielo es el límite— en el mismo sitio. Porque es más fácil. Para unos padres primerizos, la facilidad es lo más importante.

«En cuanto conseguimos que nos compren los pañales, empezarán a comprar todo lo demás —me dijo Pole—. Si vas corriendo por la tienda, buscando los biberones, y pasas por delante del zumo de naranja, coges un paquete. ¡Oh, pero si tienen el nuevo DVD que quería! Pronto comprarás los cereales y las servilletas de papel, y volverás.»

Los padres primerizos son tan valiosos que las grandes cadenas harán casi lo imposible para atraerlos, incluidas visitas a las zonas de maternidad de los hospitales, aunque sus productos no tengan nada que ver con bebés. Un hospital de Nueva York, por ejemplo, da a todas las madres una bolsa de regalo con muestras de gel para el cabello, loción limpiadora de cutis, crema de afeitar, barritas energéticas, champú y una camiseta de algodón suave. En su interior hay cupones de descuento para un servicio de fotografía "online", jabón para las manos y un gimnasio de la zona. También hay muestras de pañales y lociones para el bebé, pero también hay muchos otros artículos que no tienen nada que ver con el bebé. En 580 hospitales de todo el país, las madres primerizas reciben regalos de la Compañía Walt Disney, que en 2010 creó un departamento especialmente dedicado al marketing de los padres de recién nacidos. Procter & Gamble, Fisher-Price y otras empresas tienen programas parecidos de regalos. Disney calcula que el mercado de los recién nacidos en Estados Unidos supone unos 36.300 millones de dólares al año.

Pero para empresas como Target, dirigirse a las nuevas madres en la maternidad, en cierto modo es demasiado tarde. Para entonces, ya están en el radar de todos los demás. Target no quería competir contra Disney y Procter & Gamble, quería vencerlos. La meta de Target era iniciar el marketing para los padres *antes* de que llegara el bebé, que era la razón por la que los compañeros de Andrew Pole fueron a verle ese día para pedirle que diseñara un algoritmo de predicción del embarazo. Si podían identificar quiénes eran las futuras madres más o menos en su segundo trimestre, podrían captarlas antes que los demás.

El único problema era que descubrir qué clientas estaban embarazadas era más difícil de lo que parecía. Target tenía un registro de «baby shower»,* y eso ayudaba a identificar a algunas de las mujeres embarazadas; es más, todas esas futuras

---

* Costumbre anglosajona donde se reúnen las amistades y familiares de una mujer embarazada pocos días antes de que dé a luz para hacerle los regalos. (*Nota de la T.*)

mamás entregaban gustosamente información valiosa, como la fecha en que salían de cuentas, lo que a la compañía le servía para enviarles cupones para vitaminas prenatales o pañales. Pero sólo una pequeña parte de las clientas embarazadas de Target utilizaban el registro.

También había otras clientas que los ejecutivos *sospechaban* que estaban embarazadas porque compraban ropa de premamá, muebles infantiles y cajas de pañales. No obstante, sospechar y saber son dos cosas distintas. ¿Cómo sabes si alguien está comprando pañales porque está embarazada o porque es un regalo para una amiga embarazada? Pero lo más importante es que el tiempo cuenta. Un cupón que puede ser útil un mes antes de salir de cuentas puede acabar en la basura unas pocas semanas después del nacimiento del bebé.

Pole empezó a trabajar en el problema rastreando la información del registro de *baby shower* de Target, que le permitió observar cómo cambiaban los hábitos de compra de una mujer típica a medida que se acercaba su fecha de dar a luz. El registro era como un laboratorio donde se podían poner a prueba los presentimientos. Cada madre embarazada daba su nombre, el de su pareja y la fecha en que salía de cuentas. El almacén de datos de Target podía vincular la información con el número de ID de cliente de la familia. A raíz de ello, cada vez que una de esas mujeres compraba algo en la tienda o por internet, Pole utilizaba los datos que había proporcionado la mujer y podía reconstruir el trimestre en el que se había producido la compra. Al poco tiempo estaba recopilando patrones.

Descubrió que las madres embarazadas compraban de formas muy predecibles. Por ejemplo, veamos las lociones. Mucha gente compra lociones, pero un analista de datos de Target observó que las mujeres que estaban apuntadas en el registro de bebés solían comprar cantidades inusualmente altas de loción sin aroma hacia principios de su segundo trimestre. Otro analista observó que en algún momento en las primeras veintiuna semanas, muchas mujeres embarazadas compraban muchas vitaminas, como calcio, magnesio y zinc. Muchas clientas compran jabón y bolas de algodón, pero cuando alguien empieza a comprar de repente un montón de jabón sin aroma y bolas de algodón, además de gel sanitizante para manos y un número exagerado de toallitas, todo a la vez, a los pocos meses de haber comprado lociones, magnesio y zinc, son indicativos de que se acerca el parto.

Mientras el programa de Pole rastreaba los datos, pudo identificar unos veinticinco productos diferentes que, cuando los analizó en conjunto, en cierto modo, le permitieron ver dentro del vientre de la madre. Pero lo más importante es que podía incluso adivinar el trimestre en que se encontraba —y de este modo una fecha aproximada de su parto—, y así Target podía enviarle cupones cuando estaba a punto de hacer sus compras. Cuando Pole terminó su programa, podía asignar a casi toda clienta habitual una puntuación de «predicción de embarazo».

Jenny Ward es una joven de 23 años de Atlanta que compró loción de mantequilla de cacao, un bolso lo bastante grande como para poder llevar pañales, zinc, magnesio y una alfombra azul claro. Hay un 87 por ciento de probabilidades de que esté embarazada y de que su fecha de parto sea a finales de agosto. Liz Alter, de Brooklyn, 35 años, ha comprado cinco paquetes de toallitas, una botella de detergente para la ropa para «piel sensible», tejanos bombachos, vitaminas que contienen DHA y un montón de hidratantes. Hay un 96 por ciento de probabilidades de que esté embarazada y que probablemente dé a luz a principios de mayo. Caitlin Pike, 39 años, San Francisco, ha comprado una sillita de paseo de 250 dólares, pero nada más. Probablemente la haya comprado para la *baby shower* de una amiga. Además, sus datos demográficos muestran que se divorció hace dos años.

Pole aplicó su programa a todas las clientas de la base de datos de Target. Cuando hubo finalizado, tenía una lista de miles de mujeres que era probable que estuvieran embarazadas y a las que Target podía inundar con publicidad de pañales, lociones, cunas, toallitas húmedas y ropa para premamás en unos momentos en que sus hábitos de compra eran especialmente flexibles. Si una parte de esas mujeres o sus maridos empezaban a comprar en Target, eso supondría millones para la compañía.

Entonces, justo cuando estaba a punto de comenzar esta avalancha de publicidad, alguien del departamento de marketing hizo una pregunta: ¿cómo van a reaccionar las mujeres cuando se den cuenta de cuánto sabe Target?

«Si le enviamos a alguien un catálogo que ponga "¡Felicidades por su primer hijo!", pero nunca nos ha dicho que está embarazada, eso hará que esas personas se sientan incómodas —me dijo Pole—. Somos muy conservadores respecto al cumplimiento de todas las leyes de privacidad. Pero incluso ciñéndonos a la ley, podemos hacer cosas que incomoden a las personas.»

Había motivos para esas preocupaciones. Aproximadamente un año después de que Pole creara su modelo de predicción del embarazo, un hombre entró en un local de Target, en Minnesota, y exigió ver al gerente. Tenía una publicidad en la mano. Estaba muy enfadado.

«¡Mi hija ha recibido esto por correo! —dijo—. Todavía va al instituto y ¿le están mandando cupones de descuento para ropa de bebé y cunas? ¿La están *animando* para que se quede embarazada?»

El gerente no tenía ni idea de lo que estaba hablando el hombre. Miró la publicidad. Era evidente que iba dirigida a la hija de ese hombre y que contenía publicidad de moda prenatal, muebles infantiles y fotos de bebés sonrientes mirando a sus madres a los ojos.

El gerente le pidió disculpas repetidas veces, y volvió a llamarle unos días después para volver a disculparse.

El padre se sintió un poco avergonzado.

«He hablado con mi hija —le dijo—. Resulta que ha habido ciertas actividades en casa de las cuales yo no me había enterado. —Respiró profundamente—. Tiene que dar a luz en agosto. Le debo una disculpa.»

Target no es la única empresa que ha suscitado preocupación entre los consumidores. Otras compañías también han sido atacadas por usar datos de formas mucho menos indiscretas. En 2011, por ejemplo, un residente de Nueva York denunció a McDonald's, CBS, Mazda y Microsoft, alegando que las agencias de publicidad de esas compañías controlaban el uso de internet que hacía la gente para hacer un perfil de sus hábitos de compra. Actualmente hay denuncias colectivas en California contra Target, Walmart, Victoria's Secret y otras cadenas por preguntar a sus clientes sus códigos postales cuando utilizan sus tarjetas de crédito, para luego utilizar esa información para averiguar su dirección postal.

Pole y sus compañeros sabían que utilizar los datos para predecir si una mujer estaba embarazada podía ser un desastre para las relaciones públicas. Entonces, ¿cómo podían hacer llegar su publicidad a las madres embarazadas sin que pareciera que las estaban espiando? ¿Cómo nos beneficiamos de los hábitos de alguien sin que se entere de que estás estudiando cada detalle de su vida?*

---

* La información de este capítulo se basa en entrevistas realizadas a más de una docena de empleados antiguos y actuales de Target, muchas de ellas realizadas anónimamente por temor a ser despedidos de la compañía o sufrir algún tipo de represalia. Target tuvo la oportunidad de revisar y responder a la información expuesta en este capítulo, y solicité que los ejecutivos del Departamento de Análisis de Clientes accedieran a ser entrevistados oficialmente. La compañía se negó a hacerlo y a responder a mis preguntas de verificación de datos, salvo por dos correos electrónicos que recibí. El primero decía: «En Target, nuestra misión es conseguir que Target sea el destino preferido de nuestros clientes a través de ofrecer un valor de excelencia, innovación constante y una experiencia excepcional para nuestros visitantes, cumpliendo siempre nuestra promesa de marca "Esperar más. Pagar menos". Como estamos tan centrados en esta misión, hemos hecho una gran inversión para comprender mejor las preferencias de nuestros visitantes. Para ayudarnos en esta tarea hemos desarrollado una serie de herramientas de investigación que nos permiten conocer mejor las tendencias y preferencias dentro de los distintos segmentos demográficos de la población de nuestros clientes. Utilizamos los datos derivados de estas herramientas para saber cómo distribuir los artículos en nuestras tiendas, seleccionar los productos, las promociones y los cupones. Estos análisis permiten a Target proporcionar la mejor experiencia de compra a nuestros clientes. Por ejemplo, durante una transacción en la tienda, nuestra herramienta de investigación puede predecir las ofertas interesantes para un cliente basándose en lo que ha comprado, que se le pueden entregar junto con su recibo de compra. Además, los programas opcionales como nuestro registro de bebés ayuda a Target a comprender cómo evolucionarán las necesidades de nuestros clientes con el tiempo, lo que nos facilita poder ofrecer a las nuevas madres cupones de ahorro. Creemos que estas acciones benefician a nuestros clientes aportándoles más de lo que necesitan y quieren de Target, y que han beneficiado a Target al haber afianzado la lealtad de nuestros clientes, que los conduce a comprar con más frecuencia, lo que se traduce en un aumento de las ventas y de los beneficios». En su segundo *e-mail* decían: «Casi todas sus afirmaciones contienen informaciones inexactas y publicarlas sería engañoso para el público. No necesitamos rebatir cada una de sus afirmaciones punto por punto. Target se toma en serio sus obli-

II

En verano de 2003, un ejecutivo recién ascendido de Arista Records, llamado Steve Bartels empezó a llamar a los disc-jockeys de la radio para pedirles que pusieran una canción nueva que estaba seguro de que les iba a encantar. Se llamaba *Hey Ya!*, del grupo de hip-hop OutKast.

Hey Ya! era una fusión de funk, rock e hip-hop con una buena dosis de swing de Big Band, de uno de los grupos más populares del planeta. No se parecía a nada de lo que sonaba en la radio. «La primera vez que la escuché me puso los pelos de punta —me dijo Bartels—. *Sonaba* a éxito, al tipo de canción que podrías escuchar durante años tanto en los Bar Mitzvah* como en los Proms».** En las oficinas de Arista, los directores cantaban a coro entre ellos —«sacúdelo como una foto de Polaroid»— por los pasillos. «Esta canción —decían todos— va a ser un bombazo.»

Eso no se basaba únicamente en la intuición. En esos momentos, el negocio de la música estaba sufriendo una transformación similar a la que tenía lugar en Target y en todas partes debido a los cambios que provocaba la utilización de datos. Del mismo modo que las empresas utilizaban algoritmos informáticos para predecir los hábitos de los compradores, los directores de las discográficas y de la radio utilizaban programas para averiguar los hábitos de escucha de los oyen-

---

gaciones legales y cumple con todas las leyes federales y estatales, incluidas las referentes a la protección de información sobre la salud».

   * Celebración judía. *(Nota de la T.)*

   ** Conciertos estivales que se celebran anualmente en el Royal Albert Hall de Londres. *(Nota de la T.)*

tes. Una empresa llamada Polyphonic HMI —un grupo de expertos en inteligencia artificial y estadísticos con sede en España— había creado un programa que se llamaba Hit Song Science [Ciencia de los éxitos musicales] que analizaba las características matemáticas de una melodía y predecía su popularidad. Al comparar el *tempo*, tono, melodía, progresión de los acordes y otros factores de una canción en particular con los miles de éxitos almacenados en la base de datos de Polyphonic HMI, Hit Song Science daba una puntuación que predecía si una melodía podía ser un éxito.

El programa había predicho que el *Come Away with Me* de Norah Jones, por ejemplo, sería un éxito cuando la mayor parte de la industria discográfica había rechazado el álbum. (Se vendieron diez millones de copias y ganó ocho Grammy.) Había predicho que *Why Don't You and I* de Santana sería popular, a pesar de las dudas de los disc-jockeys. (Alcanzó el tercer puesto en la lista de los 40 Principales de *Billboard*.)

Cuando los directores de las cadenas de radio pasaron *Hey Ya!* por Hit Song Science, obtuvo una buena nota. De hecho, más que buena nota: la puntuación era una de las más altas que se habían obtenido nunca.

Hey Ya!, según los algoritmos, iba a ser un superéxito.

El 4 de septiembre de 2003, a la hora de máxima audiencia, las 19:15, en los 40 Principales de la WIOQ de Filadelfia, empezó a sonar *Hey Ya!* Esa semana emitió 7 veces la canción, hasta un total de 37 veces en todo el mes.

En aquellos tiempos, una compañía llamada Arbitron estaba probando una nueva tecnología que permitía averiguar cuántas personas estaban escuchando una cadena de radio en particular en un momento dado, y cuántas cambiaban de emisora cuando sonaba una canción. WIOQ era una de las emisoras incluidas en esa prueba piloto. Sus directores estaban seguros de que *Hey Ya!* mantendría a los oyentes con la oreja pegada a la radio.

Luego recibieron los datos.

A los oyentes no sólo no les gustaba *Hey Ya!*, sino que según los datos, la odiaban. Les desagradaba tanto que casi un tercio cambiaba de emisora a los pocos segundos de que empezara la canción. Tampoco fue sólo en WIOQ. En todas las emisoras de radio de toda la nación, en Chicago, Los Ángeles, Fénix y Seattle, siempre que ponían *Hey Ya!*, un elevado número de personas cambiaba de emisora.

«La primera vez que la escuché me pareció una gran canción —dijo John Garabedian, presentador de una redifusión radiofónica de los 40 Principales con una audiencia que superaba los dos millones de personas a la semana—. Pero no sonaba como las otras canciones, y la gente se mosqueaba en cuanto la oía. Un chico me dijo que era lo peor que había escuchado jamás.

»La gente escucha los 40 Principales porque quiere oír sus canciones favoritas o canciones que suenen como sus canciones favoritas. Cuando se emite algo diferente, se enfada. No quiere nada que no le resulte familiar.»

Arista había invertido mucho dinero en la promoción de *Hey Ya!* La industria de la música y de la radio necesitaba que fuera un éxito. Los éxitos valen una fortuna —no sólo porque el público compra la canción, sino porque un éxito puede persuadir a los oyentes para que abandonen los videojuegos e internet por la radio. Un éxito puede vender coches deportivos en la televisión y ropa en las tiendas de moda.

Los éxitos pueden ser la raíz de docenas de hábitos de gasto en los que confían los anunciantes, las cadenas de televisión, los bares y las discotecas, e incluso empresas tecnológicas como Apple.

Ahora, una de las canciones por las que se había apostado más fuerte —una melodía que los algoritmos habían estimado que podía ser la canción del año— estaba fracasando. Los directores de las emisoras de radio estaban desesperados por hallar la manera de convertir a *Hey Ya!* en un éxito.

Esa pregunta —¿cómo convertir una canción en un éxito?— ha hecho cavilar a la industria de la música desde sus inicios, pero sólo en las últimas décadas ha intentado responder a ella mediante métodos científicos. Uno de los pioneros fue un antiguo director de una emisora llamado Rich Meyer que, en 1985, junto con su esposa Nancy, montó una empresa que se llamaba Mediabase en el sótano de su casa de Chicago. Cada mañana al levantarse seleccionaban un paquete de cintas de las emisoras de distintas ciudades que habían grabado el día anterior y contaban y analizaban cada canción que habían puesto. Meyer publicaba semanalmente un boletín informativo donde hacía un seguimiento de las canciones que ganaban o perdían popularidad.

En sus primeros años, el boletín contaba sólo con un centenar de suscriptores, y Meyer y su esposa se esforzaban por mantener a flote la empresa. No obstante, a medida que más emisoras de radio utilizaban los criterios de Meyer para aumentar su audiencia —y, concretamente, estudiar las fórmulas que había diseñado para explicar las tendencias de escucha—, su boletín, los datos que vendían como Mediabase, y luego servicios similares proporcionados por una industria creciente de asesores centrados en los datos, se fueron imponiendo en la forma de dirigir las emisoras de radio.

Uno de los enigmas que más le gustaba resolver a Meyer era averiguar por qué durante algunas canciones, parecía que los oyentes no cambiaban nunca de canal. Entre los disc-jockeys, estas canciones se conocen como «pegadizas». Meyer llevaba años rastreando cientos de canciones pegadizas tratando de adivinar el principio que las hacía populares. Tenía el despacho lleno de gráficos y tablas con las características de distintas canciones pegadizas. Meyer siempre había buscado formas nuevas de medir el grado en que eran pegadizas, y cuando salió *Hey Ya!*, empezó a experimentar con los datos de las pruebas que estaba realizando Arbitron para ver si se le ocurría alguna idea nueva.

Algunas de las canciones más pegadizas de la época lo eran por razones obvias: *Crazy in Love* de Beyoncé y *Señorita* de Justin Timberlake, por ejemplo, acababan de salir y ya eran famosas, pero eran grandes canciones de estrellas consolidadas de la música, por lo que era normal que fueran pegadizas. Sin embargo, había otras canciones que nadie entendía por qué lo eran. Por ejemplo, cuando las emisoras ponían *Breathe* de Blu Cantrell en el verano de 2003, casi nadie cambiaba de canal. Es una canción con una melodía intrascendente y monótona que según las revistas musicales, la mayoría de los disc-jockeys la encontraban tan insulsa que sólo la pinchaban a regañadientes. Pero, por alguna razón, siempre que sonaba en la radio, la gente la escuchaba, aunque según averiguaron posteriormente los encuestadores, los oyentes confesaban que no les gustaba demasiado. O veamos *Here Without You* de 3 Doors Down, o casi cualquier canción del grupo Maroon 5. Esas bandas son tan impersonales que críticos y oyentes crearon una nueva categoría musical —«bath rock» [rock para el baño]— para describir sus desangelados sonidos. Sin embargo, siempre que sonaban por la radio, casi nadie cambiaba de emisora.

Luego había canciones que los oyentes decían claramente que les *desagradaban*, pero que eran pegadizas. Como, por ejemplo, el caso de Christina Aguilera o Celine Dion. En todas las encuestas, los oyentes varones decían que odiaban a Celine Dion y que no soportaban sus canciones. Pero cuando sonaba una canción de Dion en la radio, los hombres se quedaban escuchándola. En el mercado de Los Ángeles, las cadenas que ponían regularmente las canciones de Dion al final de cada hora —cuando Arbitron hacía una medición de la audiencia— podían estar seguras de que incrementarían su audiencia al menos en un 3 por ciento, una cifra muy alta en el mundo de la radio. Puede que los oyentes varones *pensaran* que no les gustaba Dion, pero cuando ponían sus canciones, se quedaban enganchados.

Cada noche, Meyer se ponía a escuchar una serie de canciones pegadizas seguidas, una tras otra, una y otra vez. En ese proceso empezó a descubrir una similitud entre ellas. No era que las canciones sonaran parecidas. Algunas eran baladas, otras pop. Sin embargo, todas se parecían en cuanto a que sonaban exactamente a lo que Meyer esperaba escuchar de ese género. Sonaban *familiares* —como todo lo que se escucha en la radio—, pero un poco más pulidas, un poco más cerca del punto medio de la canción perfecta.

«A veces las emisoras hacían investigaciones, llamaban por teléfono a los oyentes y les ponían un fragmento de una canción, y los oyentes decían: "La he escuchado un millón de veces. Estoy harto de oírla" —me dijo Meyer—. Pero cuando suena en la radio, tu subconsciente te dice "¡Conozco esta canción! ¡La he oído millones de veces! ¡Puedo cantarla!" Las canciones pegadizas son lo que *esperas* escuchar en la radio. Tu cerebro quiere secretamente esa canción, porque le resulta muy familiar respecto a todo lo demás que ha escuchado y le ha gustado. Sencillamente, suena bien.»

Hay pruebas de que la preferencia por las cosas que nos suenan «familiares» es producto de nuestra neurología. Los científicos han examinado los cerebros de las personas cuando escuchan música y han descubierto qué regiones neuronales están implicadas en la comprensión de los estímulos auditivos. Escuchar música activa numerosas áreas del cerebro, incluido el córtex auditivo, el tálamo y el córtex parietal superior. Esas mismas áreas también están asociadas con el reconocimiento de patrones y con ayudar al cerebro a decidir a qué estímulos prestar atención y cuáles ha de desatender. En otras palabras, las áreas que procesan la música están diseñadas para buscar patrones y familiaridad. Esto parece lógico. Al fin y al cabo, la música es complicada. Los múltiples tonos, volúmenes, melodías que se solapan y sonidos que compiten entre ellos en casi todas las canciones —o en cualquier persona que esté hablando en una calle ruidosa— son tan abrumadores que, sin la habilidad de nuestro cerebro para concentrarse en unos sonidos e ignorar otros, todo nos parecería un ruido que no es más que cacofonía.

Nuestro cerebro anhela lo que le resulta familiar porque la familiaridad es lo que nos ayuda a escuchar sin distraernos con el resto de los sonidos. Tal como descubrieron los científicos del MIT que los hábitos de conducta evitan que nos abrumemos por la infinidad de decisiones que, de lo contrario, nos veríamos obligados a tomar cada día, los hábitos de escucha existen porque sin ellos nos resultaría imposible determinar si hemos de concentrarnos en la voz de nuestro hijo, en el silbato del entrenador o en el ruido de la calle durante un partido de fútbol de los sábados. Los hábitos de escucha nos permiten separar inconscientemente los ruidos importantes de los que hemos de pasar por alto.

Esa es la razón por la que las canciones que nos suenan «familiares» —aunque nunca las hayamos oído antes— son pegadizas. Nuestro cerebro está diseñado para preferir los patrones auditivos que se parecen a lo que ya hemos escuchado. Cuando Celine Dion saca una nueva canción —y suena como todas sus canciones anteriores, así como todas las que ponen en la radio—, nuestro cerebro anhela inconscientemente esa característica reconocible y la canción se vuelve pegadiza. Puede que nunca vayas a un concierto de Celine Dion, pero escucharás sus canciones en la radio, porque eso es lo que *esperas* oír cuando conduces para ir a tu trabajo. Esas canciones se corresponden perfectamente con tus hábitos.

Este descubrimiento ayudó a explicar por qué *Hey Ya!* estaba siendo un fracaso radiofónico, a pesar de que Hit Song Science y los directores musicales estuvieran seguros de que iba a ser un éxito. El problema no era que *Hey Ya!* fuera mala. El problema era que *no resultaba familiar*. Los oyentes de la radio no querían tomar una decisión consciente cada vez que les presentaban una canción nueva. Sus cerebros querían seguir un hábito. La mayoría de las veces, no elegimos si nos gusta o disgusta una canción. Supondría demasiado esfuerzo mental. Por el contrario, reaccionamos a las señales («Ésta suena como todas las demás canciones que me han gustado») y a las recompensas («¡Es divertido tararearla!») y, sin pensarlo, o empezamos a cantar o alargamos la mano y cambiamos de emisora.

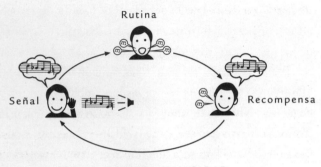

BUCLE DE LA FAMILIARIDAD

En cierto sentido, Arista y los disc-jockeys de la radio se enfrentaban a una variante del problema que Andrew Pole estaba teniendo en Target. A los oyentes les basta con escuchar una canción que, aunque digan que no les gusta, les suena a algo que ya han escuchado antes. A las mujeres embarazadas les gusta usar los cupones que reciben por correo, salvo que esos cupones revelen que Target ha estado espiando sus matrices, lo cual resulta poco familiar y un tanto escalofriante. Recibir un cupón que te advierte de que Target sabe que estás embarazada va en contra de lo que espera un cliente. Es como decirle a un inversor de banca de 42 años que ha tarareado una canción de Celine Dion. No es una buena idea.

Entonces, ¿cómo pueden convencer al público los disc-jockeys para que escuchen canciones como *Hey Ya!* durante el tiempo suficiente como para que les parezcan familiares? ¿Cómo puede Target convencer a las mujeres embarazadas para utilizar cupones de descuento para pañales sin asustarlas?

Disfrazando algo nuevo con un traje viejo y haciendo familiar lo que antes no lo era.

III

A principios de la década de 1940, el Gobierno de los Estados Unidos empezó a exportar gran parte de la carne que se producía en el país a Europa y al Pacífico para las tropas que estaban combatiendo en la Segunda Guerra Mundial. En casa, los filetes y las costillas de cerdo empezaron a escasear. Cuando Estados Unidos entró en guerra a finales de 1941, los restaurantes de Nueva York utilizaban carne de caballo para hacer sus hamburguesas, y floreció un mercado negro para la carne de ave. Los funcionarios federales empezaron a preocuparse porque, si la guerra duraba mucho, podría dejar a la nación sin proteínas. Este «problema amenaza con alcanzar mayores dimensiones en Estados Unidos a medida que la guerra avanza», escribió el ex presidente Herbert Hoover a los estadounidenses en un panfleto del Gobierno, en 1943. «Nuestras granjas están faltas de mano de obra para cuidar al ganado; y además hemos de abastecer de provisiones a los británicos y a los rusos. Las carnes y las grasas en esta guerra son municiones igual que los tanques y los aviones.»

El Ministerio de Defensa, preocupado por este tema, consultó a los mejores sociólogos, psicólogos y antropólogos de la nación —incluidos Margaret Mead y Kurt Lewin, que llegarían a convertirse en célebres académicos— y les asignó una misión: busquen la manera de convencer a los norteamericanos para comer entrañas. Consigan que las amas de casa sirvan a sus esposos e hijos hígados, corazones, riñones, sesos, estómagos e intestinos ricos en proteínas, que era lo que quedaba después de que el *roast beef* y las costillas partieran hacia ultramar.

En aquellos tiempos la carne de casquería no era popular en Estados Unidos. En 1940, una mujer de clase media antes se moriría de hambre que ensuciar su mesa con lengua o tripa. En 1941, se reunieron por vez primera los científicos que habían sido reclutados para formar parte del Comité de Hábitos Alimentarios, y se pusieron la meta de identificar sistemáticamente las barreras culturales que impedían que los estadounidenses comieran entrañas. En total se publicaron más de 200 estudios; en el fondo, todos contenían el mismo hallazgo: para cambiar los hábitos alimentarios de las personas, lo exótico tenía que convertirse en familiar. Y para ello has de camuflarlo con el atuendo de todos los días.

Llegaron a la conclusión de que para convencer a los estadounidenses de que debían comer hígados o riñones, las amas de casa tenían que saber cómo hacer que estos alimentos supieran, olieran y tuvieran un aspecto lo más parecido posible a lo que sus familias *esperaban* ver en la mesa cada noche. Por ejemplo, cuando en 1943, la División de Subsistencia del Cuerpo de Intendencia —los encargados de alimentar a los soldados— empezó a servir repollo fresco a las tropas, no tuvo una buena acogida. Así que en las cocinas empezaron a cortar y hervir el repollo hasta que pareciera una verdura más en la bandeja de los soldados, y las tropas se lo comieron sin rechistar. «Los soldados estaban más predispuestos a comer la comida, tanto si era familiar como si no, siempre que estuviera preparada de una forma similar a sus experiencias anteriores y se sirviera del mismo modo», escribió un investigador de nuestros días al evaluar esos estudios.

El secreto para cambiar la dieta estadounidense, concluyó el Comité para los Hábitos Alimentarios, era que resultara familiar. Pronto, las amas de casa empezaron a recibir correspondencia que les decía: «Cualquier esposo estará encantado de comer un pastel de riñones y carne». Los carniceros empezaron a repartir recetas que explicaban cómo introducir hígado en el pan de carne.

Al cabo de unos pocos años de haber finalizado la Segunda Guerra Mundial, el Comité para los Hábitos Alimentarios fue disuelto. No obstante, por aquel entonces, comer entrañas ya era un hábito totalmente integrado en la dieta estadounidense. Un estudio indicaba que el consumo de vísceras había aumentado un 33 por ciento durante la guerra. En 1955, había aumentado un 50 por ciento. Los riñones se habían convertido en un plato típico para cenar. El hígado era para ocasiones especiales. Los patrones de las cenas de los norteamericanos habían cambiado de tal modo que las vísceras se habían convertido en estandartes del bienestar social.

Desde entonces, el Gobierno de Estados Unidos ha lanzado docenas de campañas para mejorar la dieta de sus ciudadanos. Por ejemplo, hubo la campaña de «Cinco al día», en la que se intentaba animar a las personas a que comieran cinco frutas o verduras; se diseñó la pirámide alimentaria del Departamento de Agricultura de Estados Unidos (USDA), y se trató de incentivar el consumo de quesos y leche bajos en grasa. Ninguna de ellas tuvo en cuenta los descubrimientos del comité. Ninguna intentó camuflar sus recomendaciones en los hábitos existentes, y el resultado fue que todas ellas fracasaron. Hasta la fecha, el único programa del Gobierno que ha producido algún cambio duradero en la dieta estadounidense fue la campaña para comer vísceras de la década de 1940.

Sin embargo, las emisoras de radio y las grandes empresas —incluida Target— son un poco más inteligentes.

Para convertir *Hey Ya!* en un éxito, los disc-jockeys pronto se dieron cuenta de que tenían que conseguir que la canción sonara familiar. Y para ello hacía falta algo especial.

El problema era que los programas informáticos como Hit Song Science eran bastante buenos para predecir los hábitos de las personas. Pero, a veces, esos algoritmos descubren hábitos que todavía no han aparecido, y cuando las empresas comercializan hábitos que todavía no hemos adoptado, o lo que es peor, que no estamos dispuestos a adoptar por nosotros mismos —como nuestro gusto secreto por las baladas sensibleras—, corren el riesgo de arruinarse. Si una tienda de comestibles anuncia a bombo y platillo: «¡Tenemos una extensa selección de cereales azucarados y helados!», los compradores huyen. Si en la década de 1940, un carnicero hubiera anunciado: «Aquí tenemos intestinos para su cena», un ama de casa de aquellos tiempos hubiera preparado un guiso de atún. Cuando una emisora de radio anuncia: «¡Celine Dion cada media hora!», nadie la sintoniza. Por la misma razón, en los supermercados promocionan los tomates y las manzanas (mientras se aseguran de que los clientes pasan al lado de los M&M y los helados Häagen Dazs de camino a la caja), en los cuarenta, los carniceros llamaron al hígado el «nuevo bistec», y los disc-jockeys fueron introduciendo taimadamente el tema de la película *Titanic*.

Hey Ya! tenía que formar parte de un hábito de escucha establecido para convertirse en un éxito. Y para formar parte de un hábito, al principio se tenía que camuflar un poco, del mismo modo que las amas de casa camuflaron el hígado introduciéndolo en el pan de carne. Así que en la WIOQ de Filadelfia —igual que en otras emisoras de radio de toda la nación—, los disc-jockeys empezaron a asegurarse de que siempre que ponían *Hey Ya!*, era entre dos canciones conocidas. «Es el abecé de las listas musicales —dijo Tom Webster, un asesor radiofónico—. Pon una canción nueva entre dos éxitos populares.»

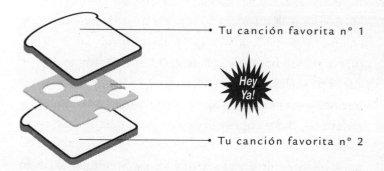

Tu canción favorita n° 1

Hey Ya!

Tu canción favorita n° 2

Los disc-jockeys no pusieron *Hey Ya!* junto con cualquier éxito. La emitían entre los tipos de canciones que Rich Meyer había descubierto que eran especialmente pegadizas, de artistas como Blu Cantrell, 3 Doors Down, Maroon 5 y Christina Aguilera. (Algunas emisoras estaban tan entusiasmadas que utilizaban dos veces la misma canción.)

Veamos, por ejemplo, las listas de WIOQ del 19 de septiembre de 2003:

11:43   *Here Without You*, de 3 Doors Down
11:54   *Breathe*, de Blu Cantrell
11:58   *Hey Ya!*, de OutKast
12:01   *Breathe*, de Blu Cantrell

O la lista del 16 de octubre:

9:41   *Harder to Breathe*, de Maroon 5
9:45   *Hey Ya!*, de OutKast
9:49   *Can't Hold Us Down*, de Christina Aguilera
10:00   *Frontin*, de Pharrell

Del 12 de noviembre:

9:58   *Here Without You*, de 3 Doors Down
10:01   *Hey Ya!*, de OutKast
10:05   *Like I Love You*, de Justin Timberlake
10:09   *Baby Boy*, de Beyoncé

«Las listas musicales son una forma de mitigar el riesgo —dice Webster—. Las emisoras han de asumir riesgos con las nuevas canciones, de lo contrario, la gente dejaría de escucharlas. Pero lo que realmente quieren los oyentes son canciones que ya les gusten. Por lo tanto, hay que conseguir que las canciones nuevas resulten lo más familiares posible cuanto antes.»

Cuando WIOQ empezó a poner *Hey Ya!* a principios de septiembre —antes de que empezara la técnica del sándwich—, el 26,6 por ciento de los oyentes cambiaba de emisora cuando sonaba la canción. En octubre, después de emitirla junto con otros éxitos pegadizos, el «factor desconectar» disminuyó hasta un 13,7 por ciento. En diciembre, se redujo a un 5,7 por ciento. Otras emisoras importantes de la nación utilizaron la misma técnica del sándwich, y los índices de desconexión siguieron patrones similares.

Y cuando los oyentes escucharon *Hey Ya!*, una y otra vez, la canción se volvió familiar. Cuando se había vuelto popular, WIOQ emitía *Hey Ya!* unas quince veces al día. Los hábitos de escucha de la gente cambiaron y pasaron a esperar —incluso, desear— escuchar *Hey Ya!* La canción ganó un Grammy, se vendieron más de 5,5 millones de álbumes, y las emisoras de radio ganaron millones de dólares. «Este álbum consolidó a OutKast en el panteón de las superestrellas —me dijo Bartels, el ejecutivo de promoción—. Esto es lo que les introdujo a otro público que no era el del de hip-hop. Me siento muy satisfecho cuando un artista nuevo viene a mostrarme su single y me dice: "Éste va a ser el siguiente *Hey Ya!*"».

Después de que Andrew Pole fabricara su máquina de predicción del embarazo, tras haber identificado a cientos de miles de compradoras que probablemente estuvieran embarazadas, después de que alguien señalara que algunas —de hecho, la mayoría— de esas mujeres podrían molestarse un poco si recibían una publicidad que delataba que Target conocía su estado, todos decidieron dar un paso atrás y reconsiderar las opciones.

El departamento de marketing pensó que valdría la pena realizar algunos pequeños experimentos antes de enfrascarse en una campaña a nivel nacional. Tenían la habilidad de enviar correo especialmente diseñado a pequeños grupos de clientes, de modo que eligieron al azar mujeres de la lista de embarazadas de Pole y empezaron a diseñar combinaciones de anuncios para ver la reacción de las compradoras.

«Tenemos los medios para enviar a cada clienta un folleto publicitario especialmente diseñado para ella que diga: "Aquí está todo lo que usted ha comprado la semana pasada, y le adjuntamos un cupón de descuento" —me dijo uno de los directores de Target que conocía de primera mano el programa de predicción de embarazos de Pole—. Hacemos esto continuamente con los productos de alimentación.

»Sin embargo, con los productos para el embarazo nos dimos cuenta de que las mujeres reaccionaban mal. Entonces, en la publicidad empezamos a mezclar productos que sabíamos que las mujeres embarazadas nunca comprarían, para que los artículos para el bebé parecieran fortuitos. Poníamos una podadora de césped cerca de unos pañales. Poníamos un cupón para vasos de vino al lado de uno para ropa de bebé. De ese modo parecía que todos los productos habían sido elegidos al azar.

»Y descubrimos que, mientras una mujer embarazada no piense que ha estado siendo espiada, usará los cupones. Simplemente, pensará que todas las demás personas de su edificio han recibido el mismo folleto de pañales y cunas. Siempre que no la pongamos sobre aviso, funcionará.»

La respuesta a la pregunta de Target y de Pole —¿cómo enviar publicidad a una mujer embarazada sin revelar que sabes que está embarazada?— en esencia era la misma que la que emplearon los disc-jockeys para que los oyentes se engancharan a *Hey Ya!* Target había empezado a introducir cupones para pañales entre productos que nada tenían que ver con el embarazo, que hacían que la publicidad pareciera anónima, familiar y cómoda. Camuflaron lo que sabían.

Al poco tiempo, se dispararon las ventas de Target en la sección «Mamá y Bebé». La compañía no desglosa las cifras de ventas por departamentos, pero entre 2002 —cuando con trataron a Pole— y 2009, los ingresos de Target pasaron de 44.000 millones a 65.000 millones de dólares. En 2005, el presidente de la compañía, Gregg Steinhafel, alardeaba en una sala llena de inversores de que la compañía «se había concentrado en artículos y categorías que atraían a segmentos específicos de clientes como el las madres y los bebés.

»A medida que nuestra base de datos se va volviendo más sofisticada, Target Mail ha encontrado su propia herramienta para promover valores y conveniencia a segmentos específicos de clientes como las madres primerizas y los adolescentes. Por ejemplo, Target Baby puede rastrear las etapas de la vida desde la fase prenatal hasta las sillitas para el coche y los carritos. En 2004, el Programa Baby Direct Mail [Correspondencia Dirigida al Bebé] consiguió considerables aumentos en visitas a las tiendas y en ventas.»

Tanto si se trata de vender una canción nueva, comida nueva o una cuna nueva, la lección es la misma: si disfrazas algo con los viejos hábitos, es más fácil que el público lo acepte.

IV

La utilidad de esta lección no se limita a las grandes corporaciones, agencias gubernamentales o emisoras de radio que esperan manipular nuestros gustos. Estos mismos conocimientos se pueden utilizar para cambiar nuestra forma de vida.

En el año 2000, por ejemplo, la YMCA [Asociación Cristiana de Jóvenes] —una de las organizaciones no lucrativas más grandes de la nación— contrató a dos estadísticos para utilizar los poderes de adivinación de las bases de datos a fin de hacer del mundo un lugar más saludable. YMCA tiene más de 2.600 sucursales en Estados Unidos, la mayoría de ellas gimnasios y centros para la comunidad. Hace aproximadamente una década, los dirigentes de la organización empezaron a preocuparse por seguir siendo competitivos. Pidieron ayuda a un científico social y a un matemático: Bill Lazarus y Dean Abbott.

Los dos hombres recopilaron los datos de más de 150.000 encuestas de satisfacción de los socios de YMCA, que se habían recopilado a lo largo de los años, y empezaron a buscar patrones. En ese momento, entre los ejecutivos de YMCA reinaba la convicción de que la gente quería equipos de *fitness* más sofisticados y llamativos, e instalaciones más modernas. YMCA había invertido millones de dólares en construir salas de pesas y salas de yoga. Sin embargo, cuando revisaron las encuestas, resultó que, a pesar de que la estética de las instalaciones y la disponibilidad de máquinas nuevas en un principio podía haber sido la razón por la que se apuntaron, lo que les hacía quedarse era otra cosa.

Según los datos, la permanencia se debía a factores emocionales, como que los empleados conocieran los nombres de los socios o los saludaran al entrar. Resulta que las personas suelen ir al gimnasio para buscar una conexión humana, no una cinta para andar. Si un socio hacía un amigo en YMCA, era mucho más probable que fuera más a menudo a las clases de gimnasia. En resumen, las personas que iban al centro YMCA tenían ciertos hábitos sociales. Si YMCA les satisfacía, los socios estarían contentos. Por lo tanto, si YMCA quería fomentar hacer ejercicio, tenía que aprovechar los patrones existentes y enseñar a los empleados a recordar los nombres de los socios. Es una variante de la lección que aprendieron Target y los disc-jockeys de la radio: para vender un nuevo hábito —en este caso hacer ejercicio—, envuélvelo en algo que conozcas y que te guste, como el instinto de ir a lugares donde es fácil hacer amigos.

«Estamos descifrando el código para conseguir que la gente siga yendo al gimnasio —me dijo Lazarus—. La gente quiere ir a sitios que satisfagan sus necesidades sociales. Conseguir que las personas hagan ejercicio en grupo hace que sea más fácil acostumbrarse a un ejercicio. De este modo puedes cambiar la salud de un país.»

Un día no muy lejano, según los expertos analistas, las empresas conocerán nuestros gustos y predecirán nuestros hábitos mejor que nosotros mismos. Sin embargo, saber que alguien puede preferir una marca de mantequilla de cacahuetes a otra, no basta para conseguir que esa persona actúe de acuerdo con su preferencia. Para comercializar un nuevo hábito —ya sea de alimentación o de aeróbic— hemos de entender cómo hacer que la novedad nos resulte familiar.

La última vez que hablé con Andrew Pole, le mencioné que mi esposa estaba embarazada de siete meses de nuestro segundo hijo. El propio Pole también tiene hijos, así que hablamos de niños. Le dije que mi esposa y yo habíamos comprado una vez en Target, y que hacía cosa de un año le habíamos dejado nuestra dirección, para así empezar a recibir cupones de descuento por correo. Últimamente, a medida que progresaba el embarazo de mi esposa, me había percatado de que recibíamos más publicidad de pañales, lociones y ropa para bebé.

Le dije que pensaba utilizar algunos de esos cupones ese fin de semana. También estaba pensando en comprar una cuna, y unas cortinas para el dormitorio del bebé, y quizás algunos juguetes de Bob the Builder para mi hijo pequeño. Era muy útil que Target me estuviera enviando justamente los cupones adecuados para lo que necesitaba comprar.

—Espera a que nazca el bebé —me dijo Pole—. Te enviaremos cupones para cosas que querrás antes de que sepas que las quieres.

PARTE III

LOS HÁBITOS
DE LAS SOCIEDADES

8

La iglesia de Saddleback
y el boicot del autobús
de Montgomery

Cómo se producen los movimientos sociales

I

El autobús de las 6 de la tarde de Cleveland Avenue se acercó a la acera y una menuda mujer afroamericana con gafas sin montura y chaqueta clásica marrón subió a bordo, abrió su monedero y puso una moneda de 10 centavos en la máquina.

Era jueves, 1 de diciembre de 1955, Montgomery, Alabama, y para ella era el final de una larga jornada de trabajo en Montgomery Fair, los almacenes donde trabajaba como costurera. El autobús estaba abarrotado, y por ley, las cuatro primeras filas estaban reservadas para pasajeros blancos. La zona donde se permitía ir sentados a los negros estaba al final, y ya estaba llena, así que la mujer —Rosa Parks— se sentó en una fila central, justo detrás de la sección de los blancos, donde se podía sentar todo el mundo.

En el transcurso del trayecto fueron entrando más personas. Pronto todas las filas de asientos estaban llenas y algunas personas —incluidos pasajeros blancos— viajaban de pie en el pasillo, agarradas a una barra sujeta al techo. El conductor de autobús, James F. Blake, al ver al hombre blanco de pie, gritó a los pasajeros negros de la zona donde estaba Parks que cedieran sus asientos, pero nadie se movió. Había mucho ruido. Puede que no le hubieran oído. Blake llegó a una parada delante del Empire Theater de Montgomery Street y se dirigió hacia la parte de atrás del vehículo.

—¡Eh, vosotros! Más os vale que me lo pongáis fácil, así que ceded esos asientos —dijo.

Tres de los pasajeros negros se levantaron y se fueron al fondo, pero Parks permaneció sentada. No estaba *en* la sección de los blancos, le dijo al conductor, y además sólo había un pasajero blanco de pie.

—Si no te levantas —le dijo Blake— llamaré a la policía para que te arresten.

—Hágalo —respondió Parks.

El conductor se marchó y volvió con dos policías.

—¿Por qué no se levanta? —le preguntó uno de ellos a Parks.

—¿Por qué se meten con nosotros? —preguntó ella.

—No lo sé —respondió el oficial—. Pero la ley es la ley y usted queda arrestada.

En ese momento, aunque ninguno de los que estaban en aquel autobús lo sabía, se inició el movimiento por los derechos civiles. Esa pequeña negativa fue la primera de una serie de acciones que transformó la batalla por las relaciones interraciales de un forcejeo llevado a cabo por activistas en los tribunales y por asambleas legislativas, en una contienda que sería apoyada por comunidades enteras y protestas masivas. El año siguiente, la población de color de Montgomery se rebelaría y boicotearía los autobuses de la ciudad; la huelga terminó sólo cuando fue completamente abolida la ley de segregación racial en el transporte público. El boicot perjudicó económicamente a la compañía de transportes, congregó a cientos de miles de manifestantes, presentó al país a un carismático líder llamado Martin Luther King Jr., y prendió la llama de un movimiento social que se extendería hasta Little Rock, Greensboro, Raleigh, Birminghan, y por último, el Congreso. Parks se convertiría en una heroína, le otorgaron la Medalla Presidencial de la Libertad, y fue un brillante ejemplo de cómo un solo acto de desafío podía cambiar el mundo.

Pero eso no es todo. Rosa Parks y el boicot a la compañía de los autobuses de Montgomery se convirtieron en el epicentro de la campaña por los derechos civiles, no sólo por su acto de desafío individual, sino por los patrones sociales. Las experiencias de Parks nos ofrecen una lección sobre el poder de los hábitos sociales: las conductas que tienen lugar, inconscientemente, entre docenas, cientos o incluso miles de personas, que muchas veces cuestan de ver cuando se producen, pero que encierran un poder que puede cambiar el mundo. Los hábitos sociales son los que inundan las calles de manifestantes que no se conocen entre ellos, y que, aunque se estén manifestando por distintas razones, todos avanzan en la misma dirección. Los hábitos sociales son la razón por la que algunas iniciativas se convierten en movimientos sociales que cambian el mundo, mientras otras ni siquiera llegan a cuajar. Y la razón por la que los hábitos sociales tienen semejante fuerza es porque en la raíz de muchos movimientos sociales —ya sean revoluciones a gran escala o simples fluctuaciones en las iglesias a las que acude la gente— se produce un proceso en tres partes que historiadores y sociólogos nos muestran una y otra vez:

Un movimiento social empieza por los hábitos sociales de la amistad y los fuertes vínculos entre allegados.

Se desarrolla por los hábitos de una comunidad, y los débiles vínculos que mantienen unidos a los barrios y los clanes.

Y perdura porque los líderes de un movimiento dan nuevos hábitos a los participantes que les crean un nuevo sentido de identidad y el sentimiento de pertenecer a algo.

Generalmente, un movimiento social sólo se puede autopropulsar y alcanzar una masa crítica cuando se cumplen las tres partes de este proceso. Hay otras recetas para conseguir cambios sociales con éxito, y cientos de detalles que difieren según las épocas y contiendas. Pero comprender cómo actúan los hábitos sociales ayuda a explicar por qué Montgomery y Rosa Parks se convirtieron en el catalizador de una cruzada por los derechos civiles.

No era inevitable que el acto de rebeldía de Parks ese día de invierno acabara en algo más que un arresto. Pero intervinieron los hábitos, y sucedió algo asombroso.

Rosa Parks no fue la primera persona de color encarcelada por quebrantar las leyes de segregación racial de los autobuses de Montgomery. Ni siquiera fue la primera ese año. En 1946, Geneva Johnson fue arrestada por replicarle a un conductor de autobús respecto al tema de los asientos. En 1949, Viola White, Katie Wingfield y dos niños negros fueron arrestados por sentarse en la sección de los blancos y negarse a levantarse. Ese mismo año, dos adolescentes negros que venían de Nueva Jersey —donde los autobuses estaban integrados— fueron arrestados y encarcelados por violar la ley sentándose al lado de un hombre y un niño blancos. En 1952, un policía de Montgomery disparó y mató a un hombre negro cuando discutía con un conductor de autobús. En 1955, justo unos meses antes de que Parks fuera encarcelada, Claudette Colvin y Mary Louise Smith fueron arrestadas en incidentes separados por negarse a cederle el asiento a pasajeros blancos.

Pero ninguno de estos arrestos terminó en boicots o protestas. «En aquella época no había muchos activistas de verdad en Montgomery —me dijo Taylor Branch, premio Pulitzer por su trabajo como historiador de los derechos civiles—. La gente no organizaba protestas o marchas. El activismo era algo que ocurría en los tribunales. No que hiciera la gente común.»

Cuando el joven Martin Luther King, Jr., llegó a Montgomery en 1954, un año antes de que arrestaran a Parks, descubrió que la mayoría de los negros de la ciudad aceptaban la segregación «aparentemente sin protestar. No sólo parecían estar resignados a la segregación propiamente dicha, sino que aceptaban los abusos y humillaciones que la acompañaban».

Entonces, ¿por qué, cuando arrestaron a Parks, cambiaron las cosas?

Una de las explicaciones es que estaba cambiando el clima político. El año anterior, la Corte Suprema de Estados Unidos había dictado sentencia respecto al caso *Brown v. Board of Education* [Brown contra la Junta de Educación], donde declaraba ilegal la segregación dentro de las escuelas públicas; seis meses antes del arresto de Parks, el Tribunal había dictaminado lo que pasó a conocerse como *Brown II*: una decisión donde se ordenaba que se debía proceder a la integración en las escuelas «con toda celeridad». En toda la nación se respiraba el aire del cambio.

Pero eso no basta para explicar por qué Montgomery se convirtió en la zona cero para la lucha por los derechos civiles. Claudette Colvin y Mary Louise Smith habían sido arrestadas en la estela del *Brown v. Board*, y, sin embargo, no provocaron el inicio de una protesta. El *Brown* para muchos de los residentes de Montgomery era una abstracción de un palacio de justicia lejano, y no estaba muy claro cómo —o si— se llegaría a notar su repercusión en la zona. Montgomery no era Atlanta o Austin u otras ciudades donde el progreso parecía posible. «Montgomery era un lugar bastante desagradable —dijo Branch—. El racismo estaba demasiado arraigado.»

No obstante, cuando arrestaron a Parks, se inició algo inusual en la ciudad. Rosa Parks, a diferencia de otras personas que habían sido encarceladas por violar la ley de segregación racial en el autobús, era muy respetada y estaba muy integrada dentro de su comunidad. De modo que cuando la arrestaron, se desencadenaron una serie de hábitos sociales —los hábitos de la amistad— que iniciaron la primera protesta. Parks pertenecía a docenas de redes sociales de Montgomery, lo que hizo que sus amistades respondieran antes de que se impusiera la apatía habitual de la comunidad.

La vida civil de Montgomery, en aquellos tiempos, estaba bajo el control de cientos de pequeños grupos que creaban el entramado social de la ciudad. La *Guía de las organizaciones civiles y sociales* era casi tan gruesa como la guía telefónica. Casi todos los adultos —especialmente los negros— pertenecían a algún club, iglesia, grupo social, centro de la comunidad u organización de vecinos, y muchas veces a más de uno. Y dentro de esas redes sociales, Rosa Parks era especialmente conocida y apreciada. «Rosa Parks era una de esas raras personas sobre las que todo el mundo estaba de acuerdo en que daban más que recibían —escribió Branch en su historia sobre el movimiento por los derechos civiles, *Parting the Waters*—. Su personalidad podría figurar como uno de esos escasos puntos altos en el gráfico de la naturaleza humana, que servía para compensar la existencia de unos cuantos sociópatas.» Las múltiples amistades y afiliaciones de Parks sobrepasaron las fronteras raciales y económicas de la ciudad. Era la secretaria de la National Association for the Advancement of Colored People (NAACP, Asociación Nacional para el Progreso de las Personas de Color) de su zona, iba a la iglesia metodista, y ayudaba a supervisar una organización juvenil de la iglesia luterana que tenía cerca de su casa. Pasaba algunos fines de semana trabajando como voluntaria en un centro de acogida, otros en un club de botánica, y los miércoles por la noche solía unirse a un grupo de mujeres que se dedicaban a tejer mantas para el hospital de la zona. Trabajaba como voluntaria confeccionando ropa para familias pobres, y hacía retoques de última hora en los trajes de gala de las jóvenes blancas para el día de su presentación en sociedad. Estaba tan involucrada en la comunidad, que su marido se quejaba de que comía más veces lo que tuviera a mano que en su casa.

En general, dicen los sociólogos, la mayoría tenemos amigos que son como nosotros. Puede que tengamos unos cuantos conocidos que son más ricos, otros que son más pobres, y unos cuantos de otras razas; pero lo habitual es que nuestras relaciones más íntimas sean con personas como nosotros, que ganen aproximadamente lo mismo y que tengan orígenes parecidos.

Las amistades de Parks, por el contrario, se repartían entre todas las jerarquías sociales y económicas de Montgomery. Tenía lo que los sociólogos llamaban «vínculos fuertes» —relaciones directas— con docenas de grupos de toda la ciudad que no solían tener ningún contacto entre ellos. «Ésta era la clave —dice Branch—. Rosa Parks trascendía las estratificaciones sociales de la comunidad negra y de Montgomery en su totalidad. Era amiga tanto de campesinos como de catedráticos de la universidad.»

Y el poder de esas amistades se reveló en cuanto Parks aterrizó en la cárcel.

Rosa Parks llamó a sus padres a casa desde la comisaría. Estaba aterrada, y su madre —que no tenía idea de lo que podía hacer— empezó a revisar mentalmente todo su archivo de las amistades de su hija, intentando pensar en alguien que pudiera ayudarla. Llamó a la esposa de E. D. Nixon, antiguo dirigente del NAACP de Montgomery, quien a su vez llamó a su esposo y le contó que Parks tenía que salir del calabozo. Enseguida le ofreció su ayuda y llamó a un eminente abogado blanco llamado Clifford Durr, que conocía a Parks porque les había arreglado trajes a sus tres hijas.

Nixon y Durr se presentaron en el calabozo, pagaron la fianza de Parks y la llevaron a casa. Habían estado buscando el caso perfecto para desafiar las leyes de segregación racial de los autobuses de Montgomery, y al ver la oportunidad, le preguntaron a Parks si estaría dispuesta a que ellos denunciaran su arresto ante los tribunales. El esposo de Parks se opuso a la idea. «Los blancos te matarán, Rosa», le dijo.

Pero Parks había pasado años trabajando con Nixon en la NAACP. Había estado en casa de Durr y ayudado a sus hijas a arreglarse para las fiestas. Ahora sus amigos le estaban pidiendo que les hiciera un favor.

«Si creéis que eso puede significar algo para Montgomery y ser de provecho —les dijo—, estaré encantada de hacerlo.»

Esa noche —a las pocas horas de su arresto— las noticias sobre el arresto de Parks empezaron a filtrarse entre la comunidad negra. Jo Ann Robinson, presidenta de un poderoso grupo político de maestros de escuela y amiga de Parks a la que conocía de muchas organizaciones, se enteró de lo ocurrido. Lo mismo sucedió con los maestros del grupo de Robinson, y muchos de los padres de sus alumnos. Hacia la medianoche, Robinson convocó un mitin improvisado y sugirió que el lunes todo el mundo boicoteara los autobuses, a sólo cuatro días de que Parks compareciera ante los tribunales.

Después Robinson entró furtivamente en la sala donde estaba el ciclostil de su oficina e hizo copias de una octavilla.

«Otra mujer negra arrestada y encarcelada por negarse a levantarse de su asiento en el autobús para que se sentara una persona blanca —ponía—. El caso de esta mujer se llevará a los tribunales el lunes. Por lo tanto, pedimos a todos los negros que no tomen el autobús el lunes en señal de protesta por el arresto y el juicio.»

A primera hora de la mañana siguiente, Robinson dio paquetes de octavillas a los maestros y les pidió que las distribuyeran entre los padres y compañeros de trabajo. A las veinticuatro horas del arresto de Parks, se había corrido la voz de su encarcelamiento y el boicot se había extendido a algunas de las comunidades más influyentes de la ciudad: la NAACP, el grupo político más numeroso, una serie de maestros de escuela de color, y los padres de sus alumnos. Muchas de las personas que recibieron una octavilla conocían personalmente a Rosa Parks: se habían sentado a su lado en la iglesia o en alguna reunión de voluntarios y la consideraban su amiga. En la amistad hay un instinto natural implícito, una solidaridad que nos predispone a luchar por alguien a quien apreciamos cuando está recibiendo un trato injusto. Los estudios demuestran que las personas no tienen demasiados problemas para olvidar los agravios perpetrados a personas que no conocen, pero que cuando se insulta a un amigo, nuestro sentido del ultraje es capaz de superar esa inercia que generalmente dificulta la organización de protestas. Cuando los amigos de Parks se enteraron de su arresto y del boicot, los hábitos sociales de la amistad —la inclinación natural a ayudar a alguien que respetamos— entraron en juego.

El primer movimiento social masivo de la era moderna de los derechos civiles podía haberse desencadenado con cualquiera de los arrestos anteriores. Pero empezó con Rosa Parks porque tenía una larga, diversa e interconectada lista de amistades, que, cuando la arrestaron, reaccionaron como suelen hacer los amigos, siguiendo los hábitos de la amistad y aceptando mostrar su apoyo.

Aun así, muchos contaban con que las protestas no serían más que un acontecimiento aislado. Cada día tienen lugar pequeñas protestas en todo el mundo y casi todas ellas se desvanecen rápidamente. Nadie tiene suficientes amigos como para cambiar el mundo.

Ésta es la razón por la que el segundo aspecto de los hábitos de los movimientos sociales es tan importante. El boicot de los autobuses de Montgomery se convirtió en una acción social porque, al poco de que los amigos de Parks empezaran a correr la voz, se activó el sentido de obligación que tenía la comunidad negra. Personas que apenas la conocían decidieron participar por la presión social de sus amistades —una influencia conocida como «el poder de los vínculos débiles»— que hacía casi inevitable no unirse a la protesta.

II

Imagina por un momento, que eres un ejecutivo de clase media que trabaja para una gran compañía. Tienes éxito y estás bien considerado. Has pasado muchos años forjándote una buena reputación dentro de tu empresa y cultivando una red de amistades con las que puedes contactar para venderles tu producto, pedirles consejo, y para enterarte de chismes industriales que pueden beneficiar a tu empresa. Frecuentas una iglesia, un gimnasio, el club de campo, y tu asociación de alumnos universitarios. Eres respetado y sueles pertenecer a diversos comités. Cuando las personas de tu comunidad se enteran de alguna oportunidad comercial, suelen comunicártela.

Ahora imagina que recibes una llamada de teléfono. Es un ejecutivo de clase media de otra compañía que está buscando trabajo. Te pregunta si le ayudarías hablando bien de él a tu jefe.

Si la persona que está al teléfono es un completo extraño, es una decisión fácil. ¿Por qué arriesgarte dentro de tu empresa ayudando a alguien que no conoces?

Pero si la persona con la que estás hablando es un viejo amigo, también es una decisión fácil. Por supuesto que la ayudarás. Eso es lo que hacen los amigos.

Pero, ¿qué pasa si la persona con la que estás hablando no es una buena amiga ni una desconocida, sino algo intermedio? ¿Y si tenéis amigos en común, pero no la conoces demasiado bien? ¿Apuestas por ella cuando tu jefe te pregunta si merece la pena una entrevista? En resumen, ¿cuánta reputación y energía estás dispuesto a invertir para ayudar a un amigo de un amigo a conseguir un trabajo?

A finales de la década de 1960, un estudiante de doctorado de la Universidad de Harvard que se llamaba Mark Granovetter, se propuso responder a esa pregunta estudiando cómo 282 hombres habían encontrado su empleo actual. Averiguó cómo se habían enterado de que había puestos libres, a quiénes llamaron para que los recomendaran, los métodos que utilizaron para afrontar las entrevistas, y —lo más importante—, quién les había echado una mano. Tal como esperaba, descubrió que cuando los buscadores de trabajo se encontraban ante un desconocido, eran rechazados. Cuando recurrían a las amistades, les ayudaban.

No obstante, lo más sorprendente era la frecuencia con la que los buscadores de trabajo recibían ayuda de conocidos —amigos de amigos—, personas que ni eran desconocidas ni allegadas. Granovetter denominó a esas conexiones «vínculos débiles», porque representan los vínculos que conectan a las personas con los conocidos que tienen en común, con los que comparten su pertenencia a redes sociales, aunque no estén directamente conectados por vínculos estrechos de amistad.

De hecho, en lo que a encontrar un trabajo se refería, Granovetter descubrió que los vínculos débiles muchas veces eran *más* importantes que las amistades cercanas, porque los vínculos débiles nos dan acceso a redes sociales a las que de otro modo no podríamos acceder. Muchas de las personas que estudió Granovetter se enteraron de las vacantes a través de vínculos débiles, en lugar de hacerlo a través de amistades más allegadas, lo cual es lógico porque siempre estamos hablando con nuestros amigos íntimos, trabajamos con ellos o leemos los mismos blogs. Cuando ellos se enteran de una oportunidad laboral, probablemente nosotros ya la conocemos. Por otra parte, nuestros conocidos por vínculos débiles —las personas a las que vemos cada seis meses— con los que nos informan de trabajos de los que, de otro modo, nunca nos hubiéramos enterado.

Cuando los sociólogos han examinado cómo se transmiten las opiniones a través de las comunidades, cómo se divulgan los cotilleos o empiezan los movimientos políticos, han descubierto un patrón común: nuestros conocidos por vínculos débiles suelen tener tanta influencia —si no más— que nuestros amigos más allegados. Tal como escribió Granovetter, «las personas con pocos vínculos débiles carecerán de información procedente de las partes distantes del sistema social y serán confinadas a las noticias de la provincia y a las opiniones de sus amigos íntimos. Esta carencia no sólo las aislará de las últimas ideas y modas, sino que las colocará en una posición de desventaja en el mercado laboral, donde el progreso puede depender... de conocer las oportunidades de trabajo apropiadas en el momento correcto.

»Además, ese tipo de personas puede ser difícil organizarlas o integrarlas en cualquier movimiento político... Mientras que los miembros de una o dos camarillas es fácil reclutarlos, el problema es que, sin vínculos débiles, cualquier impulso generado de este modo no *trasciende* de la camarilla. El resultado será que la mayor parte de la población no se verá afectada.»

El poder de los vínculos débiles ayuda a explicar cómo se puede expandir una protesta a partir de un grupo de amigos hasta convertirse en un movimiento social. Es difícil convencer a miles de personas para que persigan la misma meta, especialmente cuando esa meta entraña una verdadera dificultad, como ir a trabajar a pie en vez de tomar el autobús, o ser encarcelado, o incluso no tomar la taza de café de la mañana porque la empresa que te la vende no apoya la agricultura ecológica. A la mayoría de las personas no les importa tanto el último abuso ocurrido como para prescindir de ir en autobús o abstenerse de la cafeína, salvo que hayan encarcelado o insultado a un amigo. Hay un instrumento en el que los activistas han confiado desde hace mucho tiempo para convocar las protestas, incluso cuando hay un grupo de personas que no necesariamente *quieren* participar. Es un método de persuasión que ha sido muy eficaz durante cientos de años. Es el sentimiento de obligación que vecinos o comunidades ponen por encima de ellos mismos.

En otras palabras, la presión social.

La presión social —y los hábitos sociales que fomentan que las personas se adapten a las expectativas del grupo— es difícil de describir, porque muchas veces difiere en forma y expresión de una persona a otra. Estos hábitos sociales no son un patrón tan constante como docenas de hábitos individuales que al final acaban provocando que todo el mundo avance en la misma dirección.

No obstante, los hábitos de la presión social tienen algo en común. Suelen expandirse a través de los vínculos débiles. Y consiguen su fuerza a través de las expectativas de la comunidad. Si desatendemos las obligaciones sociales de nuestro vecindario, o si nos encogemos de hombros ante los patrones que espera nuestra comunidad, corremos el riesgo de perder nuestra posición social. Arriesgamos nuestro acceso a muchos de los beneficios sociales que obtenemos a raíz de ir al club de campo, a la asociación de alumnos o a la iglesia.

En otras palabras, si no le echamos una mano a la persona que nos ha llamado para que le ayudemos a conseguir un trabajo, puede que luego se queje a su compañero de tenis, que a su vez puede comentar sus quejas a otro compañero que encuentra en el vestuario a quien tú esperabas atraer como cliente, y que ahora es menos probable que te llame porque te has ganado la fama de ir por libre. En un patio de recreo la presión del grupo es peligrosa. En la vida de adultos, es la forma en que se hacen los negocios y se organizan las comunidades.

Esta presión del grupo no basta por sí sola para mantener un movimiento social. Pero cuando los vínculos fuertes de la amistad y los vínculos débiles de la presión social se unen, generan un impulso increíble. Que es cuando se inicia el cambio social generalizado.

Para ver cómo la combinación de vínculos fuertes y débiles puede propulsar un movimiento social, avanzaremos rápidamente a nueve años *después* del arresto de Rosa Parks, cuando cientos de jóvenes se ofrecieron a exponerse a riesgos mortales para participar en la cruzada por los derechos civiles.

En 1964, estudiantes de todo el país —muchos de ellos blancos de la Universidad de Harvard, Universidad de Yale y de otras universidades del norte— solicitaron participar en algo que se denominó «Mississippi Summer Project» [Proyecto Estival de Mississippi]. Era un programa de diez semanas dedicado a inscribir a los votantes negros del Sur. El proyecto llegó a ser conocido como el Verano de la Libertad, y muchos de los que hacían la solicitud sabían que podía ser peligroso. Los meses anteriores al inicio del programa, los periódicos y revistas se llenaron de artículos que predecían la violencia (que demostraron ser trágicamente exactos cuando, a la semana de haber empezado, vigilantes blancos asesinaron a tres voluntarios a las afueras de Longdale, Mississippi). La amenaza de ser agredidos impidió que muchos estudiantes participaran en ese proyecto, incluso después de haber cursado la solicitud. Aceptaron a más de 1.000 solicitantes, pero cuando llegó el momento de ir al sur en el mes de junio, más de 300 de los que habían sido aceptados decidieron quedarse en casa.

En la década de 1980, un sociólogo de la Universidad de Arizona llamado Doug McAdam empezó a preguntarse si era posible averiguar por qué algunas personas habían participado en el Verano de la Libertad y otras se habían echado atrás. Empezó por leer 720 de las solicitudes que habían presentado los estudiantes décadas atrás. Cada una tenía cinco páginas. Se preguntaba a los estudiantes sobre su procedencia, la razón por la que querían ir a Mississippi y sus experiencias con el censo de votantes. Les dijeron que aportaran una lista de personas a las que los organizadores podían llamar en caso de que los arrestaran. Había redacciones, referencias, y en algunos casos, entrevistas. Presentar la solicitud no era algo improvisado.

La hipótesis inicial de McAdam era que los estudiantes que acabaron yendo a Mississippi, probablemente tenían motivaciones diferentes de los que se quedaron en casa, lo cual explicaría las divergencias en la participación. Para probar esta idea, dividió a los solicitantes en dos grupos. El primer montón de personas eran las que habían dicho que querían ir a Mississippi por motivos «personales», como «ponerme a prueba», ir «donde está la acción» o «saber cómo se vive en el Sur». El segundo grupo era el de las personas con motivaciones de «distinta orientación», como «mejorar la suerte de los negros», «ayudar a que la democracia se cumpla realmente» o «demostrar el poder de la no violencia como vehículo del cambio social».

McAdam llegó a la hipótesis de que los que tenían motivos personales, era más probable que se quedaran en casa cuando se daban cuenta de los riesgos que entrañaba el Verano de la Libertad. Los que tenían otras orientaciones era más probable que subieran al autobús.

La hipótesis era errónea.

Egoístas y altruistas comparecieron en igual proporción. Las diferencias en sus motivaciones no explicaban «ninguna de las distinciones entre participantes y absentistas», escribió McAdam.

Luego McAdam comparó el coste que les suponía a los solicitantes. ¿Quizá los que se quedaron en casa tenían esposos o novias que les impedían ir a Mississippi? ¿Quizá se acababan de graduar y ya tenían trabajo, por lo que no podían permitirse pedir un permiso para ausentarse dos meses sin cobrar?

Tampoco era así.

«Estar casado o tener un trabajo a tiempo completo, de hecho aumentaba las oportunidades de ir al Sur», dijo McAdam.

Le quedaba sólo una hipótesis. Cada solicitante había tenido que apuntar todas las asociaciones estudiantiles o políticas a las que pertenecía y al menos diez personas a las que querían mantener informadas de sus actividades de verano, así que McAdam cogió esas listas y las utilizó para hacer un gráfico de las redes sociales de cada estudiante. Al comparar su pertenencia a clubes, pudo determinar qué solicitantes tenían amigos que también habían presentado una solicitud para el Verano de la Libertad.

Cuando hubo terminado, por fin tenía una respuesta para el porqué algunos estudiantes habían ido a Mississippi y otros se habían quedado en casa: debido a los hábitos sociales; o más concretamente, debido a la fuerza de la combinación de los vínculos fuertes y los débiles. Los estudiantes que participaron en el Verano de la Libertad estaban integrados en el tipo de comunidades donde sus amigos más íntimos y sus conocidos esperaban de ellos que subieran al autobús. Los que desistieron también estaban integrados en comunidades pero de distinta índole, del tipo donde la presión social y los hábitos no los obligaban a ir a Mississippi.

«Imaginemos que eres uno de los estudiantes que rellenó una solicitud —me dijo MacAdam—. El día en que te inscribiste para el Verano de la Libertad, rellenaste la solicitud con cinco de tus mejores amigos y todos estabais muy motivados.

»Han transcurrido seis meses y casi ha llegado la fecha de partida. Todas las revistas predicen que habrá violencia en

Mississippi. Llamas a tus padres y te dicen que te quedes en casa. En ese caso sería raro que no tuvieras dudas.

»Luego vas por el campus de tu universidad y ves a un grupo de personas que van a tu iglesia, y te dicen: "Estamos coordinando los viajes, ¿cuándo pasamos a recogerte?" Estas personas no son tus mejores amigos, pero las ves en las reuniones del club y en el dormitorio, y son importantes dentro de tu comunidad social. Todos saben que te han aceptado para el Verano de la Libertad, y que has dicho que quieres ir. Buena suerte si te retiras en ese momento. Perderías una gran parte de tu reputación social. Aunque tengas dudas, si te echas atrás, las consecuencias serán reales. Perderás el respeto de las personas cuyas opiniones te importan.»

Cuando McAdam estudió a los solicitantes con orientaciones religiosas que mencionaban un «deber cristiano ayudar a los que lo necesitaban» como su motivación principal para presentarse, encontró niveles de participación mixtos. Sin embargo, entre los solicitantes que mencionaron tener una orientación religiosa *y* que pertenecían a una organización religiosa, McAdam observó que *todos ellos* habían ido a Mississippi. Cuando sus comunidades se enteraron de que habían sido aceptados para el Verano de la Libertad, les fue imposible echarse atrás.

Por otra parte, veamos las redes sociales de los solicitantes que fueron aceptados en el programa pero que no fueron a Mississippi. También pertenecían a organizaciones universitarias. También pertenecían a clubes y les preocupaba su posición social dentro de esas comunidades. Pero las organizaciones a las que pertenecían —la revista universitaria y la junta de estudiantes, grupos académicos y fraternidades— tenían expectativas diferentes. Dentro de esas comunidades, una persona podía echarse atrás y no ir al Verano de la Libertad sin que apenas se viera afectada su jerarquía social, si es que llegaba a verse afectada.

Cuando se enfrentaron a la posibilidad de ser arrestados (o algo peor) en Mississippi, la mayoría de los estudiantes se lo repensaron. Sin embargo, algunos pertenecían a sociedades donde los hábitos sociales —las expectativas de sus amigos y la presión social de sus conocidos— los obligaban a la participación, así que, a pesar de sus dudas, compraron el billete de autobús. Otros —a quienes también les importaban los derechos civiles— pertenecían a comunidades donde los hábitos sociales apuntaban en una dirección ligeramente distinta, así que pensaron: «Mejor me quedo en casa».

A la mañana siguiente de sacar a Rosa Parks del calabozo, E. D. Nixon llamó al nuevo ministro de la Iglesia Baptista de la Avenida Dexter, Martin Luther King, Jr. Eran poco más de las 5 de la madrugada cuando el ministro respondió; Nixon ni siquiera le dijo hola ni le preguntó si había despertado a su hija de dos semanas, sencillamente empezó a explicarle lo del arresto de Parks, cómo la habían llevado al calabozo por negarse a ceder su asiento, y le habló de sus planes para luchar por su caso en los tribunales y sobre el boicot a los autobuses el lunes. En aquel tiempo, King tenía 26 años. Sólo llevaba un año en Montgomery y todavía estaba intentado encontrar su lugar dentro de la comunidad. Nixon le estaba pidiendo su apoyo y su permiso para utilizar la iglesia para convocar una reunión para esa noche y hablar del boicot. King no tenía demasiado claro involucrarse tanto.

—Hermano Nixon —le dijo—, déjame que me lo piense y vuélveme a llamar.

Pero Nixon no se quedó de brazos cruzados. Se puso en contacto con uno de los mejores amigos de King —unos de los vínculos más fuertes de King— que se llamaba Ralph D. Abernathy, y le pidió que le ayudara a convencer al joven ministro para que participara. Al cabo de unas horas, Nixon volvió a llamar a King.

—Voy a participar —dijo King.

—Me alegra oír eso —le dijo Nixon— porque he hablado con otras dieciocho personas y les he dicho que nos reuniríamos en tu iglesia esta noche. Habría resultado un poco extraño reunirnos allí sin ti.

Al poco tiempo, King prestaba su servicio en calidad de presidente a la organización que se había formado para coordinar el boicot.

El domingo, tres días después del arresto de Parks, los ministros negros de la ciudad, tras hablar con King y con otros miembros de la nueva organización, explicaron a sus congregaciones que todas las iglesias de gente de color de la ciudad habían acordado hacer un día de protesta. El mensaje era claro: sería embarazoso para cualquier parroquiano quedarse al margen. Ese mismo día, el periódico de la ciudad, el *Advertiser*, contenía un artículo sobre «una reunión de "alto secreto" de los negros de Montgomery que planeaban boicotear los autobuses el lunes». El periodista había conseguido copias de las octavillas que las mujeres blancas habían conseguido a través de sus criadas. Los barrios negros de la ciudad estaban «inundados con miles de copias» de octavillas, explicaba el artículo, y se preveía que iban a participar todos los ciudadanos negros. Cuando se escribió el artículo, sólo se habían comprometido públicamente a la protesta los amigos de Parks, los ministros y los organizadores del boicot; pero cuando los residentes negros leyeron el periódico, supusieron, igual que los lectores blancos, que todo el mundo ya estaba implicado.

Muchos de los que estaban sentados en los bancos leyendo el periódico conocían personalmente a Rosa Parks y estaban dispuestos a unirse al boicot por la amistad que los relacionaba con ella. Otros no la conocían, pero sentían que la comunidad apoyaba su causa y que no quedaría bien que los vieran subiendo a un autobús el lunes. «Si trabajas —ponía la octavilla que se repartió en las iglesias— toma un taxi, comparte un coche o camina.» Luego todo el mundo se enteró de que los líderes del boicot habían convencido —o impuesto— a todos los taxistas negros para que el lunes llevaran a los pasajeros negros por diez centavos el trayecto, el mismo precio que el autobús. Los vínculos débiles de la comunidad estaban llegando a todas partes. En esa fase, o estabas a favor del boicot o estabas contra él.

La mañana del boicot, King se levantó antes del amanecer y se tomó su café. Su esposa, Coretta, se sentó junto a la ventana que daba a la calle y esperó a que pasara el primer autobús. Gritó al ver las luces del autobús de la línea de South Jackson, normalmente lleno de criadas que iban a trabajar, que viajaba sin pasajeros. El siguiente autobús también iba vacío. Y el siguiente. King se montó en su coche y empezó a circular por las calles, revisando otras rutas. En una hora contó sólo ocho pasajeros negros. Una semana antes habría visto cientos.

«Fue un júbilo —escribiría más tarde—. Se había producido un milagro... Los hombres iban a trabajar en mulas, más de un coche de caballos cruzaba las calles de Montgomery... Se habían reunido espectadores cerca de las paradas de autobús para ver lo que estaba sucediendo. Al principio estaban en silencio, pero a medida que avanzaba el día empezaron a alegrarse de ver los autobuses vacíos, se reían y hacían chistes. Se podía oír a los jóvenes alborotados cantando «*No riders today*» [«Hoy no hay pasajeros»].

Esa tarde, en un tribunal de Church Street, Rosa Parks fue declarada culpable de violar las leyes de segregación del Estado. Más de 500 negros se congregaron en los pasillos y delante del edificio, a la espera del veredicto. El boicot y la concentración improvisada fue el activismo político negro más significativo de la historia de Montgomery, y todo ello se había producido en cinco días. Había empezado entre los amigos íntimos de Parks, pero consiguió su fuerza, según dijeron King y los otros participantes, debido al sentido de compromiso reinante entre los miembros de la comunidad, los hábitos sociales de los vínculos débiles. La comunidad se sintió presionada a mantenerse unida por temor a que el que no participara se convirtiera en una persona con la que nadie quisiera relacionarse.

Hay muchas personas que hubieran participado en el boicot sin ese motivo. King, los taxistas y las congregaciones puede que hubieran tomado las mismas decisiones sin la influencia de los vínculos fuertes y los débiles. Pero decenas de miles de personas de toda la ciudad no hubieran decidido prescindir de los autobuses sin ese compromiso instigado por los hábitos sociales. «La antes aletargada y pasiva comunidad negra, ahora está totalmente despierta», escribió King.

Esos hábitos sociales, sin embargo, no eran lo bastante fuertes por sí solos para extender el boicot de un día a un movimiento que durara todo el año. Al cabo de unas pocas semanas, King mostraría abiertamente su preocupación porque veía que flaqueaba la resolución de la gente, que «la capacidad de la comunidad negra para proseguir la lucha» estaba en entredicho.

Pero luego esas preocupaciones se evaporaron. King, al igual que miles de líderes de otros movimientos, depositó la dirección de la lucha en manos de sus seguidores, en gran parte mediante la creación de nuevos hábitos. Activó la tercera parte de la fórmula de los movimientos sociales, y el boicot se convirtió en una fuerza que se autoalimentaba.

III

En verano de 1979, un joven seminarista blanco, que tenía un año cuando Rosa Parks fue arrestada, y que actualmente estaba más concentrado en cómo iba a sustentar a su creciente familia, colgó un mapa en la pared de su casa de Texas y empezó a dibujar círculos alrededor de las principales ciudades de Estados Unidos, desde Seattle en el noroeste hasta Miami en el sudeste.

Rick Warren era un pastor baptista con una esposa embarazada y menos de 2.000 dólares en el banco. Quería crear una nueva congregación de personas que normalmente no iban a la iglesia, pero no tenía ni idea sobre dónde emplazarla. «Pensé que tendría que ir a algún lugar al que ninguno de mis amigos del seminario quisiera ir», me dijo. Se pasó el verano en las bibliotecas estudiando los registros censales, las guías de teléfono, los artículos de los periódicos y los mapas. Su esposa estaba en su noveno mes, y cada pocas horas Warren iba a una cabina telefónica, llamaba a casa para asegurarse de que todavía no se había puesto de parto, y luego volvía a su trabajo.

Una tarde, Warren dio con una descripción de un lugar llamado Saddleback Valley, en el condado de Orange, California. El libro que estaba leyendo Warren decía que era la región con mayor crecimiento en el condado de mayor crecimiento de uno de los estados de mayor crecimiento de Estados Unidos. Había unas cuantas iglesias en la zona, pero ninguna lo bastante grande como para acomodar a esa población que crecía rápidamente. Warren sintió curiosidad y contactó con los líderes religiosos de California del Sur, que le dijeron que muchas personas de la región se consideraban cristianas pero que no iban a los servicios. «En el sótano polvoriento y mal iluminado de esa biblioteca universitaria, oí la voz de Dios que me decía: "¡Ahí es donde debes fundar tu iglesia!"» —escribiría posteriormente Warren—. A partir de ese momento, nuestro destino estaba decidido.»

La meta de Warren de formar una congregación para las personas que normalmente no iban a la iglesia había empezado cinco años antes, cuando era misionero en Japón y descubrió una antigua revista cristiana donde había un artículo que se titulaba «¿Por qué es peligroso este hombre?» Hablaba de Donald McGavran, un autor controvertido cuyo objetivo era fundar iglesias en naciones donde la mayoría no aceptaba a Cristo. La esencia de la filosofía de McGavran era el consejo de que los misioneros debían imitar las tácticas de otros movimientos que habían tenido éxito —incluida la campaña por los derechos civiles— apelando a los hábitos sociales de las personas. «La meta final ha de ser la cristianización de todo el entramado, que son las personas, o de partes suyas lo bastante grandes como para que no se destruya la vida individual de la persona», había escrito McGavran en uno de sus libros. Sólo el evangelista que ayuda a las personas «a convertirse en seguidoras de Cristo *dentro de sus relaciones sociales habituales* tiene alguna oportunidad de liberar a las masas».

Ese artículo —y otros libros de McGavran posteriores— fueron una revelación para Rick Warren. Por fin había encontrado a alguien que aplicaba la lógica a un tema que solía ir acompañado de un lenguaje de milagros y revelaciones. Por fin alguien que comprendía que la religión se había de comercializar, a falta de una palabra más adecuada.

McGavran había diseñado una estrategia que instruía a los que quisieran crear una iglesia, a que hablaran a la gente en su «propio idioma», para crear lugares de adoración donde los feligreses se encontraran con sus amistades, escucharan la música que les gustaba y experimentaran las lecciones de la Biblia con metáforas digeribles. Pero lo más importante, según McGavran, era que los ministros tenían que convertir a *grupos* de personas, más que a individuos, para que los hábitos sociales de la comunidad fomentaran la participación religiosa, en vez de disuadirla.

En diciembre, tras graduarse en el seminario y haber tenido el bebé, Warren empaquetó a su familia y sus pertenencias en un camión de mudanzas de U-Haul y pusieron rumbo hacia el condado de Orange; una vez allí alquilaron un pequeño apartamento. Su primera oración en grupo atrajo a siete personas y tuvo lugar en su sala de estar.

Hoy, treinta años después, la Iglesia de Saddleback es uno de los ministerios más grandes del mundo, más de 20.000 feligreses visitan su sede de 50 hectáreas —y ocho sedes satélite— cada semana. De uno de los libros de Warren, *The Purpose-Driven Life*, se han vendido más de treinta millones de ejemplares, convirtiéndose en uno de los libros más vendidos de la historia. Hay millares de iglesias que se han fundado siguiendo sus métodos. Warren fue el elegido para la oración de invocación en la investidura del presidente Obama, y es considerado uno de los líderes religiosos más influyentes del planeta.

Y la base del crecimiento de su iglesia y de su éxito es su fe fundamental en el poder de los hábitos sociales.

«Durante mucho tiempo nos hemos esforzado para que la fe se convirtiera en un hábito, desmenuzándola en trozos —me dijo Warren.

»Si intentas asustar a la gente para que siga el ejemplo de Cristo, no funcionará durante mucho tiempo. La única forma de conseguir que las personas se responsabilicen de su madurez espiritual es enseñarles *hábitos* de fe.

»Cuando se produce esto, se autoalimentan. La gente no sigue a Cristo porque tú se lo hayas enseñado, sino porque sale de ellos.»

Cuando Warren llegó a Saddleback Valley, se pasó doce semanas llamando a todas las puertas, presentándose y preguntando a desconocidos por qué *no* iban a la iglesia. Muchas de las respuestas eran prácticas; era aburrido —decía la gente—, la música era mala, lo que se decía en los sermones no era aplicable en sus vidas, necesitaban que alguien les cuidara los niños, no tenían ganas de ir elegantes, los bancos eran incómodos.

La iglesia de Warren recogería todas esas quejas. Le dijo a la gente que fuera en shorts y camisas hawaianas, si les apetecía. Llevaron una guitarra eléctrica. Desde el primer día sus sermones se centraron en temas prácticos como «Cómo hacer frente al desánimo», «Cómo sentirse a gusto con uno mismo», «Cómo educar a familias sanas» y «Cómo sobrevivir con estrés». Sus lecciones eran fáciles de entender, se centraban en los problemas diarios reales y los parroquianos podían aplicarlas en cuanto salían de la iglesia.

Empezó a funcionar. Warren alquilaba auditorios en las escuelas para hacer sus servicios, y despachos en edificios de oficinas para las reuniones de oración. La congregación empezó con 50 personas, luego 100, después 200 en menos de un año. Warren trabajaba dieciocho horas al día, siete días a la semana respondiendo a las llamadas de sus feligreses, dando clases, yendo a sus domicilios para actuar de consejero matrimonial, y en su tiempo libre siempre buscaba nuevas formas de acomodar el tamaño de su creciente iglesia.

Un domingo a mediados de diciembre, Warren se levantó para predicar durante el servicio de las once en punto. Se sintió aturdido, mareado. Se subió al podio y empezó a hablar, pero veía las palabras borrosas. Empezó a caerse, pero se dio cuenta y se dirigió a su pastor ayudante —su único empleado— para que ocupara su lugar.

«Lo siento —dijo a la audiencia—. Necesito sentarme.»

Durante años había padecido ataques de ansiedad y brotes esporádicos de melancolía que sus amigos le habían dicho que podrían ser depresiones leves. Pero nunca le había pasado con tanta fuerza. Al día siguiente, Warren y su familia se marcharon a Arizona, donde la familia de su esposa tenía una casa. Poco a poco se fue recuperando. Algunos días dormía doce horas y luego se iba a pasear al desierto, oraba e intentaba comprender la razón de esos ataques de pánico que amenazaban con destruir todo aquello por lo que tanto había trabajado. Había transcurrido casi un mes desde que se había alejado de la iglesia. Su melancolía se convirtió en una depresión formal, más oscura que ninguna otra cosa que hubiera experimentado antes. No estaba seguro de si volvería a estar lo bastante sano como para regresar.

Warren, como buen pastor, es un hombre con tendencia a las epifanías. Ya le había sucedido cuando encontró el artículo sobre McGavran en la revista, y en la biblioteca de Texas. Paseando por el desierto, tuvo otra inspiración.

«Concéntrate en construir personas —le dijo el Señor—. Que yo me concentraré en construir la iglesia.»

No obstante, a diferencia de sus revelaciones anteriores, ésta no le aclaró enseguida el camino. Warren seguiría luchando contra la depresión durante meses, y luego durante algunas etapas de su vida. No obstante, ese día tomó dos decisiones: regresar a Saddleback, y encontrar la manera de que fuera más sencillo dirigir la iglesia.

Cuando regresó a Saddleback, decidió hacer un pequeño experimento que había iniciado unos meses antes, con la esperanza de que le facilitara la gestión de la iglesia. Nunca estaba seguro de si iba a tener suficientes clases para acomodar a todos los que se presentaran para estudiar la Biblia, así que pidió a algunos miembros de la iglesia que hicieran clases en sus casas. Le preocupaba que la gente se quejara por tener que ir a casa de otra persona, en lugar de asistir a una clase en la propia iglesia. Pero a los feligreses les encantó. Los grupos reducidos les daban la oportunidad de conocer a sus vecinos. De modo que después de regresar de su retiro, Warren asignó a cada miembro de Saddleback a un pequeño grupo que se reunía cada semana. Fue una de las decisiones más importantes que tomaría jamás, porque transformó la participación de la iglesia, pasó de ser una decisión a un hábito que se basaba en impulsos y patrones sociales ya existentes.

«Ahora, cuando las personas vienen a Saddleback y ven las grandes masas de gente que se reúnen los fines de semana, piensan que es mérito nuestro —me dijo Warren—. Pero eso es la punta del iceberg. El noventa y cinco por ciento de esta iglesia es lo que sucede durante la semana dentro de cada pequeño grupo.

»La congregación y los pequeños grupos son como esos dos golpes seguidos en boxeo. Tienes esta gran masa de personas que te recuerda por qué estás haciendo esto, y un pequeño grupo de amigos allegados que te ayudan a concentrarte en cómo tener fe. Ambas cosas son como una cola. Ahora tenemos más de cinco mil grupos pequeños. Es la única forma de manejar una iglesia de esta magnitud. De lo contrario, yo me mataría trabajando, y el noventa y cinco por ciento de la congregación nunca recibiría la atención por la que había venido aquí.»

Warren, sin darse cuenta, en cierto modo ha repetido la estructura que propulsó el boicot a los autobuses de Montgomery, aunque lo ha hecho a la inversa. El boicot empezó entre las personas que conocían a Rosa Parks, y se convirtió en una protesta masiva cuando los vínculos débiles de la comunidad forzaron la participación. En la Iglesia de Saddleback fue al revés. La gente se sintió atraída por el sentimiento de pertenecer a una comunidad y los vínculos débiles que ofrece una congregación. Luego, una vez dentro, se ven impulsados a formar parte de los pequeños grupos de vecinos —una placa de Petri, si lo deseas, para el crecimiento de los vínculos más próximos— donde su fe se convierte en un aspecto de su experiencia social y de sus vidas cotidianas.

Sin embargo, no basta con crear pequeños grupos. Cuando Warren preguntó a los feligreses de qué hablaban en sus salas de estar, descubrió que dedicaban diez minutos a la Biblia y a orar juntos, y el resto del tiempo conversaban sobre sus hijos o cotilleaban. No obstante, la meta de Warren no era sólo ayudar a las personas a que hicieran nuevas amistades. Su objetivo era formar una comunidad de creyentes, animar a las personas a aceptar las lecciones de Cristo, y conseguir que la fe fuera el centro de sus vidas. Sus pequeños grupos habían creado lazos estrechos, pero sin un líder no eran mucho más que reuniones para tomar café. No estaban cumpliendo sus expectativas religiosas.

Warren volvió a pensar en McGavran, el escritor. Su filosofía decía que si enseñas a las personas a vivir con hábitos cristianos, actuarán como cristianos sin necesitar una guía y un control constante. Warren no podía dirigir cada pequeño grupo personalmente. No podía estar presente para controlar que las conversaciones se centraran en Cristo en vez de hacerlo en el último programa de la tele. Pero pensó que si fomentaba nuevos hábitos en las personas, no sería necesario. Cuando las personas se reunieran, instintivamente hablarían de la Biblia, orarían juntas y se convertirían en la encarnación de su fe.

De modo que creó una serie de programas para seguir en las clases que se impartían en la iglesia y en los grupos individuales, que fueron diseñados específicamente para enseñar nuevos hábitos a los feligreses.

«Si deseas tener un carácter como el de Cristo, has de desarrollar los hábitos que él tenía —dice uno de los manuales de los cursos de Saddleback—. No somos más que un conjunto de hábitos... Nuestra meta es ayudarte a sustituir algunos hábitos malos por otros buenos que te ayuden a desarrollar tu similitud con Cristo.» Se pide a todos los miembros de Saddleback que firmen una «tarjeta de convenio de madurez» por la cual se comprometen a seguir tres hábitos: dedicar un tiempo cada día a estar en silencio y a reflexionar, entregar un diezmo de sus ingresos y pertenecer a un grupo pequeño. Dar a todos nuevos hábitos se ha convertido en el objetivo de la iglesia.

«Cuando consigamos eso, la responsabilidad de vuestro crecimiento espiritual ya no será mía, sino vuestra. Os hemos dado una receta —me dijo Warren—. No hemos de guiaros, porque os estaréis guiando a vosotros mismos. Estos hábitos se convertirán en una nueva autoidentidad, y cuando eso suceda, sólo tendremos que apoyaros y no interferir en vuestro camino.»

La idea de Warren era que podía expandir su iglesia del mismo modo que Martin Luther King difundió el boicot: confiando en la combinación de los vínculos fuertes y débiles. No obstante, transformar su iglesia en un movimiento —conseguir que llegara a los 20.000 feligreses y a miles de pastores— requería algo más, algo que se autoperpetuara. Tenía que enseñar hábitos que les hicieran vivir en la fe no por sus vínculos, sino por ellos mismos.

Éste es el tercer aspecto de cómo los hábitos sociales crean movimientos: para que una idea trascienda una comunidad, ha de ser capaz de autoimpulsarse. Y la forma más segura de conseguirlo es dar a las personas nuevos hábitos que las ayuden a averiguar adónde han de ir por sí solas.

A medida que el boicot de los autobuses se fue alargando de unos pocos días a una semana, y luego un mes, y luego dos meses, el compromiso de la comunidad negra de Montgomery empezó a decaer.

El inspector jefe de policía, recurriendo a una ordenanza que decía que los taxistas debían cargar una tarifa mínima, amenazó con arrestar a los taxistas que llevaran a los negros a trabajar con descuento. Los líderes del boicot respondieron reclutando a 200 voluntarios para que participaran en un sistema de coches compartidos. La policía empezó a emitir billetes y a molestar a las personas que se reunían en los lugares de donde partían los coches compartidos. Los conductores empezaron a echarse atrás. «Cada vez era más difícil conseguir un coche —escribiría King más adelante—. Empezaron las quejas. Desde primera hora de la mañana hasta avanzada la noche mi teléfono no dejaba de sonar y el timbre de mi puerta rara vez estaba en silencio. Empecé a dudar de la capacidad de la comunidad negra para proseguir la lucha.»

Una noche, cuando King estaba predicando en su iglesia, un encargado de sala entró apresuradamente con un mensaje urgente. Había explotado una bomba en casa de King con su esposa e hija dentro. King corrió a su casa y fue recibido por una multitud de varios cientos de negros, así como por el alcalde y el jefe de policía. Su familia no había resultado herida, pero las ventanas delanteras de su casa estaban hechas añicos y había un cráter en su porche. Si hubiera habido alguien en el porche de la entrada cuando estalló la bomba, habría resultado muerto.

Mientras King estaba supervisando los destrozos, fueron llegando más y más personas de color. La policía empezó a decir a la muchedumbre que se dispersara. Alguien empujó a un policía. Una botella voló por los aires. Uno de los policías sacó una porra. El jefe de policía que meses antes había declarado públicamente su apoyo al racista Consejo de Ciudadanos Blancos, llevó a King a un lado y le pidió que hiciera algo —cualquier cosa— para impedir que se produjera una revuelta.

King se fue a su porche.

«No hagáis nada motivados por el miedo —gritó a la muchedumbre—. No saquéis vuestras armas. Quien a hierro mata a hierro muere.»

Todo el mundo se quedó en silencio.

«Hemos de amar a nuestros hermanos blancos, a pesar de lo que nos hagan —dijo King—. Hemos de hacerles saber que los amamos. Jesús todavía grita esas palabras que siguen resonando a través de los siglos: "Amad a vuestros enemigos;

bendecid a aquel que os ha ofendido; orad por los que os tratan con maldad".»

Era el mensaje de no violencia que King había estado transmitiendo durante semanas. El tema que había sacado de los escritos de Gandhi y de los sermones de Jesús, era una argumentación que los oyentes nunca habían escuchado con anterioridad en ese tipo de contexto, una súplica para un activismo no violento, abrumando con amor y perdón a sus atacantes, y la promesa de que eso los llevaría a la gloria. Durante años, el movimiento por los derechos civiles se había mantenido vivo amparándose en el lenguaje de las batallas y las luchas. Había contiendas y reveses, triunfos y derrotas que requerían que todos se comprometieran con la lucha.

King dio a la gente una nueva visión. Esto no era una guerra, les dijo. Era un abrazo.

Pero lo que fue igualmente importante es que King dio al boicot una nueva dimensión. Ya no se trataba de la igualdad en los autobuses, dijo King; formaba parte del plan de Dios, era el mismo destino que había terminado con el colonialismo británico en India y con la esclavitud en Estados Unidos, y esa había sido la razón por la que Cristo había muerto en la cruz para que pudiéramos expiar nuestros pecados. Era una nueva etapa de un movimiento que se había iniciado hacía siglos. Y como tal, necesitaba nuevas respuestas, estrategias y conductas diferentes. Necesitaba que los participantes ofrecieran la otra mejilla. La gente podía demostrar su lealtad adoptando los nuevos hábitos que King estaba evangelizando.

«Hemos de combatir el odio con amor —dijo King a la muchedumbre aquella noche de la bomba—. Aunque a mí me pase algo, nuestra obra no cesará. Porque lo que estamos haciendo es correcto. Estamos haciendo lo que es justo. Y Dios está con nosotros.»

Cuando King terminó de hablar, el gentío regresó pacíficamente a sus hogares.

«Si no hubiera sido por ese predicador negro —dijo posteriormente uno de los policías—, todos estaríamos muertos.»

A la semana siguiente, dos docenas más de nuevos conductores se ofrecieron para llevar los coches compartidos. No hubo tantas llamadas a la casa de King. Las personas empezaron a autoorganizarse, asumiendo el liderazgo del boicot, impulsando el movimiento. Cuando explotaron más bombas en los jardines de otros de los organizadores de los boicots, siguieron el mismo patrón. La población de color de Montgomery se presentaba en masa, era testigo sin violencia o confrontación, y luego se marchaba a su casa.

No era sólo como respuesta a la violencia cuando se dejaba ver esta unidad autodirigida. En las iglesias empezaron a tener lugar reuniones masivas cada semana, a veces cada noche. «Se parecía a la charla del doctor King después de la bomba: tomaban las enseñanzas cristianas y luego las transformaban en política —me dijo Taylor Branch—. Un movimiento es una saga. Para que funcione ha de cambiar la identidad de todas las personas. La gente de Montgomery ha de aprender una nueva forma de actuar.»

Parecido a Alcohólicos Anónimos —que extrae su fuerza de las reuniones donde los adictos aprenden nuevos hábitos y empiezan a creer observando a los demás cuando demuestran su fe—, los ciudadanos de Montgomery, en las reuniones masivas aprendieron conductas nuevas que expandieron el movimiento. «La gente iba a ver cómo lo llevaban otras personas —dijo Branch—. Empiezas por verte como parte de una inmensa labor social, y al cabo de un tiempo, realmente crees que perteneces a ella.»

Cuando la policía de Montgomery recurrió a los arrestos masivos para detener el boicot que se había iniciado hacía tres meses, la comunidad aceptó la opresión. Cuando 90 personas fueron condenadas por un gran jurado, casi todos acudieron a los tribunales para ser arrestados. Algunas personas fueron a la comisaría para comprobar si sus nombres estaban en la lista y «se decepcionaban cuando no era así —escribió King—. Personas que antes vivían presas del miedo, ahora se habían transformado.»

En los años venideros, a medida que el movimiento se fue expandiendo, se produjeron oleadas de asesinatos y ataques, arrestos y palizas, los manifestantes, en lugar de responder luchando, retirándose o utilizando las tácticas que años antes habían sido los pilares de los activistas, simplemente no se movían y les decían a los guardias blancos que estaban dispuestos a perdonarlos cuando su odio hubiera cesado.

«Las tácticas de los opositores, en vez de frenar el movimiento, sólo habían servido para que adquiriera más fuerza, y nos unía todavía más —escribió King—. Pensaban que estaban tratando con un grupo al que se podía engatusar o forzar a hacer cualquier cosa que los blancos quisieran que hiciera. No se daban cuenta de que estaban tratando con negros que se habían liberado del miedo.

Por supuesto, había numerosas y complejas razones por las que el boicot a los autobuses de Montgomery tendría éxito y por qué se convirtió en la chispa que inició un movimiento social que se expandiría por todo el Sur. Pero hay un factor crítico, y es el tercer aspecto de los hábitos sociales. En la filosofía de King había una serie de nuevas conductas que convirtió a los participantes de seguidores en líderes. No son hábitos tal como solemos interpretarlos. No obstante, cuando King remodeló la lucha dando a los manifestantes un nuevo sentido de identidad personal, la protesta se convirtió en un movimiento alimentado por personas que estaban actuando porque habían hecho suyo un acontecimiento histórico. Y con el tiempo, ese patrón social se volvió automático y se trasladó a otros lugares y grupos de estudiantes y manifestantes a los que King jamás conoció, pero que eran capaces de asumir el liderazgo del movimiento tan sólo observando cómo actuaban habitualmente sus participantes.

El 5 de junio de 1956, un jurado de jueces federales dictaminó que la ley de segregación racial de los autobuses de Montgomery violaba la Constitución. La ciudad recurrió a la Corte Suprema de Estados Unidos, y el 17 de diciembre, más de un año después del arresto de Parks, el Tribunal rechazó el último recurso. Tres días después los funcionarios recibieron la orden: los autobuses tenían que aceptar la integración.

A la mañana siguiente, a las 5:55 de la madrugada, King, E. D. Nixon, Ralph Abernathy y otros subieron a un autobús urbano por primera vez en más de doce meses y se sentaron delante.

—Creo que usted es el reverendo King, ¿verdad? —le preguntó el chofer blanco.

—Sí, así es.

—Estamos muy contentos de tenerle aquí esta mañana —le dijo el conductor.

Posteriormente, el abogado de la NAACP y futuro miembro de la Corte Suprema, Thurgood Marshall, diría que el boicot poco había tenido que ver con el final de la segregación en Montgomery. Había sido la Corte Suprema, no la capitulación de ninguno de ambos bandos, lo que había cambiado la ley.

«Todas esas andanzas fueron inútiles —dijo Marshall—. Podían haber esperado a que el caso de los autobuses fuera a los tribunales, y haberse ahorrado toda la lucha y preocupación que ocasionó el boicot.»

Sin embargo, Marshall se equivocaba en un aspecto importante. El boicot a los autobuses de Montgomery ayudó a instaurar una nueva serie de hábitos sociales que pronto se expandirían a Greensboro, en Carolina del Norte; Selma, en Alabama; y Little Rock, en Arkansas. El movimiento por los derechos civiles se convirtió en una oleada de sentadas y manifestaciones pacíficas, aunque los participantes fueran violentamente agredidos. A principios de la década de 1960, había llegado a Florida, a California, a Washington, D.C., y a los pasillos del Congreso. Cuando el presidente Lyndon Johnson firmó el Acta de los Derechos Civiles de 1964 —que condenaba toda forma de segregación, así como de discriminación contra las minorías y las mujeres—, equiparó a los activistas por los derechos civiles con los fundadores de la nación, comparación que una década antes habría supuesto un suicidio político. «Hace ciento ochenta y ocho años, esta misma semana, un reducido grupo de hombres valerosos inició una lucha por la libertad —dijo ante las cámaras de televisión—. Ahora, nuestra generación de estadounidenses ha sido llamada a proseguir la interminable búsqueda de la justicia dentro de nuestras propias fronteras.»

Los movimientos sociales no surgen porque todo el mundo de repente decida ir en la misma dirección. Se basan en patrones sociales que empiezan como hábitos de amistad, se desarrollan a través de los hábitos de las comunidades, y se mantienen por los nuevos hábitos que cambian el sentido de identidad personal de los participantes.

King ya se dio cuenta de la fuerza de estos hábitos en Montgomery. «No puedo terminar sin hacer antes una advertencia —dijo a una iglesia abarrotada la noche que desconvocó el boicot. Todavía le quedaba casi una década de protestas por delante, pero se veía un final—. Cuando volvamos a los autobuses seamos lo bastante amables como para convertir a un enemigo en un amigo. Ahora hemos de pasar de la protesta a la reconciliación... Con este compromiso podremos salir de la inhóspita y desolada medianoche de la inhumanidad de los hombres y pasar al luminoso y reluciente amanecer de la libertad y la justicia.»

9

La neurología del libre albedrío

¿Somos responsables de nuestros hábitos?

I

La mañana en que empezó el problema —años antes de darse cuenta de que tenía un problema—, Angie Bachmann estaba sentada en su casa mirando fijamente la televisión, tan aburrida que se planteaba seriamente arreglar el cajón de los cubiertos.

Su hija menor había empezado a ir a la guardería hacía unas pocas semanas, sus dos hijas mayores estaban en secundaria, y tenían sus vidas tan llenas de amistades, actividades y cotilleos que su madre no podía llegar a entenderlo. Su esposo era agrimensor, normalmente se iba a trabajar a las 8 de la mañana y no regresaba hasta las 6 de la tarde. En la casa sólo estaba ella. Era la primera vez en casi dos décadas —desde que se había casado a los 19 y se había quedado embarazada a los 20, se pasaba el día envolviendo la comida para el colegio, jugando a las princesas, y básicamente dirigiendo un servicio de transporte familiar— que se sentía realmente sola. Cuando iba al instituto, sus amigas le decían que tenía que ser modelo —era entonces muy guapa—, pero cuando dejó los estudios para casarse con un guitarrista, que al final consiguió un trabajo formal, se convirtió en mamá. Ahora, eran las 10:30 de la mañana, sus tres hijas no estaban, y ella había recurrido —una vez más— a tapar con un papel el reloj de la cocina para no mirarlo cada tres minutos.

No tenía ni idea de lo que iba a hacer a continuación.

Ese día hizo un trato consigo misma: si podía llegar al mediodía sin volverse loca o comerse el pastel de la nevera, saldría de casa y haría algo divertido. Pasó los noventa minutos siguientes intentando averiguar qué es lo que iba a hacer. Cuando dieron las doce en punto, se maquilló un poco, se puso un vestido bonito y se fue a un casino-barco en el río que se encontraba a unos veinte minutos de su casa. Incluso en un jueves al mediodía, el casino estaba lleno de gente que hacía otras cosas que no eran ver culebrones en la televisión y doblar la ropa. Había un grupo musical tocando en la entrada. Una mujer repartía cócteles gratis. Bachmann comió gambas en un bufé. Era una experiencia de lujo, como hacer novillos. Se acercó a una mesa de blackjack [también llamado 21 o 21 real], donde el crupier explicó pacientemente las reglas. Cuando desaparecieron sus 40 dólares en fichas, miró su reloj de pulsera y se dio cuenta de que habían pasado dos horas volando y que tenía que regresar enseguida a casa para recoger a su hija pequeña. Esa noche, por primera vez en un mes, tenía algo de qué hablar aparte de intentar adivinar lo que le habían preguntado al concursante de la tele en *El precio justo*.

El padre de Angie Bachmann había sido camionero, y en la madurez, había cambiado completamente de profesión y se había convertido en un compositor de canciones de cierto renombre. Su hermano también escribía canciones y había ganado premios. Por otra parte, cuando sus padres la presentaban

a otras personan, solían hacerlo como «la que se ha convertido en mamá».

«Siempre sentí que era la que no tenía talento —me dijo—. Creo que soy inteligente, y sé que he sido una buena
madre. Pero no había muchas cosas que pudiera señalar y decir: He aquí la razón por la que soy especial.»

Tras esa primera visita al casino, Bachmann empezó a ir al
barco una vez a la semana, los viernes por la tarde; era como
una recompensa por soportar los días vacíos, mantener la casa
limpia y no perder la cordura. Sabía que el juego podía aca-
rrear problemas, así que se dictó unas normas muy estrictas.
No más de una hora en la mesa de blackjack por visita, y sólo
apostaría lo que tuviera en el monedero. «Lo consideraba como
una especie de trabajo —me dijo—. Nunca me iba de casa antes del mediodía, y siempre regresaba a tiempo de recoger a
mi hija. Era muy disciplinada.»

Y aprendió. Al principio, apenas conseguía que el dinero
le durara una hora. A los seis meses, sin embargo, había aprendido suficientes trucos como para modificar sus reglas y permitirse estar dos o tres horas, y todavía le quedaba dinero en
el bolsillo cuando se marchaba. Una tarde, se sentó a la mesa
de blackjack con 80 dólares en el bolso y se marchó con 530,
suficiente para hacer la compra, pagar la factura del teléfono
y guardar un poco para imprevistos. Por aquel entonces, la empresa a la que pertenecía el casino —Harrah's Entertainment—
ya le enviaba vales para comer gratis en el bufé. Ella llevaba
a cenar a la familia los sábados por la noche.

Bachmann jugaba en el estado de Iowa, donde se había le-
galizado el juego hacía unos pocos años. Antes de 1989, los
legisladores estatales temían que para algunos ciudadanos fue-

ra difícil resistirse a la tentación de las cartas y de los dados. Era una preocupación tan antigua como la propia nación. El juego «es el hijo de la avaricia, el hermano de la injusticia y el padre del mal —había escrito George Washington en 1783—. Es un vicio capaz de provocar los peores males... En resumen, pocos ganan con esta abominable práctica, mientras miles resultan perjudicados». Proteger a las personas de sus malos hábitos —de hecho, definir qué hábitos se han de considerar «malos»— es una prerrogativa a la que gustosamente se han acogido los legisladores. La prostitución, el juego, la venta de alcohol en el día de descanso semanal, la pornografía, los préstamos realizados por usureros, las relaciones extramatrimoniales (o, si tienes gustos poco habituales, dentro del matrimonio), todos ellos son hábitos que han regulado, perseguido o intentado impedir con leyes estrictas (y con frecuencia ineficaces) las distintas legislaturas.

Cuando Iowa legalizó los casinos, los legisladores se aseguraron de limitar la actividad a los casinos-barco del río, prohibieron que las apuestas superaran los 5 dólares por jugada, y que la pérdida máxima por persona y crucero fuera de 200 dólares. No obstante, al cabo de unos años, cuando algunos de los casinos estatales se trasladaron a Mississippi donde no había límites en las apuestas, los legisladores de Iowa quitaron esas restricciones. En 2010, más de 269 millones de dólares de los impuestos del juego engrosaron las arcas del Estado.

En 2000, los padres de Angie Bachmann, ambos fumadores empedernidos, empezaron a tener signos de enfermedad pulmonar. Ella empezó a volar a Tennessee cada dos semanas para verlos, hacerles la compra y prepararles la cena. Cuando regresaba a su casa para encontrarse con su esposo y sus hijas, todavía se sentía más sola cuando estaba en casa. A veces no había nadie en todo el día; era como si en su ausencia, sus amigas se hubieran olvidado de invitarla a hacer cosas y si su familia se las arreglara sin ella.

Estaba preocupada por sus padres, decepcionada de que su esposo pareciera más interesado en su trabajo que en sus problemas, y resentida con sus hijas que no se daban cuenta de que ahora era ella la que las necesitaba, después de todos los sacrificios que había hecho por ellas cuando estaban creciendo. Pero cuando iba al casino, esas tensiones desaparecían. Cuando no estaba con sus padres, empezó a ir un par de veces a la semana, y luego cada lunes, miércoles y viernes. Seguía teniendo sus reglas; pero ahora hacía años que jugaba y conocía los axiomas por los que se regían los jugadores serios. Nunca apostaba menos de 25 dólares por mano, y siempre jugaba dos manos a la vez. «Tenías más posibilidades en una mesa con límites más altos que en una con límites más bajos —me dijo—. Has de poder aguantar las malas rachas hasta que cambie tu suerte. He visto personas que han entrado con 150 dólares y han salido con 10.000. Sabía que podía hacerlo si seguía mis reglas. Tenía el control.»* Por aquel entonces, ya no se detenía a pensar si

* A cualquiera puede parecerle irracional que alguien piense que puede derrotar al casino. Sin embargo, como bien saben los jugadores habituales, se puede ganar regularmente, sobre todo en juegos como el blackjack. Don Johnson de Bensalem, Pensilvania, por ejemplo, ganó la cifra de 15,1 millones de dólares en el blackjack en un periodo de seis meses, desde que comenzó en 2010. En general, la casa siempre acaba ganando porque hay muchos jugadores que apuestan de forma que no maximizan sus posibilidades, y la mayoría de las personas no tienen suficiente dinero para soportar las malas rachas. Un jugador puede

cogía otra carta o doblaba su apuesta; actuaba automáticamente, igual que Eugene Pauly, el amnésico, había aprendido a elegir siempre la cartulina que ponía «correcto».

Un día, en 2000, Bachmann regresó a casa con 6.000 dólares, suficiente para pagar el alquiler de dos meses y poner al día los recibos de las tarjetas de crédito que se empezaban a acumular en la puerta de entrada. Otra vez ganó 2.000 dólares. A veces perdía, pero eso formaba parte del juego. Los jugadores inteligentes sabían que para ganar tenías que perder. Al final, Harrah's le concedió una línea de crédito para que no tuviera que llevar tanto efectivo encima. Había otros jugadores que la buscaban y se sentaban a su mesa porque sabían lo que estaba haciendo. Cuando iba al bufé libre, todos la dejaban pasar en la cola. «Sé jugar —me dijo—. Sé que eso suena a persona que tiene un problema y que no lo reconoce, pero el único error que he cometido ha sido no dejarlo. No había nada malo en mi forma de jugar.»

Sus reglas poco a poco se fueron haciendo más flexibles, así como sus ganancias y sus pérdidas. Un día perdió 800 dólares en una hora, y luego ganó 1.200 en cuarenta minutos. Luego volvió a cambiarle la suerte y se marchó con 4.000 dólares. Otro día perdió 3.500 dólares por la mañana, pero a las 13.00 horas había ganado 5.000, y perdido otros 3.000 por la tarde. El casino apuntaba todo lo que debía y todo lo que ganaba, ella ya había dejado de controlarse. Hasta que llegó un día en que no tenía suficiente dinero en su cuenta para pagar

---

ganar regularmente con el tiempo, si ha memorizado las complicadas fórmulas y posibilidades que indican cómo se ha de jugar cada mano. No obstante, la mayoría de los jugadores no tienen la disciplina o las habilidades matemáticas para ganar a la casa.

el recibo de la luz. Pidió a sus padres que le hicieran un pequeño préstamo, luego otro. Un mes les pedía 2.000 dólares, 2.500 al siguiente. No era mucho, porque tenían dinero.

Bachmann nunca había tenido problemas con la bebida, con las drogas ni con comer en exceso. Era una madre normal, con los mismos altibajos que las demás personas. Por lo tanto, la compulsión que sentía por el juego —su impulso insistente hacía que estuviera distraída o irritable cuando no iba al casino, su pensamiento obsesivo, y la satisfacción que sentía cuando tenía una buena racha— la pilló totalmente por sorpresa. Era una sensación nueva, tan inesperada que apenas se percató de que era un problema hasta que se había adueñado de su vida. Al mirar hacia atrás, parecía como si no hubiera habido una línea divisoria. De un día a otro, pasó de ser divertido a ser incontrolable.

En 2001, iba cada día al casino. Acudía siempre que se peleaba con su marido o no se sentía valorada por sus hijas. En las mesas de juego estaba estática y entusiasmada, las dos cosas a un mismo tiempo, y sus preocupaciones se silenciaban tanto que ya no podía oírlas. El subidón de ganar era inmediato. El dolor de la pérdida pasaba muy rápido.

«Quieres ser una persona importante —le dijo un día su madre cuando la llamó para pedirle más dinero—. Sigues jugando porque quieres llamar la atención.»

Pero no era cierto. «Sencillamente quería sentir que era buena en algo —me dijo—. Eso era lo único que había hecho en la vida para lo que parecía tener una habilidad especial.»

En verano de 2001, la deuda de Bachmann con Harrah's alcanzó los 20.000 dólares. Le había ocultado sus pérdidas a su esposo, pero cuando su madre cerró el grifo, se desmoronó y confesó. Contrataron a un abogado especialista en deudas, rompió sus tarjetas de crédito, y se sentó en la mesa de su cocina a escribir un plan de vida más austero y responsable. Llevó sus trajes a una tienda de compra-venta de ropa usada y tuvo que soportar la humillación de que una jovencita de 19 años rechazara la mayoría, porque decía que no estaban de moda.

Al final, empezó a sentir que lo peor ya había pasado. Por último, pensó que la compulsión había desaparecido.

Pero, por supuesto, ni siquiera estaba cerca del final. Años más tarde, tras haberlo perdido todo y de haber arruinado su vida y la de su esposo, después de haber despilfarrado cientos de miles de dólares y de que su abogado defendiera ante la Corte Suprema que Angie Bachmann no jugaba por elección, sino por hábito, y que por lo tanto no se la podía culpar de sus pérdidas, tras haberse convertido en objeto de escarnio en internet, donde la gente la comparaba con Jeffrey Dahmer y con padres que maltratan a sus hijos, ella se preguntaba: ¿cuánta responsabilidad tengo realmente?

«Creo sinceramente que cualquiera que hubiera estado en mi lugar habría hecho lo mismo», me dijo Bachmann.

II

En una mañana del mes de julio de 2008, un hombre desesperado que estaba de vacaciones en la costa oeste de Gales cogió el teléfono y llamó a urgencias.

«Creo que he matado a mi esposa —dijo—. Oh, Dios mío. Pensé que había entrado alguien. Me puse a luchar contra los atacantes, pero resultó que era Christine. Debía estar soñando o algo parecido. ¿Qué he hecho? ¿Qué he hecho?»

A los diez minutos llegó la policía y encontró a Brian Thomas llorando junto a su furgoneta *camper*. Les explicó que, por la noche, su esposa y él estaban durmiendo en la furgoneta hasta que llegaron unos jóvenes al aparcamiento, se pusieron a hacer carreras y los despertaron. Movieron la *camper* a un extremo del aparcamiento y siguieron durmiendo. Luego, al cabo de unas horas, Thomas se despertó y descubrió a un hombre con tejanos y una chaqueta negra de borrego —uno de los corredores, pensó— encima de su esposa. Le gritó, lo agarró por el cuello e intentó sacarlo fuera del vehículo. Fue una reacción automática, le dijo a la policía. Cuanto más se defendía el hombre, más apretaba Thomas. El hombre le arañó en el brazo e intentó luchar, pero Thomas lo estrangulaba cada vez con más fuerza, hasta que al final dejó de moverse. Luego Thomas se dio cuenta de que no era un hombre lo que tenía entre sus manos, sino a su esposa. La soltó y empezó a tocarle suavemente el hombro, como si quisiera despertarla, preguntándole si se encontraba bien. Demasiado tarde.

«Pensé que había entrado alguien y la estrangulé —dijo Thomas a la policía sollozando—. Ella era mi mundo.»

Durante los diez meses siguientes, mientras Thomas estaba en prisión a la espera de juicio, empezó a hacerse visible un retrato del asesino. De pequeño, Thomas comenzó a ser sonámbulo, en ocasiones muchas veces cada noche. Se levantaba de la cama, caminaba por la casa y jugaba con sus juguetes o se ponía a comer algo, y a la mañana siguiente no recordaba nada de lo que había hecho. Se convirtió en la anécdota de la casa. Según parece, una vez a la semana, daba una vuelta por el jardín o por la habitación de alguien, siempre dormido. Era una costumbre. Su madre le explicaba que los vecinos le preguntaban qué hacía su hijo caminando por el césped descalzo y en pijama. Cuando fue creciendo, se levantaba con cortes en los pies, y no recordaba cómo se los había hecho. Una vez nadó en un canal mientras dormía. Cuando se casó, su esposa estaba tan preocupada porque pudiera salir dormido de casa y le atropellara algún coche que cerraba con llave la puerta y dormía con las llaves debajo de la almohada. Cada noche, la pareja se acurrucaba en la cama y «nos dábamos un beso y un abrazo», diría posteriormente Thomas, luego, él se iba a su habitación y dormía solo en su cama. De lo contrario, Christine no pegaba ojo en toda la noche por su agitado sueño, sus vueltas, gritos, gruñidos y paseos esporádicos.

«El sonambulismo es un recordatorio de que el estado de vigilia y el de sueño no son excluyentes —me dijo Mark Mahowald, catedrático de neurología de la Universidad de Minnesota y pionero en la comprensión de las conductas del sueño—. La parte de tu cerebro que controla tu conducta está dormida, pero las partes que son capaces de realizar actividades muy complejas están despiertas. El problema es que no hay nada que guíe el plan salvo los patrones básicos, nuestros hábitos más básicos. Sigues lo que ya hay en tu cabeza porque no puedes tomar decisiones.»

Por ley, la policía tenía que detener a Thomas por asesinato. Pero todas las pruebas parecían indicar que él y su esposa eran un matrimonio feliz antes de esa terrible noche. No había ninguna denuncia por malos tratos. Tenían dos hijas mayores y acababan de reservar unos pasajes para hacer un crucero por el Mediterráneo para celebrar su cuarenta aniversario de boda. Los fiscales consultaron a un especialista del sueño —el doctor Chris Idzikowski del Centro del Sueño de Edimburgo— para que examinara a Thomas y evaluara una teoría: que cuando mató a su esposa estaba inconsciente. En dos sesiones distintas, una en el laboratorio de Idzikowski y la otra en prisión, el investigador le puso sensores por todo el cuerpo y midió sus ondas cerebrales, movimiento ocular, los músculos de la barbilla y de las piernas, el flujo de aire nasal, el esfuerzo respiratorio y los niveles de oxígeno mientras dormía.

Thomas no era la primera persona que alegaba que había cometido un crimen durmiendo, y por lo tanto, por extensión, no se le podía considerar responsable de su acto. Hay una larga historia de delincuentes que han alegado ser inocentes debido a un «automatismo», como el sonambulismo y otras conductas inconscientes conocidas. En la última década, a medida que nuestros conocimientos de la neurología de los hábitos y el libre albedrío se han vuelto más sofisticados, esas defensas se han vuelto cada vez más convincentes. La sociedad, representada por nuestros tribunales y jurados, ha aceptado que ciertos hábitos son tan poderosos que superan nuestra capacidad para tomar decisiones, y que por lo tanto no somos responsables de lo que hacemos.

● ● ●

El sonambulismo es un raro subproducto de un aspecto normal del funcionamiento de nuestro cerebro mientras estamos dormidos. La mayoría de las veces, cuando nuestro cuerpo entra y sale de diferentes fases del descanso, nuestra estructura neurológica primitiva —el tronco encefálico— paraliza nuestras extremidades y sistema nervioso, permitiendo que el cerebro sueñe sin que se mueva el cuerpo. En general, la gente puede hacer la transición de entrar y salir de la parálisis muchas veces durante la noche sin problemas. En neurología esto se conoce como el «interruptor».

No obstante, algunas personas tienen fallos del interruptor. Entran en una parálisis incompleta cuando duermen, y sus cuerpos se activan cuando sueñan, o pasan de una fase del sueño a otra. Ésta es la causa del sonambulismo, y en la mayoría de los casos, es un problema molesto pero benigno. Alguien puede soñar que se ha estado comiendo un pastel, por ejemplo, y a la mañana siguiente descubrir que la caja de donuts de la cocina está vacía. Otro puede soñar que va al lavabo, y luego descubre un charco en el pasillo. Los sonámbulos se pueden comportar de formas muy complejas —por ejemplo, pueden abrir los ojos, mirar, ir de un lugar a otro, conducir o cocinar— siempre en estado básicamente inconsciente, porque las partes de su cerebro asociadas a ver, caminar, conducir y cocinar pueden seguir funcionando sin recibir estímulos de zonas más avanzadas del cerebro, como el córtex prefrontal. Se sabe que ha habido sonámbulos que han hervido agua y han preparado un té. Uno llevó una lancha motora. Otro conectó una sierra eléctrica y empezó a serrar leña antes de volver a la cama. Pero, en general, los sonámbulos no hacen cosas peligrosas ni para ellos ni para los demás. Incluso dormidos tienen el instinto de evitar el peligro.

Sin embargo, los científicos han examinado los cerebros de las personas sonámbulas, y han descubierto una diferencia entre el *sonambulismo* —ese en que las personas se levantan de la cama y empiezan a actuar según sus sueños u otros impulsos leves— y algo denominado *terrores nocturnos*. Cuando se produce un terror nocturno, la actividad dentro del cerebro es marcadamente diferente de cuando están despiertos, medio inconscientes o incluso sonámbulos. La gente que padece terrores nocturnos parece que sufre ansiedades terribles, pero no están soñando en el sentido normal de la palabra. Sus cerebros están inactivos salvo las zonas neurológicas más primitivas que incluyen lo que se conoce como «generadores centrales de patrones». Estas áreas del cerebro son las mismas que estudiaron el doctor Larry Squire y los científicos del MIT, que descubrieron la maquinaria neurológica del bucle del hábito. De hecho, para un neurólogo, un cerebro que tiene un terror nocturno se parece mucho a uno que sigue un hábito.

Las conductas de las personas en pleno terror nocturno son hábitos, aunque del tipo más primario. Los «generadores centrales de patrones» que actúan durante el terror nocturno son la causa de patrones conductuales como caminar, respirar, estremecerse al oír un ruido fuerte o defenderse contra un atacante. Normalmente, no consideramos estos patrones como hábitos, pero eso es lo que son: conductas automáticas tan arraigadas en nuestro sistema nervioso que, según muestran los estudios, pueden ocurrir casi sin estímulo de las zonas superiores del cerebro.

Sin embargo, estos hábitos, cuando se producen durante los terrores nocturnos, son diferentes en un aspecto esencial: puesto que el sueño desactiva el córtex prefrontal y otras áreas de cognición superior, cuando se activa un hábito de terror nocturno no existe posibilidad alguna de intervención consciente. Si el hábito de luchar o huir se activa por un terror nocturno, no hay posibilidad de que alguien pueda contrarrestarlo a través de la lógica o de la razón.

«La gente que tiene terrores nocturnos no sueña como normalmente lo entendemos —dice el neurólogo Mahowald—. No hay tramas complejas como las que usted y yo podamos recordar de una pesadilla. Si recuerdan algo, es sólo una imagen o emociones: peligro inminente, miedo horrible, la necesidad de defenderse o de defender a alguien.

»Pero esas emociones son muy fuertes. Son algunas de las señales más básicas para todo tipo de conductas que hemos aprendido en nuestra vida. Responder a una amenaza huyendo o defendiéndonos es algo que todos hemos practicado desde que éramos bebés. Y cuando se producen esas emociones, el cerebro superior no tiene la oportunidad de situar las cosas en su contexto, y reaccionamos tal como nos indican nuestros hábitos más profundos. Corremos o luchamos, o seguimos el patrón de conducta que le resulte más fácil a nuestro cerebro.»

Cuando una persona en medio de un terror nocturno empieza a sentirse amenazada o sexualmente excitada —dos de las experiencias más comunes del terror nocturno—, reacciona siguiendo los hábitos asociados con esos estímulos. Ha habido personas que al experimentar un terror nocturno, han saltado desde tejados con la convicción de que estaban huyendo de sus agresores. Han matado a sus propios bebés, porque creían que luchaban contra fieras salvajes. Han violado a sus esposas, aunque éstas les suplicaran que se detuvieran, porque una vez que empieza la excitación del durmiente, éste sigue el hábito arraigado para satisfacer su impulso. El sonambulismo parece permitirnos alguna opción, algo de participación por parte de nuestro cerebro superior que nos dice que nos mantengamos alejados del borde del tejado. Sin embargo, una persona poseída por un terror nocturno, simplemente sigue el bucle del hábito dondequiera que éste la conduzca.

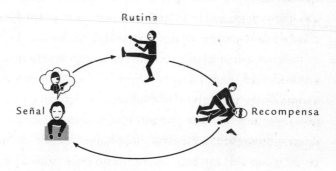

Algunos científicos sospechan que los terrores nocturnos pueden ser genéticos; otros dicen que enfermedades como el Parkinson hacen que las personas sean más propensas. Sus causas todavía no se conocen muy bien, pero para bastantes personas, los terrores nocturnos conllevan impulsos violentos. «La violencia relacionada con los terrores nocturnos parece ser una reacción a una imagen amenazadora concreta que el individuo puede describir posteriormente», escribió un grupo de investigadores suizos en 2009. Entre las personas que padecen algún tipo de disfunción del sueño, «en el 64 por ciento de los casos se han registrado intentos de ataques al consorte, con heridas en el 3 por ciento de los casos».

Tanto en Estados Unidos como en el Reino Unido hay toda una saga de asesinos que han alegado que los terrores nocturnos les han hecho cometer crímenes que jamás hubieran cometido conscientemente. Cuatro años antes de que arrestaran a Thomas, por ejemplo, un hombre llamado Jules Lowe fue declarado inocente de asesinar a su padre de 83 años de edad, tras declarar que el ataque se había producido durante un episodio de terror nocturno. La acusación reclamó que era «del todo inverosímil» que Lowe estuviera dormido mientras daba puñetazos, patadas y taconazos a su padre durante más de veinte minutos, dejándole más de 90 heridas. El jurado no estuvo de acuerdo y le liberó. En septiembre de 2008, una mujer de 33 años, Donna Sheppard-Saunders casi ahogó a su madre con una almohada sobre la cara que mantuvo durante treinta segundos. Fue puesta en libertad del cargo de intento de asesinato alegando que había actuado dormida. En 2009, un soldado británico admitió haber violado a una adolescente, pero dijo que estaba dormido e inconsciente cuando se desvistió, le bajó las bragas a la chica y empezó a abusar de ella. Se despertó a mitad de la violación, se disculpó y llamó a la policía. «He cometido una especie de delito —le dijo al operador del número de emergencias—. Sinceramente no sé qué ha sucedido. Me he despertado cuando estaba encima de ella.» Tenía una historia clínica de padecer terrores nocturnos y fue declarado inocente. En el siglo pasado, más de 150 asesinos y violadores se han librado del castigo alegando este automatismo de defensa. Jueces y jurados, actuando en nombre de la sociedad, han dicho que, puesto que los acusados no habían *elegido* cometer sus delitos —ya que no participaron conscientemente en el acto de violencia—, no deben cargar con la culpa.

El caso de Brian Thomas también parecía que se debía a una situación de trastorno del sueño más que a un impulso asesino. «Jamás me perdonaré —le dijo a uno de los fiscales—. ¿Por qué lo hice?»

Después de que el doctor Idzikowski, el especialista del sueño, observara a Thomas en su laboratorio, remitió sus hallazgos: Thomas estaba dormido cuando mató a su esposa. No había cometido el crimen conscientemente.

Cuando comenzó el juicio, los fiscales presentaron pruebas al jurado. Thomas había admitido haber asesinado a su esposa, le dijeron al jurado. Sabía que era sonámbulo. Su fallo de no tomar precauciones durante sus vacaciones, alegaron, le hacía responsable de su crimen.

Pero a medida que seguían sus argumentaciones, a los fiscales les quedó claro que estaban luchando por una causa perdida. El abogado de Thomas alegó que su cliente no tenía la intención de matar a su esposa; de hecho, esa noche ni siquiera controlaba sus propias acciones. Por el contrario, había reaccionado automáticamente ante la percepción de una amenaza. Estaba siguiendo un hábito casi tan antiguo como nuestra propia especie: el instinto de defenderse de un ataque y de proteger al ser querido. Cuando las partes más primitivas de su cerebro fueron expuestas a una señal —alguien que intentaba estrangular a su esposa—, su hábito tomó el control y se puso a luchar, sin la menor probabilidad de que su cognición superior pudiera interceder. Thomas era culpable nada más ni nada menos que de ser humano, alegó su abogado, y de reaccionar de la forma que su sistema nervioso —y hábitos más primitivos— le obligaban a hacerlo.

Incluso los propios testigos de la acusación parecían reforzar la defensa. Aunque Thomas sabía que era sonámbulo, los propios psicólogos de la acusación dijeron que nada podía indicar que en algún momento pudiera llegar a matar. Nunca había atacado a nadie antes mientras dormía. Nunca había hecho daño a su esposa.

Cuando el psiquiatra de la acusación subió al estrado, el abogado de Thomas empezó su interrogatorio.

¿Era justo que Thomas fuera declarado culpable de un acto que no podía saber que iba a suceder?

La doctora Caroline Jacob dijo que, en su opinión, Thomas no podía haber previsto que podía llegar a cometer un crimen. Y si era condenado y sentenciado al Hospital Broadmoor, donde se encontraban algunos de los criminales enfermos mentales más peligrosos, bueno, «ese no es su lugar».

A la mañana siguiente, el fiscal jefe se dirigió al jurado.

«En el momento del asesinato, el defendido estaba dormido y su mente no controlaba lo que hacía su cuerpo —dijo—. Hemos llegado a la conclusión de que no serviremos al interés público buscando un veredicto especial por parte de ustedes. Por consiguiente, no vamos a presentar más pruebas y les invitamos a que den directamente un veredicto de inocencia.» Eso fue lo que hizo el jurado.

Antes de que Thomas fuera puesto en libertad, el juez le dijo: «Usted es un hombre decente y un buen esposo. Estoy convencido de que se siente culpable. Ante los ojos de la ley usted no es responsable. Queda puesto en libertad».

Parece un resultado justo. Al fin y al cabo, era evidente que Thomas estaba destrozado por su crimen. No tenía idea de lo que estaba haciendo cuando actuó; simplemente respondía a un hábito, y su capacidad para decidir estaba anulada. Thomas es el asesino más comprensivo que uno pueda imaginarse, alguien tan cerca de ser él mismo una víctima que, al final del juicio, el juez intentó consolarle.

Sin embargo, muchas de esas mismas excusas podían aplicarse a Angie Bachmann, la jugadora. Ella también estaba destrozada por sus acciones. Posteriormente, diría que se sentía muy culpable. Y por lo visto, también estaba respondiendo a hábitos muy arraigados que le ponían cada vez más difícil que se impusiera su capacidad de tomar decisiones.

Pero ante los ojos de la ley, Bachmann es responsable de sus hábitos, y Thomas no lo es. ¿Es correcto que Bachmann, la jugadora, sea más culpable que Thomas, el asesino? ¿Qué nos dice eso sobre la ética de los hábitos y de las decisiones?

III

Tres años después de que Angie Bachmann se declarara insolvente, falleció su padre. Había estado cinco años tomando aviones para ir a atender a sus padres, a medida que empeoraba el estado de salud de ambos. Su muerte fue un duro golpe. Dos meses después murió su madre.

«Todo mi mundo se desintegró —me dijo—. Cada mañana cuando me despertaba, por un momento había olvidado que se habían ido, y de pronto me venía a la cabeza que ya no estaban y sentía como si tuviera alguien de pie encima de mi pecho. No podía pensar en otra cosa. No sabía qué hacer cuando me levantaba de la cama.»

Cuando se leyeron sus testamentos, Bachmann se enteró de que había heredado casi un millón de dólares.

Invirtió 275.000 dólares en comprar otra casa para su familia, en Tennessee, cerca de donde habían vivido sus padres, y gastó un poco más para trasladar a sus hijas mayores cerca de ellos para estar todos juntos. Los casinos no eran legales en Tennessee, y «no quería volver a caer en los malos patrones —me dijo—. Quería alejarme de todo lo que pudiera recordarme mi falta de control». Cambió sus números de teléfono y no les dio su nueva dirección a los casinos. Le parecía que eso era más seguro.

Hasta que una noche, cuando iba en coche con su esposo por su ciudad natal, donde habían ido a recoger algunos muebles que todavía no habían recogido de su antigua casa, empezó a pensar en sus padres. ¿Cómo se las iba a arreglar sin ellos? ¿Por qué no había sido mejor hija? Empezó a respirar aceleradamente. Parecía un ataque de pánico. Hacía años que no jugaba, pero en ese momento notó que necesitaba algo que le quitara ese sufrimiento de su mente. Miró a su marido. Estaba desesperada. Iba a ser sólo una vez.

—Vamos al casino —le dijo.

Al entrar, uno de los gerentes la reconoció de cuando era una clienta habitual y los invitó a la sala de juego. Le preguntó cómo se encontraba, y empezó a salir todo: contó que sus padres habían muerto y cuánto la había afectado, lo agotada que estaba siempre, su sensación de estar al borde del colapso.

El gerente sabía escuchar. Angie se sintió muy bien pudiendo decir todo lo que había estado pensando, y escuchar que era normal sentirse así.

Luego se sentó en la mesa de blackjack y jugó durante tres horas.

Por primera vez en meses, la ansiedad se había desvanecido en el murmullo de fondo. Sabía cómo hacerlo. Se quedó en blanco. Perdió unos cuantos miles de dólares.

Harrah's Entertainment —la empresa propietaria del casino— era famosa en la industria del juego por sus sofisticados sistemas de rastreo de clientes. El pilar de ese sistema eran programas informáticos parecidos a los que había diseñado Andrew Pole para Target, algoritmos de predicción que estudiaban los hábitos de los jugadores e intentaban averiguar cómo persuadirles para gastar más. La compañía asignaba a los jugadores un «valor de vida útil», y el *software* elaboraba calendarios que anticipaban con qué frecuencia los visitarían y cuánto gastarían. La empresa seguía la pista a los clientes a través de las tarjetas de fidelidad y les enviaba cupones para comidas gratis y vales para efectivo; los operadores de telemarketing llamaban a las personas a sus casas para preguntarles dónde habían estado. Los empleados de los casinos estaban entrenados para animar a los clientes a que les contaran sus vidas, con la esperanza de que revelaran información que pudieran usar para predecir de qué cantidad disponían para apostar. Uno de los directivos de Harrah's denominó a este enfoque «marketing pavloviano». La empresa hacía cientos de pruebas cada año para perfeccionar sus métodos. El rastreo de clientes había aumentado los beneficios de la compañía en miles de millones de dólares, y era tan exacto que podían saber el gasto de un jugador al centavo y al minuto.*

Harrah's, por supuesto, sabía muy bien que Bachmann se había declarado insolvente unos años antes y que había dejado una deuda de juego de 20.000 dólares. Pero poco después de su conversación con el gerente del casino, empezó a recibir llamadas telefónicas con ofertas de limusinas gratis para llevarla a sus casinos de Mississippi. Les ofrecieron billetes de avión para que ella y su esposo fueran a Lake Tahoe, les dieron una suite y entradas para un concierto de los Eagles. «Les dije, mi hija ha de venir, y quiere traer un amigo —me dijo Bachmann—. Ningún problema», respondió la empresa. Les regalaron todos los billetes de avión y las habitaciones. En el concierto las entradas eran para la primera fila. Harrah's le concedió un crédito de 10.000 dólares para jugar, con los cumplidos de la casa.

Las ofertas seguían llegando. Cada semana llamaba algún casino preguntando si querían una limusina, entradas para espectáculos, billetes de avión. Al principio, Bachmann se resistió, pero al final acabó diciendo que sí cada vez que llegaba una invitación. Cuando una amiga de la familia mencionó que quería casarse en Las Vegas, Bachmann hizo una llamada y al fin de semana siguiente estaban en Palazzo. «No hay muchas personas que sepan que existe —me dijo—. Había llamado y pedido información, pero el operador me dijo que era demasiado exclusivo para darme información por teléfono. La suite

---

* Harrah's —ahora conocida como Caesars Entertainment— rebate algunas de las alegaciones de Bachmann. Sus comentarios se pueden ver en las notas.

era de película. Tenía seis dormitorios todos con jacuzzi privado y una terraza. Tenía hasta mayordomo.»

Cada vez que entraba en un casino, sus hábitos de jugadora se apoderaban de ella nada más entrar. Solía jugar durante horas seguidas. Al principio empezaba con poco, usando sólo el dinero del casino. Cuando la cifra aumentaba, recargaba sus fichas sacando dinero de un cajero automático. No le parecía que hubiera ningún problema. Al final apostaba de 200 a 300 dólares por mano, dos manos cada vez, a veces tandas de hasta doce horas seguidas. Una noche ganó 60.000 dólares. En un par de ocasiones salió con 40.000 dólares. Una vez fue a Las Vegas con 100.000 dólares en el bolso y regresó a casa sin nada. Eso no cambió para nada su estilo de vida. Su cuenta bancaria seguía estando tan llena que no tenía que pensar en el dinero. Para eso le habían dejado la herencia sus padres: para que pudiera divertirse.

Cada vez que intentaba controlarse, las llamadas de los casinos se volvían más insistentes. «Uno de los anfitriones me dijo que si no conseguía que yo fuera ese fin de semana, le despedirían. Me decían: "Les dimos entradas para ese concierto y les ofrecimos una hermosa habitación, y usted no ha jugado mucho últimamente". Bueno, *tenían* todas esas atenciones conmigo.»

En 2005 murió la abuela de su marido y toda la familia fue a su ciudad natal para el funeral. Ella fue al casino la noche antes del servicio para despejarse la cabeza y estar mentalmente preparada para la actividad que le esperaba al día siguiente. En un plazo de doce horas, perdió 250.000 dólares. En aquellos tiempos era casi como si la magnitud de la pérdida no le importase. Cuando reflexionó sobre ello más adelante —*un cuarto de millón de dólares se había esfumado*— no le parecía real. Se había mentido a sí misma respecto a muchas cosas como: que eran un matrimonio feliz, cuando ella y su marido a veces se pasaban días sin hablarse; que tenía buenas amigas, aunque supiera que éstas aparecían cuando se enteraban de que tenía invitaciones para ir a Las Vegas, y luego desaparecían; que era una buena madre, cuando veía que sus hijas estaban cometiendo sus mismos errores, como quedarse embarazadas demasiado jóvenes; que sus padres habrían estado contentos al ver cómo tiraba el dinero de esa forma. Parecía como si sólo le quedaran dos opciones: seguir mintiéndose, o admitir que había deshonrado todo aquello por lo que su madre y su padre tanto habían trabajado.

Un cuarto de millón de dólares. No le dijo nada a su esposo. «Pensaba en otra cosa cada vez que recordaba esa noche», me dijo.

No obstante, pronto las pérdidas fueron demasiado grandes como para ignorarlas. Algunas noches, cuando su marido se quedaba dormido, Bachmann se levantaba de la cama, se sentaba en la mesa de la cocina y empezaba a hacer números para intentar averiguar cuánto había despilfarrado. La depresión que había empezado tras la muerte de sus padres parecía que se agudizaba. Se sentía siempre muy cansada.

Y Harrah's seguía llamando.

«Esta desesperación empieza cuando te das cuenta de cuánto has perdido, y luego sientes que no puedes parar porque has de ganar para recuperarlo —dijo—. A veces me empezaba a poner nerviosa, como si no pudiera pensar, y sabía que si fingía que pronto iba a volver, me calmaría. Entonces me llamaban y les decía que sí porque era muy fácil rendirse. Realmente creía que lo podría recuperar. Ya lo había hecho otras veces. Si no pudieras ganar, entonces el juego no sería legal, ¿no es cierto?

En 2010, un neurocientífico cognitivo, Reza Habib, pidió a 22 personas que se introdujeran en un aparato de resonancia magnética y miraran una máquina tragaperras que giraba constantemente. La mitad de los participantes eran «ludópatas» —personas que habían mentido a sus familias sobre su ludopatía, que habían dejado de ir a trabajar para jugar o que tenían cheques devueltos en algún casino—, y la otra mitad eran personas que jugaban con sus relaciones sociales, pero no presentaban ninguna conducta problemática. A todos los pusieron estirados boca arriba dentro del estrecho tubo y les pidieron que miraran en una pantalla de vídeo cómo giraban los rodillos con el 7 de la suerte, las manzanas y las barras doradas. La tragaperras computerizada estaba programada para dar tres resultados: premio, perder, y perder por poco (donde los carretes están a punto de coincidir, pero en el último momento no llegan a alinearse). Ninguno de los participantes ganó o perdió dinero. Lo único que tenían que hacer era mirar la pantalla mientras la máquina de resonancia magnética registraba su actividad del sistema nervioso.

«Estábamos especialmente interesados en observar los sistemas del cerebro que están implicados en los hábitos y las adicciones —me dijo Habib—. Lo que descubrimos fue que, neurológicamente hablando, los ludópatas se excitaban más cuando ganaban. Cuando los íconos quedaban alineados, aunque no ganaran dinero, las áreas de sus cerebros relacionadas con la emoción y con la recompensa estaban mucho más activas que en los que no eran ludópatas.

»Pero lo realmente interesante era el *perder por poco*. Para los ludópatas, el perder por poco era como haber ganado. Sus cerebros reaccionaban casi de la misma manera. Pero para los que no eran adictos al juego, perder por poco era perder. Las personas que no tenían problemas de ludopatía podían reconocer mejor que, aunque perdieran por poco, habían perdido.»

Los dos grupos vieron exactamente lo mismo, pero desde una perspectiva neurológica, lo vieron de forma distinta. Las personas con adicción al juego tenían un subidón cuando perdían por poco —lo que, según Habib, probablemente sea la razón por la que juegan durante mucho más tiempo que los demás: porque perder por poco activa esos hábitos que las hacen apostar de nuevo—. Los jugadores sociales, al perder por poco, experimentaban una dosis de aprensión que desencadenaba otro hábito, el de «voy a dejarlo antes de que sea peor».

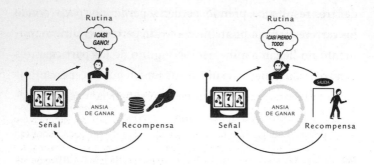

No se sabe si los cerebros de los ludópatas son diferentes porque nacen así o porque la exposición continuada a las máquinas tragaperras, el póker "online" y los casinos pueden cambiar su funcionamiento. Lo que está claro es que las verdaderas diferencias neurológicas pueden repercutir en cómo procesan la información los ludópatas, lo que ayuda a explicar por qué Angie Bachmann perdía el control cada vez que entraba en un casino. Las empresas de juego conocen muy bien esta tendencia, y es la razón por la que hace algunas décadas las tragaperras fueron reprogramadas para que dieran más resultados de «casi gano».* Los jugadores que siguen apostando después de los «casi gano» son los que hacen que los casinos, hipódromos y loterías del Estado sean tan lucrativos. «Añadir un "perder por poco" a una lotería es como echar leña al fuego —dice un asesor de loterías estatales que hizo estas declaraciones en el anonimato—. ¿Quieres saber por qué se han disparado las ventas? Cada uno de los cartones de "rasca y gana" está diseñado para hacerte creer que casi ganas.»

Las áreas del cerebro que investigó Habib en su experimento —los ganglios basales y el tronco encefálico— son donde residen los hábitos (así como donde empiezan los terrores nocturnos). En la última década, cuando apareció la nueva ge-

---

* A finales de 1990, uno de los grandes fabricantes de máquinas tragaperras contrató a un ejecutivo que había trabajado para una empresa de videojuegos, para que le ayudara a diseñar máquinas nuevas. La idea del ejecutivo fue programar las máquinas para dar más resultados de perder por poco. Ahora, casi todas las máquinas tienen muchas combinaciones —como tiradas gratis y sonidos que se emiten cuando los símbolos están casi alineados—, así como pequeñas recompensas que hacen que los jugadores sientan que están ganando cuando, en realidad, están gastando más dinero que el que reciben. «No hay ninguna otra forma de juego que manipule la mente humana como lo hacen estas máquinas», dijo un investigador de trastornos adictivos de la Facultad de Medicina de la Universidad de Connecticut a un periodista del *New York Times*, en 2004.

neración de fármacos para esa región del cerebro —como medicamentos para el Parkinson—, aprendimos mucho sobre lo sensibles que pueden ser algunos hábitos a los estímulos externos. Se han emprendido acciones legales populares contra empresas farmacéuticas en Estados Unidos, Australia y Canadá, alegando que esos medicamentos hacían que los pacientes jugaran, comieran, compraran y se masturbaran compulsivamente al tener como objetivo el circuito implicado en el bucle del hábito. En 2008, un jurado federal de Minnesota concedió a un paciente una indemnización de 8,2 millones de dólares en un juicio contra una empresa farmacéutica después de que éste reclamara que su medicación le había incitado a perder en el juego más de 250.000 dólares. Todavía hay cientos de casos similares pendientes.

«En esos casos, podemos asegurar que los pacientes no tienen ningún control sobre sus obsesiones, porque podemos acusar a un medicamento que repercute en su neuroquímica —dijo Habib—. Pero cuando observamos los cerebros de las personas que son jugadoras compulsivas, tienen un aspecto muy parecido, salvo que no pueden echarle la culpa a una medicación. Les dicen a los investigadores que no quieren jugar, pero que no se pueden resistir a sus impulsos. Entonces, ¿por qué decimos que esos jugadores tienen el control sobre sus acciones y los pacientes de Parkinson no?»

El 18 de marzo de 2006, Angie Bachmann tomó un avión tras haber aceptado la invitación de uno de los casinos de Harrah's. Por aquel entonces, su cuenta bancaria estaba casi a cero. Cuando intentó calcular cuánto había gastado a lo largo de su vida, calculó que unos 900.000 dólares. Le dijo a Harrah's que estaba casi arruinada, pero el hombre que le respondió le dijo que fuera de todos modos. Que le darían una línea de crédito.

«No podía decir que no, cada vez que me presentaban la menor tentación, mi cerebro se desconectaba. Sé que parece una excusa, pero siempre me decían que esta vez sería diferente, y sabía que por más que lo intentara no podía luchar contra ese impulso, que al final acabaría cediendo.»

Llevó todo el dinero que le quedaba. Empezó a jugar a razón de 400 dólares la mano, dos manos a la vez. Si podía levantar cabeza, aunque sólo fuera un poco, se dijo a sí misma, sólo 100.000 dólares, podría dejarlo y tendría algo que darles a sus hijas. Su esposo estuvo con ella durante un rato, pero a medianoche se fue a la cama. A eso de las 2 de la madrugada, había perdido todo el dinero que tenía. Un empleado de Harrah's le entregó un pagaré para que lo firmara. Firmó hasta seis pagarés para conseguir más efectivo, hasta un total de 125.000 dólares.

A eso de las 6 de la mañana tuvo una buena racha y su montón de fichas empezó a crecer. La gente se reunió en torno a ella. Hizo un recuento rápido: todavía no había bastante para pagar los pagarés que había firmado, pero si seguía jugando bien, podría salir de ésta ganando y dejarlo para siempre. Ganó cinco veces seguidas. Sólo tenía que ganar 20.000 dólares más para salir del bache. Entonces el crupier sacó un 21. Luego otro. Y unas cuantas manos después, un tercer 21. A las 10 de la mañana, ya no le quedaban fichas. Pidió más crédito, pero el casino se lo negó.

Bachmann abandonó la mesa de juego mareada y se fue a su suite. Tenía la sensación de que el suelo temblaba bajo sus pies. Colocó una mano en la pared porque si notaba que se desmayaba, sabría dónde apoyarse. Cuando llegó a su habitación, su marido la estaba esperando.

—Lo he perdido todo —le dijo.

—¿Por qué no te duchas y te acuestas? —le dijo él—. No pasa nada. También has perdido otras veces.

—Lo he perdido todo —repitió.

—¿Qué quieres decir?

—No nos queda dinero —dijo ella—. Nada.

—Al menos tenemos la casa —dijo él.

No se atrevió a decirle que había aceptado una línea de crédito poniendo la casa como garantía y que la había perdido.

IV

Brian Thomas asesinó a su esposa. Angie Bachmann dilapidó su herencia. ¿Hay alguna diferencia en la forma en que la sociedad debería asignar la responsabilidad?

El abogado de Thomas alegó que su cliente no era culpable de la muerte de su esposa porque había actuado inconscientemente, de manera automática; su reacción se desató por su convicción de que alguien los estaba atacando. No *eligió* matar, dijo su abogado, y no debería ser considerado responsable de su muerte. Por la misma lógica, Bachmann —por lo que sabemos de la investigación de Reza Habib sobre el cerebro de los ludópatas— también se sentía arrastrada por fuertes impulsos. Puede que sí tomara una decisión el primer día que se arregló para salir y pasar la tarde en el casino, y quizá las semanas o meses siguientes. Pero años después, cuando perdía 250.000 dólares en una noche, cuando ya estaba tan desesperada que se fue a un Estado donde el juego no era legal, ya no tomaba decisiones conscientes. «En la neurociencia siempre hemos dicho que las personas que tienen algún problema en su cerebro pierden parte de su libre albedrío —dice Habib—. Pero cuando un ludópata ve un casino, le pasa algo parecido. Parece que no tenga elección.»

El abogado de Thomas alegó, de un modo que convenció a todos, que su cliente había cometido un terrible error y que su sentido de culpa la acompañaría durante el resto de su vida. Sin embargo, ¿no es evidente que Bachmann siente algo muy parecido? «Me siento muy culpable y avergonzada de lo que he hecho —me dijo—. Siento que he defraudado a todos. Sé que nunca podré superar esto, haga lo que haga.»

Dicho esto, hay una diferencia básica entre los casos de Thomas y Bachmann: Thomas mató a una persona inocente. Cometió lo que siempre se ha considerado el peor de los delitos. Angie Bachmann perdió dinero. Las únicas víctimas fueron ella misma, su familia y una empresa de 27.000 millones de capital que le había prestado 125.000 dólares.

Thomas fue puesto en libertad por la sociedad y Bachmann fue considerada responsable de sus actos.

A los diez meses de que Bachmann lo hubiera perdido todo, Harrah's intentó cobrar del banco de ella. Los pagarés que había firmado fueron devueltos y Harrah's la demandó para que pagara sus deudas, y además una sanción de 375.000 dólares —un castigo civil—, por haber cometido un delito. Ella también los demandó alegando que, al ampliarle el crédito, regalarle estancias en suites y bebidas, Harrah's se había aprovechado de alguien que sabía que no era capaz de controlar sus hábitos. Su caso llegó hasta la Corte Suprema. El abogado de Bachmann —acogiéndose a los argumentos utilizados por el abogado de Thomas para defender a su cliente— dijo que no se debería considerar culpable a su clienta porque había estado reaccionando automáticamente a las tentaciones que Harrah's le había puesto. Alegó que una vez que empezaron a llegar las ofertas, cada vez que su clienta entraba en el casino, sus hábitos se apoderaban de ella y le era imposible controlar su conducta.

Los jueces, en nombre de la sociedad, dijeron que Bachmann había hecho mal. «No hay ninguna ley que prohíba a un director de un casino intentar embaucar o contactar con jugadores que sabe que son compulsivos», escribió el tribunal. Indiana tenía un «programa de exclusión voluntaria» en el que cualquier persona podía apuntarse en una lista para que los casinos le prohibieran la entrada, y la «existencia del programa de exclusión voluntaria indica que la ley considera que los ludópatas se han de responsabilizar de prevenir su compulsión y de protegerse a ellos mismos de ésta», escribió el magistrado Robert Rucker.

Quizá la diferencia en los veredictos de Thomas y Bachmann sea justa. Al fin y al cabo, es más fácil solidarizarse con un viudo desolado que con un ama de casa que lo ha despilfarrado todo.

Pero, *¿por qué* es más fácil? ¿Por qué parece una víctima el afligido esposo, mientras que la jugadora arruinada tuvo lo que se merecía? ¿Por qué algunos hábitos parece que han de ser fáciles de controlar, mientras que otros parecen estar fuera de nuestro alcance?

Lo más importante, ¿es correcto llegar a hacer esa distinción?

«El llegar a ser buenos —escribió Aristóteles en su *Ética a Nicómaco*— piensan algunos que es obra de la naturaleza, otros que del hábito, otros que de la instrucción.» Para Aristóteles, los hábitos eran lo más importante. Las conductas que suceden inconscientemente son la prueba de nuestro verdadero yo, dijo. Así que «requieren que el alma del discípulo haya sido trabajada de antemano por los hábitos, como tierra destinada a alimentar semilla, para deleitarse y aborrecer debidamente las cosas.»

Los hábitos no son tan sencillos como parecen. Tal como he intentado demostrar a lo largo de este libro, los hábitos —incluso una vez arraigados en nuestra mente— no son el destino. Podemos elegir nuestros hábitos, una vez que sabemos cómo. Todo lo que hemos aprendido sobre nuestros hábitos, de los neurólogos que han estudiado a amnésicos hasta de los expertos en remodelar empresas, es que todos se pueden cambiar, si entendemos cómo funcionan.

Hay cientos de hábitos que influyen en nuestros días: nos guían para saber cómo vestirnos por la mañana, hablar con nuestros hijos, y quedarnos dormidos por la noche; influyen en lo que comemos, en cómo hacemos nuestros negocios, o en si hacemos ejercicio o nos tomamos una cerveza después de trabajar. Cada uno tiene una señal distinta y nos ofrece una recompensa única. Algunos son sencillos y otros son complejos, dependen de desencadenantes emocionales y ofrecen premios neuroquímicos sutiles. Pero todos los hábitos, por complejos que sean, son maleables. Los alcohólicos más adictos pueden estar sobrios. Las empresas más disfuncionales se pueden transformar. Un mal estudiante puede llegar a ser un gerente con éxito.

Sin embargo, para modificar un hábito, has de *decidir* cambiarlo. Has de aceptar conscientemente el duro trabajo de identificar las señales y recompensas que dirigen las rutinas de los hábitos, y encontrar alternativas. Has de saber que tienes el control y ser lo suficientemente consciente como para usarlo, y cada capítulo de este libro está dedicado a ilustrar un aspecto diferente de por qué es real ese control.

Luego, aunque tanto Angie Bachmann como Brian Thomas reclamaran prácticamente lo mismo —que actuaron por hábito, que no tenían control sobre sus acciones porque esas conductas se habían producido automáticamente—, parece razonable que no sean tratadas del mismo modo. Es justo que Angie Bachmann fuera considerada responsable y que Brian Thomas fuera puesto en libertad porque, en primer lugar, Thomas no conocía los patrones que le llevaron a matar, mucho menos que pudiera llegar a dominarlos. Bachmann, por otra parte, era consciente de sus hábitos. Y cuando sabes que tienes un hábito, tienes la responsabilidad de cambiarlo. Si se hubiera esforzado un poco más, quizás lo hubiera podido superar. Otros lo han hecho, incluso ante mayores tentaciones.

En cierto modo, ese es el objetivo de este libro. Quizás un asesino sonámbulo pueda alegar plausiblemente que no era consciente de su hábito, y por lo tanto, no es responsable de su crimen. Pero casi todos los demás patrones que existen en la vida de la mayoría de las personas —cómo comemos, dormimos y hablamos con nuestros hijos, cómo gastamos el tiempo, la atención y el dinero inconscientemente— *son* hábitos que sabemos que existen. Y una vez entendemos que los hábitos pueden cambiar, tenemos la libertad —y la responsabilidad— para reformarlos. Cuando entendemos que los hábitos se pueden reconstruir, es más fácil entender el poder del hábito, y la única opción que nos queda es ponernos a trabajar.

«Toda nuestra vida —dijo William James en un prólogo— no es sino una masa de hábitos —prácticos, emocionales e intelectuales— sistemáticamente organizados para bien o para mal, que nos conduce irresistiblemente hacia nuestro destino, sea éste lo que fuere.»

James, que murió en 1910, procedía de una familia pudiente. Su padre era un teólogo rico y eminente. Su hermano, Henry, era un escritor brillante y famoso cuyas novelas todavía se estudian en la actualidad. William, a sus 30 años, era el único de la familia que no había conseguido nada. Había sido un niño enfermo. Primero quiso ser pintor, pero se matriculó en la Facultad de Medicina, luego dejó los estudios para ir a una expedición por el río Amazonas. Pero luego tampoco fue. Se castigaba a sí mismo en su diario por no ser bueno en nada. Es más, ni siquiera estaba seguro de que pudiera mejorar. En la Facultad de Medicina visitó un hospital psiquiátrico y vio a un hombre que se daba golpes contra la pared. El doctor le explicó que ese paciente tenía alucinaciones. James no le dijo que muchas veces sentía que compartía más cosas con los pacientes que con sus compañeros de carrera.

«Hoy, casi he tocado fondo, y percibo claramente que he de enfrentarme a la opción con los ojos abiertos —escribió

James en su diario, en 1870, cuando tenía 28 años—. ¿Debo sinceramente lanzar por la borda el tema de la moral, por no ser adecuado para mis aptitudes innatas?»

En otras palabras, ¿es el suicidio la mejor opción?

Dos meses después, James tomó una decisión. Antes de cometer una imprudencia, realizaría un experimento de un año. Pasaría doce meses creyendo que tenía el control sobre sí mismo y sobre su destino, que podía mejorar, que tenía libre albedrío para cambiar. No había pruebas de que fuera cierto. Pero se liberaría para *creer* que el cambio era posible, aunque todo demostrara lo contrario. «Creo que ayer mi vida estaba en crisis», escribió en su diario. Y respecto a su capacidad para cambiar, escribió: «De momento —hasta el año que viene— voy a suponer que no es una ilusión. Mi primer acto de libre albedrío será creer en el libre albedrío.»

En el año siguiente, practicó cada día. Escribía en su diario como si su control sobre sí mismo y sus decisiones fueran incuestionables. Se casó. Se puso a dar clases en Harvard. Empezó a frecuentar la compañía de Oliver Wendell Holmes, Jr., que acabaría siendo magistrado de la Corte Suprema, y de Charles Sanders Peirce, pionero en el estudio de la semiótica, en un grupo de debate al que bautizaron como el Club de la Metafísica. A los dos años de haber escrito aquello en su diario, James envió una carta al filósofo Charles Renouvier, que había hablado extensamente sobre el libre albedrío. «No quiero dejar pasar esta oportunidad para comunicarle la admiración y gratitud que ha suscitado en mí la lectura de sus *Essais* —escribió James—. Gracias a usted, tengo por primera vez un concepto inteligible y razonable de la libertad... Puedo decir que a través de esa filosofía estoy empezando a experimentar un renacer de la vida moral; y puedo asegurarle, señor, que no es una nimiedad.»

Posteriormente escribiría su famoso ensayo donde dice que la voluntad de creer es el ingrediente más importante para creer en el cambio. Y que uno de los métodos más importantes para crear esa creencia son los hábitos. Los hábitos son lo que nos permite «hacer algo con dificultad por primera vez, pero pronto lo hacemos más veces y con más facilidad, hasta que al final, con la suficiente práctica, lo hacemos medio mecánicamente, o casi sin ser conscientes en absoluto». Cuando elegimos quiénes queremos ser, las personas nos desarrollamos «del modo en que nos hemos estado ejercitando, del mismo modo que una hoja de papel arrugada o un abrigo doblado, tienden a doblarse siempre por los mismos pliegues».

Si crees que puedes cambiar —si lo conviertes en un hábito—, el cambio se hace realidad. Éste es el verdadero poder del hábito: la idea de que nuestros hábitos son lo que elegimos que sean. Una vez que hemos elegido —y se vuelven automáticos, habituales—, no sólo es real, sino que empieza a ser inevitable —como escribió James— aquello que nos conduce «irresistiblemente hacia nuestro destino, sea éste lo que fuere».

La forma en que pensamos habitualmente sobre nuestro entorno y sobre nosotros mismos crea los mundos en que vivimos. «Hay dos peces jovencitos que nadan juntos y se encuentran con un pez mayor que ellos que nada en sentido contrario; al cruzarse les hace una señal con la cabeza para saludarles y les dice: "Buenos días, chicos. ¿Cómo está el agua?" —contó el escritor David Foster Wallace a una clase de graduados en 2005—. Y los dos pececitos nadan un poco más, hasta que al final, uno de ellos mira al otro y le dice: "¿Qué diablos es el agua?"»

El agua —los hábitos y los patrones— son las opciones inconscientes y las decisiones invisibles que nos rodean a diario. Las cuales, por el mero hecho de contemplarlas, se vuelven visibles. Y cuando algo se hace visible, está bajo nuestro control.

A lo largo de su vida William James escribió sobre los hábitos y su función principal para crear felicidad y éxito. Al final dedicó todo un capítulo de su obra maestra *Principios de psicología* a este tema. El agua, dijo, es la mejor analogía para el funcionamiento de los hábitos. El agua «cava un canal para sí misma, que se ensancha y se hace más profundo; y, cuando ha dejado de fluir, y vuelve a hacerlo de nuevo, reanuda el camino que ella misma había trazado antes».

Tú sabes cómo rehacer ese camino. Ahora ya puedes nadar.

Apéndice

Guía del lector para utilizar estas ideas

Lo más difícil de estudiar la ciencia de los hábitos es que la mayoría de las personas, cuando oyen hablar de este campo de investigación, quieren saber la fórmula secreta para cambiar rápidamente cualquier hábito. Si los científicos han descubierto cómo actúan estos patrones, entonces es lógico suponer que también deben haber encontrado la fórmula para cambiar rápidamente, ¿verdad?

Como si fuera tan fácil.

No es que no existan fórmulas. El problema es que no hay sólo una fórmula para cambiar los hábitos. Hay miles.

Todas las personas y los hábitos son diferentes, por lo tanto, también la forma de diagnosticarlos y de cambiar los patrones en nuestras vidas difieren según las personas y las conductas. Dejar de fumar es diferente a superar el hábito de comer en exceso, que a su vez es diferente de cambiar la forma en que te comunicas con tu pareja, que a su vez difiere de cómo das prioridad a las tareas en tu trabajo. Es más, los hábitos de cada persona responden a distintos anhelos.

Por lo tanto, este libro no contiene una receta. Mi intención ha sido más bien transmitir algo más: un entorno para entender cómo actúan los hábitos y dar una guía para experimentar con las formas en que podemos cambiarlos. Algunos hábitos son fáciles de analizar y de influir sobre ellos. Otros son más complejos y obstinados, y requieren un estudio más prolongado. Y para otros, el cambio es un proceso que nunca acaba de concluir.

Pero eso no significa que no pueda ocurrir. Cada capítulo de este libro explica un aspecto diferente de por qué existen los hábitos y cómo funcionan. El esquema que menciono en este Apéndice es un intento de resumir, de una forma muy básica, las tácticas que han descubierto los investigadores para diagnosticar y modelar los hábitos dentro de nuestras vidas. No pretende ser exhaustivo. Es puramente una guía práctica, un punto de partida. Y junto con las lecciones más profundas de los capítulos de este libro, es un manual para saber hacia dónde nos dirigimos.

El cambio puede que no sea rápido y no siempre es fácil. Pero con tiempo y esfuerzo casi todos los hábitos se pueden cambiar.

EL ESQUEMA:

- Identifica la rutina
- Experimenta con recompensas
- Aísla la señal
- Ten un plan

Paso uno: Identifica la rutina

En el capítulo 1 vimos que los investigadores del MIT descubrieron un bucle neurológico simple que era la esencia de todo hábito, un bucle que se compone de tres partes: una señal, una rutina y una recompensa.

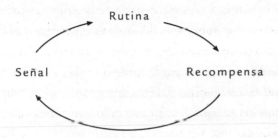

Para comprender tus propios hábitos, has de identificar los componentes de tus bucles. Cuando has diagnosticado el hábito de una conducta en particular, puedes buscar formas de sustituir los viejos vicios con nuevas rutinas.

Por ejemplo, tienes el mal hábito, como me pasaba a mí cuando empecé a investigar sobre este tema, de ir a la cafetería cada tarde y comprarte una galleta con pepitas de chocolate. Supongamos que ese hábito te ha hecho ganar unos cuantos kilos. De hecho, 3,6 kilos para ser exactos, y tu esposa ya te ha hecho algunos comentarios. Has intentado frenarte; incluso te has puesto una nota en el ordenador que dice «no más galletas».

Pero cada tarde te las arreglas para pasar de la nota, te levantas, te diriges a la cafetería, compras una galleta y, mientras hablas con los compañeros junto a la caja registradora, te la comes. Primero te sientes bien, pero luego te sientes mal. Te prometes que mañana reunirás las fuerzas necesarias para resistir la tentación. Mañana será diferente.

Pero mañana el hábito vuelve a apoderarse de ti.

¿Cómo empiezas a diagnosticar tu conducta y a cambiarla?

Rastreando el bucle del hábito. El primer paso es identificar la rutina. En este escenario de la galleta —como en la mayoría de los hábitos—, la rutina es el aspecto más evidente: es la conducta que quieres cambiar. Tu rutina es levantarte de tu mesa de trabajo por la tarde e ir a la cafetería, comprar una galleta con pepitas de chocolate y cómetela mientras hablas con los amigos. Luego, eso es lo que pones en tu bucle:

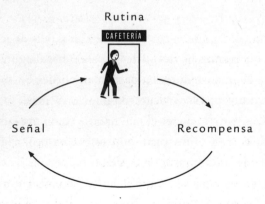

A continuación, algunas preguntas menos obvias: ¿cuál es la señal para esta rutina? ¿Es el hambre? ¿El aburrimiento? ¿La hipoglucemia? ¿La necesidad de hacer una pausa antes de empezar con otra tarea?

¿Y cuál es la recompensa? ¿La galleta? ¿El cambio de escenario? ¿La distracción temporal? ¿Estar con tus compañeros? ¿O la explosión de energía que se produce después de esa dosis de azúcar?

Para averiguar esto, tendrás que experimentar un poco.

Paso dos: Experimenta con recompensas

Las recompensas son poderosas porque satisfacen nuestros deseos. Pero muchas veces no somos conscientes de las ansias que desatan nuestras conductas. Por ejemplo, cuando el equipo de marketing de Febreze descubrió que los consumidores deseaban un aroma de frescor al final del ritual de limpieza, descubrieron un anhelo que nadie sabía que existía. No era visible. Eso es lo que sucede con la mayoría de los anhelos: son obvios cuando los vemos retrospectivamente, pero muy difíciles de identificar cuando estamos bajo su poder.

Para averiguar qué deseos nos conducen a ciertos hábitos, es útil experimentar con distintas recompensas. Esto puede llevarnos algunos días, una semana o más tiempo. Durante ese periodo, no debes sentirte obligado a hacer ningún cambio definitivo; imagínate que eres un científico que se encuentra en la etapa de recopilación de datos.

El primer día de tu experimento, cuando sientas el impulso de ir a la cafetería y comprarte una galleta, adapta tu rutina para que te aporte otra recompensa. Por ejemplo, en vez de ir a la cafetería, sal a la calle, da una vuelta a la manzana y vuelve a tu mesa sin haber comido nada. Al día siguiente, ve a la cafetería y cómprate un donut, o un caramelo, y cómetelo en tu mesa de trabajo. Al otro día, ve a la cafetería, cómprate una manzana y cómetela mientras hablas con tus amigos. Luego, prueba con una taza de café. Luego, en lugar de ir a la cafetería, ve al despacho de tu amigo, charla unos minutos con él y vuelve a tu mesa.

Esto es para darte una idea. Lo que elijas hacer *en lugar de* comprarte una galleta, no importa. La cuestión es probar distintas hipótesis para determinar qué deseo te está conduciendo a tu rutina. ¿Es la galleta lo que realmente deseas o es hacer una pausa? Si es la galleta, ¿es porque tienes hambre? (En ese caso, la manzana también puede funcionar.) ¿O es porque quieres sentir esa explosión de energía que aporta la galleta? (Para eso puede que te baste con el café.) ¿O vas a la cafetería para relacionarte y la galleta no es más que una excusa conveniente? (Si es así, ir a charlar un rato al despacho de un compañero también satisfará esa necesidad.)

A medida que vas probando cuatro o cinco recompensas distintas, puedes usar un viejo truco para observar los patrones: tras cada actividad, apunta en un papel las tres primeras cosas que se te pasen por la cabeza cuando vuelvas a tu mesa. Pueden ser emociones, pensamientos al azar, reflexiones sobre cómo te sientes, o simplemente las tres primeras palabras que se te han ocurrido.

RELAJADO   HE VISTO   NO TENGO
                  FLORES   HAMBRE

Luego, ponte la alarma de tu reloj de pulsera o del ordenador para dentro de 15 minutos. Cuando suene, pregúntate: ¿sigues sintiendo el impulso de comerte esa galleta?

Hay dos razones por la que es tan importante escribir estas tres cosas, aunque sean palabras sin sentido. En primer lugar, te obliga a ser consciente momentáneamente de lo que estás pensando o sintiendo. Como le pasó a Mandy, la joven del capítulo 3, que se mordía las uñas y que llevaba encima una ficha llena de marcas que la obligaba a darse cuenta de sus impulsos habituales; luego, escribir esas tres palabras te obliga a tener un momento de atención. Es más, los estudios demuestran que escribir unas palabras te ayuda a recordar lo que estás pensando en ese momento. Al final del experimento cuando revises tus notas, te será mucho más fácil recordar lo que pensabas y sentías en ese preciso instante, porque las palabras que habrás escrito desencadenarán un recuerdo.

¿Y por qué lo de poner la alarma a los 15 minutos? Porque la finalidad de estas pruebas es determinar la recompensa que estás ansiando. Si a los quince minutos de haberte comido un donut, *todavía* sientes el impulso de levantarte e ir a la cafetería, tu hábito no está motivado por un deseo de tomar azúcar. Si después de haber estado charlando con tu compañero en su despacho todavía quieres comerte la galleta, la necesidad de socializar no es la causa de tu conducta.

Por otra parte, si a los quince minutos de haber estado hablando con un compañero te resulta más fácil volver a trabajar, ya has identificado la recompensa —la distracción temporal y socializar— que tu hábito pretendía satisfacer.

Al experimentar con distintas recompensas, puedes aislar lo que *realmente* ansías, que es esencial para rediseñar el hábito.

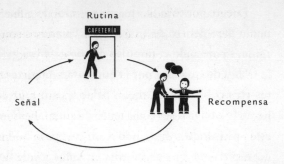

Cuando has descubierto la rutina y la recompensa, sólo te queda identificar la señal.

Paso tres: Aísla la señal

Hace aproximadamente una década, un psicólogo de la Universidad de Ontario Occidental intentó responder a una pregunta que hacía años que volvía locos a los científicos sociales: ¿por qué algunos testigos presenciales de delitos recordaban mal lo que habían visto, mientras otros lo recordaban a la perfección?

Los recuerdos de los testigos presenciales, por supuesto, son de suma importancia. Sin embargo, los estudios indican que los testigos oculares muchas veces no recuerdan bien lo que han visto. Por ejemplo, insisten en que el ladrón era un hombre, cuando era una mujer que llevaba una falda; o que el delito sucedió al atardecer, aunque los informes policiales dicen que sucedió a las 14.00 horas. Otros testigos presenciales, por otra parte, pueden recordar los delitos que han presenciado casi a la perfección.

Docenas de estudios han examinado este fenómeno, intentando determinar por qué algunas personas son mejores testigos presenciales que otras. Los investigadores llegaron a la teoría de que algunas personas simplemente tienen buena memoria, o que el delito tiene lugar en un sitio conocido para ellas y les resulta más fácil recordar. Pero esas teorías no pudieron ser probadas: había personas con buena y mala memoria, y más o menos familiarizadas con la escena del crimen, que eran igualmente propensas a no recordar bien lo que sucedió.

La psicóloga de la Universidad de Ontario Occidental hizo un planteo diferente. Se preguntó si los investigadores estaban cometiendo un error al concentrarse en lo que decían los interrogadores y los testigos, en lugar de hacerlo en *cómo* lo decían. Intuía que existían señales sutiles que estaban influyendo en el proceso del interrogatorio. Pero cuando empezó a ver un montón de vídeos de interrogatorios a testigos para buscar esas señales, no descubrió nada. Había tanta actividad en cada interrogatorio —todas las expresiones faciales, las distintas formas en que se formulaban las preguntas, las emociones fluctuantes —que no podía detectar ningún patrón.

Así que se le ocurrió una idea: hizo una lista de unos cuantos elementos en los que fijarse: el tono de voz del interrogador, las expresiones faciales de los testigos, la proximidad entre interrogador e interrogado. Luego eliminó toda información que pudiera distraerla de esos elementos. Bajó el volumen de la televisión; así, en vez de escuchar las palabras, sólo podía detectar el tono del interrogador. Tapó con un trozo de papel el rostro del interrogador, y lo único que podía ver eran las expresiones de los testigos. Midió con una cinta métrica en la pantalla la distancia entre las dos personas.

Y en cuanto empezó a estudiar estos elementos específicos, saltaron a la vista los patrones. Vio que los testigos que no recordaban bien los hechos solían ser los que eran interrogados por policías que utilizaban un tono suave y amable. Cuando los testigos sonreían más o se sentaban más cerca del interrogador, también les costaba más recordar.

Es decir, cuando las señales del entorno le indicaban «somos amigos» —un tono gentil, un rostro sonriente—, a los testigos les costaba más recordar lo ocurrido. Quizás era porque, inconscientemente, esas señales de amistad desencadenaban el hábito de complacer al interrogador.

Pero la importancia de este experimento es que esas mismas cintas habían sido visionadas por docenas de investigadores. Muchas personas inteligentes habían visto los mismos patrones, pero nadie los había reconocido antes. La razón era que había *demasiada* información en cada cinta para descubrir una señal sutil.

Cuando la psicóloga decidió concentrarse en sólo tres categorías de conducta y eliminar la información adicional, pudo ver los patrones.

En nuestra vida sucede lo mismo. La razón por la que es tan difícil identificar las señales que desencadenan nuestros hábitos es porque hay demasiada información que nos está bombardeando cuando manifestamos nuestras conductas. Pregúntate, ¿desayunas a cierta hora cada día porque tienes hambre? ¿O porque el reloj dice que son la 7:30? ¿O porque los niños han empezado a comer? ¿O porque estás vestido/a y es cuando se desencadena el hábito de desayunar?

Cuando giras automáticamente el volante a la izquierda al dirigirte a tu trabajo, ¿qué es lo que desencadena esa conducta? ¿Una señal de tráfico? ¿Un árbol? ¿Saber que ésta es sin duda la ruta correcta? ¿Todas esas cosas a la vez? Cuando llevas a tus hijos a la escuela en tu coche y te das cuenta de que distraídamente has tomado el camino hacia tu oficina en lugar del que lleva al colegio, ¿qué ha sido lo que ha provocado el error? ¿Cuál ha sido la señal que ha provocado que se active el hábito de «ir al trabajo», en lugar del patrón de «ir al colegio»?

Para identificar una señal en medio del ruido, podemos usar el mismo sistema que la psicóloga: identificar las categorías de conductas con antelación para hacer un escrutinio que nos permita detectar los patrones. Afortunadamente, la ciencia puede ayudarnos algo en este aspecto. Los experimentos nos han demostrado que casi todas las señales habituales encajan en una de estas cinco categorías:

Emplazamiento
Tiempo
Estado emocional
Otras personas
Acción anterior inmediata

Si estás intentando averiguar cuál es la señal para el hábito de «ir a la cafetería y comprar la galleta con pepitas de chocolate», escribe cinco cosas en el momento en que notes el impulso (éstas son mis notas reales cuando estaba intentando diagnosticar mi hábito):

¿Dónde estás? (sentado en mi despacho)

¿Qué hora es? (15:36)

¿Cuál es tu estado emocional? (aburrido)

¿Quién más hay por aquí? (nadie)

¿Qué acción ha precedido al impulso? (responder a un correo electrónico)

Al día siguiente:

¿Dónde estás? (vuelvo de hacer fotocopias)

¿Qué hora es? (15:18)

¿Cuál es tu estado emocional? (contento)

¿Quién más hay por aquí? (Jim, de deportes)

¿Qué acción ha precedido al impulso? (hacer una fotocopia)

El tercer día:

¿Dónde estás? (en la sala de conferencias)

¿Qué hora es? (15:41)

¿Cuál es tu estado emocional? (cansado, entusiasmado por el proyecto en el que estoy trabajando)

¿Quién más hay por aquí? (los editores que asisten a esta reunión)

¿Qué acción ha precedido al impulso? (me he sentado porque la reunión está a punto de comenzar)

Tres días sólo, ya era bastante claro cuál era la señal que estaba desencadenando mi hábito de comerme la galleta: sentía la necesidad de tomar un tentempié a cierta hora del día.

En el paso dos ya había descubierto que no era el hambre lo que guiaba mi conducta. La recompensa era buscar una distracción temporal, del tipo de comentar algo con algún compañero. Y el hábito, ahora lo sé, se había desencadenado entre las 15:00 y las 16:00 horas.

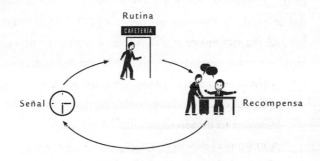

Paso cuatro: Ten un plan

Cuando ya has descubierto el bucle del hábito —has identificado la recompensa que te conduce a esa conducta, la señal que la desencadena y la rutina—, puedes empezar a cambiar tu conducta. Puedes mejorarla planificando la señal, y eligiendo una conducta que te ofrezca la recompensa que estás ansiando. Lo que necesitas es un plan.

En el prólogo hemos aprendido que un hábito es una opción que hacemos deliberadamente en algún momento, y luego dejamos de pensar en él, pero seguimos haciéndolo, con frecuencia, todos los días.

Dicho de otro modo, un hábito es una fórmula que nuestro cerebro sigue automáticamente: cuando vea una SEÑAL, seguiré la RUTINA, a fin de obtener una RECOMPENSA.

Para rediseñar esa fórmula hemos de volver a empezar a tomar decisiones. Y la forma más sencilla de hacerlo, según todos los estudios, es tener un plan. En psicología, estos planes se conocen como «intenciones de implementación».

Veamos, por ejemplo, mi hábito de comer la galleta por la tarde. Al usar este esquema, me he dado cuenta de que mi señal se producía aproximadamente a las 15:30 de la tarde. Sabía que mi rutina era ir a la cafetería, comprar una galleta y charlar con los amigos. Y, mediante la experimentación, aprendí que no era realmente la galleta lo que anhelaba, sino un momento de distracción y la oportunidad de estar con amigos.

Así que escribí un plan:

A las 15:30, cada día, iré al despacho de un amigo
y charlaré con él 10 minutos.

Para asegurarme de que me acordaba de hacerlo, me puse la alarma del reloj a las 15:30.

No me funcionó enseguida. Algunos días estaba demasiado ocupado y no hacía caso de la alarma, y luego se me pasaban las ganas. Otras veces parecía que había demasiado trabajo como para encontrar un amigo que estuviera libre para charlar; era más fácil comprar una galleta, y seguía mi impulso. Pero los días que seguía mi plan —cuando sonaba la alarma, y me esforzaba para ir al despacho de un amigo a charlar durante 10 minutos—, notaba que terminaba mi día laboral sintiéndome mucho mejor. Ni había ido a la cafetería ni me había comido la galleta, pero me sentía bien. Al final, se volvió automático: cuando sonaba la alarma, iba a buscar a algún amigo, y terminaba el día con un sentimiento leve, pero real, de realización personal. Al cabo de unas pocas semanas, ya casi no pensaba en la rutina. Y cuando no podía encontrar a nadie con quien hablar, me iba a la cafetería, pedía un té y me lo bebía con mis amigos.

Todo esto sucedió hace cosa de seis meses. Ya no miro el reloj; en algún momento dejé de hacerlo. Pero ahora, todos los días, a eso de las 15:30, me levanto sin darme cuenta, echo un vistazo por la sala de redacción para ver si encuentro a alguien con quien hablar, paso 10 minutos cotilleando sobre las novedades y me vuelvo a mi mesa. Ocurre casi sin darme cuenta. Se ha convertido en un hábito.

Es evidente que cambiar algunos hábitos puede ser más difícil. Pero este esquema es un buen punto de partida. A veces el cambio lleva mucho tiempo. A veces requiere repetir los experimentos y fracasos. Pero cuando entendemos cómo actúa un hábito —cuando diagnosticamos la señal, la rutina y la recompensa—, adquirimos poder sobre él.

Agradecimientos

En mi vida he tenido la inmerecida fortuna de haber trabajado con personas con mucho más talento que yo, y de poder robarles su sabiduría y gentileza y transmitirlas como si fueran mías.

Ésta es la razón por la que usted está leyendo este libro y por la que tengo que dar las gracias a tantas personas.

Andy Ward adquirió esta obra antes de que empezara a trabajar como responsable de ediciones para Random House. En aquellos tiempos, yo no sabía que era un «editor» amable, generoso y con un talento extraordinario, increíble. Había oído decir a algunos amigos a quienes les había corregido su prosa, que los había ayudado con tanta delicadeza que casi se habían olvidado del toque de atención. Pero pensaba que exageraban, puesto que en aquellos tiempos muchos de ellos bebían. Querido lector: todo eso es cierto. La humildad, paciencia y —sobre todo— el tiempo que dedica Andy a ser un buen amigo, hacen que todo aquel que le conoce quiera ser mejor persona. Este libro es tan suyo como mío, y estoy agradecido por haber tenido la oportunidad de haberle conocido, de haber podido trabajar y aprender con él. Asimismo, estoy en deuda con alguna oscura deidad por hacerme aterrizar en Random House, bajo la sabia guía de Susan Kamil, la dirección de Gina Centrello, y los consejos y el trabajo de Avideh Bashirrad, Tom Perry, Sanyu Dillon, Sally Marvin, Barbara Fillon, Maria Braeckel, Erika Greber, y la siempre paciente Kaela Myers.

Un giro similar de la fortuna me llevó a trabajar con Scott Moyers, Andrew Wylie y James Pullen de la agencia Wylie. El asesoramiento y la amistad de Scott —como saben muchos escritores— es tan inestimable como generoso. Scott ha regresado al mundo editorial y los lectores pueden considerarse afortunados. Andrew Wylie es siempre resuelto y hábil haciendo que el mundo sea más seguro (y más cómodo) para sus escritores, y le estoy enormemente agradecido. Y James Pullen me ha ayudado a entender cómo escribir en idiomas que ni siquiera sabía que existían.

Además, también estoy en deuda con el *New York Times*. Un montón de gracias a Larry Ingrassia, su editor comercial, cuya amistad, consejos y comprensión me han permitido escribir este libro, y comprometerme, entre otros muchos periodistas con talento, a crear un ambiente en el periodismo donde nuestro trabajo —y la misión del *Times*— se vea constantemente realizado por su ejemplo. Vicki Ingrassia también me ha ofrecido una maravillosa ayuda. Como sabe cualquier escritor que haya conocido a Adam Bryant, es un gran apoyo y amigo, con un don en las manos. Y es un privilegio trabajar para Bill Keller, Jill Abramson, Dean Baquet y Glenn Kramon, y seguir sus ejemplos sobre cómo han de comportarse los periodistas en el mundo.

Mis agradecimientos también a mis compañeros del *Times* Dean Murphy, Winnie O'Kelly, Jenny Anderson, Rick Berke,

Andrew Ross Sorkin, David Leonhardt, Walt Bogdanich, David Gillen, Eduardo Porter, Jodi Kantor, Vera Titunik, Amy O'Leary, Peter Lattman, David Segal, Christine Haughney, Jenny Schussler, Joe Nocera y Jim Schacter (ambos leyeron algunos capítulos), Jeff Cane, Michael Barbaro y otros que han sido muy generosos con su amistad y sus ideas.

Estoy igualmente agradecido a Alex Blumberg, Adam Davidson, Paula Szuchman, Nivi Nord, Alex Berenson, Nazanin Rafsanjani, Brendan Koerner, Nicholas Thompson, Kate Kelly, Sarah Ellison, Kevin Bleyer, Amanda Schaffer, Dennis Potami, James Wynn, Noah Kotch, Greg Nelson, Caitlin Pike, Jonathan Klein, Amanda Klein, Donnan Steele, Stacey Steel, Wesley Morris, Adir Waldam, Rich Frankel, Jennifer Couzin, Aaron Bendikson, Richard Rampell, Mike Bor, David Lewicki, Beth Waltemath, Ellen Martin, Russ Uman, Erin Brown, Jeff Norton, Raj De Datta, Ruben Sigala, Dan Costello, Peter Blake, Jason Woodard, Taylor Noguera y Matthew Bird: todos ellos me han apoyado y guiado. La portada del libro y los maravillosos gráficos del interior proceden de la mente del increíble artista Anton Ioukhnovets.

También estoy en deuda con las muchas personas que fueron generosas con su tiempo para que pudiera escribir este libro. A muchas de ellas ya las he mencionado en las notas, pero quiero dar otra vez las gracias a Tom Andrews de SYPartners, Tony Dungy y DJ Snell, Paul O'Neill, Warren Bennis, Rick Warren, Anne Krumm, Paco Underhill, Larry Squire, Wolfram Schultz, Ann Graybiel, Todd Heatherton, J. Scott Tonigan, Taylor Branch, Bob Bowman, Travis Leach, Howard Schultz, Mark Muraven, Angela Duckworth, Jane Bruno, Reza Habib, Patrick Mulkey y Terry Noffsinger. He recibido mucha ayuda de los investigadores y de los verificadores de datos, incluido Dax Proctor, Josh Friedman, Cole Louison, Alexander Provan y Neela Saldanha.

Siempre estaré agradecido a Bob Sipchen, que fue quien me ofreció mi primer trabajo de verdad como periodista, y siento no poder compartir este libro con dos amigos que he perdido demasiado pronto, Brian Ching y L. K. Case.

Por último, mi más sincero agradecimiento a mi familia. Katy Duhigg, Jacquie Jenkusky, David Duhigg, Toni Martorelli, Alexandra Alter y Jake Goldstein, han sido unos amigos maravillosos. Mis hijos Oliver y John Harry han sido fuentes de inspiración y de insomnio. Mis padres, John y Doris, desde joven me animaron a escribir, aunque quemara cosas y les diera motivos suficientes como para pensar que nuestra futura correspondencia sería con el membrete de alguna prisión.

Y, por supuesto, le doy las gracias a mi esposa, Liz, cuyo constante amor, apoyo, guía, inteligencia y amistad han hecho posible este libro.

Septiembre, 2011

Nota sobre las fuentes

Este libro se basa en cientos de entrevistas, y en miles de artículos y estudios. Muchas de esas fuentes se mencionan directamente en el texto o en las notas, junto con instrucciones para que los lectores interesados puedan conseguir más información.

En la mayor parte de las situaciones, a las personas que aportaron la principal fuente de información o que publicaron una investigación que era esencial para el texto se les dio una oportunidad —una vez escrito el libro— para revisar los hechos y hacer comentarios, expresar discrepancias o hacer constar observaciones sobre cómo se presenta la información. (Ninguna de las fuentes tuvo acceso al manuscrito completo; todos los comentarios se basan en los resúmenes que les fueron proporcionados.)

En muy pocos casos se ha extendido la confidencialidad a fuentes que, por diversas razones, no podían hablar dando sus nombres. En un número aún menor, se han reservado algunas características de identificación o se han modificado ligeramente, para salvaguardar las leyes de privacidad del paciente o por otras razones.

Notas

PRÓLOGO

12 Para ello midieron sus signos vitales... Los datos de la historia de Lisa Allen proceden de entrevistas realizadas a la interesada. Esta investigación está todavía en curso y aún no se ha publicado, por lo que los investigadores no se prestaban a ser entrevistados. No obstante, los resultados básicos fueron confirmados por estudios y entrevistas realizadas a científicos que trabajaban en proyectos similares, entre los que se incluyen los de A. DelParigi y cols., "Successful Dieters Have Increased Neural Activity in Cortical Areas Involved in the Control of Behavior", *International Journal of Obesity* 31 (2007), pp. 440-448; Duc Son NT Le y cols., "Less Activation in the Left Dorsolateral Prefrontal Cortex in the Reanalysis of the Response to a Meal in Obese than in Lean Women and Its Association with Successful Weight Loss", *American Journal of Clinical Nutrition* 86, n.º 3 (2007), pp. 573-579; A. DelParigi y cols., "Persistence of Abnormal Neural Responses to a Meal in Postobese Individuals", *International Journal of Obesity* 28 (2004), pp. 370-377; E. Stice y cols., "Relation of Reward from Food Intake and Anticipated Food Intake to Obesity: A Functional Magnetic Resonance Imaging Study", *Journal of Abnormal Psychology* 117, n.º 4 (noviembre 2008), pp. 924-935; A. C. Janes y cols., "Brain fMRI Reactivity to Smoking-Related Images Before and During Extended Smoking Abstinence", *Experimental and Clinical Psychopharmacology* 17 (diciembre 2009), pp. 365-373; D. McBride y cols., "Effects of Expectancy and Abstinence on the Neural Response to Smoking Cues in Cigarette Smokers: An fMRI Study", *Neuropsychopharmacology* 31 (diciembre 2006), pp. 2728-2738; R. Sinha y C. S. Li, "Imaging Stress- and Cue-Induced Drug and

Alcohol Craving: Association with Relapse and Clinical Implications", *Drug and Alcohol Review* 26, n.º 1 (enero 2007), pp. 25-31; E. Tricomi, B. W. Balleine y J. P. O'Doherty, "A Specific Role for Posterior Dorsolateral Striatum in Human Habit Learning", *European Journal of Neuroscience* 29, n.º 11 (junio 2009), pp. 2225-2232; D. Knoch, P. Bugger y M. Regard, "Suppressing Versus Releasing a Habit: Frequency-Dependent Effects of Prefrontal Transcranial Magnetic Stimulation", *Cerebral Cortex* 15, n.º 7 (julio 2005), pp. 885-887.

17 **«Toda nuestra vida, en cuanto a su forma...»** William James, *Talks to Teachers on Psychology and to Students on Some of Life's Ideals*, primera edición en 1899.

17 **Un estudio publicado...** Bas Verplanken and Wendy Wood, "Interventions to Break and Create Consumer Habits", *Journal of Public Policy and Marketing* 25, n.º 1 (2006), pp. 90-103; David T. Neal, Wendy Wood y Jeffrey M. Quinn, "Habits - A Repeat Performance", *Current Directions in Psychological Science* 15, n.º 4 (2006), pp. 198-202.

19 **Al observar al ejército estadounidense en acción, se me ocurrió que era...** Debo mis conocimientos sobre el fascinante tema de la utilización de los hábitos en el entrenamiento militar, al doctor Peter Schifferle de la Academia de Estudios Militares Avanzados (SAMS), al doctor James Lussier, y a los muchos comandantes y soldados que tuvieron la generosidad de dedicarme su tiempo tanto en Iraq como en la SAMS. Para obtener más información sobre este tema, véase Scott B. Shadrick y James W. Lussier, "Assessment of the Think Like a Commander Training Program", informe 1824 del Instituto de Investigación del Ejército de Estados Unidos para la Investigación de las Ciencias Sociales y de la Conducta, julio, 2004; Scott B. Shadrick y cols., "Positive Transfer of Adaptive Battlefield Thinking Skills", ibíd., informe 1873, julio 2007; Thomas J. Carnahan y cols., "Novice Versus Expert Command Groups: Preliminary Findings and Training Implications for Future Combat Systems", ibíd., informe 1821, marzo 2004; Carl W. Lickteig y cols., "Human Performance Essential to Battle Command: Report on Four Future Combat Systems Command and Control Experiments", ibíd., informe 1812, noviembre 2003; y Manual de Campo del Ejército de Estados Unidos 5-2 20, febrero 2009.

CAPÍTULO 1

27 **medía más de 1,80 metros...** Lisa Stefanacci y cols., "Profound Amnesia After Damage to the Medial Temporal Lobe: A Neuroanato-

mical and Neuropsychological Profile of Patient E.P.", *Journal of Neuroscience* 20, n.° 18 (2000), pp. 7024-7036.

27 **¿Quién es Michael?** Mis agradecimientos a las familias Pauly y Rayes, así como al laboratorio de Squire y al reportaje de Joshua Foer, "Remember This", *National Geographic*, noviembre 2007, pp. 32-57; al programa de televisión "Don't Forget", de *Scientific American Frontiers*, producido por Chedd-Angier Production Company, PBS, primer episodio emitido el 11 de mayo de 2004, presentado por Alan Alda: "Solved: Two Controversial Brain Teasers", *Bioworld Today*, agosto 1999; David E. Graham, "UCSD Scientist Unlocks Working of Human Memory", *The San Diego Union-Tribune*, 12 de agosto 1999.

28 **La muestra extraída de la columna...** Richard J. Whitley y David W. Kimberlan, "Viral Encephalitis", *Pediatrics in Review* 20, n.° 6 (1999), pp. 192-198.

32 **tenía siete años...** Unos artículos publicados dicen que H. M. sufrió el accidente a los nueve años, otros dicen que fue a los siete.

32 **le atropelló una bicicleta...** Las investigaciones anteriores indican que H. M. fue atropellado por una bicicleta. No obstante, documentos más recientes, todavía no publicados, indican que pudo haberse caído de una bicicleta.

32 **al caer se dio un fuerte golpe en la cabeza...** Luke Dittrich, "The Brain That Changed Everything", *Esquire*, octubre 2010.

32 **Era inteligente...** Eric Hargreaves, "H. M.", *Page O'Neuroplasticity*, http://homepages.nyu.edu/~eh597/HM.htm.

32 **Cuando el médico le propuso abrirle...** Benedict Carey, "H. M., Whose Loss of Memory Made Him Unforgettable, Dies", *The New York Times*, 5 de diciembre 2008.

32 **con una cañita...** Era una práctica común en aquellos tiempos.

33 **Se presentaba a sus médicos...** Dittrich, "The Brain That Changed Everything"; Larry R. Squire, "Memory and Brain Systems: 1969-2009", *Journal of Neuroscience* 29, n.° 41 (2009), pp. 12711-12726; Larry R. Squire, "The Legacy of Patient H. M. for Neuroscience", *Neuron* 61, n.° 1 (2009), pp. 6-9.

36 **transformado nuestra comprensión del poder de los hábitos...** Jonathan M. Reed y cols., "Learning About Categories That Are Defined by Object-Like Stimuli Despite Impaired Declarative Memory", *Behavioral Neuroscience* 113 (1999), pp. 411-419; B. J. Knowlton, J. A. Mangels y L. R. Squire, "A Neostriatal Habit Learning System in Humans", *Science* 273 (1996), pp. 1399-1402; P. J. Bayley, J. C. Frascino y L. R. Squire, "Robust Habit Learning in the Absence of Awareness and Independent of the Medial Temporal Lobe", *Nature* 436 (2005), pp. 550-553.

40 **del tamaño de una pelota de golf...** B. Bendriem y cols., "Quantitation of the Human Basal Ganglia with Positron Emission Tomography: A Phantom Study of the Effect of Contrast and Axial Positioning", *IEEE Transactions on Medical Imaging* 10, n.º 2 (1991), pp. 216-222.

40 **un grupo de células de forma ovalada...** G. E. Alexander y M. D. Crutcher, "Functional Architecture of Basal Ganglia Circuits: Neural Substrates of Parallel Processing", *Trends in Neurosciences* 13 (1990), pp. 266-271; André Parent y Lili-Naz Hazrati, "Functional Anatomy of the Basal Ganglia", *Brain Research Reviews* 20 (1995), pp. 91-127; Roger L. Albin, Anne B. Young y John B. Penney, "The Functional Anatomy of Basal Ganglia Disorders", *Trends in Neurosciences* 12 (1989), pp. 366-375.

41 **enfermedades como el Parkinson.** Alain Dagher y T. W. Robbins, "Personality, Addiction, Dopamine: Insights from Parkinson's Disease", *Neuron* 61 (2009), pp. 502-510.

41 **cómo abrir los comederos.** Mi agradecimiento a las siguientes fuentes que me han ayudado a entender mejor el trabajo que se realiza en los laboratorios del MIT, los ganglios basales y su función en los hábitos y la memoria: F. Gregory Ashby y John M. Ennis, "The Role of the Basal Ganglia in Category Learning", *Psychology of Learning and Motivation* 46 (2006), pp. 1-36; F. G. Ashby, B. O. Turner y J. C. Horvitz, "Cortical and Basal Ganglia Contributions to Habit Learning and Automaticity", *Trends in Cognitive Sciences* 14 (2010), pp. 208-215; C. Da Cunha y M. G. Packard, "Preface: Special Issue on the Role of the Basal Ganglia in Learning and Memory", *Behavioural Brain Research* 199 (2009), pp. 1-2; C. Da Cunha y cols., "Learning Processing in the Basal Ganglia: A Mosaic of Broken Mirrors", *Behavioural Brain Research* 199 (2009), pp. 157-170; M. Desmurget y R. S. Turner, "Motor Sequences and the Basal Ganglia: Kinematics, Not Habits", *Journal of Neuroscience* 30 (2010), pp. 7685-7690; J. J. Ebbers y N. M. Wijnberg, "Organizational Memory: From Expectations Memory to Procedural Memory", *British Journal of Management* 20 (2009), pp. 478-490; J. A. Grahn, J. A. Parkinson y A. M. Owen, "The Role of the Basal Ganglia in Learning and Memory: Neuropsychological Studies", *Behavioural Brain Research* 199 (2009), pp. 53-60; Ann M. Graybiel, "The Basal Ganglia: Learning New Tricks and Loving It", *Current Opinion in Neurobiology* 15 (2005), pp. 638-644; Ann M. Graybiel, "The Basal Ganglia and Chunking of Action Repertoires", *Neurobiology of Learning and Memory* 70, n.ᵒˢ 1-2 (1998), pp. 119-136; F. Gregory Ashby y V. Valentin, "Multiple Systems of Perceptual Category Learning: Theory and Cognitive Tests", en *Handbook of Categorization in Cog-*

nitive Science, Henri Cohen y Claire Lefebvre, eds. (Elsevier Science, Oxford, 2005); S. N. Haber y M. Johnson Gdowski, "The Basal Ganglia", en *The Human Nervous System*, 2.ª ed., George Paxinos y Jürgen K. Mai, eds. (Academic Press, San Diego, 2004), pp. 676-738; T. D. Barnes y cols., "Activity of Striatal Neurons Reflects Dynamic Encoding and Recoding of Procedural Memories", *Nature* 437 (2005), pp. 1158-1161; M. Laubach, "Who's on First? What's on Second? The Time Course of Learning in Corticostriatal Systems", *Trends in Neurosciences* 28 (2005), pp. 509-511; E. K. Miller y T. J. Buschman, "Bootstrapping Your Brain: How Interactions Between the Frontal Cortex and Basal Ganglia May Produce Organized Actions and Lofty Thoughts", en *Neurobiology of Learning and Memory*, 2.ª ed., Raymond P. Kesner y Joe L. Martinez, eds. (Academic Press, Burlington, Vermont, 2007), pp. 339-354; M. G. Packard, "Role of Basal Ganglia in Habit Learning and Memory: Rats, Monkeys, and Humans", en *Handbook of Behavioral Neuroscience*, Heinz Steiner y Kuei Y. Tseng, eds., pp. 561-569; D. P. Salmon y N. Butters, "Neurobiology of Skill and Habit Learning", *Current Opinion in Neurobiology* 5 (1995), pp. 184-190; D. Shohamy y cols., "Role of the Basal Ganglia in Category Learning: How Do Patients with Parkinson's Disease Learn?", *Behavioral Neuroscience* 118 (2004), pp. 676-686; M. T. Ullman, "Is Broca's Area Part of a Basal Ganglia Thalamocortical Circuit?", *Cortex* 42 (2006), pp. 480-485; N. M. White, "Mnemonic Functions of the Basal Ganglia", *Current Opinion in Neurobiology* 7 (1997), pp. 164-169.

41 **El laberinto estaba diseñado...** Ann M. Graybiel, "Overview at Habits, Rituals, and the Evaluative Brain", *Annual Review of Neuroscience* 31 (2008), pp. 359-387; T. D. Barnes y cols., "Activity of Striatal Neurons Reflects Dynamic Encoding and Recoding of Procedural Memories", *Nature* 437 (2005), pp. 1158-1161; Ann M. Graybiel, "Network-Level Neuroplasticity in Cortico-Basal Ganglia Pathways", *Parkinsonism and Related Disorders* 10 (2004), pp. 293-296; N. Fujii y Ann M. Graybiel, "Time-Varying Covariance of Neural Activities Recorded in Striatum and Frontal Cortex as Monkeys Perform Sequential-Saccade Tasks", *Proceedings of the National Academy of Sciences* 102 (2005), pp. 9032-9037.

43 **Para ver esta aptitud en acción...** Los gráficos de este capítulo han sido simplificados para mostrar los aspectos más importantes. No obstante, se puede hallar una descripción completa de estos estudios en los trabajos y conferencias de la doctora Graybiel.

44 **es la causa de la formación de los hábitos.** Ann M. Graybiel, "The Basal Ganglia and Chunking of Action Repertoires", *Neurobiology of Learning and Memory* 70 (1998), pp. 119-136.

48 se acaba formando un hábito. Para más información, véase A. David Smith y J. Paul Bolam, "The Neural Network of the Basal Ganglia as Revealed by the Study of Synaptic Connections of Identified Neurones", *Trends in Neurosciences* 13 (1990), pp. 259-265; John G. McHaffle y cols., "Subcortical Loops Through the Basal Ganglia", *Trends in Neurosciences* 28 (2005), pp. 401-407; Ann M. Graybiel, "Neurotransmitters and Neuromodulators in the Basal Ganglia", *Trends in Neurosciences* 13 (1990), pp. 244-254; J. Yelnik, "Functional Anatomy of the Basal Ganglia", *Movement Disorders* 17 (2002), pp. 15-21.

49 El problema radica en que el cerebro... Para más información, véase Catherine A. Thorn y cols., "Differential Dynamics of Activity Changes in Dorsolateral and Dorsomedial Striatal Loops During Learning", *Neuron* 66 (2010), pp. 781-795; Ann M. Graybiel, "The Basal Ganglia: Learning New Tricks and Loving It", *Current Opinion in Neurobiology* 15 (2005), pp. 638-644.

51 En cada par, una de las cartulinas... Para más información, véase Peter J. Bayley, Jennifer C. Frascino y Larry R. Squire, "Robust Habit Learning in the Absence of Awareness and Independent of the Medial Temporal Lobe", *Nature* 436 (2005), pp. 550-553; J. M. Reed y cols., "Learning About Categories That Are Defined by Object-Like Stimuli Despite Impaired Declarative Memory", *Behavioral Neuroscience* 133 (1999), pp. 411-419; B. J. Knowlton, J. A. Mangels y L. R. Squire, "A Neostriatal Habit Learning System in Humans", *Science* 273 (1996), pp. 1399-1402.

54 Los experimentos de Squire con Eugene... Deseo aclarar que el trabajo de Squire con Pauly no se limita a los hábitos y que también ha proporcionado nuevas visiones sobre temas como la memoria espacial y los efectos de preparar el cerebro. Para una información más completa sobre los descubrimiento que fueron posibles gracias a Pauly, véase la página principal de Squire's en http://psychiatry.ucsd.edu/faculty/lsquire.html.

56 El hábito estaba tan arraigado... Para más información, véase Monica R. F. Hilario y cols., "Endocannabinoid Signaling Is Critical for Habit Formation", *Frontiers in Integrative Neuroscience* 1 (2007), p. 6; Monica R. F. Hilario y Rui M. Costa, "High on Habits", *Frontiers in Neuroscience* 2 (2008), pp. 208-217; A. Dickinson, "Appetitive-Aversive Interactions: Superconditioning of Fear by an Appetitive CS", *Quarterly Journal of Experimental Psychology* 29 (1977), pp. 71-83; J. Lamarre y P. C. Holland, "Transfer of Inhibition After Serial Feature Negative Discrimination Training", *Learning and Motivation* 18 (1987), pp. 319-342; P. C. Holland, "Differential Effects of Reinforcement of an Inhibitory Feature After Serial and Simultaneous Feature Negative Discrimination Training", *Journal of Experimental Psychology: Animal Behavior Processes* 10 (1984), pp. 461-475.

57 Cuando los investigadores de las universidades de North Texas y de Yale. Jennifer L. Harris, Marlene B. Schwartz y Kelly D. Brownell, "Evaluating Fast Food Nutrition and Marketing to Youth", Centro Rudd para la Política Alimentaria y la Obesidad de la Universidad de Yale, 2010; H. Qin y V. R. Prybutok, "Determinants of Customer-Perceived Service Quality in Fast-Food Restaurants and Their Relationship to Customer Satisfaction and Behavioral Intentions", *The Quality Management Journal* 15 (2008), p. 35; H. Qin y V. R. Prybutok, "Service Quality, Customer Satisfaction, and Behavioral Intentions in Fast-Food Restaurants", *International Journal of Quality and Service Sciences* 1 (2009), p. 78. Para más información sobre este tema, véase K. C. Berridge, "Brain Reward Systems for Food Incentives and Hedonics in Normal Appetite and Eating Disorders", en *Appetite and Body Weight*, Tim C. Kirkham y Steven J. Cooper, eds. (Academic Press, Burlington, Vermont, 2007), pp. 91-215; K. C. Berridge y cols., "The Tempted Brain Eats: Pleasure and Desire Circuits in Obesity and Eating Disorders", *Brain Research* 1350 (2010), pp. 43-64; J. M. Dave y cols., "Relationship of Attitudes Toward Fast Food and Frequency of Fast-Food Intake in Adults", *Obesity* 17 (2009), pp. 1164-1170; S. A. French y cols., "Fast Food Restaurant Use Among Adolescents: Associations with Nutrient Intake, Food Choices and Behavioral and Psychosocial Variables", *International Journal of Obesity and Related Metabolic Disorders* 25 (2001), p. 1823; N. Ressler, "Rewards and Punishments, Goal-Directed Behavior and Consciousness", *Neuroscience and Biobehavioral Reviews* 28 (2004), pp. 27-39; T. J. Richards, "Fast Food, Addiction, and Market Power," *Journal of Agricultural and Resource Economics* 32 (2007), pp. 425-447; M. M. Torregrossa, J. J. Quinn y J. R. Taylor, "Impulsivity, Compulsivity, and Habit: The Role of Orbitofrontal Cortex Revisited", *Biological Psychiatry* 63 (2008), pp. 253-255; L. R. Vartanian, C. P. Herman y B. Wansink, "Are We Aware of the External Factors That Influence Our Food Intake?", *Health Psychology* 27 (2008), pp. 533-538; T. Yamamoto y T. Shimura, "Roles of Taste in Feeding and Reward", en *The Senses: A Comprehensive Reference*, Allan I. Basbaum y cols., eds. (Academic Press, Nueva York, 2008), pp. 437-458; F. G. Ashby, B. O. Turner y J. C. Horvitz, "Cortical and Basal Ganglia Contributions to Habit Learning and Automaticity", *Trends in Cognitive Sciences* 14 (2010), pp. 208-215.

57 **Ideal para reforzar el bucle...** K. C. Berridge y T. E. Robinson, "Parsing Reward", *Trends in Neurosciences* 26 (2003), pp. 507-513; Kelly D. Brownell y Katherine Battle Horgen, *Food Fight: The Inside Story of the Food Industry, America's Obesity Crisis, and What We Can Do About It* (Contemporary Books, Chicago, 2004); Karl Weber, ed., *Food, Inc.: How Industrial Food Is Making Us Sicker, Fatter, and Poorer - and What You Can Do About It* (Public Affairs, Nueva York, 2004); Ronald D. Michman y Edward M. Mazze, *The Food Industry Wars: Marketing Triumphs and Blunders* (Quorum Books, Westport, Connecticut, 1998); M. Nestle, *Food Politics: How the Food Industry Influences Nutrition and Health* (University of California Press, Berkeley, 2002); D. R. Reed y A.

Knaapila, "Genetics of Taste and Smell: Poisons and Pleasures", en *Progress in Molecular Biology and Translational Science*, Claude Bouchard, ed. (Academic Press, Nueva York); N. Ressler, "Rewards and Punishments, Goal-Directed Behavior and Consciousness", *Neuroscience and Biobehavioral Reviews* 28 (2004), pp. 27-39; T. Yamamoto y T. Shimura, "Roles of Taste in Feeding and Reward", en *The Senses: A Comprehensive Reference*, Allan I. Basbaum y cols., eds. (Academic Press, Nueva York, 2008), pp. 437-458.

CAPÍTULO 2

63 **Hopkins accedería a...** La historia de Hopkins, Pepsodent y el cuidado dental en Estados Unidos, se la debo a Scott Swank, conservador del Dr. Samuel D. Harris National Museum of Dentistry; James L. Gutmann, DDS; y David A. Chemin, editor del *Journal of the History of Dentistry*. Además, también recurrí repetidamente a James Twitchell, *Twenty Ads That Shook the World* (Three Rivers Press, Nueva York, 2000); al Dr. Samuel D. Harris National Museum of Dentistry; al *Journal of the History of Dentistry*; Mark E. Parry, "Crest Toothpaste: The Innovation Challenge", *Social Science Research Network*, octubre 2008; Robert Aunger, "Tooth Brushing as Routine Behavior", *International Dental Journal* 57 (2007), pp. 364-376; Jean-Paul Claessen y cols., "Designing Interventions to Improve Tooth Brushing", *International Dental Journal* 58 (2008), pp. 307-320; Peter Miskell, "Cavity Protection or Cosmetic Perfection: Innovation and Marketing of Toothpaste Brands in the United States and Western Europe, 1955-1985", *Business History Review* 78 (2004), pp. 29-60; James L. Gutmann, "The Evolution of America's Scientific Advancements in Dentistry in the Past 150

Years", *The Journal of the American Dental Association* 140 (2009), pp. 8s-15s; Domenick T. Zero y cols., "The Biology, Prevention, Diagnosis and Treatment of Dental Caries: Scientific Advances in the United States", *The Journal of the American Dental Association* 140 (2009): 25s-34s; Alyssa Picard, *Making of the American Mouth: Dentists and Public Health in the Twentieth Century* (Rutgers University Press, New Brunswick, N.J., 2009); S. Fischman, "The History of Oral Hygiene Products: How Far Have We Come in 6.000 Years?", *Periodontology 2000* 15 (1997), pp. 7-14; Vincent Vinikas, *Soft Soap, Hard Sell: American Hygiene in the Age of Advertisement* (University of Iowa Press, Ames, 1992).

64 A medida que la nación se enriquecía... H. A. Levenstein, *Revolution at the Table: The Transformation of the American Diet* (Oxford University Press, Nueva York, 1988); Scott Swank, *Paradox of Plenty: The Social History of Eating in Modern America* (University of California Press, Berkeley, 2003).

65 casi nadie se cepillaba los dientes. Alyssa Picard, *Making of the American Mouth: Dentists and Public Health in the Twentieth Century* (Rutgers University Press, New Brunswick, Nueva Jersey, 2009).

65 desde Shirley Temple hasta Clark Gable... Para más información sobre las celebridades que anunciaban la pasta de dientes, véase Steve Craig, "The More They Listen, the More They Buy: Radio and the Modernizing of Rural America, 1930-1939", *Agricultural History* 80 (2006), pp. 1-16.

65 En 1930, Pepsodent ya se vendía... Kerry Seagrave, *America Brushes Up: The Use and Marketing of Toothpaste and Toothbrushes in the Twentieth Century* (McFarland, Jefferson, Carolina del Norte, 2010); Alys Eve Weinbaum y cols., *The Modern Girl Around the World: Consumption, Modernity, and Globalization* (Duke University Press, Durham, Carolina del Norte, 2008), pp. 28-30.

65 Una década después de la primera... Scripps-Howard, *Market Records, from a Home Inventory Study of Buying Habits and Brand Preferences of Consumers in Sixteen Cities* (Scripps-Howard Newspapers, Nueva York, 1938).

67 La película es una membrana que se genera de forma natural... C. McGaughey y E. C. Stowell, "The Adsorption of Human Salivary Proteins and Porcine Submaxillary Mucin by Hydroxyapatite", *Archives of Oral Biology* 12, n.° 7 (1967), pp. 815-828; Won-Kyu Park y cols., "Influences of Animal Mucins on Lysozyme Activity in Solution and on Hydroxyapatite Surface", *Archives of Oral Biology* 51, n.° 10 (2006), pp. 861-869.

67 —especialmente Pepsodent— eran absolutamente inútiles... William J. Gies, "Experimental Studies of the Validity of Advertised Claims for Products of Public Importance in Relation to Oral Hygiene or Dental Therapeutics", *Journal of Dental Research* 2 (septiembre 1920), pp. 511-529.

68 ¡Pepsodent elimina la película!» Mi agradecimiento a la colección digital de anuncios de la Universidad Duke.

69 Pepsodent era uno de los productos más vendidos... Kerry Seagrave, *America Brushes Up: The Use and Marketing of Toothpaste and Toothbrushes in the Twentieth Century* (McFarland, Jefferson, Carolina del Norte, 2010); Jeffrey L. Cruikshank y Arthur W. Schultz, *The Man Who Sold America: The Amazing (but True!) Story of Albert D. Lasker and the Creation of the advertising Century* (Harvard Business Press, Cambridge, Massachusetts, 2010), pp. 268-281.

69 más vendida en Estados Unidos durante más... Al final Pepsodent fue superada en ventas por Crest, que contenía fluoruro, el primer ingrediente en una pasta de dientes que realmente era eficaz para prevenir la caries.

69 Tras una década de que la campaña de Hokpins... Peter Miskell, "Cavity Protection or Cosmetic Perfection: Innovation and Marketing of Toothpaste Brands in the United States and Western Europe, 1955-1985", *Business History Review* 78 (2004), pp. 29-60.

70 Los estudios relativos a las personas que han empezado con éxito... H. Aarts, T. Paulussen y H. Schaalma, "Physical Exercise Habit: On the Conceptualization and Formation of Habitual Health Behaviours", *Health Education Research* 3 (1997), pp. 363-374.

70 Las investigaciones sobre las personas que siguen una dieta revelan... Krystina A. Finlay, David Trafimow y Aimee Villarreal, "Predicting Exercise and Health Behavioral Intentions: Attitudes, Subjective Norms, and Other Behavioral Determinants", *Journal of Applied Social Psychology* 32 (2002), pp. 342-356.

71 Tan sólo en el mercado de los detergentes... Tara Parker-Pope, "P&G Targets Textiles Tide Can't Clean", *The Wall Street Journal,* 29 de abril 1998.

72 Los beneficios ascendían a 35.000 millones al año. Peter Sander y John Slatter, *The 100 Best Stocks You Can Buy* (Adams Business, Avon, Massachusetts, 2009), p. 294.

73 Decidieron ponerle por nombre Febreze... La historia de Febreze procede de entrevistas y artículos, incluidos "Procter & Gamble-Jager's Gamble", *The Economist,* 28 de octubre 1999; Christine Bittar, "P&G's Monumental Repackaging Project", *Brandweek,* marzo 2000,

pp. 40-52; Jack Neff, "Does P&G Still Matter?", *Advertising Age* 71 (2000), pp. 48-56; Roderick E. White y Ken Mark, "Procter & Gamble Canada: The Febreze Decision", Ivey School of Business, Londres, Ontario, 2001. Pedí a Procter & Gamble que comentara la información que he escrito en este capítulo y me respondió lo siguiente: "P&G se compromete a garantizar la confidencialidad de la información que nos proporcionan nuestros clientes. Por consiguiente, no podemos confirmar o corregir la información que usted ha recibido de fuentes ajenas a la compañía".

76 En el segundo anuncio aparece una mujer... Christine Bittar, "Freshbreeze at P&G", *Brandweek*, octubre 1999.

76 La señal: la mascota huele... American Veterinary Medical Association, estadísticas de estudio de mercado de 2001.

78 se unió un nuevo grupo de investigadores... A. J. Lafley y Ram Charan, *The Game Changer: How You Can Drive Revenue and Profit Growth with Innovation* (Crown Business, Nueva York, 2008).

80 Pero a Schultz no le interesaban las ratas, Se puede encontrar un resumen de las investigaciones de Wolfram Schultz en "Behavioral Theories and the Neurophysiology of Reward", *Annual Review of Psychology* 57 (2006), pp. 87-115; Wolfram Schultz, Peter Dayan y P. Read Montague, "A Neural Substrate of Prediction and Reward", *Science* 275 (1997), pp. 1593-1599; Wolfram Schultz, "Predictive Reward Signal of Dopamine Neurons", *Journal of Neurophysiology* 80 (1998), pp. 1-27; L. Tremblya y Wolfram Schultz, "Relative Reward Preference in Primate Orbitofrontal Cortex", *Nature* 398 (1999), pp. 704-708; Wolfram Schultz, "Getting Formal with Dopamine and Reward", *Neuron* 36 (2002), pp. 241-263; W. Schultz, P. Apicella y T. Ljungberg, "Responses of Monkey Dopamine Neurons to Reward and Conditioned Stimuli During Successive Steps of Learning a Delayed Response Task", *Journal of Neuroscience* 13 (1993), pp. 900-913.

81 experimentaba felicidad. Es importante aclarar que Schultz no dice que estos picos representen felicidad. Para un científico, un pico en la actividad neuronal es sólo un pico, y asignarle atributos subjetivos excede el ámbito de los resultados probables. En un *e-mail* de verificación de datos, Schultz aclaró: «No podemos hablar del placer y de la felicidad, puesto que no conocemos los sentimientos de un animal... Intentamos evitar afirmaciones no comprobadas y simplemente nos remitimos a los hechos». Dicho esto, como puede atestiguar cualquiera que haya visto alguna vez a un mono o a un niño de 3 años tomar zumo, el resultado se parece mucho a la felicidad.

84 La expectación y el fuerte deseo... Schultz, en un *e-mail* de verificación de datos, aclara que esta investigación no se centra únicamente en los hábitos, sino que también tiene en cuenta otras conductas: «Nuestros datos no se limitan a los hábitos, que son una forma concreta de conducta. Las recompensas y los errores en la predicción de ellas, desempeñan un papel general en todas las conductas. Tanto si es un hábito como si no, cuando no conseguimos lo que esperamos, nos sentimos decepcionados. A eso lo llamamos error de predicción negativa (la diferencia negativa entre lo que obtenemos y lo que esperamos)».

85 La mayoría de los vendedores de comida sitúan sus paradas... Brian Wansink, *Mindless Eating: Why We Eat More Than We Think* (Bantam, Nueva York, 2006); Sheila Sasser y David Moore, "Aroma-Driven Craving and Consumer Consumption Impulses", presentación, sesión 2.4, American Marketing Association Summer Educator Conference, San Diego, California, 8-11 de agosto 2008; David Fields, "In Sales, Nothing You Say Matters", Ascendant Consulting, 2005.

85 El bucle del hábito empieza a activarse porque... Harold E. Doweiko, *Concepts of Chemical Dependency* (Brooks Cole, Belmont, California, 2008), pp. 362-382.

87 Así es como se crean nuevos hábitos... K. C. Berridge y M. L. Kringelbach, "Affective Neuroscience of Pleasure: Reward in Humans and Animals", *Psychopharmacology* 199 (2008), pp. 457-480; Wolfram Schultz, "Behavioral Theories and the Neurophysiology of Reward", *Annual Review of Psychology* 57 (2006), pp. 87-115.

88 «desear se convierte en una ansia obsesiva» T. E. Robinson y K. C. Berridge, "The Neural Basis of Drug Craving: An Incentive-Sensitization Theory of Addiction", *Brain Research Reviews* 18 (1993), pp. 247-291.

89 En 2002, un grupo de investigadores de la Universidad Estatal de Nuevo México... Krystina A. Finlay, David Trafimow y Aimee Villarreal, "Predicting Exercise and Health Behavioral Intentions: Attitudes, Subjective Norms, and Other Behavioral Determinants", *Journal of Applied Social Psychology* 32 (2002), pp. 342-356.

90 La señal, además de desencadenar una rutina Henk Aarts, Theo Paulussen y Herman Schaalma, "Physical Exercise Habit: On the Conceptualization and Formation of Habitual Health Behaviours", *Health Education Research* 12 (1997), pp. 363-374.

95 En un año, los clientes habían gastado... Christine Bittar, "Freshbreeze at P&G", *Brandweek*, octubre 1999.

98 a diferencia de otros dentífricos... Patente 1.619.067 asignada a Rudolph A. Kuever.

99   ¿Quieres generar un nuevo hábito alimentario? J. Brug, E. de Vet, J. de Nooijer y B. Verplanken, "Predicting Fruit Consumption: Cognitions, Intention, and Habits", *Journal of Nutrition Education and Behavior* 38 (2006), pp. 73-81.

100   El ansia condujo al bucle del hábito. Para un inventario completo de los estudios del National Weight Control Registry, véase http://www.nwcr.ws/Research/published%20research.htm.

100   Sin embargo, aunque todo el mundo se cepilla... D. I. McLean y R. Gallagher, "Sunscreens: Use and Misuse", *Dermatologic Clinics* 16 (1998), pp. 219-226.

CAPÍTULO 3

103   El reloj en el otro extremo del campo... Quiero dar las gracias a Tony Dungy y Nathan Whitacker por su tiempo y sus escritos, incluido *Quiet Strength: The Principles, Practices, and Priorities of a Winning Life* (Tyndale House, Carol Stream, Illinois, 2008); *The Mentor Leader: Secrets to Building People and Teams That Win Consistently* (Tyndale House, Carol Stream, Illinois, 2010); *Uncommon: Finding Your Path to Significance* (Tyndale House, Carol Stream, Illinois, 2011). También quiero dar las gracias a Jene Bramel, de Footballguys.com; a Matthew Bowen, del National Football Post y del St. Louis Rams, Green Bay Packers, Washington Redskins y Buffalo Bills; a Tim Layden, del *Sports Illustrated*, y a su libro *Blood, Sweat, and Chalk: The Ultimate Football Playbook: How the Great Coaches Built Today's Teams* (Sports Illustrated, Nueva York, 2010); Pat Kirwan, *Take Your Eye Off the Ball: How to Watch Football by Knowing Where to Look* (Triumph Books, Chicago, 2010); Nunyo Demasio, "The Quiet Leader", *Sports Illustrated*, febrero 2007; Bill Plaschke, "Color Him Orange", *Los Angeles Times*, 1 de septiembre 1996; Chris Harry, "'Pups' Get to Bark for the Bucs", *Orlando Sentinel*, 5 de septiembre 2001; Jeff Legwold, "Coaches Find Defense in Demand", *Rocky Mountain News*, 11 de noviembre 2005; y a Martin Fennelly, "Quiet Man Takes Charge with Bucs", *The Tampa Tribune*, 9 de agosto 1996.

103   Es última hora de la tarde del domingo... Mi agradecimiento a Fox Sports por facilitarme las cintas de los partidos, y a Kevin Kernan, "The Bucks Stomp Here", *The San Diego Union-Tribune*, 18 de noviembre 1996; Jim Trotter, "Harper Says He's Done for Season", *The San Diego Union-Tribune*, 18 de noviembre 1996; Les East, "Still Worth the Wait", *The Advocate* (Baton Rouge, Luisiana), 21 de noviembre 1996.

103   no conocían la palabra «esperanza»... Mitch Albom, "The Courage of Detroit", *Sports Illustrated,* 22 de septiembre 2009.

104   «Felpudo Naranja de Estados Unidos». Pat Yasinskas, "Behind the Scenes", *The Tampa Tribune,* 19 de noviembre 1996.

105   Por experiencia sabía que... En una carta de verificación de datos, Dungy hacía hincapié en que no se trataba de estrategias nuevas, sino que eran métodos que «he aprendido trabajando con los Steelers en los setenta y en los ochenta. Lo que sí era único, y lo que creo que difundí, fue la idea de cómo hacer entender esas ideas... [Mi plan era] no abrumar a los contrarios con estrategias o abundancia de juegos y formaciones, sino ganar por medio de la ejecución. Estar muy seguros de lo que estábamos haciendo y hacerlo bien. Reducir los errores que cometíamos. Jugar con rapidez porque ya no tendríamos que estar pendientes de tantas cosas».

108   Cuando su estrategia funciona... Para más información sobre la defensa 2 de Tampa, véase Rick Gosselin, "The Evolution of the Cover Two", *The Dallas Morning News,* 3 de noviembre 2005; Mohammed Alo, "Tampa 2 Defense", *The Football Times,* 4 de julio 2006; Chris Harry, "Duck and Cover", *Orlando Sentinel,* 26 de agosto 2005; Jason Wilde, "What to Do with Tampa-2?", *Wisconsin State Journal,* 22 de septiembre 2005; Jim Thomas, "Rams Take a Run at Tampa 2", *St. Louis Post-Dispatch,* 16 de octubre, 2005; Alan Schmadtke, "Dungy's 'D' No Secret", *Orlando Sentinel,* 6 de septiembre 2006; Jene Bramel, "Guide to NFL Defenses", *The Fifth Down* (blog), *The New York Times,* 6 de septiembre 2010.

111   En ese sótano se encontraba... William L. White, *Slaying the Dragon* (Lighthouse Training Institute, Bloomington, Illinois, 1998).

111   llamado Bill Wilson... Alcoholics Anonymous World Service, *The A.A. Service Manual Combined with Twelve Concepts for World Service* (Alcoholics Anonymous, Nueva York, 2005); Alcoholics Anonymous World Service, *Alcoholics Anonymous: The Story of How Many Thousands of Men and Women Have Recovered from Alcoholism* (Alcoholics Anonymous, Nueva York, 2001); Alcoholics Anonymous World Service, *Alcoholics Anonymous Comes of Age: A Brief History of A.A.* (Alcoholics Anonymous, Nueva York, 1957); Alcoholics Anonymous World Service, *As Bill Sees It* (Alcoholics Anonymous, Nueva York, 1967); Bill W., *Bill W.: My First 40 Years - An Autobiography by the Cofounder of Alcoholics Anonymous* (Hazelden Publishing, Hazelden Center City, Minnesota, 2000); Francis Hartigan, *Bill W.: A Biography of Alcoholics Anonymous Cofounder Bill Wilson* (Thomas Dunne Books, Nueva York, 2009).

112   Tomó un sorbito y sintió... Susan Cheever, *My Name Is Bill: Bill Wilson - His Life and the Creation of Alcoholics Anonymous* (Simon and Schuster, Nueva York, 2004).

112   Wilson le invitó... Ibíd.

113   En ese momento, escribiría más tarde, Ernest Kurtz, *Not-God: A History of Alcoholics Anonymous* (Hazelden Publishing, Hazelden Center City, Minnesota, 1991).

114   Se calcula que aproximadamente 2,1 millones de personas... Datos proporcionados por el AA General Service Office Staff, según cifras de 2009.

114   unos 10 millones de alcohólicos... Conseguir cifras verificables sobre los miembros de AA o las personas que han dejado de beber a través del programa es bastante difícil, en parte debido al anonimato de sus miembros y a que no existe ninguna obligación de registrarse en ninguna parte. No obstante, la cifra de 10 millones de personas, que se basa en conversaciones con los investigadores de AA parece razonable (si bien no verificable) dada la larga trayectoria con la que cuenta el programa.

114   lo curioso del caso de AA... En psicología se suele hacer referencia a este tipo de tratamiento —dirigido a los hábitos— bajo el término general de «Terapia cognitivo-conductual», o anteriormente, «prevención de la recaída». La TCC [CBT en sus siglas en inglés], como suele denominarse al tratamiento, suele incorporar cinco técnicas básicas: 1) Aprendizaje, en la que el terapeuta explica la enfermedad al paciente y le enseña a tener paciencia para identificar los síntomas; 2) Monitoración, en la que el paciente utiliza un diario para controlar la conducta y las situaciones que la desencadenan; 3) Respuesta competitiva, en la que el paciente cultiva nuevas rutinas, como métodos de relajación, para compensar la conducta problemática; 4) Reconsideración, en la que el terapeuta guía al paciente para que reevalúe las situaciones; y 5) Exposición, en la que el terapeuta ayuda al paciente a exponerse a las situaciones que desencadenan su conducta.

115   Lo que proporciona AA es un método... Escribir sobre AA siempre es una propuesta complicada, por el número de detractores y partidarios que tiene el programa, y porque hay docenas de interpretaciones sobre cómo y por qué funciona el programa. En un *e-mail*, por ejemplo, Lee Ann Kaskutas, uno de los científicos más antiguos del Grupo de Investigación sobre el Alcoholismo, escribió que AA indirectamente «proporciona un método para atacar los hábitos que están en torno al consumo de alcohol. Pero eso es a través de las personas de AA, no de su programa. Éste aborda el problema básico, el ego del alcohólico, el alcohólico egocéntrico y desprovisto de espiritualidad». Kaskutas escribió que es cierto que AA proporciona soluciones para los hábitos de los alcohólicos, eslóganes como «ve a una reunión si quieres beber» y «evita personas, lugares y cosas que no sean de fiar». Pero también escribió que «Los eslóganes no son el programa. El programa son los pasos. AA pretende ir mucho más allá del simple hecho de abordar el hábito de beber, y los fundadores de AA argüirían que atacar el hábito es una medida a medias que no te será muy útil; al final sucumbirás a la bebida a menos que cambies cosas más básicas». Para más información sobre las investigaciones en la ciencia de AA, y debates sobre la eficacia del programa, véase C. D. Emrick y cols., "Alcoholics Anonymous: What Is Currently Known?", en B. S. McCrady y W. R. Miller, eds., *Research on Alcoholics Anonymous: Opportunities and Alternatives* (Rutgers, New Brunswick, Nueva Jersey, 1993), pp. 41-76; John F. Kelly y Mark G. Myers, "Adolescents' Participation in Alcoholics Anonymous and Narcotics Anonymous: Review, Implications, and Future Directions", *Journal of Psychoactive Drugs* 39, n.º 3 (septiembre 2007), pp. 259-269; D. R. Groh, L. A. Jason y C. B. Keys, "Social Network Variables in Alcoholics Anonymous: A Literature Review", *Clinical Psychology Review* 28, n.º 3 (marzo 2008), pp. 430-450; John Francis Kelly, Molly Magill y Robert Lauren Stout, "How Do People Recover from Alcohol Dependence? A Systematic Review of the Research on Mechanisms of Behavior Change in Alcoholics Anonymous", *Addiction Research and Theory* 17, n.º 3 (2009), pp. 236-259.

116   una noche en la cama, Kurtz, *Not-God*, ob. cit. [p. 68].

116   Eligió el número doce... Mi agradecimiento a Brendan I. Koerner por sus consejos y por su artículo, "Secret of AA: After 75 Years, We Don't Know How It Works", *Wired,* julio 2010; D. R. Davis y G. G. Hansen, "Making Meaning of Alcoholics Anonymous for Social Workers: Myths, Metaphors, and Realities", *Social Work* 43, n.º 2 (1998), pp. 169-182.

116   el Paso 3, que dice... Alcoholics Anonymous World Services, *Twelve Steps and Twelve Traditions* (Alcoholics Anonymous World Services, Inc., Nueva York, 2002), p. 34. Alcoholics Anonymous World Services, *Alcoholics Anonymous: The Big Book,* 4.ª ed. (Alcoholics Anonymous World Services, Inc., Nueva York, 2002), p. 59.

117   Debido a la falta de rigor... Arthur Cain, "Alcoholics Anonymous: Cult or Cure?", *Harper's Magazine,* febrero 1963, pp. 48-52; M. Ferri, L. Amato y M. Davoli, "Alcoholics Anonymous and Other 12-Step Programmes for Alcohol Dependence", *Addiction* 88, n.º 4 (1993), pp. 555-562; Harrison M. Trice y Paul Michael Roman, "Delabeling, Relabeling, and Alcoholics Anonymous", *Social Problems* 17, n.º 4 (1970), pp. 538-546; Robert E. Tournie, "Alcoholics Anonymous as Treatment and as Ideology", *Journal of Studies on Alcohol* 40, n.º 3 (1979), pp. 230-239; P. E. Bebbington, "The Efficacy of Alcoholics Anonymous: The Elusiveness of Hard Data", *British Journal of Psychiatry* 128 (1976), pp. 572-580.

117 **«No es evidente por el modo en que están escritos,** Emrick y cols., "Alcoholics Anonymous: What Is Currently Known?"; J. S. Tonigan, R. Toscova y W. R. Miller, "Meta-analysis of the Literature on Alcoholics Anonymous: Sample and Study Characteristics Moderate Findings", *Journal of Studies on Alcohol* 57 (1995), pp. 65-72; J. S. Tonigan, W. R. Miller y G. J. Connors, "Project MATCH Client Impressions About Alcoholics Anonymous: Measurement Issues and Relationship to Treatment Outcome", *Alcoholism Treatment Quarterly* 18 (2000), pp. 25-41; J. S. Tonigan, "Spirituality and Alcoholics Anonymous", *Southern Medical Journal* 100, n.º 4 (2007), pp. 437-440.

119 **una demostración espectacular...** Heinze y cols., "Counteracting Incentive Sensitization in Severe Alcohol Dependence Using Deep Brain Stimulation of the Nucleus Accumbens: Clinical and Basic Science Aspects", *Frontiers in Human Neuroscience* 3, n.º 22 (2009).

121 **graduada de 24 años llamada Mandy...** "Mandy" es un pseudónimo que utiliza el autor del estudio del caso del que ha sido extraído este pasaje.

121 **Universidad Estatal de Mississipi...** B. A. Dufrene, Steuart Watson y J. S. Kazmerski, "Functional Analysis and Treatment of Nail Biting", *Behavior Modification* 32 (2008), pp. 913-927.

122 **El centro de asesoramiento remitió a Mandy...** En una carta de verificación de datos, el autor de este estudio, Brad Dufrene, escribió que la paciente «consintió en ser atendida en una clínica universitaria, que era un centro de formación e investigación. Al inicio de la terapia, aceptó que usáramos los datos de su caso en conferencias o publicaciones de investigación».

125 **uno de los que habían desarrollado la terapia del entrenamiento de inversión de hábito...** N. H. Azrin y R. G. Nunn, "Habit-Reversal: A Method of Eliminating Nervous Habits and Tics", *Behaviour Research and Therapy* 11, n.º 4 (1973), pp. 619-628; Nathan H. Azrin y Alan L. Peterson, "Habit Reversal for the Treatment of Tourette Syndrome", *Behaviour Research and Therapy* 26, n.º 4 (1988), pp. 347-351; N. H. Azrin, R. G. Nunn y S. E. Frantz, "Treatment of Hairpulling (Trichotillomania): A Comparative Study of Habit Reversal and Negative Practice Training", *Journal of Behavior Therapy and Experimental Psychiatry* 11 (1980), pp. 13-20; R. G. Nunn y N. H. Azrin, "Eliminating Nail-Biting by the Habit Reversal Procedure", *Behaviour Research and Therapy* 14 (1976), pp. 65-67; N. H. Azrin, R. G. Nunn y S. E. Frantz-Renshaw, "Habit Reversal Versus Negative Practice Treatment of Nervous Tics", *Behavior Therapy* 11, n.º 2 (1980), pp. 169-178; N. H. Azrin, R. G. Nunn y S. E. Frantz-Renshaw, "Habit Reversal Treatment of Thumbsucking", *Behaviour Research and Therapy* 18, n.º 5 (1980), pp. 395-399.

126 En la actualidad, la terapia de inversión de hábito... En una carta de verificación de datos, Dufrene señalaba que los métodos como los utilizados con Mandy —conocido como «entrenamiento de inversión de hábito simplificado»— a veces difieren de otros métodos de EIH. «A mi entender el Tratamiento de Inversión de Hábito es eficaz para reducirlos (p. ej., tirarse del pelo, morderse las uñas, chuparse el pulgar), tics (motores y verbales) y tartamudez», escribió. Sin embargo, otros casos pueden requerir formas más intensas de EIH. «Los tratamientos eficaces para la depresión, el tabaquismo, la ludopatía, etc., se encuentran bajo el término de "Terapia cognitivo-conductual"», escribió Dufrene, haciendo hincapié en que la sustitución simplificada de un hábito no suele ser eficaz para esos problemas que requieren intervenciones más intensivas.

126 tics verbales y físicos... R. G. Nunn, K. S. Newton y P. Faucher, "2.5 Years Follow-up of Weight and Body Mass Index Values in the Weight Control for Life! Program: A Descriptive Analysis", *Addictive Behaviors* 17, n.º 6 (1992), pp. 579-585; D. J. Horne, A. E. White y G. A. Varigos, "A Preliminary Study of Psychological Therapy in the Management of Atopic Eczema", *British Journal of Medical Psychology* 62, n.º 3 (1989), pp. 241-248; T. Deckersbach y cols., "Habit Reversal Versus Supportive Psychotherapy in Tourette's Disorder: A Randomized Controlled Trial and Predictors of Treatment Response", *Behaviour Research and Therapy* 44, n.º 8 (2006), pp. 1079-1090; Douglas W. Woods y Raymond G. Miltenberger, "Habit Reversal: A Review of Applications and Variations", *Journal of Behavior Therapy and Experimental Psychiatry* 26, n.º 2 (1995), pp. 123-131; D. W. Woods, C. T. Wetterneck y C. A. Flessner, "A Controlled Evaluation of Acceptance and Commitment Therapy Plus Habit Reversal for Trichotillomania", *Behaviour Research and Therapy* 44, n.º 5 (2006), pp. 639-656.

127 Más de tres docenas de estudios... J. O. Prochaska y C. C. DiClemente, "Stages and Processes of Self-Change in Smoking: Toward an Integrative Model of Change", *Journal of Consulting and Clinical Psychology* 51, n.º 3 (1983), pp. 390-395; James Prochaska, "Strong and Weak Principles for Progressing from Precontemplation to Action on the Basis of Twelve Problem Behaviors", *Health Psychology* 13 (1994), pp. 47-51; James Prochaska y cols., "Stages of Change and Decisional Balance for 12 Problem Behaviors", *Health Psychology* 13 (1994), pp. 39-46; James Prochaska y Michael Goldstein, "Process of Smoking Cessation: Implications for Clinicians", *Clinics in Chest Medicine* 12, n.º 4 (1991), pp. 727-735; James O. Prochaska, John Norcross y Carlo DiClemente, *Changing for Good: A Revolutionary Six-Stage Program for Overcoming Bad Habits and Moving Your Life Positively Forward* (HarperCollins, Nueva York, 1995).

128 **«La mayoría de las veces, no es algo físico.»** Devin Gordon, "Coach Till You Drop", *Newsweek,* 2 de septiembre 2002, p. 48.

131 **momentos cruciales y de mucho estrés...** En una correspondencia para verificar datos, Dungy me dijo que él «no consideraba que se desmoronaran en los partidos importantes. Yo lo calificaría de no jugar lo suficientemente bien en las situaciones cruciales, de no ser capaces de poner en práctica las lecciones cuando todavía estaba todo por decidir. El St. Louis tenía una de las líneas ofensivas con el índice más alto de anotaciones de la historia de la NFL. Consiguieron un TD (*touchdown*) en ese partido cuando sólo quedaban 3 minutos. Un equipo que anotaba casi 38 puntos por partido consiguieron un TD y un FG contra la defensa, así que yo no creo que eso se pueda considerar "desmoronarse"».

131 **Lo que en *realidad* estaban diciendo...** En una correspondencia para verificar datos, Dungy me respondió: «Volvimos a perder en los *playoffs*, en otra mala actuación. Probablemente, ese fuera nuestro peor partido y lo realizamos bajo una nube de rumores, así que todo el mundo sabía que... el dueño del equipo iba a cambiar de entrenador. Creo que en el pasado tuvimos ejemplos en los que no confiábamos en el sistema, pero no estoy seguro de que ese fuera el caso. El Filadelfia simplemente era un rival muy duro para nosotros y no pudimos vencerle. Y sin jugar bien, el resultado resultó ser nefasto. Fue uno de nuestros peores partidos desde la temporada del 96».

135 **empezaron a hacerles preguntas a los alcohólicos...** John W. Traphagan, "Multidimensional Measurement of Religiousness/Spirituality for Use in Health Research in Cross-Cultural Perspective", *Research on Aging* 27 (2005), pp. 387-419. Muchos de esos estudios utilizan la escala publicada en G. J. Conners y cols., "Measure of Religious Background and Behavior for Use in Behavior Change Research", *Psychology of Addictive Behaviors* 10, n.º 2 (junio 1996), pp. 90-96.

135 **Luego cotejaron los datos...** Sarah Zemore, "A Role for Spiritual Change in the Benefits of 12-Step Involvement", *Alcoholism: Clinical and Experimental Research* 31 (2007), pp. 76s-79s; Lee Ann Kaskutas y cols., "The Role of Religion, Spirituality, and Alcoholics Anonymous in Sustained Sobriety", *Alcoholism Treatment Quarterly* 21 (2003), pp. 1-16; Lee Ann Kaskutas y cols., "Alcoholics Anonymous Careers: Patterns of AA Involvement Five Years After Treatment Entry", *Alcoholism: Clinical and Experimental Research* 29, n.º 11 (2005), pp. 1983-1990; Lee Ann Kaskutas, "Alcoholics Anonymous Effectiveness: Faith Meets Science", *Journal of Addictive Diseases* 28, n.º 2 (2009), pp. 145-157; J. Scott Tonigan, W. R. Miller y Carol Schermer, "Atheists, Agnostics, and Alcoholics Anonymous", *Journal of Studies on Alcohol* 63, n.º 5 (2002), pp. 534-554.

139 Los paramédicos le habían trasladado enseguida... Jarrett Bell, "Tragedy Forces Dungy 'to Live in the Present'", *USA Today*, 1 de septiembre 2006; Ohm Youngmisuk, "The Fight to Live On", *Daily News* de Nueva York, 10 de septiembre 2006; Phil Richards, "Dungy: Son's Death Was a 'Test'", *The Indianapolis Star*, 25 de enero 2007; David Goldberg, "Tragedy Lessened by Game", *Tulsa World*, 30 de enero 2007; "Dungy Makes History After Rough Journey", *Akron Beacon Journal*, 5 de febrero 2007; "From Pain, a Revelation", *The New York Times*, julio 2007; "Son of Colts' Coach Tony Dungy Apparently Committed Suicide", Associated Press, 22 de diciembre 2005; Larry Stone, "Colts Take Field with Heavy Hearts", *The Seattle Times*, 25 de diciembre 2005; Clifton Brown, "Dungy's Son Is Found Dead; Suicide Suspected", *The New York Times*, 23 de diciembre 2005; Peter King, "A Father's Wish", *Sports Illustrated*, febrero 2007.

141 En un estudio de la Universidad de Harvard realizado en 1994... Todd F. Heatherton y Patricia A. Nichols, "Personal Accounts of Successful Versus Failed Attempts at Life Change", *Personality and Social Psychology Bulletin* 20, n.º 6 (1994), pp. 664-675.

141 Una vez más, el equipo de Dungy iba a perder. Mi agradecimiento a Michael Smith, "'Simple' Scheme Nets Big Gains for Trio of Defenses", ESPN.com, 26 de diciembre 2005.

144 Es *nuestro* momento. Michael Silver, "This Time, It's Manning's Moment", *Sports Illustrated*, febrero 2007.

CAPÍTULO 4

151 Estaban allí para conocer... Los detalles sobre la vida de O'Neill's y sobre Alcoa se los debo al propio Paul O'Neill, a quien estoy especialmente agradecido por su generosidad al dedicarme su tiempo, así como a los numerosos ejecutivos de Alcoa. También he obtenido información de Pamela Varley en "Vision and Strategy: Paul H. O'Neill at OMB and Alcoa", Kennedy School of Government, 1992; Peter Zimmerman, "Vision and Strategy: Paul H. O'Neill at OMB and Alcoa Sequel", Kennedy School of Government, 1994; Kim B. Clark y Joshua Margolis, "Workplace Safety at Alcoa (A)", *Harvard Business Review*, 31 de octubre 1999; Steven J. Spear, "Workplace Safety at Alcoa (B)", *Harvard Business Review*, 22 de diciembre 1999; Steven Spear, *Chasing the Rabbit: How Market Leaders Outdistance the Competition and How Great Companies Can Catch Up and Win* (McGraw-Hill, Nueva York, 2009); Peter Kolesar, "Vision, Values, and Milestones: Paul O'Neill Starts Total Quality at Alcoa", *California Management Review* 35, n.º 3 (1993), pp. 133-165; Ron Suskind, *The Price of Loyalty: George W. Bush, the White House, and the Education of Paul O'Neill* (Simon and Schuster, Nueva York, 2004); Michael Arndt, "How O'Neill Got Alcoa Shining", *BusinessWeek*, febrero 2001; Glenn Kessler, "O'Neill Offers Cure for Workplace Injuries", *The Washington Post*, 31 de marzo 2001; "Pittsburgh Health Initiative May Serve as US Model", Reuters, 31 de mayo; S. Smith, "America's Safest Companies: Alcoa: Finding True North", *Occupational Hazards* 64, n.º 10 (2002), p. 53; Thomas A. Stewart, "A New Way to Wake Up a Giant", *Fortune*, octubre 1990; "O'Neill's Tenure at Alcoa Mixed", Associated Press, 21 de diciembre 2000; Leslie Wayne, "Designee Takes a Deft Touch and a Firm Will to Treasury", *The New York Times*, 16 de enero 2001; Terence Roth, "Alcoa Had Loss of $14.7 Million in 4th Quarter", *The Wall Street Journal*, 21 de enero 1985; Daniel F. Cuff, "Alcoa Hedges Its Bets, Slowly", *The New York Times*, 24 de octubre 1985; "Alcoa Is Stuck as Two Unions Reject Final Bid", *The Wall Street Journal*, 2 de junio 1986; Mark Russell, "Alcoa Strike Ends as Two Unions Agree to Cuts in Benefits and to Wage Freezes", *The Wall Street Journal*, 7 de julio 1986; Thomas F. O'Boyle y Peter Pae, "The Long View: O'Neill Recasts Alcoa with His Eyes Fixed on the Decade Ahead", *The Wall Street Journal*, 9 de abril 1990; Tracey E. Benson, "Paul O'Neill: True Innovation, True Values, True Leadership", *Industry Week* 242, n.º 8 (1993), p. 24; Joseph Kahn, "Industrialist with a Twist", *The New York Times*, 21 de diciembre 2000.

157   O'Neill fue una de ellas. Michael Lewis, "O'Neill's List", *The New York Times*, 3 de enero 2002; Ron Suskind, *The Price of Loyalty: George W. Bush, the White House, and the Education of Paul O'Neill* (Simon and Schuster, Nueva York, 2004).

158   Lo que importaba era erigir... En una conversación para verificar datos, O'Neill me aclaró que la comparación entre las rutinas de las organizaciones y los hábitos de las personas la entiende y acepta, pero que no se le ocurrió explícitamente en aquel momento. «Me identifico con ella, pero esa idea no es mía», me dijo. Tanto entonces como ahora, reconoce que las rutinas como la del programa para la construcción de hospitales, que se conoce como el Acta Hill-Burton, son una consecuencia de un patrón. «La razón por la que siguieron construyendo fue porque todavía estaba presente el instinto político de que la forma de ser reelegidos es llevar el dinero de vuelta a casa, aunque estén creando algo innecesario.»

159 «Las personas tienen hábitos, los grupos tienen rutinas...» Geoffrey M. Hodgson, "The Nature and Replication of Routines", manuscrito inédito, Universidad de Hertfordshire, 2004, http://www.gredeg. cnrs.fr/routines/workshop/papers/Hodgson.pdf.

160 Se convirtió en un hábito de la organización. En una conversación con O'Neill para verificar datos, éste hizo hincapié en que estos ejemplos de la NASA y la EPA, aunque ilustrativos, no tienen nada que ver con sus opiniones o experiencias. Son de otra procedencia.

160 Cuando los abogados solicitaban permiso... Karl E. Weick, "Small Wins: Redefining the Scale of Social Problems", *American Psychologist* 39 (1984), pp. 40-49.

160 En 1975, la EPA dictaba... http://www.epa.gov/history/topics/ epa/15b.htm.

163 Diseñó una rutina automática: En una conversación con O'Neill para verificar datos, hizo hincapié en que cree que los ascensos y las primas no se deberían vincular a la prevención de riesgos laborales, como no debería serlo la honradez. La seguridad es un valor que todo trabajador de Alcoa debe adoptar, sin pensar en la recompensa.

«Es como decir: "Vamos a pagarles más a los empleados si no mienten", lo cual da a entender que no pasa nada si se miente un poco, porque sólo te pagaremos un poco menos», me dijo. Sin embargo, quiero destacar que en las entrevistas que he realizado a otros directores de Alcoa de este periodo, me dijeron que se sabía que las promociones eran sólo para los empleados que demostraran claramente su compromiso con la seguridad, y que esa promesa de promoción servía de recompensa, aunque no fuera esa la intención de O'Neill.

163 cada vez que se produjera un accidente laboral... En una conversación con O'Neill para verificar datos, me aclaró que en aquel tiempo, no conocía el concepto de «bucle del hábito». No pensó en estos programas a fin de que cumplieran un criterio para los hábitos, aunque dice que, si lo contempla retrospectivamente, se da cuenta de que su labor coincide con las investigaciones más recientes que indican cómo surgen los hábitos organizativos.

166   Veamos, por ejemplo, los estudios de... P. Callaghan, "Exercise: A Neglected Intervention in Mental Health Care?", *Journal of Psychiatric and Mental Health Nursing* 11 (2004), pp. 476-483; S. N. Blair, "Relationships Between Exercise or Physical Activity and Other Health Behaviors", *Public Health Reports* 100 (2009), pp. 172-180; K. J. Van Rensburg, A. Taylor y T. Hodgson, "The Effects of Acute Exercise on Attentional Bias Toward Smoking-Related Stimuli During Temporary Abstinence from Smoking", *Addiction* 104, n.º 11 (2009), pp. 1910-1917; E. R. Ropelle y cols., "IL-6 and IL-10 Anti-inflammatory Activity Links Exercise to Hypothalamic Insulin and Leptin Sensitivity Through IKKb and ER Stress Inhibition", *PLoS Biology* 8, n.º 8 (2010); P. M. Dubbert, "Physical Activity and Exercise: Recent Advances and Current Challenges", *Journal of Consulting and Clinical Psychology* 70 (2002), pp. 526-536; C. Quinn, "Training as Treatment", *Nursing Standard* 24 (2002), pp. 18-19.

167   Los estudios han demostrado que... S. K. Hamilton y J. H. Wilson, "Family Mealtimes: Worth the Effort?", *Infant, Child, and Adolescent Nutrition* 1 (2009), pp. 346-350; American Dietetic Association, "Eating Together as a Family Creates Better Eating Habits Later in Life", ScienceDaily.com, 4 de septiembre 2007, consultado el 1 de abril 2011.

167   Hacerse la cama cada mañana... Richard Layard, *Happiness: Lessons from a New Science* (Penguin Press, Nueva York, 2005); Daniel Nettle, *Happiness: The Science Behind Your Smile* (Oxford University Press, Oxford, 2005); Marc Ian Barasch, *Field Notes on the Compassionate Life: A Search for the Soul of Kindness* (Rodale, Emmaus, Pensilvania, 2005); Alfie Kohn, *Unconditional Parenting: Moving from Rewards and Punishments to Love and Reason* (Atria Books, Nueva York, 2005); P. Alex Linley y Stephen Joseph, eds., *Positive Psychology in Practice* (Wiley, Hoboken, Nueva Jersey, 2004).

168   A eso de las 7:00 estaba... Mi agradecimiento a Bob Bowman por su tiempo y dedicación para ayudarme a entender el entrenamiento de Phelps, así como a Michael Phelps y Alan Abrahamson, *No Limits: The Will to Succeed* (Free Press, Nueva York, 2009); Michael Phelps y Brian Cazeneuve, *Beneath the Surface* (Sports Publishing LLC, Champaign, Illinois, 2008); Bob Schaller, *Michael Phelps: The Untold Story of a Champion* (St. Martin's Griffin, Nueva York, 2008); Karen Crouse, "Avoiding the Deep End When It Comes to Jitters", *The New York Times*, 26 de julio 2009; Mark Levine, "Out There", *The New York Times*,

3 de agosto 2008; Eric Adelson, "And After That, Mr. Phelps Will Leap a Tall Building in a Single Bound", ESPN.com, 28 de julio 2008; Sean Gregory, "Michael Phelps: A Real GOAT", *Time*, 13 de agosto 2008; Norman Frauenheim, "Phelps Takes 4th, 5th Gold Medals", *The Arizona Republic*, 12 de agosto 2008.

171   Cuando se ha logrado un pequeño triunfo, Karl E. Weick, "Small Wins: Redefining the Scale of Social Problems", *American Psychologist* 39 (1984), pp. 40-49.

171   Los pequeños triunfos alimentan cambios transformadores... "Small Wins-The Steady Application of a Small Advantage", Center for Applied Research, 1998, consultado el 24 de junio 2011, http://www.cfar.com/Documents/Smal_win.pdf.

171   Parecía que las metas más importantes de la comunidad gay... Para más detalles sobre este incidente, véase Alix Spiegel's wonderful "81 Words", broadcast on *This American Life*, 18 de enero 2002, http://www.thisamericanlife.org/.

172   HQ 71-471 (Relaciones Sexuales Anormales, Incluidos Crímenes Sexuales)... Malcolm Spector y John I. Kitsuse, *Constructing Social Problems* (Transaction Publishers, New Brunswick, Nueva Jersey, 2001).

174   No sabía si filtraban por... Phelps y Abrahamson, ob. cit., *No Limits*.

175   Fue una victoria más... Para más información sobre los hábitos y los nadadores olímpicos, véase Daniel Chambliss, "The Mundanity of Excellence", *Sociological Theory* 7 (1989), pp. 70-86.

176   Murió al instante. Paul O'Neill discurso introductorio, 25 de junio 2002, en el Juran Center, Escuela Carlson de Dirección de Empresas, Universidad de Minnesota, Minneápolis.

179   Las zonas rurales, principalmente... "Infant Mortality Rates, 1950-2005", http://www.infoplease.com/ipa/A0779935.html; William H. Berentsen, "German Infant Mortality 1960-1980", *Geographical Review* 77 (1987), pp. 157-170; Paul Norman y cols., "Geographical Trends in Infant Mortality: England and Wales, 1970-2006", *Health Statistics Quarterly* 40 (2008), pp. 18-29.

181   En la actualidad, la tasa de mortalidad infantil en Estados Unidos... Banco Mundial, indicadores del desarrollo mundial. En un *e-mail* que me envió O'Neill para responder a mis preguntas escribió: «Esto es correcto, pero yo no me atribuyo el mérito de que nuestra sociedad haya hecho un buen trabajo en la reducción de la tasa de mortalidad infantil».

182   Empezaban dietas e iban al gimnasio, T. A. Wadden, M. L. Butryn y C. Wilson, "Lifestyle Modification for the Management of Obesity", *Gastroenterology* 132 (2007), pp. 2226-2238.

182 En 2009, un grupo de investigadores... J. F. Hollis y cols., "Weight Loss During the Intensive Intervention Phase of the Weight-Loss Maintenance Trial", *American Journal of Preventative Medicine* 35 (2008), pp. 118-126. Véase también L. P. Svetkey y cols., "Comparison of Strategies for Sustaining Weight Loss, the Weight Loss Maintenance Randomized Controlled Trial", *JAMA* 299 (2008), pp. 1139-1148; A. Fitch y J. Bock, "Effective Dietary Therapies for Pediatric Obesity Treatment", *Reviews in Endocrine and Metabolic Disorders* 10 (2009), pp. 231-236; D. Engstrom, "Eating Mindfully and Cultivating Satisfaction: Modifying Eating Patterns in a Bariatric Surgery Patient", *Bariatric Nursing and Surgical Patient Care* 2 (2007), pp. 245-250; J. R. Peters y cols., "Eating Pattern Assessment Tool: A Simple Instrument for Assessing Dietary Fat and Cholesterol Intake", *Journal of the American Dietetic Association* 94 (1994), pp. 1008-1013; S. M. Rebro y cols., "The Effect of Keeping Food Records on Eating Patterns", *Journal of the American Dietetic Association* 98 (1998), pp. 1163-1165.

183 «Al cabo de un tiempo, tenía el diario...» Para más información sobre los estudios sobre adelgazar, véase R. R. Wing y James O. Hill, "Successful Weight Loss Maintenance", *Annual Review of Nutrition* 21 (2001), pp. 323-341; M. L. Klem y cols., "A Descriptive Study of Individuals Successful at Long-Term Maintenance of Substantial Weight Loss", *American Journal of Clinical Nutrition* 66 (1997), pp. 239-246; M. J. Mahoney, N. G. Moura y T. C. Wade, "Relative Efficacy of Self-Reward, Self-Punishment, and Self-Monitoring Techniques for Weight Loss", *Journal of Consulting and Clinical Psychology* 40 (1973), pp. 404-407; M. J. Franz y cols., "Weight Loss Outcomes: A Systematic Review and Meta-Analysis of Weight-Loss Clinical Trials with a Minimum 1-Year Follow-up", *Journal of the American Dietetic Association* 107 (2007), pp. 1755-1767; A. DelParigi y cols., "Successful Dieters Have Increased Neural Activity in Cortical Areas Involved in the Control of Behavior", *International Journal of Obesity* 31 (2007), pp. 440-448.

187 los investigadores se refirieron como «tener moral», Jonah Lehrer, "The Truth About Grit", *The Boston Globe*, 2 de agosto 2009.

187 «...a pesar de los fracasos, la adversidad y los estancamientos en el progreso». A. L. Duckworth y cols., "Grit: Perseverance and Passion for Long-Term Goals", *Journal of Personality and Social Psychology* 92 (2007), pp. 1087-1101.

CAPÍTULO 5

195 lo más importante es que le ha enseñado a tener fuerza de voluntad. J. P. Tangney, R. F. Baumeister y A. L. Boone, "High Self-Control Predicts Good Adjustment, Less Pathology, Better Grades, and Interpersonal Success", *Journal of Personality* 72, n.º 2 (2004), pp. 271-324; Paul Karoly, "Mechanisms of Self-Regulation: A Systems View", *Annual Review of Psychology* 44 (1993), pp. 23-52; James J. Gross, Jane M. Richards y Oliver P. John, "Emotional Regulation in Everyday Life", en *Emotion Regulation in Families: Pathways to Dysfunction and Health*, Douglas K. Snyder, Jeffry A. Simpson y Jan N. Hughes, eds. (American Psychological Association, Washington, D.C., 2006); Katleen De Stobbeleir, Susan Ashford y Dirk Buyens, "From Trait and Context to Creativity at Work: Feedback-Seeking Behavior as a Self-Regulation Strategy for Creative Performance", Vlerick Leuven Gent Working Paper Series, 17 de septiembre 2008; Babette Raabe, Michael Frese y Terry A. Beehr, "Action Regulation Theory and Career Self-Management", *Journal of Vocational Behavior* 70 (2007), pp. 297-311; Albert Bandura, "The Primacy of Self-Regulation in Health Promotion", *Applied Psychology* 54 (2005), pp. 245-254; Robert G. Lord y cols., "Self-Regulation at Work", *Annual Review of Psychology* 61 (2010), pp. 543-568; Colette A. Frayne y Gary P. Latham, "Application of Social Learning Theory to Employee Self-Management of Attendance", *Journal of Applied Psychology* 72 (1987), pp. 387-392; Colette Frayne y J. M. Geringer, "Self-Management Training for Improving Job Performance: A Field Experiment Involving Salespeople", *Journal of Applied Psychology* 85 (2000), pp. 361-372.

196 «La autodisciplina influye más en... Angela L. Duckworth y Martin E. P. Seligman, "Self-Discipline Outdoes IQ in Predicting Academic Performance of Adolescents", *Psychological Science* 16 (2005), pp. 939-944.

197 Los ejecutivos han escrito libros de trabajo que, La información sobre los métodos de formación de Starbucks procede de numerosas entrevistas, y del material de formación de la compañía. La información sobre el material de formación procede de las copias que me han proporcionado los empleados de Starbucks y de informes jurídicos, incluidos los siguientes documentos internos de Starbucks y manuales de formación: *Starbucks Coffee Company Partner Guide, U.S. Store Version; Learning Coach Guide; In-Store Learning Coaches Guide; Shift Supervisor Learning Journey; Retail Management Training; Shift Supervisor Learning Journey; Supervisory Skills Facilitator Guide; Supervisory*

Skills Partner Workbook; Shift Supervisor Training: Store Manager's Planning and Coaches Guide; Managers' Guide: Learning to Lead, Level One and Two; Supervisory Skills: Learning to Lead Facilitators Guide; First Impressions Guide; Store Manager Training Plan/Guide; District Manager Training Plan/Guide; Partner Resources Manual; Values Walk.

Como respuesta a una pregunta para aclarar datos, un representante de Starbucks me escribió: «Al revisar lo que ha escrito, nos ha dado la impresión de que usted centra el tema en la inteligencia emocional (CE) y en que atraemos colaboradores que necesitan desarrollar este aspecto, lo que no es del todo cierto. Es importante destacar que el 70 por ciento de nuestros colaboradores en Estados Unidos son estudiantes y que están aprendiendo de muchas formas en su vida. Lo que ofrece Starbucks —y los colaboradores tienden a unirse a nuestro equipo por ello— es un entorno que coincide con sus valores, un lugar donde pueden formar parte de algo más grande (como una comunidad), una visión que se centra en resolver problemas de obra, no de palabra, y una forma eficaz de ofrecer un servicio inspirado». La compañía añadió que «nos gustaría observar que, como parte de nuestra Visión de Servicio al Cliente, confiamos plenamente en nuestros colaboradores y están autorizados a utilizar su mejor criterio. Creemos que este grado de confianza y de autonomía es único, y que los colaboradores están a la altura de las circunstancias cuando son tratados con respeto».

199 Era como si los niños que habían sido capaces de controlarse... Harriet Mischel y Walter Mischel, "The Development of Children's Knowledge of Self-Control Strategies", *Child Development* 54 (1983), 603-619; W. Mischel, Y. Shoda y M. I. Rodríguez, "Delay of Gratification in Children", *Science* 244 (1989), pp. 933-938; Walter Mischel y cols., "The Nature of Adolescent Competencies Predicted by Preschool Delay of Gratification", *Journal of Personality and Social Psychology* 54 (1988), pp. 687-696; J. Metcalfe y W. Mischel, "A Hot/Cool-System Analysis of Delay of Gratification: Dynamics of Will Power", *Psychological Review* 106 (1999), pp. 3-19; Jonah Lehrer, "The Secret of Self Control", *The New Yorker*, 18 de mayo 2009.

204 Algunos han sugerido que ayuda a aclarar... En un e-*mail* para confirmar datos, Muraven me dijo: "Hay investigaciones que indican que los problemas conyugales surgen a raíz de la falta de autocontrol y que el agotamiento contribuye a los malos resultados cuando las parejas discuten sobre temas tensos de la relación. Asimismo, hemos descubierto que en los días donde hace falta más autocontrol, las personas suelen controlar menos lo que beben. También hay investigaciones que indican que las personas agotadas toman peores decisiones que las que no lo están. Estos descubrimientos podrían explicar los romances extraconyugales o los errores de los médicos, pero no se ha demostrado que exista una relación causa y efecto directa».

205 **Si lo usas demasiado pronto...** Roy F. Baumeister y cols., "Ego- Depletion: Is the Active Self a Limited Resource?", *Journal of Personality and Social Psychology* 18 (1998), pp. 130-150; R. F. Baumeister, M. Muraven y D. M. Tice, "Self-Control as a Limited Resource: Regulatory Depletion Patterns", *Psychological Bulletin* 126 (1998), pp. 247-259; R. F. Baumeister, M. Muraven y D. M. Tice, "Longitudinal Improvement of Self-Regulation Through Practice: Building Self-Control Strength Through Repeated Exercise", *Journal of Social Psychology* 139 (1999), pp. 446-457; R. F. Baumeister, M. Muraven y D. M. Tice, "Ego Depletion: A Resource Model of Volition, Self-Regulation, and Controlled Processing", *Social Cognition* 74 (2000), pp. 1252-1265; Roy F. Baumeister y Mark Muraven, "Self-Regulation and Depletion of Limited Resources: Does Self-Control Resemble a Muscle?", *Psychological Bulletin* 126 (2000), pp. 247-259; véase también M. S. Hagger y cols., "Ego Depletion and the Strength Model of Self-Control: A Meta-Analysis", *Psychological Bulletin* 136 (2010), pp. 495-525; R. G. Baumeister, K. D. Vohs y D. M. Tice, "The Strength Model of Self-Control", *Current Directions in Psychological Science* 16 (2007), pp. 351-355; M. I. Posne y M. K. Rothbart, "Developing Mechanisms of Self-Regulation", *Development and Psychopathology* 12 (2000), pp. 427-441; Roy F. Baumeister y Todd F. Heatherton, "Self-Regulation Failure: An Overview", *Psychological Inquiry* 7 (1996), pp. 1-15; Kathleen D. Vohs y cols., "Making Choices Impairs Subsequent Self-Control: A Limited-Resource Account of Decision Making, Self-Regulation, and Active Initiative", *Journal of Personality and Social Psychology* 94 (2008), pp. 883-898; Daniel Romer y cols., "Can Adolescents Learn Self-Control? Delay of Gratification in the Development of Control over Risk Taking", *Prevention Science* 11 (2010), pp. 319-330. En un correo electrónico para comprobar datos, Muraven me escribió: «Nuestra investigación indica que las personas muchas veces no son conscientes de que están agotadas y de que el primer acto de autocontrol las ha afectado. Por el contrario, ejercer el autocontrol hace que las personas estén menos predispuestas a esforzarse en subsiguientes pruebas de autocontrol (en última instancia, ésta es una teoría de motivación, no de cognición)... Incluso después de un día agotador, las personas no orinan en el suelo. De nuevo, esto sugiere el aspecto motivacional de la teoría: les falta motivación para esforzarse a hacer cosas que son menos importantes para ellos. Sé que esto puede parecer que hilamos demasiado fino, pero es esencial comprender que el autocontrol no falla porque la persona no puede reunir los recursos que necesita, sino porque el esfuerzo parece demasiado grande para la recompensa. Resumiendo, no quiero que el siguiente asesino pueda tener la excusa de decir que estaba agotado y que no pudo controlarse».

205 **Reclutaron dos docenas de personas...** Megan Oaten y K. Cheng, "Longitudinal Gains in Self-Regulation from Regular Physical Exercise", *Journal of Health Psychology* 11 (2006), pp. 717-733. Véase también Roy F. Baumeister y cols., "Self-Regulation and Personality: How Interventions Increase Regulatory Success, and How Depletion Moderates the Effects of Traits on Behavior", *Journal of Personality* 74 (2006), pp. 1773-1801.

206 **De modo que diseñaron otro experimento.** Megan Oaten y K. Cheng, "Improvements in Self-Control from Financial Monitoring", *Journal of Economic Psychology* 28 (2007), pp. 487-501.

206 **quince cigarrillos menos al día.** Roy F. Baumeister y cols., "Self-Regulation and Personality".

206 **Esta vez reclutaron a 45 estudiantes...** Ibíd.

207 **Todd Heatherton, un investigador de Darmouth...** Para una selección sobre el fascinante trabajo de Heatherton, véase *Todd F. Heatherton, Ph.D.*, http://www.dartmouth.edu/~heath/#Pubs, última modificación el 30 de junio 2009.

207 **En muchas de estas escuelas los alumnos han mejorado espectacularmente...** Lehrer, "The Secret of Self Control".

208 **Un niño de 5 años que puede seguir...** En un *e-mail* para verificar datos, el doctor Heatherton amplió la explicación sobre esta idea: «Todavía no sabemos exactamente cómo hace esto el cerebro, aunque yo creo que las personas desarrollan más el control frontal que los centros de recompensa subcorticales... La práctica ayuda a reforzar el "músculo" (aunque está claro que no es un músculo; lo más probable es que sean el control cortical prefrontal o el desarrollo de una sólida red de regiones del cerebro los implicados en controlar la conducta)». Para más información, véase Todd F. Heatherton y Dylan D. Wagner, "Cognitive Neuroscience of Self-Regulation Failure", *Trends in Cognitive Sciences* 15 (2011), pp. 132-139.

209 **Patrocinaron clases para adelgazar...** En un correo electrónico para comprobar datos, un portavoz de Starbucks escribió: «Actualmente, Starbucks ofrece descuentos en muchos gimnasios del país. Creo que este tema debería centrarse más en la salud y bienestar en general que proporcionamos a nuestros *partners*, que específicamente en las inscripciones a los gimnasios. Sabemos que nuestros *partners* quieren encontrar

formas de sentirse bien, y seguimos buscando programas que nos ayuden a conseguirlo».

209   abría 7 establecimientos nuevos cada día... Michael Herriman y cols., "A Crack in the Mug: Can Starbucks Mend It?", *Harvard Business Review,* octubre 2008.

210   En 1992, una psicóloga británica... Sheina Orbell y Paschal Sheeran, "Motivational and Volitional Processes in Action Initiation: A Field Study of the Role of Implementation Intentions", *Journal of Applied Social Psychology* 30, n.º 4 (abril 2000), pp. 780-797.

214   Un local lleno de gente impaciente... En un comunicado para confirmar datos, un portavoz de Starbucks me escribió: «Aunque en términos generales es correcto, nosotros diríamos que cualquier trabajo genera estrés. Tal como he dicho antes, uno de los elementos clave de nuestra Visión de Servicio al Cliente es que cada uno de nuestros *partners* posee su propio criterio para manejar su experiencia con el cliente. Esta autonomía les transmite que la compañía confía en ellos para resolver los asuntos y les ayuda a crear confianza para saber cómo afrontar con éxito estas situaciones».

215   La compañía señaló recompensas específicas... Estos detalles los confirmé con empleados y directivos de Starbucks. No obstante, en un comunicado de verificación de datos, un portavoz de Starbucks me escribió: «Esto no es exacto». El portavoz no quiso dar más detalles.

216   *Escuchamos* al cliente, En un comunicado para verificar datos, un portavoz de Starbucks me escribió: «Aunque no podemos decir que sea incorrecto o que esté mal referirse al mismo, el LATTE ya no forma parte de nuestro programa de formación formal. De hecho, nos estamos alejando de los pasos más prescriptivos como el LATTE y estamos ampliando horizontes para que los *partners* de nuestras tiendas sepan resolver problemas para afrontar las situaciones específicas que se producen en nuestros establecimientos. Este modelo depende mucho de una asesoría personal eficaz y continuada por parte de los supervisores de turnos, los establecimientos y los jefes de zona».

217   Luego los practican, En un comunicado de comprobación de datos un portavoz de Starbucks escribió: «Correcto en términos generales: nos esforzamos para proporcionar medios y formación en ambas habilidades y conductas a fin de poder ofrecer un servicio al cliente de calidad universal para todos y cada uno de los clientes en todas sus visitas a nuestros establecimientos. No obstante, nos gustaría observar que, al igual que con el LATTE (y por las mismas razones), no utilizamos formalmente Conecta, Descubre y Responde».

218 **"Esto es mejor que ir al psicólogo"**, Constance L. Hays, "These Days the Customer Isn't Always Treated Right", *The New York Times*, 23 de diciembre 1998.

218 **Howard Schultz, el hombre que convirtió a Starbucks...** Información sobre Schultz de Adi Ignatius, "We Had to Own the Mistakes", *Harvard Business Review*, julio-agosto 2010; William W. George y Andrew N. McLean, "Howard Schultz: Building Starbucks Community (A)", *Harvard Business Review*, junio 2006; Koehn, Besharov y Miller, "Starbucks Coffee Company in the 21st Century", *Harvard Business Review*, junio 2008; Howard Schultz y Dori Jones Yang, *Pour Your Heart Into It: How Starbucks Built a Company One Cup at a Time* (Hyperion, Nueva York, 1997); Taylor Clark, *Starbucked: A Double Tall Tale of Caffeine, Commerce, and Culture* (Little, Brown, Nueva York, 2007); Howard Behar, *It's Not About the Coffee: Lessons on Putting People First from a Life at Starbucks* (Portfolio Trade, Nueva York, 2009); John Moore, *Tribal Knowledge* (Kaplan, Nueva York, 2006); Bryant Simon, *Everything but the Coffee: Learning About America from Starbucks* (University of California Press, Berkeley, 2009). En un comunicado de comprobación de datos, un portavoz de Starbucks escribió: «Aunque a grandes rasgos la historia es correcta, una buena parte de los detalles no lo son o no se pueden verificar». El portavoz no quiso dar más detalles sobre lo que era incorrecto, ni aportar ninguna aclaración.

221 **Mark Muraven, que por aquel entonces...** M. Muraven, M. Gagné y H. Rosman, "Helpful Self-Control: Autonomy Support, Vitality, and Depletion", *Journal of Experimental and Social Psychology* 44, n.º 3 (2008), pp. 573-585. Véase también, Mark Muraven, "Practicing Self-Control Lowers the Risk of Smoking Lapse", *Psychology of Addictive Behaviors* 24, n.º 3 (2010), pp. 446-452; Brandon J. Schmeichel y Kathleen Vohs, "Self-Affirmation and Self-Control: Affirming Core Values Counteracts Ego Depletion", *Journal of Personality and Social Psychology* 96, n.º 4 (2009), pp. 770-782; Mark Muraven, "Autonomous Self-Control Is Less Depleting", *Journal of Research in Personality* 42, n.º 3 (2008), pp. 763-770; Mark Muraven, Dikla Shmueli y Edward Burkley, "Conserving Self-Control Strength", *Journal of Personality and Social Psychology* 91, n.º 3 (2006), pp. 524-537; Ayelet Fishbach, "The Dynamics of Self-Regulation", en *11th Sydney Symposium of Social Psychology* (Psychology Press, Nueva York, 2001); Tyler F. Stillman y cols., "Personal Philosophy and Personnel Achievement: Belief in Free Will Predicts Better Job Performance", *Social Psychological and Personality Science* 1 (2010), pp. 43-50; Mark Muraven, "Lack of Autonomy and Self-Control: Performance Contingent Rewards Lead to Greater Depletion", *Motivation and Emotion* 31, n.º 4 (2007), pp. 322-330.

223   En un estudio realizado en 2010... Este estudio, en el momento en que escribí este libro, todavía no se había publicado y lo compartieron conmigo bajo la condición de que no revelara los nombres de sus autores. No obstante, se pueden encontrar más detalles sobre los estudios acerca de dar poder a los empleados en C. O. Longenecker, J. A. Scazzero y T. T. Standfield, "Quality Improvement Through Team Goal Setting, Feedback, and Problem Solving: A Field Experiment", *International Journal of Quality and Reliability Management* 11, n.º 4 (1994), pp. 45-52; Susan G. Cohen y Gerald E. Ledford, "The Effectiveness of Self-Managing Teams: A Quasi-Experiment", *Human Relations* 47, n.º 1 (1994), pp. 13-43; Ferris, Rosen y Barnum, *Handbook of Human Resource Management* (Blackwell Publishers, Cambridge, Massachusetts, 1995); Linda Honold, "A Review of the Literature on Employee Empowerment", *Empowerment in Organizations* 5, n.º 4 (1997), pp. 202-212; Thomas C. Powell, "Total Quality Management and Competitive Advantage: A Review and Empirical Study", *Strategic Management Journal* 16 (1995), pp. 15-37.

CAPÍTULO 6

227   Después de la caída, tenía problemas para permanecer despierto... Los detalles sobre este caso proceden de diversas fuentes, incluidas entrevistas con los profesionales implicados, testigos que estuvieron en el quirófano y en urgencias, y noticias y documentos publicados por el Departamento de Salud de Rhode Island. Entre ellos se incluyen hojas de consentimiento informadas publicadas por el Departamento de Salud de Rhode Island; el Comunicado de Deficiencias y Plan de Enmienda publicado por el Hospital de Rhode Island el 8 de agosto 2007; Felicia Mello, "Wrong-Site Surgery Case Leads to Probe", *The Boston Globe*, 4 de agosto 2007; Felice Freyer, "Doctor to Blame in Wrong-Side Surgery, Panel Says", *The Providence Journal*, 14 de octubre 2007; Felice Freyer, "R.I. Hospital Cited for Wrong-Side Surgery", *The Providence Journal*, 3 de agosto 2007; "Doctor Disciplined for Wrong-Site Brain Surgery", Associated Press, 3 de agosto 2007; Felice Freyer, "Surgeon Relied on Memory, Not CT Scan", *The Providence Journal*, 24 de agosto 2007; Felicia Mello, "Wrong-Site Surgery Case Leads to Probe 2nd Case of Error at R.I. Hospital This Year", *The Boston Globe*, 4 de agosto 2007; "Patient Dies After Surgeon Operates on Wrong Side of Head", Associated Press, 24 de agosto 2007; "Doctor Back to Work After Wrong-Site Brain Surgery", Associated Press, 15 de octubre, 2007; Felice Freyer, "R.I. Hospital Fined After Surgical Error", *The Providence Journal*, 27 de noviembre 2007.

228   A menos que se drenara esa sangre... Los relatos de este caso proceden de muchas personas, y algunas versiones difieren entre ellas. Esas diferencias, cuando corresponde, se mencionan en las notas.

228   En 2002, la National Coalition on Health Care... http://www. rhodeisland-hospital.org/rih/about/milestones.htm.

228   «No pueden arrebatarnos nuestro orgullo». Mark Pratt, "Nurses Rally on Eve of Contract Talks", Associated Press, 22 de junio 2000; "Union Wants More Community Support During Hospital Contract Dispute", Associated Press, 25 de junio, 2000; "Nurses Say Staff Shortage Hurting Patients", Associated Press, 31 de agosto 2000; "Health Department Surveyors Find Hospitals Stressed", Associated Press, 18 de noviembre 2001; "R.I. Hospital Union Delivers Strike Notice", Associated Press, 20 de junio 2000.

229   La administración al final accedió a reducir... Una portavoz del Hospital de Rhode Island Hospital dijo en un comunicado: «La huelga no fue por las relaciones entre médicos y enfermeros/as, sino por los salarios y las normas de trabajo. Las horas extras obligatorias son una práctica habitual y han sido causa de conflictos en hospitales afiliados a los sindicatos de todo el país. No sé si hubo pancartas con esos mensajes durante las negociaciones con los sindicatos en el año 2000, pero si los hubo debían referirse a las horas extras obligatorias, no a las relaciones entre médicos y enfermeros/as».

229   una forma que tienen tanto médicos como enfermeras y enfermeros de evitar errores. American Academy of Orthopaedic Surgeons Joint Commission Guidelines, http://www3.aaos.org/member/safety/guidelines.cfm.

231   A la media hora, RIDH Comunicado de Deficiencias y Plan de Enmienda, 7 de agosto 2007.

232   Ninguno indicaba claramente... El Hospital de Rhode Island dijo en un comunicado que algunos de estos detalles eran incorrectos, y se refirió al RIDH Comunicado de Deficiencias y al Plan de Enmienda del 7 de agosto 2007. Ese documento dice: «No hay pruebas en el informe médico de que el Enfermero Especializado, contratado por el Neurocirujano de turno, recibiera, o intentara obtener, la información necesaria relacionada con el escáner del paciente... para confirmar el lado correcto donde se encontraba el hematoma y [*sic*] con anterioridad a tener la hoja de consentimiento informada firmado para la operación de craneotomía. El informe médico indica que la hoja de consentimiento informada para la cirugía la obtuvo un Enfermero Especializado que trabajaba para el Neurocirujano de guardia. Aunque la hoja de consentimiento informada de la operación indica que el procedimiento a realizar era una "Craneotomía del lado derecho y drenaje del hematoma subdural", el lado (derecho) no constaba inicialmente en la hoja de consentimiento informada». En la entrevista del 8/2/07 a las 14:05 con el Director de Cirugía Perioperativa, éste indicaba que «el paciente... fue trasladado desde urgencias con una hoja de consentimiento informada firmada incompleta (en lo que respecta al lado). La Enfermera Supervisora de Quirófano se dio cuenta de que no constaba el lugar donde se tenía que realizar la craneotomía en la hoja de consentimiento firmada, tal como requerían las normas del hospital. Ésta indicó que la zona de la craneotomía fue añadida por el Neurocirujano en el quirófano, cuando el Enfermero Especializado le preguntó cuál era la zona a operar». En un comunicado de seguimiento, el Hospital de Rhode Island escribió que el cirujano «y su ayudante terminaron la operación de columna, salieron del quirófano para que volvieran a acondicionarlo, y que cuando estaban en el pasillo a punto de regresar a él, la enfermera supervisora de quirófano vio que la hoja de consentimiento informada no incluía el lado donde debía realizarse la operación y se lo dijo [al cirujano]. El médico le cogió la hoja de consentimiento informada a la enfermera y puso "derecho"».

233   **Hemos de operar de inmediato.** En una carta que recibí para responder a mis preguntas, el médico implicado en este caso contradijo o puso en duda algunos de los acontecimientos que he narrado en este capítulo. El médico escribió que en este caso el enfermero no se preocupó de que estuviera operando en el lado incorrecto. El enfermero se centró en los temas burocráticos. El médico alegó que el enfermero no se cuestionó la experiencia o exactitud del médico. Según el médico, el enfermero no le dijo que revisara las imágenes. El médico dijo que le pidió al enfermero que fuera a buscar a la familia para ver si era posible «rehacer la hoja de consentimiento informada correctamente», en lugar de ser a la inversa. Al no encontrar a los familiares, según el médico, le pidió una aclaración al enfermero respecto al procedimiento para agilizar los trámites burocráticos. Según el médico, el enfermero dijo que no estaba seguro, y como consecuencia, el médico decidió «corregir la hoja de consentimiento informada y escribir una nota en el historial indicando que teníamos que proceder». El médico negó haber sido grosero y haberse puesto nervioso.

Cuando pregunté al Hospital de Rhode Island sobre esta versión de los hechos, dijo que no era exacta y me remitió al RIDH Comunicado de Deficiencias y Plan de Enmienda del 7 de agosto 2007. En un comunicado, el hospital escribió: «Durante nuestra investigación, nadie dijo haber oído decir [al cirujano] que el paciente iba a morir».

«Esas citas sobre mi nerviosismo e irritabilidad, incluso lo de los improperios, son totalmente falsas —escribió el médico—. Mantuve la calma y la profesionalidad. Mostré brevemente mis emociones cuando me di cuenta de que había empezado por el lado incorrecto. El verdadero problema es que no disponíamos de imágenes para verlas durante la operación... No disponer de un sistema de imagen durante una operación es negligencia por parte del hospital; sin embargo, no teníamos más remedio que proceder sin ellas.»

El Hospital de Rhode Island respondió que la institución «no puede hacer comentarios sobre el comunicado [del cirujano] pero que el hospital daba por hecho que los cirujanos colocaban las imágenes mientras operaban si tenían alguna duda al respecto. Tras este hecho, el hospital ordenó que las imágenes estuvieran a disposición del equipo para visualizarlas». En un segundo comunicado, el hospital escribió que el cirujano «no soltó tacos durante esa conversación. El enfermero dijo [al cirujano] que no había recibido ningún informe de urgencias y que pasó varios minutos en la sala intentando localizar a la persona correcta de dicho departamento. El Enfermero Médico le dijo que había recibido el informe del médico de urgencias. Sin embargo, la enfermera anestesista necesitaba saber qué medicamentos le habían dado en urgencias, así que el enfermero revisó el informe para transmitirle la información».

La junta de Licencia y Disciplina Médica del hospital, en un convenio de acuerdo, escribió que el médico «no hizo una evaluación exacta de la localización del hematoma antes de realizar el drenaje quirúrgico». El Ministerio de Sanidad concluyó que «una primera revisión de este incidente revela que las medidas de seguridad del hospital son deficientes y que no se siguieron algunos procedimientos».

Los representantes de la Junta y del Ministerio de Sanidad no quisieron hacer más comentarios.

233 —gritó el cirujano... En un comunicado, un representante del Hospital de Rhode Island escribió: «Creo que [el cirujano] fue el que se dio cuenta de que no había hemorragia (hay varias versiones sobre lo que dijo en ese momento). Pidió que sacaran las imágenes, confirmó el error, y procedieron a cerrar y a realizar la operación en el lado correcto. Salvo por los comentarios [del cirujano], el personal dijo que la sala se quedó en silencio cuando se dieron cuenta del error.

234   al cirujano le prohibieron volver a trabajar en el Hospital de Rhode Island. En la carta que me escribió el médico como respuesta a mis preguntas, escribió que «nadie reivindicó que el error le costara [al paciente] la vida. La familia nunca reclamó que su muerte se debiera a una negligencia, y me dieron personalmente las gracias por haberle salvado la vida ese día. El hospital y el enfermero especializado juntos pagaron más que yo, casi 140.000 dólares de indemnización». El Hospital de Rhode Island no quiso hacer ningún comentario cuando pregunté sobre este asunto.

235   La insulsa tapa del libro y la desalentadora... R. R. Nelson y S. G. Winter, *An Evolutionary Theory of Economic Change* (Belknap Press of Harvard University Press, Cambridge, Massachusetts, 1982).

235   los candidatos a obtener un doctorado pretendían entender. R. R. Nelson y S. G. Winter, "The Schumpeterian Tradeoff Revisited", *The American Economic Review* 72 (1982), pp. 114-132. Winter, en una nota para responder a mis preguntas, escribió: «La "compensación schumpeteriana" (tema de un artículo AER de 1982 y de un capítulo similar, el número 14, de nuestro libro) era sólo una faceta del proyecto, no su objetivo. Nelson y yo ya habíamos hablado sobre una serie de temas relacionados con el cambio tecnológico, el crecimiento económico y la conducta empresarial bastante antes de 1982, mucho antes de que trabajáramos juntos en Yale, y especialmente en RAND, en 1966-1968. En 1968, Nelson se fue a Yale; yo me fui a Michigan, y nos encontramos en la Facultad de Yale en 1976. Estábamos "en la pista" del libro de 1982 desde 1967, y empezamos a publicar obras relacionadas en 1973... En resumen, si bien no se puede negar la importante influencia de "Schumpeter", no se puede decir lo mismo del aspecto específico de la "compensación schumpeteriana"».

235   No obstante, en el mundo de la estrategia comercial... Para una visión general de las investigaciones que se realizaron posteriormente, véase M. C. Becker, "Organizational Routines: A Review of the Literature", *Industrial and Corporate Change* 13 (2004), pp. 643-678; Marta S. Feldman, "Organizational Routines as a Source of Continuous Change", *Organization Science* 11 (2000), pp. 611-629.

236   antes de llegar a su conclusión principal: Winter, en una nota que me escribió para responder a mis preguntas, decía: «Había muy poco trabajo empírico por mi parte, e incluso menos del que se publicó; en su mayor parte era obra de Nelson sobre los aspectos del cambio tecnológico. En el ámbito de la conducta empresarial, principalmente recurrimos a los grandes de la Carnegie School (Simon, Cyert y March), y confiamos en una extensa gama de recursos: estudios tecnológicos, historias de

empresas, economía del desarrollo, algunos psicólogos... y en Michael Polanyi, comoquiera que lo clasifique usted».

236   decisiones individuales de miles de empleados. Winter, en una nota que respondía a mis preguntas de verificación de datos, aclaró que esos patrones que surgen de las decisiones individuales de miles de empleados son un aspecto de las rutinas, pero que las rutinas también «toman forma gracias a muchas instrucciones, una de las cuales es el diseño empresarial deliberado. No obstante, hacemos hincapié en que cuando eso sucede, la rutina que emerge, a diferencia de la nominal que ha sido intencionadamente diseñada, está una vez más muy influenciada por muchas elecciones a nivel personal, así como por otras consideraciones (véase libro [*Evolutionary Theory of Economic Change*] p. 108)».

237   Estos hábitos respecto a la organización... Para más información sobre este fascinante tema de cómo surgen y actúan las rutinas organizativas, véase Paul S. Adler, Barbara Goldoftas y David I. Levine, "Flexibility Versus Efficiency? A Case Study of Model Changeovers in the Toyota Production System", *Organization Science* 10 (1999), pp. 43-67; B. E. Ashforth e Y. Fried, "The Mindlessness of Organizational Behaviors", *Human Relations* 41 (1988), pp. 305-329; Donde P. Ashmos, Dennis Duchon y Reuben R. McDaniel, "Participation in Strategic Decision Making: The Role of Organizational Predisposition and Issue Interpretation", *Decision Sciences* 29 (1998), pp. 25-51; M. C. Becker, "The Influence of Positive and Negative Normative Feedback on the Development and Persistence of Group Routines", tesis doctoral, Universidad Purdue, 2001; M. C. Becker y N. Lazaric, "The Role of Routines in Organizations: An Empirical and Taxonomic Investigation", tesis doctoral, Instituto de Dirección de Empresa Judge, Universidad de Cambridge, 2004; Bessant, Caffyn y Gallagher, "The Influence of Knowledge in the Replication of Routines", *Économie appliquée* LVI, pp. 65-94; "An Evolutionary Model of Continuous Improvement Behaviour", *Technovation* 21 (2001), pp. 67-77; Tilmann Betsch, Klaus Fiedler y Julia Brinkmann, "Behavioral Routines in Decision Making: The Effects of Novelty in Task Presentation and Time Pressure on Routine Maintenance and Deviation", *European Journal of Psychology* 28 (1998), pp. 861-878; Tilmann Betsch y cols., "When Prior Knowledge Overrules New Evidence: Adaptive Use of Decision Strategies and Role Behavioral Routines", *Swiss Journal of Psychology* 58 (1999), pp. 151-160; Tilmann Betsch y cols., "The Effects of Routine Strength on Adaptation and Information Search in Recurrent Decision Making", *Organizational Behaviour and Human Decision Processes* 84 (2001), pp. 23-53;

J. Burns, "The Dynamics of Accounting Change: Interplay Between New Practices, Routines, Institutions, Power, and Politics", *Accounting, Auditing and Accountability Journal* 13 (2000), pp. 566-586; M. D. Cohen, "Individual Learning and Organizational Routine: Emerging Connections", *Organization Science* 2 (1991), pp. 135-139; M. Cohen y P. Bacdayan, "Organizational Routines Are Stored as Procedural Memory: Evidence from a Laboratory Study", *Organization Science* 5 (1994), pp. 554-568; M. D. Cohen y cols., "Routines and Other Recurring Action Patterns of Organizations: Contemporary Research Issues", *Industrial and Corporate Change* 5 (1996), pp. 653-698; B. Coriat, "Variety, Routines, and Networks: The Metamorphosis of Fordist Firms", *Industrial and Corporate Change* 4 (1995), pp. 205-227; B. Coriat y G. Dosi, "Learning How to Govern and Learning How to Solve Problems: On the Co-evolution of Competences, Conflicts, and Organizational Routines", en *The Role of Technology, Strategy, Organization, and Regions*, A. D. J. Chandler, P. Hadstroem y O. Soelvell, eds. (Oxford University Press, Oxford, 1998); L. D'Adderio, "Configuring Software, Reconfiguring Memories: The Influence of Integrated Systems on the Reproduction of Knowledge and Routines", *Industrial and Corporate Change* 12 (2003), pp. 321-350; P. A. David, *Path Dependence and the Quest for Historical Economics: One More Chorus of the Ballad of QWERTY* (Oxford University Press, Oxford, 1997); G. Delmestri, "Do All Roads Lead to Rome... or Berlin? The Evolution of Intra and Inter-organizational Routines in the Machine-Building Industry", *Organization Studies* 19 (1998), pp. 639-665; Giovanni Dosi, Richard R. Nelson y Sidney Winter, "Introduction: The Nature and Dynamics of Organizational Capabilities", *The Nature and Dynamics of Organizational Capabilities*, G. Dosi, R. R. Nelson y S. G. Winter, eds. (Oxford University Press, Oxford, 2000), pp. 1-22; G. Dowell y A. Swaminathan, "Racing and Back-pedalling into the Future: New Product Introduction and Organizational Mortality in the US Bicycle Industry, 1880-1918", *Organization Studies* 21 (2000), pp. 405-431; A. C. Edmondson, R. M. Bohmer y G. P. Pisano, "Disrupted Routines: Team Learning and New Technology Implementation in Hospitals", *Administrative Science Quarterly* 46 (2001), pp. 685-716; M. Egidi, "Routines, Hierarchies of Problems, Procedural Behaviour: Some Evidence from Experiments", en *The Rational Foundations of Economic Behaviour*, K. Arrow y cols., eds. (Macmillan, Londres, 1996), pp. 303-333; Marta S. Feldman, "Organizational Routines as a Source of Continuous Change", *Organization Science* 11 (2000), pp. 611-629; Marta S. Feldman, "A Performative Perspective on Stability and Change in Organizational Routines", *Industrial and Corporate*

Change 12 (2003), pp. 727-752; Marta S. Feldman y B. T. Pentland, "Reconceptualizing Organizational Routines as a Source of Flexibility and Change", *Administrative Science Quarterly* 48 (2003), pp. 94-118; Marta S. Feldman y A. Rafaeli, "Organizational Routines as Sources of Connections and Understandings", *Journal of Management Studies* 39 (2002), pp. 309-331; A. Garapin y A. Hollard, "Routines and Incentives in Group Tasks", *Journal of Evolutionary Economics* 9 (1999), pp. 465-486; C. J. Gersick y J. R. Hackman, "Habitual Routines in Task-Performing Groups", *Organizational Behaviour and Human Decision Processes* 47 (1990), pp. 65-97; R. Grant, "Toward a Knowledge-Based Theory of the Firm", *Strategic Management Journal* 17 (1996), pp. 109-122; R. Heiner, "The Origin of Predictable Behaviour", *American Economic Review* 73 (1983), pp. 560-595; G. M. Hodgson, "The Ubiquity of Habits and Rules", *Cambridge Journal of Economics* 21 (1997), pp. 663-684; G. M. Hodgson, "The Mystery of the Routine: The Darwinian Destiny of *An Evolutionary Theory of Economic Change*", *Revue Économique* 54 (2003), pp. 355-384; G. M. Hodgson y T. Knudsen, "The Firm as an Interactor: Firms as Vehicles for Habits and Routines", *Journal of Evolutionary Economics* 14, n°. 3 (2004), pp. 281-307; A. Inam, "Institutions, Routines, and Crises: Post-earthquake Housing Recovery in Mexico City and Los Angeles", tesis doctoral, Universidad del Sur de California, 1997; A. Inam, "Institutions, Routines, and Crises - Post-earthquake Housing Recovery in Mexico City and Los Angeles", *Cities* 16 (1999), pp. 391-407; O. Jones y M. Craven, "Beyond the Routine: Innovation Management and the Teaching Company Scheme", *Technovation* 21 (2001), pp. 267-279; M. Kilduff, "Performance and Interaction Routines in Multinational Corporations", *Journal of International Business Studies* 23 (1992), pp. 133-145; N. Lazaric, "The Role of Routines, Rules, and Habits in Collective Learning: Some Epistemological and Ontological Considerations", *European Journal of Economic and Social Systems* 14 (2000), pp. 157-171; N. Lazaric y B. Denis, "How and Why Routines Change: Some Lessons from the Articulation of Knowledge with ISO 9002 Implementation in the Food Industry", *Économies et Sociétés* 6 (2001), pp. 585-612; B. Levitt y J. March, "Organizational Learning", *Annual Review of Sociology* 14 (1988), pp. 319-340; P. Lillrank, "The Quality of Standard, Routine, and Nonroutine Processes", *Organization Studies* 24 (2003), pp. 215-233; S. Massini y cols., "The Evolution of Organizational Routines Among Large Western and Japanese Firms", *Research Policy* 31 (2002), pp. 1333-1348; T. J. McKeown, "Plans and Routines, Bureaucratic Bargaining, and the Cuban Missile Crisis", *Journal of Politics* 63 (2001), pp. 1163-1190;

A. P. Minkler, "The Problem with Dispersed Knowledge: Firms in Theory and Practice", *Kyklos* 46 (1993), pp. 569-587; P. Morosini, S. Shane y H. Singh, "National Cultural Distance and Cross-Border Acquisition Performance", *Journal of International Business Studies* 29 (1998), pp. 137-158; A. Narduzzo, E. Rocco y M. Warglien, "Talking About Routines in the Field", en *The Nature and Dynamics of Organizational Capabilities*, G. Dosi, R. Nelson y S. Winter, eds. (Oxford University Press, Oxford, 2000), pp. 27-50; R. R. Nelson, "Routines", en *The Elgar Companion to Institutional and Evolutionary Economics*, vol. 2, G. Hodgson, W. Samuels y M. Tool, eds. (Edward Elgar, Aldershot, Reino Unido, 1992), pp. 249-253; B. T. Pentland, "Conceptualizing and Measuring Variety in the Execution of Organizational Work Processes", *Management Science* 49 (2003), pp. 857-870; B. T. Pentland y H. Rueter, "Organizational Routines as Grammars of Action", *Administrative Sciences Quarterly* 39 (1994), pp. 484-510; L. Perren y P. Grant, "The Evolution of Management Accounting Routines in Small Businesses: A Social Construction Perspective", *Management Accounting Research* 11 (2000), pp. 391-411; D. J. Phillips, "A Genealogical Approach to Organizational Life Chances: The Parent-Progeny Transfer Among Silicon Valley Law Firms, 1946-1996", *Administrative Science Quarterly* 47 (2002), pp. 474-506; S. Postrel y R. Rumelt, "Incentives, Routines, and Self-Command", *Industrial and Corporate Change* 1 (1992), pp. 397-425; P. D. Sherer, N. Rogovksy y N. Wright, "What Drives Employment Relations in Taxicab Organizations?", *Organization Science* 9 (1998), pp. 34-48; H. A. Simon, "Programs as Factors of Production", *Proceedings of the Nineteenth Annual Winter Meeting, 1966*, Industrial Relations Research Association, (1967), pp. 178-188; L. A. Suchman, "Office Procedure as Practical Action: Models of Work and System Design", *ACM Transactions on Office Information Systems* 1 (1983), pp. 320-328; G. Szulanski, "Appropriability and the Challenge of Scope: Banc One Routinizes Replication", en *Nature and Dynamics of Organizational Capabilities*, G. Dosi, R. R. Nelson y S. G. Winter, eds. (Oxford University Press, Oxford, 1999), pp. 69-97; D. Tranfield y S. Smith, "The Strategic Regeneration of Manufacturing by Changing Routines", *International Journal of Operations and Production Management* 18 (1998), pp. 114-129; Karl E. Weick, "The Vulnerable System: An Analysis of the Tenerife Air Disaster", *Journal of Management* 16 (1990), pp. 571-593; Karl E. Weick, "The Collapse of Sensemaking in Organizations: The Mann-Gulch Disaster", *Administrative Science Quarterly* 38 (1993), pp. 628-652; H. M. Weiss y D. R. Ilgen, "Routinized Behaviour in Organizations", *Journal of Behavioral Economics* 14 (1985), pp. 57-67; S. G.

Winter, "Economic 'Natural election' and the Theory of the Firm", *Yale Economic Essays* 4 (1964), pp. 225-272; S. G. Winter, "Optimization and Evolution in the Theory of the Firm", en *Adaptive Economic Models*, R. Day y T. Groves, eds. (Academic Press, Nueva York, 1975), pp. 73-118; S. G. Winter y G. Szulanski, "Replication as Strategy", *Organization Science* 12 (2001), pp. 730-743; S. G. Winter y G. Szulanski, "Replication of Organizational Routines: Conceptualizing the Exploitation of Knowledge Assets", en *The Strategic Management of Intellectual Capital and Organizational Knowledge: A Collection of Readings*, N. Bontis y C. W. Choo, eds. (Oxford University Press, Nueva York, 2001), pp. 207-221; M. Zollo, J. Reuer y H. Singh, "Interorganizational Routines and Performance in Strategic Alliances", *Organization Science* 13 (2002), pp. 701-713.

237 cientos de normas no escritas... Esbjoern Segelod, "The Content and Role of the Investment Manual: A Research Note", *Management Accounting Research* 8, n.º 2 (1997), pp. 221-231; Anne Marie Knott y Bill McKelvey, "Nirvana Efficiency: A Comparative Test of Residual Claims and Routines", *Journal of Economic Behavior and Organization* 38 (1999), pp. 365-383; J. H. Gittell, "Coordinating Mechanisms in Care Provider Groups: Relational Coordination as a Mediator and Input Uncertainty as a Moderator of Performance Effects", *Management Science* 48 (2002), pp. 1408-1426; A. M. Knott y Hart Posen, "Firm R&D Behavior and Evolving Technology in Established Industries", *Organization Science* 20 (2009), pp. 352-367.

237 necesarias para el funcionamiento de las empresas. G. M. Hodgson, *Economics and Evolution* (Polity Press, Cambridge, 1993); Richard N. Langlois, "Transaction-Cost Economics in Real Time", *Industrial and Corporate Change* (1992), pp. 99-127; R. R. Nelson, "Routines"; R. Coombs y J. S. Metcalfe, "Organizing for Innovation: Coordinating Distributed Innovation Capabilities", en *Competence, Governance, and Entrepreneurship*, J. N. Foss y V. Mahnke, eds. (Oxford University Press, Oxford, 2000); R. Amit y M. Belcourt, "HRM Processes: A Value-Creating Source of Competitive Advantage", *European Management Journal* 17 (1999), pp. 174-181.

237 Aportan una especie de «memoria organizativa», G. Dosi, D. Teece y S. G. Winter, "Toward a Theory of Corporate Coherence: Preliminary Remarks", en *Technology and Enterprise in a Historical Perspective*, G. Dosi, R. Giannetti y P. A. Toninelli, eds. (Clarendon Press, Oxford, 1992), pp. 185-211; S. G. Winter, Y. M. Kaniovski y G. Dosi, "A Baseline Model of Industry Evolution", *Journal of Evolutionary Economics* 13, n.º 4 (2003), pp. 355-383; B. Levitt y J. G. March, "Organizational Learning", *Annual Review of Sociology* 14 (1988), pp. 319-340; D. Teece y G. Pisano, "The Dynamic Capabilities of Firms: An Introduction", *Industrial and Corporate Change* 3 (1994), pp. 537-556; G. M. Hodgson, "The Approach of Institutional Economics", *Journal of Economic Literature* 36 (1998), pp. 166-192; Phillips, "Genealogical Approach to Organizational Life Chances"; M. Zollo, J. Reuer y H. Singh, "Interorganizational Routines and Performance in Strategic Alliances", *Organization Science* 13 (2002), pp. 701-713; P. Lillrank, "The Quality of Standard, Routine, and Nonroutine Processes", *Organization Studies* 24 (2003), pp. 215-233.

237-238 Las rutinas reducen la incertidumbre: M. C. Becker, "Organizational Routines: A Review of the Literature", *Industrial and Corporate Change* 13, n.º 4 (2004), pp. 643-678.

238 Pero entre los beneficios más importantes... B. Coriat y G. Dosi, "Learning How to Govern and Learning How to Solve Problems: On the Co-evolution of Competences, Conflicts, and Organizational Routines", en *The Role of Technology, Strategy, Organization, and Regions*, A. D. J. Chandler, P. Hadstroem y O. Soelvell, eds. (Oxford University Press, Oxford, 1998); C. I. Barnard, *The Functions of the Executive* (Harvard University Press, Cambridge, Massachusetts, 1938); P. A. Mangolte, "La dynamique des connaissances tacites et articulées: une approche socio-cognitive", *Économie Appliquée* 50, n.º 2 (1997), pp. 105-134; P. A. Mangolte, "Le concept de 'routine organisationnelle' entre cognition et institution", tesis doctoral, Universidad París-Norte, Unidad de Formación e Investigación de Ciencias Económicas y de Gestión, Centro de Investigación en Economía Industrial, 1997; P. A. Mangolte, "Organizational Learning and the Organizational Link: The Problem of Conflict, Political Equilibrium and Truce", *European Journal of Economic and Social Systems* 14 (2000), pp. 173-190; N. Lazaric y P. A. Mangolte, "Routines et mémoire organisationelle: un questionnement critique de la perspective cognitiviste", *Revue Internationale de Systémique* 12 (1998), pp. 27-49; N. Lazaric y B. Denis, "How and Why Routines Change: Some Lessons from the Articulation of Knowledge with ISO 9002 Implementation in the Food Industry", *Économies et Sociétés* 6 (2001), pp. 585-612; N. Lazaric, P. A. Mangolte y M. L. Massué, "Articulation and Codification of Know-How in the Steel Industry: Some Evidence from Blast Furnace Control in France", *Research Policy* 32 (2003), pp. 1829-1847; J. Burns, "The Dynamics of Accounting Change: Interplay Between New Practices, Routines, Institutions, Power, and Politics", *Accounting, Auditing and Accountability Journal* 13 (2000), pp. 566-586.

239 **probablemente, con el tiempo te tendrán en cuenta.** Winter, en una nota que me escribió para responder a mis preguntas, afirmaba: «La teoría de la "rutina como tregua" ha resultado tener unas piernas muy largas, y creo que se debe a que todo el que tiene algo de experiencia en trabajar dentro de una organización la reconoce rápidamente como una etiqueta conveniente para todos los tejemanejes con los que está tan familiarizado... Pero parte de su ejemplo sobre la vendedora evoca temas de confianza, cooperación y cultura organizativa que trascienden el concepto de "rutina como tregua". Son temas sutiles, que pueden ser aclaradores desde distintos puntos. La idea de la "rutina como tregua" es mucho más específica que otras ideas relacionadas sobre "cultura". Nos está diciendo que "Si usted, el señor o la señora director o directora, DISCREPA VISIBLEMENTE de una visión extensamente compartida sobre 'cómo hacemos aquí las cosas', se va a encontrar con mucha resistencia, que se verá alimentada por un grado de sospecha sobre sus motivos y que irá mucho más allá de lo que pueda imaginar. Y si estas respuestas no son enteramente independientes de la calidad de los argumentos que usted interponga, serán casi tan independientes que le costará ver la diferencia". Así que vamos a desarrollar un poco más su ejemplo de que "el rojo es el color de este año" y lo llevamos a la fase de implementación, donde se ha realizado un gran esfuerzo para garantizar que el rojo del suéter sea idéntico tanto en la portada del catálogo como en la página 17, y que ambos coincidan con la idea que tiene el gerente en la cabeza, y que ese rojo es también el mismo que se ha fabricado para responder a los contratos con los proveedores de Malaisia, Tailandia y Guatemala. Todo eso se encuentra en el otro extremo del espectro de las rutinas respecto a la decisión de utilizar el "rojo"; la gente está implicada en complejas conductas coordinadas. Es más bien como el caso del semiconductor. Las personas de la organización creen que saben lo que están haciendo (porque hicieron más o menos lo mismo con los suéteres del año pasado), y trabajan desesperadamente para hacerlo más o menos a tiempo. Esta es la parte audaz del puesto de director, y es un trabajo muy duro, en este caso en parte gracias al (presunto) hecho de que el ojo humano puede distinguir hasta 7 millones de colores diferentes. Una vez hecho, USTED, el señor director o la señora directora, aparece un buen día y dice: "Lo siento, me he equivocado, debería ser púrpura. Sé que todos hemos estado trabajando para sacar el rojo, pero escúchenme, debido...". Si usted ha reunido fuertes aliados en la organización, que también están a favor de hacer un cambio de última hora para utilizar el púrpura, acaba de provocar otra batalla en la "guerra civil", con inciertas consecuencias. Si no tiene tales aliados, tanto la causa que defiende como usted en breve estarán acabados en la organización. Y no importará la lógica y las pruebas que ofrezca detrás de su "porque"».

240 **«... lanzar a un rival por la borda».** Nelson y Winter, *Evolutionary Theory of Economic Change*, p. 110.

241 **Pero eso no basta...** Rik Wenting, "Spinoff Dynamics and the Spatial Formation of the Fashion Design Industry, 1858-2005", *Journal of Economic Geography* 8, n.º 5 (2008), pp. 593-614. Wenting, al responder a mis preguntas, escribió: «Nelson y Winter hablan de rutinas organizativas como acciones repetitivas que determinan la conducta y el rendimiento de una empresa. Cabe destacar que arguyen que es difícil codificar las rutinas y que parte de la cultura de la compañía, y que como tales cuestan de cambiar. Por otra parte, las rutinas son la razón principal por la que las empresas difieren en su rendimiento y de que exista una diferencia continuada en el tiempo entre ellas. La literatura que inició Steven Klepper interpretó este aspecto de las rutinas como parte de la razón por la que los derivados tienen un rendimiento similar a la de sus predecesores. Utilizo el mismo razonamiento en el diseño de moda: los diseñadores de moda crean en gran medida su nueva marca basándose en las rutinas organizativas aprendidas de sus anteriores jefes. En mi investigación doctoral, descubrí que desde el principio de la industria de la alta costura (1858, París), el rendimiento de las empresas de los diseñadores procedentes de otras firmas (de Nueva York, París, Milán o Londres, etc.) era similar al de las firmas madre».

242 **han encontrado las alianzas correctas.** Los detalles respecto a las treguas —a diferencia de las rutinas— dentro de la industria de la moda proceden de entrevistas con los propios diseñadores. Wenting respondió a mis preguntas de verificación de datos de este modo: «Observe que no hablo de treguas entre empresario y antiguo jefe. Se trata de una extensión de la bibliografía sobre las rutinas organizativas que no he indagado específicamente. Sin embargo, en mi investigación sobre el efecto herencia" entre la firma madre y la firma derivada, el papel de la "reputación" y la "red social" suelen mencionarlas los diseñadores cuando hablan de las ventajas que tienen con sus firmas madre».

244 **Philip Brickell, un empleado de 43 años...** Rodney Cowton y Tony Dawe, "Inquiry Praises PC Who Helped to Fight King's Cross Blaze", *The Times*, 5 de febrero 1988.

244 **al pie de una de las escaleras mecánicas cercanas.** Los detalles sobre este incidente proceden de diversas fuentes, incluidas entrevistas, así como de D. Fennell, *Investigation into the King's Cross Underground Fire* (Stationery Office Books, Norwich, Reino Unido, 1988); P. Chambers, *Body 115: The Story of the Last Victim of the King's Cross Fire*

(John Wiley and Sons, Nueva York, 2006); K. Moodie, "The King's Cross Fire: Damage Assessment and Overview of the Technical Investigation", *Fire Safety Journal* 18 (1992), pp. 13-33; A. F. Roberts, "The King's Cross Fire: A Correlation of the Eyewitness Accounts and Results of the Scientific Investigation", *Fire Safety Journal*, 1992; "Insight: Kings Cross", *The Sunday Times*, 22 de noviembre, 1987; "Relatives Angry Over Tube Inquest; King's Cross Fire", *The Times*, 5 de octubre 1988.

247 si no están bien diseñadas. En el informe Fennell, el investigador fue ambiguo respecto a cuánto se hubiera podido reducir la tragedia si se hubiera dado parte del incidente del papel ardiendo. El informe Fennell es deliberadamente agnóstico respecto a este tema: «Seguirá siendo tema de conjeturas lo que hubiera sucedido si se hubiera avisado a los bomberos cuando se descubrió el papel ardiendo... El curso que hubieran tomado las cosas si se hubiera seguido el nuevo procedimiento y se hubiera llamado inmediatamente a los bomberos es pura especulación».

253 «¿Por qué nadie se hizo cargo de la situación?» "Answers That Must Surface - The King's Cross Fire Is Over but the Controversy Continues", *The Times*, 2 de diciembre 1987; "Businessman Praised for Rescuing Two from Blazing Station Stairwell; King's Cross Fire Inquest", *The Times*, 6 de octubre 1998.

255 la responsabilidad final sobre la seguridad de los pasajeros. En un comunicado para responder a mis preguntas de revisión de datos, un portavoz del Metro y Ferrocarriles de Londres escribió: «El Metro de Londres ha reflexionado cuidadosamente sobre este tema y en esta ocasión no va a a facilitar más comentarios o ayuda al respecto. Hay mucha documentación sobre la respuesta del Metro de Londres acerca del incendio ocurrido en King's Cross y los cambios organizativos que se hicieron para resolver este tema, y la secuencia de acontecimientos que condujeron al incendio aparece con todo detalle en el informe del señor Fennell, por lo que el Metro de Londres no considera necesario añadir más comentarios respecto a toda la documentación que ya existe sobre la materia. Entiendo que ésta no sea la respuesta que usted esperaba».

256 costaron al hospital otros 450.000 dólares de multas. Felice Freyer, "Another Wrong-Site Surgery at R. I. Hospital", *The Providence Journal*, 28 de octubre 2009; "Investigators Probing 5th Wrong-Site Surgery at Rhode Island Hospital Since 2007", Associated Press, 23 de octubre 2009; "R. I. Hospital Fined $150,000 in 5th Wrong-Site Surgery Since 2007, Video Cameras to Be Installed", Associated Press, 2 de noviembre 2009; carta al Hospital de Rhode Island del Departamento de Salud de Rhode Island, 2 de noviembre 2009; carta al Hospital de Rhode Island del departamento de Salud de Rhode Island, 26 de octubre 2010; carta al Hospital de Rhode Island de los Centros para los Servicios de Medicare and Medicaid, 25 de octubre 2010.

257 **«El problema no desaparece»,** "'The Problem's Not Going Away': Mistakes Lead to Wrong-Side Brain Surgeries at R. I. Hospital", Associated Press, 15 de diciembre 2007.

257 **«...como si todo estuviera fuera de control.»** En un comunicado, un portavoz del Hospital de Rhode Island escribió: «Nunca he oído que ningún periodista "acosara" a un médico ni nunca he visto ningún tipo de incidente parecido en las noticias. Aunque no puedo hacer comentarios sobre las percepciones individuales, esta cita da a entender que existía un frenesí por parte de los medios, lo cual no es cierto. Aunque los incidentes tuvieron una difusión a nivel nacional, ninguno de los medios nacionales vino a Rhode Island».

257 **en el hospital se creó un sentimiento de crisis.** En un comunicado, un portavoz del Hospital de Rhode Island escribió: «Yo no describiría el ambiente como "crisis", se trataba más bien de un estado de desmoralización entre buena parte del personal. Muchas personas se sintieron acosadas».

258 **para garantizar que se respetaban los tiempos de descanso...** La instalación de cámaras formaba parte de un acuerdo con el departamento estatal de sanidad.

258 **Un sistema informático permitía...** El Rhode Island Hospital Surgical Safety Backgrounder, proporcionado por los administradores del hospital. Para más información sobre las iniciativas de prevención del Hospital de Rhode Island, véase http://rhodeislandhospital.org/rih/quality/.

258 **Pero cuando el sentimiento de crisis se apoderó...** Para más información sobre cómo las crisis pueden crear una atmósfera propicia para el cambio en la medicina, y sobre cómo ocurren los errores de operar en el lado sano, véase Douglas McCarthy y David Blumenthal, "Stories from the Sharp End: Case Studies in Safety Improvement", *Milbank Quarterly* 84 (2006), pp. 165-200; J. W. Senders y cols., "The Egocentric Surgeon or the Roots of Wrong Side Surgery", *Quality and Safety in Health Care* 17 (2008), pp. 396-400; Mary R. Kwaan y cols., "Incidence, Patterns, and Prevention of Wrong-Site Surgery", *Archives of Surgery* 141, n.° 4 (abril 2006), pp. 353-357.

258 **Otros hospitales han hecho cambios similares...** Para un debate sobre este tema, véase McCarthy y Blumenthal, "Stories from the

Sharp End"; Atul Gawande, *Better: A Surgeon's Notes on Performance* (Metropolitan Books, Nueva York, 2008); Atul Gawande, *The Checklist Manifesto: How to Get Things Right* (Metropolitan Books, Nueva York, 2009).

260   Tras esa tragedia... NASA, "Report to the President: Actions to Implement the Recommendations of the Presidential Commission on the Space Shuttle *Challenger* Accident", 14 de julio 1986; Matthew W. Seeger, "The *Challenger* Tragedy and Search for Legitimacy", *Communication Studies* 37, n.º 3 (1986), pp. 147-157; John Noble Wilford, "New NASA System Aims to Encourage Blowing the Whistle", *The New York Times*, 5 de junio 1987; Joseph Lorenzo Hall, "*Columbia* and *Challenger*: Organizational Failure at NASA", Space Policy 19, n.º 4 (noviembre 2003), pp. 239-247; Barbara Romzek y Melvin Dubnick, "Accountability in the Public Sector: Lessons from the *Challenger* Tragedy", *Public Administration Review* 47, n.º 3 (mayo-junio 1987), pp. 227-238.

260   un error en la pista de aterrizaje... Karl E. Weick, "The Vulnerable System: An Analysis of the Tenerife Air Disaster", *Journal of Management* 16, n.º 3 (1990), pp. 571-593; William Evan y Mark Manion, *Minding the Machines: Preventing Technological Disasters* (Prentice Hall Professional, Upper Saddle River, Nueva Jersey, 2002); Raimo P. Hämäläinen y Esa Saarinen, *Systems Intelligence: Discovering a Hidden Competence in Human Action and Organizational Life* (Helsinki University of Technology, Helsinki, 2004).

CAPÍTULO 7

270   coger un paquete extra de otra marca... Los detalles sobre las tácticas subconscientes que utilizan los minoristas proceden de Jeremy Caplan, "Supermarket Science", *Time*, 24 de mayo 2007; Paco Underhill, *Why We Buy: The Science of Shopping* (Simon and Schuster, Nueva York, 2000); Jack Hitt, "The Theory of Supermarkets", *The New York Times*, 10 de marzo 1996; "The Science of Shopping: The Way the Brain Buys", *The Economist*, 20 de diciembre 2008; "Understanding the Science of Shopping", *Talk of the Nation*, National Public Radio, 12 de diciembre 2008; Malcolm Gladwell, "The Science of Shopping", *The New Yorker*, 4 de noviembre 1996.

270   podrían conseguir que compraran casi cualquier cosa. Literalmente, existen cientos de estudios que han investigado cómo influyen los hábitos en las conductas de los compradores; y cómo los impulsos inconscientes y semiinconscientes influyen en las decisiones, que de otro modo serían inmunes a los desencadenantes habituales. Para más información sobre este fascinante tema, véase H. Aarts, A. van Knippenberg y B. Verplanken, "Habit and Information Use in Travel Mode Choices", *Acta Psychologica* 96, n.ᵒˢ 1-2 (1997), pp. 1-14; J. A. Bargh, "The Four Horsemen of Automaticity: Awareness, Efficiency, Intention, and Control in Social Cognition", en *Handbook of Social Cognition*, R. S. Wyer, Jr., y T. K. Srull (Lawrence Erlbaum Associates, Hillsdale, Nueva Jersey, 1994); D. Bell, T. Ho y C. Tang, "Determining Where to Shop: Fixed and Variable Costs of Shopping", *Journal of Marketing Research* 35, n.ᵒ 3 (1998). pp. 352-369; T. Betsch, S. Haberstroh, B. Molter y A. Glöckner, "Oops, I Did It Again-Relapse Errors in Routinized Decision Making", *Organizational Behavior and Human Decision Processes* 93, n.ᵒ 1 (2004), pp. 62-74; M. Cunha, C. Janiszewski, Jr., y J. Laran, "Protection of Prior Learning in Complex Consumer Learning Environments", *Journal of Consumer Research* 34, n.ᵒ 6 (2008), pp. 850-864; H. Aarts, U. Danner y N. de Vries, "Habit Formation and Multiple Means to Goal Attainment: Repeated Retrieval of Target Means Causes Inhibited Access to Competitors", *Personality and Social Psychology Bulletin* 33, n.ᵒ 10 (2007), pp. 1367-1379; E. Ferguson y P. Bibby, "Predicting Future Blood Donor Returns: Past Behavior, Intentions, and Observer Effects", *Health Psychology* 21, n.ᵒ 5 (2002), pp. 513-518; Edward Fox y John Semple, "Understanding 'Cherry Pickers': How Retail Customers Split Their Shopping Baskets", manuscrito inédito, Southern Methodist University, 2002; S. Gopinath, R. Blattberg y E. Malthouse, "Are Revived Customers as Good as New?", manuscrito inédito, Universidad de Northwestern, 2002; H. Aarts, R. Holland y D. Langendam, "Breaking and Creating Habits on the Working Floor: A Field-Experiment on the Power of Implementation Intentions", *Journal of Experimental Social Psychology* 42, n.ᵒ 6 (2006), pp. 776-783; Mindy Ji y Wendy Wood, "Purchase and Consumption Habits: Not Necessarily What You Intend", *Journal of Consumer Psychology* 17, n.ᵒ 4 (2007), pp. 261-276; S. Bellman, E. J. Johnson y G. Lohse, "Cognitive Lock-In and the Power Law of Practice", *Journal of Marketing* 67, n.ᵒ 2 (2003), pp. 62-75; J. Bettman y cols., "Adapting to Time Constraints", en *Time Pressure and Stressing Human Judgment and Decision Making*, O. Svenson y J. Maule, eds. (Springer, Nueva York, 1993); Adwait Khare y J. Inman, "Habitual Behavior in American Eating Patterns: The Role of Meal Occasions", *Journal of Consumer Research* 32, n.ᵒ 4 (2006), pp. 567-575; David Bell y R. Lal, "The Impact of Frequent Shopper Programs in Grocery Retailing", *Quantitative Marketing and Economics* 1, n.ᵒ 2 (2002), pp. 179-202;

Yuping Liu, "The Long-Term Impact of Loyalty Programs on Consumer Purchase Behavior and Loyalty", *Journal of Marketing* 71, n.° 4 (2007), pp. 19-35; Neale Martin, *Habit: The 95% of Behavior Marketers Ignore* (FT Press, Upper Saddle River, Nueva Jersey, 2008); H. Aarts, K. Fujia y K. C. McCulloch, "Inhibition in Goal Systems: A Retrieval-Induced Forgetting Account", *Journal of Experimental Social Psychology* 44, n.° 3 (2008), pp. 614-623; Gerald Häubl y K. B. Murray, "Explaining Cognitive Lock-In: The Role of Skill-Based Habits of Use in Consumer Choice", *Journal of Consumer Research* 34 (2007), pp. 77-88; D. Neale, J. Quinn y W. Wood, "Habits: A Repeat Performance", *Current Directions in Psychological Science* 15, n.° 4 (2006), pp. 198-202; R. L. Oliver, "Whence Consumer Loyalty?", *Journal of Marketing* 63 (1999), pp. 33-44; C. T. Orleans, "Promoting the Maintenance of Health Behavior Change: Recommendations for the Next Generation of Research and Practice", *Health Psychology* 19 (2000), pp. 76-83; Andy Ouellette y Wendy Wood, "Habit and Intention in Everyday Life: The Multiple Processes by Which Past Behavior Predicts Future Behavior", *Psychological Bulletin* 124, n.° 1 (1998), pp. 54-74; E. Iyer, D. Smith y C. Park, "The Effects of Situational Factors on In-Store Grocery Shopping Behavior: The Role of Store Environment and Time Available for Shopping", *Journal of Consumer Research* 15, n.° 4 (1989), pp. 422-433; O. Amir, R. Dhar y A. Pocheptsova, "Deciding Without Resources: Resource Depletion and Choice in Context", *Journal of Marketing Research* 46, n.° 3 (2009), pp. 344-355; H. Aarts, R. Custers y P. Sheeran, "The Goal-Dependent Automaticity of Drinking Habits", *British Journal of Social Psychology* 44, n.° 1 (2005), pp. 47-63; S. Orbell y P. Sheeran, "Implementation Intentions and Repeated Behavior: Augmenting the Predictive Validity of the Theory of Planned Behavior", *European Journal of Social Psychology* 29, n.°ˢ 2-3 (1999), pp. 349-369; P. Sheeran, P. Gollwitzer y P. Webb, "The Interplay Between Goal Intentions and Implementation Intentions", *Personality and Social Psychology Bulletin* 31, n.° 1 (2005), pp. 87-98; H. Shen y R. S. Wyer, "Procedural Priming and Consumer Judgments: Effects on the Impact of Positively and Negatively Valenced Information", *Journal of Consumer Research* 34, n.° 5 (2007), pp. 727-737; Itamar Simonson, "The Effect of Purchase Quantity and Timing on Variety-Seeking Behavior", *Journal of Marketing Research* 27, n.° 2 (1990), pp. 150-162; G. Taylor y S. Neslin, "The Current and Future Sales Impact of a Retail Frequency Reward Program", *Journal of Retailing* 81, n.° 4, pp. 293-305; H. Aarts y B. Verplanken, "Habit, Attitude, and Planned Behavior: Is Habit an Empty Construct or an Interesting Case of Goal-Directed Automaticity?", *European Review of Social Psychology* 10 (1999), pp. 101-134; B. Verplanken, Henk Aarts y Ad Van Knippenberg, "Habit, Information Acquisition, and the Process of Making Travel Mode Choices", *European Journal of Social Psychology* 27, n.º 5 (1997), pp. 539-560; B. Verplanken y cols., "Attitude Versus General Habit: Antecedents of Travel Mode Choice", *Journal of Applied Social Psychology* 24, n.º 4 (1994), pp. 285-300; B. Verplanken y cols., "Consumer Style and Health: The Role of Impulsive Buying in Unhealthy Eating", *Psychology and Health* 20, n.º 4 (2005), pp. 429-441; B. Verplanken y cols., "Context Change and Travel Mode Choice: Combining the Habit Discontinuity and Self-Activation Hypotheses", *Journal of Environmental Psychology* 28 (2008), pp. 121-127; Bas Verplanken y Wendy Wood, "Interventions to Break and Create Consumer Habits", *Journal of Public Policy and Marketing* 25, n.º 1 (2006), pp. 90-103; H. Evanschitzky, B. Ramaseshan y V. Vogel, "Customer Equity Drivers and Future Sales", *Journal of Marketing* 72 (2008), pp. 98-108; P. Sheeran y T. L. Webb, "Does Changing Behavioral Intentions Engender Behavioral Change? A Meta-Analysis of the Experimental Evidence", *Psychological Bulletin* 132, n.º 2 (2006), pp. 249-268; P. Sheeran, T. L. Webb y A. Luszczynska, "Planning to Break Unwanted Habits: Habit Strength Moderates Implementation Intention Effects on Behavior Change", *British Journal of Social Psychology* 48, n.º 3 (2009), pp. 507-523; D. Wegner y R. Wenzlaff, "Thought Suppression", *Annual Review of Psychology* 51 (2000), pp. 59-91; L. Lwin, A. Mattila y J. Wirtz, "How Effective Are Loyalty Reward Programs in Driving Share of Wallet?", *Journal of Service Research* 9, n.º 4 (2007), pp. 327-334; D. Kashy, J. Quinn y W. Wood, "Habits in Everyday Life: Thought, Emotion, and Action", *Journal of Personality and Social Psychology* 83, n.º 6 (2002), pp. 1281-1297; L. Tam, M. Witt y W. Wood (2005), "Changing Circumstances, Disrupting Habits", *Journal of Personality and Social Psychology* 88, n.º 6 (2005), pp. 918-933; Alison Jing Xu y Robert S. Wyer, "The Effect of Mind-sets on Consumer Decision Strategies", *Journal of Consumer Research* 34, n.º 4 (2007), pp. 556-566; C. Cole, M. Lee y C. Yoon, "Consumer Decision Making and Aging: Current Knowledge and Future Directions", *Journal of Consumer Psychology* 19 (2009), pp. 2-16; S. Dhar, A. Krishna y Z. Zhang, "The Optimal Choice of Promotional Vehicles: Front-Loaded or Rear-Loaded Incentives?", *Management Science* 46, n.º 3 (2000), pp. 348-362.

271 «¡Las patatas Lay están de oferta!» C. Park, E. Iyer y D. Smith, "The Effects of Situational Factors on In-Store Grocery Shopping Behavior: The Role of Store Environment and Time Available for Shopping",

The Journal of Consumer Research 15, n.º 4 (1989), pp. 422-433. Para más información sobre este tema, véase J. Belyavsky Bayuk, C. Janiszewski y R. Leboeuf, "Letting Good Opportunities Pass Us By: Examining the Role of Mind-set During Goal Pursuit", *Journal of Consumer Research* 37, n.º 4 (2010), pp. 570-583; Ab Litt y Zakary L. Tormala, "Fragile Enhancement of Attitudes and Intentions Following Difficult Decisions", *Journal of Consumer Research* 37, n.º 4 (2010), pp. 584-598.

271 Universidad del Sur de California... D. Neal y W. Wood, "The Habitual Consumer", *Journal of Consumer Psychology* 19, n.º 4 (2009), pp. 579-592. Para otras investigaciones sobre el tema, véase R. Fazio y M. Zanna, "Direct Experience and Attitude-Behavior Consistency", en *Advances in Experimental Social Psychology*, L. Berkowitz, ed. (Academic Press, Nueva York, 2005); R. Abelson y R. Schank, "Knowledge and Memory: The Real Story", en *Knowledge and Memory: The Real Story*, R. S. Wyer, Jr., ed. (Lawrence Erlbaum, Hillsdale, Nueva Jersey, 2004); Nobert Schwarz, "Meta-Cognitive Experiences in Consumer Judgment and Decision Making", *Journal of Consumer Psychology* 14, n.º 4 (septiembre 2004), pp. 332-348; R. Wyer y A. Xu, "The Role of Behavioral Mindsets in Goal-Directed Activity: Conceptual Underpinnings and Empirical Evidence", *Journal of Consumer Psychology* 20, n.º 2 (2010), pp. 107-125.

273 noticias sobre religión u ofertas de tabaco. Julia Angwin y Steve Stecklow, "'Scrapers' Dig Deep for Data on Web", *The Wall Street Journal*, 12 de octubre 2010; Mark Maremont y Leslie Scism, "Insurers Test Data Profiles to Identify Risky Clients", *The Wall Street Journal*, 19 de noviembre 2010; Paul Sonne y Steve Stecklow, "Shunned Profiling Technology on the Verge of Comeback", *The Wall Street Journal*, 24 de noviembre 2010.

275 Pole pasó una diapositiva... Esta diapositiva procede de una conferencia introductoria que dio Pole en Predicted Analytics World, Nueva York, 20 de octubre 2009. Ya no es posible conseguirla por internet. Véase, además, Andrew Pole, "Challenges of Incremental Sales Modeling in Direct Marketing".

278 empiecen a comprar otras marcas de cerveza. Es difícil hacer correlaciones específicas entre los tipos de cambio en la vida y productos específicos. Por este motivo, aunque sepamos que las personas que se trasladan o divorcian cambiarán sus patrones de compra, no sabemos si el divorcio siempre influye en la cerveza, o si un traslado influye en la compra de cereales. Pero se mantiene la tendencia general. Alan Andreasen, "Life Status Changes and Changes in Consumer Preferences and Satisfaction", *Journal of Consumer Research* 11, n.º 3 (1984), pp. 784-

794. Para más información sobre este tema, véase E. Lee, A. Mathur y G. Moschis, "A Longitudinal Study of the Effects of Life Status Changes on Changes in Consumer Preferences", *Journal of the Academy of Marketing Science* 36, n.º 2 (2007), pp. 234-246; L. Euehun, A. Mathur y G. Moschis, "Life Events and Brand Preferences Changes", *Journal of Consumer Behavior* 3, n.º 2 (2003), pp. 129-141.

278   les importa bastante. Para más información sobre este fascinante tema sobre cómo ciertos momentos ofrecen oportunidades a los especialistas en marketing (o a las agencias estatales, a los activistas para la salud o a cualquier otra organización, a este respecto) para influir en los hábitos, véase Bas Verplanken y Wendy Wood, "Interventions to Break and Create Consumer Habits", *Journal of Public Policy and Marketing* 25, n.º 1 (2006), pp. 90-103; D. Albarracin, A. Earl y J. C. Gillette, "A Test of Major Assumptions About Behavior Change: A Comprehensive Look at the Effects of Passive and Active HIV-Prevention Interventions Since the Beginning of the Epidemic", *Psychological Bulletin* 131, n.º 6 (2005), pp. 856-897; T. Betsch, J. Brinkmann y K. Fiedler, "Behavioral Routines in Decision Making: The Effects of Novelty in Task Presentation and Time Pressure on Routine Maintenance and Deviation", *European Journal of Social Psychology* 28, n.º 6 (1998), pp. 861-878; L. Breslow, "Social Ecological Strategies for Promoting Healthy Lifestyles", *American Journal of Health Promotion* 10, n.º 4 (1996), pp. 253-257; H. Buddelmeyer y R. Wilkins, "The Effects of Smoking Ban Regulations on Individual Smoking Rates", Melbourne Institute Working Paper Series n.º 1737, Melbourne Institute of Applied Economic and Social Research, Universidad de Melbourne, 2005; P. Butterfield, "Thinking Upstream: Nurturing a Conceptual Understanding of the Societal Context of Health Behavior", *Advances in Nursing Science* 12, n.º 2 (1990), pp. 1-8; J. Derzon y M. Lipsey, "A Meta-Analysis of the Effectiveness of Mass Communication for Changing Substance-Use Knowledge, Attitudes, and Behavior", en *Mass Media and Drug Prevention: Classic and Contemporary Theories and Research*, W. D. Crano y M. Burgoon, ed. (East Sussex, Reino Unido: Psychology, 2001); R. Fazio, J. Ledbetter y T. Ledbetter, "On the Costs of Accessible Attitudes: Detecting That the Attitude Object Has Changed", *Journal of Personality and Social Psychology* 78, n.º 2 (2000), pp. 197-210; S. Fox y cols., "Competitive Food Initiatives in Schools and Overweight in Children: A Review of the Evidence", *Wisconsin Medical Journal* 104, n.º 8 (2005), pp. 38-43; S. Fujii, T. Gärling y R. Kitamura, "Changes in Drivers' Perceptions and Use of Public Transport During a Freeway Closure: Effects of Temporary Structural Change on Cooperation in a Real-Life Social Dilemma",

Environment and Behavior 33, n.° 6 (2001), pp. 796-808; T. Heatherton y P. Nichols, "Personal Accounts of Successful Versus Failed Attempts at Life Change", *Personality and Social Psychology Bulletin* 20, n.° 6 (1994), pp. 664-675; J. Hill y H. R. Wyatt, "Obesity and the Environment: Where Do We Go from Here?", *Science* 299, n.° 5608 (2003), pp. 853-855; P. Johnson, R. Kane y R. Town, "A Structured Review of the Effect of Economic Incentives on Consumers' Preventive Behavior", *American Journal of Preventive Medicine* 27, n.° 4 (2004), pp. 327-352; J. Fulkerson, M. Kubrik y L. Lytle, "Fruits, Vegetables, and Football: Findings from Focus Groups with Alternative High School Students Regarding Eating and Physical Activity", *Journal of Adolescent Health* 36, n.° 6 (2005), pp. 494-500; M. Abraham, S. Kalmenson y L. Lodish, "How T.V. Advertising Works: A Meta-Analysis of 389 Real World Split Cable T.V. Advertising Experiments", *Journal of Marketing Research* 32, n.° 5 (1995), pp. 125-139; J. McKinlay, "A Case for Re-Focusing Upstream: The Political Economy of Illness", en *Applying Behavioral Science to Cardiovascular Risk*, A. J. Enelow y J. B. Henderson, eds. (American Heart Association, Nueva York, 1975); N. Milio, "A Framework for Prevention: Changing Health-Damaging to Health-Generating Life Patterns", *American Journal of Public Health* 66, n.° 5 (1976), pp. 435-439; S. Orbell, "Intention-Behavior Relations: A Self-Regulatory Perspective", en *Contemporary Perspectives on the Psychology of Attitudes*, G. Haddock y G. Maio, eds. (Psychology Press, Nueva York, 2004); C. T. Orleans, "Promoting the Maintenance of Health Behavior Change: Recommendations for the Next Generation of Research and Practice", *Health Psychology* 19, n.° 1 (2000), pp. 76-83; C. C. DiClemente, J. C. Norcross y J. Prochaska, "In Search of How People Change: Applications to Addictive Behaviors", *American Psychologist* 47, n.° 9 (1992), pp. 1102-1114; J. Quinn y W. Wood, "Inhibiting Habits and Temptations: Depends on Motivational Orientation", 2006, manuscrito en revisión editorial; T. Mainieri, S. Oskamp y P. Schultz, "Who Recycles and When? A Review of Personal and Structural Factors", *Journal of Environmental Psychology* 15, n.° 2 (1995), pp. 105-121; C. D. Jenkins, C. T. Orleans y T. W. Smith, "Prevention and Health Promotion: Decades of Progress, New Challenges, and an Emerging Agenda", *Health Psychology* 23, n.° 2 (2004), pp. 126-131; H. C. Triandis, "Values, Attitudes, and Interpersonal Behavior", *Nebraska Symposium on Motivation* 27 (1980), pp. 195-259.

279 antes de que éste cumpla su primer año de vida. "Parents Spend £5,000 on Newborn Baby Before Its First Birthday", *Daily Mail*, 20 de septiembre 2010.

280 **36.300 millones de dólares al año.** Brooks Barnes, "Disney Looking into Cradle for Customers", *The New York Times*, 6 de febrero 2011.

282 **Jenny Ward es una joven de 23 años...** Los nombres de este párrafo son pseudónimos para ilustrar el tipo de clientas que pueden detectar los modelos de Target. No son compradoras reales.

284 **para hacer un perfil de sus hábitos de compra.** "McDonald's, CBS, Mazda, and Microsoft Sued for 'History Sniffing'", Forbes.com, 3 de enero 2011.

284 **preguntar a sus clientes sus códigos postales...** Terry Baynes, "California Ruling Sets Off More Credit Card Suits", Reuters, 16 de febrero 2011.

287 **que predecía si una melodía podía ser un éxito.** A. Elberse, J. Eliashbert y J. Villanueva, "Polyphonic HMI: Mixing Music with Math", *Harvard Business Review*, 24 de agosto 2005.

287 **de 37 veces en todo el mes.** Mi agradecimiento a Adam Foster, director del servicio de datos, Nielsen BDS.

288 **A los oyentes no sólo no les gustaba *Hey Ya!*,** Mi agradecimiento a Paul Heine, ahora en *Inside Radio;* Paul Heine, "Fine-tuning People Meter", *Billboard*, 6 de noviembre 2004; Paul Heine, "Mscore Data Shows Varying Relationship with Airplay", *Billboard*, 3 de abril 2010.

289 **convertir a *Hey Ya!* en un éxito.** En un comunicado para verificar datos, Steve Bartels, el director ejecutivo de promociones de Arista, hizo hincapié en que *Hey Ya!* se estaba polarizando como algo bueno. La canción fue lanzada y promocionada con otra melodía —*The Way You Move*—, que era el otro gran single del segundo CD del doble álbum *Speakerboxxx/The Love Below* de OutKast. «Esperas que haya una reacción —me dijo Bartels—. Algunos de los mejores [directores de programas] vieron la polarización como una oportunidad para dar una identidad a la emisora. Para mí el hecho de que haya habido una rápida reacción de cambiar de canal, no significa que no estemos teniendo éxito. Mi trabajo es convencer a los directores de programa de que esa es la razón por la que han de tener en cuenta esta canción.»

291 **se quedaban enganchados.** Stephanie Clifford, "You Never Listen to Celine Dion? Radio Meter Begs to Differ", *The New York Times*, 15 de diciembre 2009; Tim Feran, "Why Radio's Changing Its Tune", *The Columbus Dispatch*, 13 de junio 2010.

292 **el córtex parietal superior.** G. S. Berns, C. M. Capra y S. Moore, "Neural Mechanisms of the Influence of Popularity on Adolescent Ratings of Music", *NeuroImage* 49, n.º 3 (2010), pp. 2687-2696; J. Bharucha,

F. Musiek y M. Tramo, "Music Perception and Cognition Following Bilateral Lesions of Auditory Cortex", *Journal of Cognitive Neuroscience* 2, n.º 3 (1990), pp. 195-212; Stefan Koelsch y Walter Siebel, "Towards a Neural Basis of Music Perception", *Trends in Cognitive Sciences* 9, n.º 12 (2005), pp. 578-584; S. Brown, M. Martínez y L. Parsons, "Passive Music Listening Spontaneously Engages Limbic and Paralimbic Systems", *NeuroReport* 15, n.º 13 (2004), pp. 2033-2037; Josef Rauschecker, "Cortical Processing of Complex Sounds", *Current Opinion in Neurobiology* 8, n.º 4 (1998), pp. 516-521; J. Kaas, T. Hackett y M. Tramo, "Auditory Processing in Primate Cerebral Cortex", *Current Opinion in Neurobiology* 9, n.º 2 (1999), pp. 164-170; S. Koelsch, "Neural Substrates of Processing Syntax and Semantics in Music", *Current Opinion in Neurobiology* 15 (2005), pp. 207-212; A. Lahav, E. Saltzman y G. Schlaug, "Action Representation of Sound: Audiomotor Recognition Network While Listening to Newly Acquired Actions", *Journal of Neuroscience* 27, n.º 2 (2007), pp. 308-314; D. Levitin y V. Menon, "Musical Structure Is Processed in 'Language' Areas of the Brain: A Possible Role for Brodmann Area 47 in Temporal Coherence", *NeuroImage* 20, n.º 4 (2003), pp. 2142-2152; J. Chen, V. Penhune y R. Zatorre, "When the Brain Plays Music: Auditory-Motor Interactions in Music Perception and Production", *Nature Reviews Neuroscience* 8, pp. 547-558.

292 cacofonía, un ruido que no es más que. N. S. Rickard y D. Ritossa, "The Relative Utility of 'Pleasantness' and 'Liking' Dimensions in Predicting the Emotions Expressed by Music", *Psychology of Music* 32, n.º 1 (2004), pp. 5-22; G. Berns, C. Capra y S. Moore, "Neural Mechanisms of the Influence of Popularity on Adolescent Ratings of Music", *NeuroImage* 49, n.º 3 (2010), pp. 2687-2696; David Hargreaves y Adrian North, "Subjective Complexity, Familiarity, and Liking for Popular Music", *Psychomusicology* 14, n.º 1996 (1995), pp. 77-93. Para más información sobre este fascinante tema de cómo influye la familiaridad en la atracción a través de múltiples sentidos, véase también, G. Berns, S. McClure y G. Pagnoni, "Predictability Modulates Human Brain Response to Reward", *Journal of Neuroscience* 21, n.º 8 (2001), pp. 2793-2798; D. Brainard, "The Psychophysics Toolbox", *Spatial Vision* 10 (1997), pp. 433-436; J. Cloutier, T. Heatherton y P. Whalen, "Are Attractive People Rewarding? Sex Differences in the Neural Substrates of Facial Attractiveness", *Journal of Cognitive Neuroscience* 20, n.º 6 (2008), pp. 941-951; J. Kable y P. Glimcher, "The Neural Correlates of Subjective Value During Intertemporal Choice", *Nature Neuroscience* 10, n.º 12 (2007), pp. 1625-1633; S. McClure y cols., "Neural Correlates of Behavioral Preference for Culturally Familiar Drinks", *Neuron* 44, n.º 2 (2004), pp. 379-387; C. J. Assad y Padoa-Schioppa, "Neurons in the Orbitofrontal Cortex Encode Economic Value", *Nature* 441, n.º 7090 (2006), pp. 223-226; H. Plassmann y cols., "Marketing Actions Can Modulate Neural Representations of Experienced Pleasantness", *Proceedings of the National Academy of Science* 105, n.º 3 (2008), pp. 1050-1054; Muzafer Sherif, *The Psychology of Social Norms* (Harper and Row, Nueva York, 1936); Wendy Wood, "Attitude Change: Persuasion and Social Influence", *Annual Review of Psychology* 51 (2000), pp. 539-570; Gustave Le Bon, *The Crowd: A Study of the Popular Mind* (Dover Publications, Mineola, Nueva York, 2001); G. Berns y cols., "Neural Mechanisms of Social Influence in Consumer Decisions", documento de trabajo, 2009; G. Berns y cols., "Nonlinear Neurobiological Probability Weighting Functions for Aversive Outcomes", *NeuroImage* 39, n.º 4 (2008), pp. 2047-2057; G. Berns y cols., "Neurobiological Substrates of Dread", *Science* 312, n.º 5 (2006), pp. 754-758; G. Berns, J. Chappelow y C. Zink, "Neurobiological Correlates of Social Conformity and Independence During Mental Rotation", *Biological Psychiatry* 58, n.º 3 (2005), pp. 245-253; R. Bettman, M. Luce y J. Payne, "Constructive Consumer Choice Processes", *Journal of Consumer Research* 25, n.º 3 (1998), pp. 187-217; A. Blood y R. Zatorre, "Intensely Pleasurable Responses to Music Correlate with Activity in Brain Regions Implicated in Reward and Emotion", *Proceedings of the National Academy of Science* 98, n.º 20 (2001), pp. 11818-11823; C. Camerer, G. Loewenstein y D. Prelec, "Neuroeconomics: How Neuroscience Can Inform Economics", *Journal of Economic Literature* 43, n.º 1 (2005), pp. 9-64; C. Capra y cols., "Neurobiological Regret and Rejoice Functions for Aversive Outcomes", *NeuroImage* 39, n.º 3 (2008), pp. 1472-1484; H. Critchley y cols., "Neural Systems Supporting Interoceptive Awareness", *Nature Neuroscience* 7, n.º 2 (2004), pp. 189-195; H. Bayer, M. Dorris y P. Glimcher, "Physiological Utility Theory and the Neuroeconomics of Choice", *Games and Economic Behavior* 52, n.º 2, pp. 213-256; M. Brett y J. Grahn, "Rhythm and Beat Perception in Motor Areas of the Brain", *Journal of Cognitive Neuroscience* 19, n.º 5 (2007), pp. 893-906; A. Hampton y J. O'Doherty, "Decoding the Neural Substrates of Reward- Related Decision-Making with Functional MRI", *Proceedings of the National Academy of Science* 104, n.º 4 (2007), pp. 1377-1382; J. Birk y cols., "The Cortical Topography of Tonal Structures Underlying Western Music", *Science* 298 (2002), pp. 2167-2170; B. Knutson y cols., "Neural Predictors of Purchases", *Neuron* 53, n.º 1 (2007), pp. 147-156; B. Knutson y cols., "Distributed Neural Representation of Expected Value", *Journal of Neuroscience* 25, n.º 19 (2005), pp. 4806-

4812; S. Koelsch, "Neural Substrates of Processing Syntax and Semantics in Music", *Current Opinion in Neurobiology* 15, n.º 2 (2005), pp.
207-212; T. Fritz y cols., "Adults and Children Processing Music: An
fMRI Study", *NeuroImage* 25 (2005), pp. 1068-1076; T. Fritz y cols.,
"Investigating Emotion with Music: An fMRI Study", *Human Brain
Mapping* 27 (2006), pp. 239-250; T. Koyama y cols., "The Subjective
Experience of Pain: Where Expectations Becomes Reality", *Proceedings
of the National Academy of Science* 102, n.º 36 (2005), pp. 12950-12955;
A. Lahav, E. Saltzman y G. Schlaug, "Action Representation of Sound:
Audiomotor Recognition Network While Listening to Newly Acquired
Actions", *Journal of Neuroscience* 27, n.º 2 (2007), pp. 308-314; D. Le-
vitin y V. Menon, "Musical Structure Is Processed in 'Language' Areas
of the Brain: A Possible Role for Brodmann Area 47 in Temporal Coherence", *NeuroImage* 20, n.º 4 (2003), pp. 2142-2152; G. Berns y P. Montague, "Neural Economics and the Biological Substrates of Valuation",
Neuron 36 (2002), pp. 265-284; C. Camerer, P. Montague y A. Rangel,
"A Framework for Studying the Neurobiology of Value-Based Decision
Making", *Nature Reviews Neuroscience* 9 (2008), pp. 545-556; C. Chale
y cols., "Neural Dynamics of Event Segmentation in Music: Conver-
ging Evidence for Dissociable Ventral and Dorsal Networks", *Neuron*
55, n°. 3 (2007), pp. 521-532; Damian Ritossa y Nikki Rickard, "The
Relative Utility of 'Pleasantness' and 'Liking' Dimensions in Predic-
ting the Emotions Expressed by Music", *Psychology of Music* 32, n.º 1
(2004), pp. 5-22; Gregory S. Berns y cols., "Neural Mechanisms of the
Influence of Popularity on Adolescent Ratings of Music", *NeuroImage*
49, n.º 3 (2010), pp. 2687-2696; Adrian North y David Hargreaves,
"Subjective Complexity, Familiarity, and Liking for Popular Music",
Psychomusicology 14, n.ºˢ 1-2 (1995), pp. 77-93; Walter Ritter, Elyse
Sussman y Herbert Vaughan, "An Investigation of the Auditory Strea-
ming Effect Using Event-Related Brain Potentials", *Psychophysiolo-
gy* 36, n.º 1 (1999), pp. 22-34; Elyse Sussman, Rika Takegata e István
Winkler, "Event-Related Brain Potentials Reveal Multiple Stages in the
Perceptual Organization of Sound", *Cognitive Brain Research* 25, n.º 1
(2005), pp. 291-299; Isabelle Peretz y Robert Zatorre, "Brain Organization for Music Processing", *Annual Review of Psychology* 56, n.º 1
(2005), pp. 89-114.

295 mercado negro para la carne de ave. Charles Grutzner, "Horse
Meat Consumption by New Yorkers Is Rising", *The New York Times*,
25 de septiembre 1946.

296 camuflarlo con el atuendo de todos los días. Quiero hacer la
observación de que éste fue sólo uno de los múltiples descubrimientos

del comité (que tuvieron un gran alcance). Para un fascinante estudio sobre el comité y su repercusión, véase Brian Wansink, "Changing Eating Habits on the Home Front: Lost Lessons from World War II Research", *Journal of Public Policy and Marketing* 21, n.º 1 (2002), pp. 90-99.

297 **un investigador de nuestros días...** Wansink, "Changing Eating Habits on the Home Front", art. cit.

297 **«...encantado de comer un pastel de riñones y carne».** Brian Wansink, *Marketing Nutrition: Soy, Functional Foods, Biotechnology, and Obesity* (University of Illinois, Champaign, 2007).

297 **había aumentado un 50 por ciento.** Dan Usher, "Measuring Real Consumption from Quantity Data, Canada 1935-1968", en *Household Production and Consumption*, Nestor Terleckyj, ed. (National Bureau of Economic Research, Nueva York, 1976). Es muy difícil conseguir datos sobre el consumo de vísceras en Estados Unidos, por lo que estos cálculos se basan en las tendencias canadienses, donde hay muchos más datos sobre el tema. En las entrevistas realizadas a funcionarios de Estados Unidos me han dicho que las cifras de Canadá son bastante representativas de las tendencias de Estados Unidos. Los cálculos de trabajo de Usher se basan en los cálculos de la «carne enlatada» que contenía vísceras.

303 **«...considerables aumentos en visitas a las tiendas y en ventas.»** Target Corporation Analyst Meeting, 18 de octubre 2005.

CAPÍTULO 8

309 **una moneda de 10 centavos en la máquina.** Mi agradecimiento a los historiadores que se han ofrecido a ayudarme a entender mejor el boicot del autobús de Montgomery, incluidos John A. Kirk y Taylor Branch. También me han ayudado a comprender mejor estos hechos las siguientes fuentes: John A. Kirk, *Martin Luther King, Jr.: Profiles in Power* (Longman, Nueva York, 2004); Taylor Branch, en *Parting the Waters: America in the King Years, 1954-63* (Simon and Schuster, Nueva York, 1988); Taylor Branch, *Pillar of Fire: America in the King Years, 1963-65* (Nueva York: Simon and Schuster, 1998); Taylor Branch, *At Canaan's Edge: America in the King Years, 1965-68* (Simon and Schuster, Nueva York, 2006); Douglas Brinkley, *Mine Eyes Have Seen the Glory: The Life of Rosa Parks* (Weidenfeld and Nicolson, Londres, 2000); Martin Luther King, Jr., *Stride Toward Freedom: The Montgomery Story* (Harper and Brothers, Nueva York, 1958); Clayborne

Carson, ed., *The Papers of Martin Luther King, Jr.*, vol. 1, *Called to Serve* (University of California, Berkeley, 1992); vol. 2, *Rediscovering Precious Values* (1994); vol. 3, *Birth of a New Age* (1997); vol. 4, *Symbol of the Movement* (2000); vol. 5, *Threshold of a New Decade* (2005); Aldon D. Morris, *The Origins of the Civil Rights Movement* (Free Press, Nueva York, 1986); James Forman, *The Making of Black Revolutionaries* (University of Washington, Seattle, 1997). Donde no se menciona, los hechos han sido extraídos principalmente de estas fuentes.

310 **Hágalo —respondió Parks.** Henry Hampton y Steve Fayer, eds., *Voices of Freedom: An Oral History of the Civil Rights Movement from the 1950s Through the 1980s* (Bantam Books, Nueva York, 1995); Rosa Parks, *Rosa Parks: My Story* (Puffin, Nueva York, 1999).

310 **la ley es la ley...** John A. Kirk, *Martin Luther King, Jr.: Profiles in Power* (Longman, Nueva York, 2004).

312 **un proceso en tres partes...** Para más información sobre la sociología de los movimientos, véase G. Davis, D. McAdam y W. Scott, *Social Movements and Organizations* (Cambridge University, Nueva York, 2005); Robert Crain y Rita Mahard, "The Consequences of Controversy Accompanying Institutional Change: The Case of School Desegregation", *American Sociological Review* 47, n.º 6 (1982), pp. 697-708; Azza Salama Layton, "International Pressure and the U.S. Government's Response to Little Rock", *Arkansas Historical Quarterly* 56, n.º 3 (1997), pp. 257-272; Brendan Nelligan, "The Albany Movement and the Limits of Nonviolent Protest in Albany, Georgia, 1961-1962", Providence College Honors Thesis, 2009; Charles Tilly, *Social Movements, 1768-2004* (Paradigm, Londres, 2004); Andrew Walder, "Political Sociology and Social Movements", *Annual Review of Sociology* 35 (2009), pp. 393-412; Paul Almeida, *Waves of Protest: Popular Struggle in El Salvador, 1925-2005* (University of Minnesota, Minneapolis, 2008); Robert Benford, "An Insider's Critique of the Social Movement Framing Perspective", *Sociological Inquiry* 67, n.º 4 (1997), pp. 409-430; Robert Benford y David Snow, "Framing Processes and Social Movements: An Overview and Assessment", *Annual Review of Sociology* 26 (2000), pp. 611-639; Michael Burawoy, *Manufacturing Consent: Changes in the Labor Process Under Monopoly Capitalism* (University of Chicago, Chicago, 1979); Carol Conell y Kim Voss, "Formal Organization and the Fate of Social Movements: Craft Association and Class Alliance in the Knights of Labor", *American Sociological Review* 55, n.º 2 (1990), pp. 255-269; James Davies, "Toward a Theory of Revolution", *American Sociological Review* 27, n.º 1 (1962),

pp. 5-18; William Gamson, *The Strategy of Social Protest* (Dorsey, Homewood, Illinois, 1975); Robert Benford, "An Insider's Critique of the Social Movement Framing Perspective", *Sociological Inquiry* 67, n.° 4 (1997), pp. 409-430; Jeff Goodwin, *No Other Way Out: States and Revolutionary Movements, 1945-1991* (Cambridge University, Nueva York, 2001); Jeff Goodwin y James Jasper, eds., *Rethinking Social Movements: Structure, Meaning, and Emotion* (Rowman and Littlefield, Lanham, Maryland, 2003); Roger Gould, "Multiple Networks and Mobilization in the Paris Commune, 1871", *American Sociological Review* 56, n.° 6 (1991), pp. 716-729; Joseph Gusfield, "Social Structure and Moral Reform: A Study of the Woman's Christian Temperance Union", *American Journal of Sociology* 61, n.° 3 (1955), pp. 221-231; Doug McAdam, *Political Process and the Development of Black Insurgency, 1930-1970* (University of Chicago, Chicago, 1982); Doug McAdam, "Recruitment to High-Risk Activism: The Case of Freedom Summer", *American Journal of Sociology* 92, n.° 1 (1986). pp. 64-90; Doug McAdam, "The Biographical Consequences of Activism", *American Sociological Review* 54, n.° 5 (1989), pp. 744-760; Doug McAdam, "Conceptual Origins, Current Problems, Future Directions", en *Comparative Perspectives on Social Movements: Political Opportunities, Mobilizing Structures, and Cultural Framings*, Doug McAdam, John McCarthy y Mayer Zald, eds. (Cambridge University, Nueva York, 1996); Doug McAdam y Ronnelle Paulsen, "Specifying the Relationship Between Social Ties and Activism", *American Journal of Sociology* 99, n.° 3 (1993), pp. 640-667; D. McAdam, S. Tarrow y C. Tilly, *Dynamics of Contention* (Cambridge University, Cambridge, 2001); Judith Stepan-Norris y Judith Zeitlin, "'Who Gets the Bird?' or, How the Communists Won Power and Trust in America's Unions", *American Sociological Review* 54, n.° 4 (1989), pp. 503-523; Charles Tilly, *From Mobilization to Revolution* (Addison-Wesley, Reading, Massachusetts, 1978).

312 **replicarle a un conductor de autobús...** Phillip Hoose, *Claudette Colvin: Twice Toward Justice* (Nueva York, Farrar, Straus and Giroux, 2009).

312-313 **y negarse a levantarse.** Ibíd.

313 **sentándose al lado de un hombre y un niño blancos.** Russell Freedman, *Freedom Walkers: The Story of the Montgomery Bus Boycott* (Holiday House, Nueva York, 2009).

313 **«...aceptaban los abusos y humillaciones que la acompañaban.»** Martin Luther King, Jr., *Stride Toward Freedom* (Harper and Brothers, Nueva York, 1958).

315 «...servía para compensar la existencia de unos cuantos soció-patas.» Taylor Branch, *Parting the Waters: America in the King Years, 1954-63* (Simon and Schuster, Nueva York, 1988).

317 «Los blancos te matarán, Rosa», Douglas Brinkley, *Mine Eyes Have Seen the Glory: The Life of Rosa Parks* (Weidenfeld and Nicolson, Londres, 2000).

317 «...estaré encantada de hacerlo.» John A. Kirk, *Martin Luther King, Jr.: Profiles in Power* (Longman, Nueva York, 2004).

317 «...en señal de protesta por el arresto y el juicio.» Carson, *Papers of Martin Luther King, Jr.*

320 cómo 282 hombres habían encontrado su... Mark Granovetter, *Getting a Job: A Study of Contacts and Careers* (University of Chicago, Chicago, 1974).

321 de los que, de otro modo, nunca nos hubiéramos enterado. Andreas Flache y Michael Macy, "The Weakness of Strong Ties: Collective Action Failure in a Highly Cohesive Group", *Journal of Mathematical Sociology* 21 (1996), pp. 3-28. Para más información sobre este tema, véase Robert Axelrod, *The Evolution of Cooperation* (Basic Books, Nueva York, 1984); Robert Bush y Frederick Mosteller, *Stochastic Models for Learning* (Wiley, Nueva York, 1984); I. Erev, Y. Bereby-Meyer y A. E. Roth, "The Effect of Adding a Constant to All Payoffs: Experimental Investigation and Implications for Reinforcement Learning Models", *Journal of Economic Behavior and Organization* 39, n.º 1 (1999), pp. 111-128; A. Flache y R. Hegselmann, "Rational vs. Adaptive Egoism in Support Networks: How Different Micro Foundations Shape Different Macro Hypotheses", en *Game Theory, Experience, Rationality: Foundations of Social Sciences, Economics, and Ethics in Honor of John C. Harsanyi (Yearbook of the Institute Vienna Circle)*, W. Leinfellner y E. Köhler, eds. (Kluwer, Boston, 1997), pp. 261-275; A. Flache y R. Hegselmann, "Rationality vs. Learning in the Evolution of Solidarity Networks: A Theoretical Comparison", *Computational and Mathematical Organization Theory* 5, n.º 2 (1999), pp. 97-127; A. Flache y R. Hegselmann, "Dynamik Sozialer Dilemma-Situationen", informe final de investigación del Proyecto-DFG sobre la Dinámica de las Situaciones de Dilema, Universidad de Bayreuth, Departmento de Filosofía, 2000; A. Flache y Michael Macy, "Stochastic Collusion and the Power Law of Learning", *Journal of Conflict Resolution* 46, n.º 5 (2002), pp. 629-653; Michael Macy, "Learning to Cooperate: Stochastic and Tacit Collusion in Social Exchange", *American Journal of Sociology* 97, n.º 3 (1991), pp. 808-843; E. P. H. Zeggelink, "Evolving Friendship Networks: An Individual-Oriented Approach Im-

plementing Similarity", *Social Networks* 17 (1996), pp. 83-110; Judith Blau, "When Weak Ties Are Structured", manuscrito inédito, Departamento de Sociología, Universidad Estatal de Nueva York, Albany, 1980; Peter Blau, "Parameters of Social Structure", *American Sociological Review* 39, n.º 5 (1974), pp. 615-635; Scott Boorman, "A Combinatorial Optimization Model for Transmission of Job Information Through Contact Networks", *Bell Journal of Economics* 6, n.º 1 (1975), pp. 216-249; Ronald Breiger y Philippa Pattison, "The Joint Role Structure of Two Communities' Elites", *Sociological Methods and Research* 7, n.º 2 (1978), pp. 213-226; Daryl Chubin, "The Conceptualization of Scientific Specialties", *Sociological Quarterly* 17, n.º 4 (1976), pp. 448-476; Harry Collins, "The TEA Set: Tacit Knowledge and Scientific Networks", *Science Studies* 4, n.º 2 (1974), pp. 165-186; Rose Coser, "The Complexity of Roles as Seedbed of Individual Autonomy", en *The Idea of Social Structure: Essays in Honor of Robert Merton*, L. Coser, ed. (Harcourt, Nueva York, 1975); John Delany, "Aspects of Donative Resource Allocation and the Efficiency of Social Networks: Simulation Models of Job Vacancy Information Transfers Through Personal Contacts", discurso de doctorado, Universidad de Yale, 1980; E. Ericksen y W. Yancey, "The Locus of Strong Ties", manuscrito inédito, Departamento de Sociología, Universidad de Temple, 1980.

322 la mayor parte de la población no se verá afectada.» Mark Granovetter, "The Strength of Weak Ties: A Network Theory Revisited", *Sociological Theory* 1 (1983), pp. 201-233.

324 ...dedicado a inscribir a los votantes negros del Sur. McAdam, "Recruitment to High-Risk Activism".

324 más de 300 de los que habían sido aceptados... Ibíd.; Paulsen, "Specifying the Relationship Between Social Ties and Activism".

324 habían participado en el Verano de la Libertad... En un correo electrónico que me envió McAdam para verificar mis datos, me facilitó detalles sobre la génesis del estudio: «Mi interés inicial era intentar comprender los vínculos entre el movimiento por los derechos civiles y otros nuevos movimientos izquierdistas anteriores; concretamente, el movimiento estudiantil, el movimiento antibelicista y el movimiento de liberación de la mujer. No fue hasta que pude disponer de las solicitudes y me di cuenta de que algunas eran de voluntarios y otras de "no presentados" cuando me interesó averiguar a) por qué algunos fueron a Mississippi y otros no, y b) la repercusión a largo plazo en los dos grupos de ir o no ir».

327 les fue imposible echarse atrás. En otro correo electrónico para verificar datos, McAdam escribió: «Para mí la importancia de los vínculos con una organización no es que hagan "imposible" que el voluntario se vuelva atrás, sino que garantizan que el solicitante probablemente recibirá mucho apoyo por la vinculación entre la identidad más destacada (i.e., cristiana) y su participación en el proyecto estival. Tal como he destacado [en un artículo] "es una fuerte identificación subjetiva con una identidad en particular, *reforzada por los vínculos de la organización que es más que probable que fomente la participación*"».

329   «Habría resultado un poco extraño reunirnos allí sin ti.» Tom Mathews and Roy Wilkins, *Standing Fast: The Autobiography of Roy Wilkins* (Da Capo, Cambridge, Massachusetts, 1994).

329   «...boicotear los autobuses el lunes». Branch, *Parting the Waters*.

331   cantando [«Hoy no hay pasajeros»]. King, *Stride Toward Freedom*; James M. Washington, *A Testament of Hope: The Essential Writings and Speeches of Martin Luther King, Jr.* (Nueva York, HarperCollins, 1990).

332   estaba en entredicho. King, *Stride Toward Freedom*, ob. cit.

332   empezó a dibujar círculos alrededor de las principales ciudades de Estados Unidos. Debo una mayor comprensión de la historia del pastor Warren al propio Rick Warren, a Glenn Kruen, Steve Gladen, Jeff Sheler, Anne Krumm, y a los siguientes libros: Jeffrey Sheler, *Prophet of Purpose: The Life of Rick Warren* (Doubleday, Nueva York, 2009); Rick Warren, *The Purpose-Driven Church* (Zondervan, Grand Rapids, Michigan, 1995); y a los siguientes artículos: Barbara Bradley, "Marketing That New-Time Religion", *Los Angeles Times*, 10 de diciembre 1995; John Wilson, "Not Just Another Mega Church", *Christianity Today*, 4 de diciembre 2000; "Therapy of the Masses", *The Economist*, 6 de noviembre 2003; "The Glue of Society", *The Economist*, 14 de julio 2005; Malcolm Gladwell, "The Cellular Church", *The New Yorker*, 12 de septiembre 2005; Alex MacLeod, "Rick Warren: A Heart for the Poor", *Presbyterian Record*, 1 de enero 2008; Andrew, Ann y John Kuzma, "How Religion Has Embraced Marketing and the Implications for Business", *Journal of Management and Marketing Research* 2 (2009), pp. 1-10.

333   «...nuestro destino estaba decidido.» Warren, *Purpose-Driven Church*, ob. cit.

334   «...alguna oportunidad de liberar a las masas». Donald McGavran, *The Bridges of God* (Friendship Press, Nueva York, 1955). Las cursivas son mías.

336   «Cómo sobrevivir con estrés». Sheler, *Prophet of Purpose*, ob. cit.

336   «Necesito sentarme.» En un correo electrónico para verificar datos, un portavoz de Saddleback me facilitó más detalles: «Rick padece un trastorno en su química cerebral que le hace alérgico a la adrenalina. Este problema genético no responde a las medicaciones y le dificulta hablar en público, le nubla la vista, le produce dolor de cabeza, sofocos y pánico. Los síntomas suelen durar unos quince minutos, el tiempo que tarda el cuerpo en consumir suficiente adrenalina para regresar a la normalidad. (La adrenalina le sube, como puede sucederle a cualquier orador, cuando se levanta para rezar.) El pastor Rick dice que esta debilidad hace que dependa más de Dios».

340   hábitos malos por otros buenos que te ayuden a desarrollar... *Discovering Spiritual Maturity*, Class 201, publicado por Saddleback Church, http://www.saddlebackresources.com/CLASS-201-Discovering-Spiritual-Maturity-Complete-Kit-Download-P3532.aspx.

340   «...no interferir en vuestro camino.» En un correo electrónico para verificar datos, un portavoz de Saddleback me dijo que, aunque uno de los principios importantes de Saddleback sea enseñar a las personas a ser sus propios guías, «esto implica que cada persona puede ir en cualquier dirección que elija. Los principios/directrices bíblicos tienen una dirección clara. La meta de un pequeño grupo de estudio es enseñar a las personas las disciplinas espirituales de la fe y los hábitos cotidianos que podemos aplicar en nuestra vida».

342   «...comunidad negra para proseguir la lucha.» Martin Luther King, Jr., *The Autobiography of Martin Luther King, Jr.*, Clayborne Carson, ed. (Grand Central, Nueva York, 2001).

342   «...a hierro muere.» Carson, *King*, ob. cit.

346   la ley de segregación racial de los autobuses de Montgomery violaba la Constitución. *Browder v. Gayle*, 352 U.S. 903 (1956).

346   se sentaron delante. Washington, *Testament of Hope*, ob. cit.

347   «Estamos muy contentos de tenerle aquí esta mañana» Kirk, *Martin Luther King, Jr.*, ob. cit.

347   «...lucha y preocupación que ocasionó el boicot.» Ibíd.

CAPÍTULO 9

349   arreglar el cajón de los cubiertos. "Angie Bachmann" es un pseudónimo. La narración de su historia se basa en más de diez horas de entrevistas con Bachmann, en entrevistas adicionales a personas que la conocen, y en docenas de nuevos artículos y archivos judiciales. No obstante, cuando le presenté a Bachmann mis preguntas para contrastar da-

tos, se negó a participar, salvo por el comentario de que casi todos los detalles expuestos no eran exactos —incluidos los que ella misma me había confirmado con anterioridad, así como los que confirmé a través de otras fuentes, en los informes judiciales u otros documentos públicos— y luego cortó la comunicación.

352 «...mientras miles resultan perjudicados.» *The Writings of George Washington*, vol. 8, ed. Jared Sparks (1835).

352 más de 269 millones de dólares... Iowa Racing and Gaming Commission, Des Moines, Iowa, 2010.

357 «¿Qué he hecho?» Simon de Bruxelles, "Sleepwalker Brian Thomas Admits Killing Wife While Fighting Intruders in Nightmare", *The Times*, 18 de noviembre 2009.

357 «Pensé que había entrado alguien...» Jane Mathews, "My Horror, by Husband Who Strangled Wife in Nightmare", *Daily Express*, 16 de diciembre 2010.

357 «Ella era mi mundo.» Simon de Bruxelles, "Sleepwalker Brian Thomas Admits Killing Wife While Fighting Intruders in Nightmare", *The Times*, 18 de noviembre 2009.

360 es un problema molesto pero benigno. En algunos casos, la gente es sonámbula mientras sueña, estado que se conoce como trastorno comportamental del sueño REM (véase C. H. Schenck y cols., "Motor Dyscontrol in Narcolepsy: Rapid-Eye-Movement [REM] Sleep Without Atonia and REM Sleep Behavior Disorder", *Annals of Neurology* 32, n.º 1 [julio 1992], pp. 3-10). En otros casos, la gente no sueña, pero se mueve.

361 algo denominado *terrores nocturnos*. C. Bassetti, F. Siclari y R. Urbaniok, "Violence in Sleep", *Schweizer Archiv Fur Neurologie und Psychiatrie* 160, n.º 8 (2009), pp. 322-333.

361 sin estímulo de las zonas superiores del cerebro. C. A. Tassinari y cols., "Biting Behavior, Aggression, and Seizures", *Epilepsia* 46, n.º 5 (2005), pp. 654-663; C. Bassetti y cols., "SPECT During Sleepwalking", *The Lancet* 356, n.º 9228 (2000), pp. 484-485; K. Schindler y cols., "Hypoperfusion of Anterior Cingulate Gyrus in a Case of Paroxysmal Nocturnal Dustonia", *Neurology* 57, n.º 5 (2001), pp. 917-920; C. A. Tassinari y cols., "Central Pattern Generators for a Common Semiology in Fronto-Limbic Seizures and in Parasomnias", *Neurological Sciences* 26, n.º 3 (2005), pp. 225-232.

362 situar las cosas en su contexto

364 «...en el 64 por ciento de los casos..., con heridas en el 3%». P. T. D'Orban y C. Howard, "Violence in Sleep: Medico-Legal Issues and Two Case Reports", *Psychological Medicine* 17, n.º 4 (1987), pp. 915-

925; B. Boeve, E. Olson y M. Silber, "Rapid Eye Movement Sleep Behavior Disorder: Demographic, Clinical, and Laboratory Findings in 93 Cases", *Brain* 123, n.º 2 (2000), pp. 331-339.

364 Tanto en Estados Unidos como en el Reino Unido... John Hudson, "Common Law-Henry II and the Birth of a State", BBC, 17 de febrero 2011; Thomas Morawetz, "Murder and Manslaughter: Degrees of Seriousness, Common Law and Statutory Law, the Model Penal Code", Law Library-American Law and Legal Information, http://law.jrank.org/pages/18652/Homicide.html.

364 que jamás hubieran cometido conscientemente. M. Diamond, "Criminal Responsibility of the Addiction: Conviction by Force of Habit", *Fordham Urban Law Journal* 1, n.º 3 (1972); R. Broughton y cols., "Homicidal Somnambulism: A Case Report", *Sleep* 17, n.º 3 (1994), pp. 253-264; R. Cartwright, "Sleepwalking Violence: A Sleep Disorder, a Legal Dilemma, and a Psychological Challenge", *American Journal of Psychiatry* 161, n.º 7 (2004), pp. 1149-1158; P. Fenwick, "Automatism, Medicine, and the Law", *Psychological Medicine Monograph Supplement*, n.º 17 (1990), pp. 1-27; M. Hanson, "Toward a New Assumption in Law and Ethics", *The Humanist* 66, n.º 4 (2006).

364 el ataque se había producido durante un episodio de terror nocturno. L. Smith-Spark, "How Sleepwalking Can Lead to Killing", *BBC News*, 18 de marzo 2005.

364 Fue puesta en libertad del cargo de intento de asesinato... Beth Hale, "Sleepwalk Defense Clears Woman of Trying to Murder Her Mother in Bed", *Daily Mail*, 3 de junio 2009.

364 terrores nocturnos y fue declarado inocente. John Robertson and Gareth Rose, "Sleepwalker Is Cleared of Raping Teenage Girl", *The Scotsman*, 22 de junio 2011.

365 «...¿Por qué lo hice?» Stuart Jeffries, "Sleep Disorder: When the Lights Go Out", *The Guardian*, 5 de diciembre 2009.

366 su mente no controlaba... Richard Smith, "Grandad Killed His Wife During a Dream", *The Mirror*, 18 de noviembre 2009.

366 «...directamente un veredicto de inocencia.» Anthony Stone, "Nightmare Man Who Strangled His Wife in a 'Night Terror' Walks Free", *Western Mail*, 21 de noviembre 2009.

367 usted no es responsable. Ibíd.

369 para perfeccionar sus métodos. Christina Binkley, "Casino Chain Mines Data on Its Gamblers, and Strikes Pay Dirt", *The Wall Street Journal*, 22 de noviembre 2004; Rajiv Lal, "Harrah's Entertainment, Inc.", Harvard Business School, caso n.º 9-604-016, 14 de junio 2004; K. Ahsan y cols., "Harrah's Entertainment, Inc.: Real-Time CRM in a

Service Supply Chain", *Harvard Business Review,* caso n.º GS50, 8 de mayo, 2006; V. Chang y J. Pfeffer, "Gary Loveman and Harrah's Entertainment", *Harvard Business Review,* caso n.º OB45, 4 de noviembre 2003; Gary Loveman, "Diamonds in the Data Mine", *Harvard Business Review,* caso n.º RO305H, 1 de mayo 2003.

370   al centavo y al minuto. Caesars Entertainment escribió en una declaración: «Bajo las condiciones del acuerdo pactado en mayo de 2011 entre Caesars Riverboat Casino y [Bachmann], ambas partes (incluidos sus representantes) tienen prohibido comentar ciertos detalles del caso... Hay muchos puntos específicos que rebatiríamos, pero no podemos hacerlo. Usted nos ha planteado varias preguntas respecto a las conversaciones que supuestamente tuvieron lugar entre [Bachmann] y los empleados afiliados no mencionados de Caesars. Como ella no proporcionó nombres, no se puede realizar una verificación independiente de su versión, y esperamos que la suya refleje eso, ya sea omitiendo dichas historias o aclarando que no se han podido comprobar. Al igual que la mayoría de las grandes empresas de la industria de los servicios, prestamos atención a las decisiones de compra de nuestros clientes para controlar su satisfacción y evaluar la eficacia de nuestras campañas de marketing. Al igual que la mayoría de las empresas, buscamos formas de atraer a los clientes y hacemos todo lo posible para mantener su lealtad. Y como la mayoría de las empresas, cuando nuestros clientes cambian sus patrones establecidos, intentamos averiguar por qué, y animarles a que regresen. Es lo mismo que hacen las cadenas de hoteles, las compañías aéreas o las lavanderías. Eso es dar buen servicio al cliente... Caesars Entertainment (anteriormente conocido como Harrah's Entertainment) y sus socios han sido durante mucho tiempo líderes en el juego responsable en esta industria. Fuimos la primera compañía de juego que creó un Código de Compromiso escrito que indica cómo tratar a nuestros invitados. Fuimos la primera empresa de casinos con un programa nacional de autoexclusión que permite a los clientes desautorizarse a ellos mismos para entrar en cualquiera de nuestros establecimientos si creen que tienen algún problema, o por alguna otra razón. Y somos la única empresa de casinos que patrocina una campaña publicitaria televisiva para promover el juego responsable. Esperamos que su versión refleje todos estos aspectos, así como el hecho de que ninguna de las afirmaciones de [Bachmann's] que usted cita han sido verificadas independientemente».

371   «...*tenían* todas esas atenciones conmigo.» Caesars Entertainment escribió en una declaración: «Nunca despediríamos o penalizaríamos a a uno de nuestros empleados porque uno de los clientes dejara de visitarnos (salvo que se debiera directamente a una acción que hubiera realizado). Y ninguno de nuestros anfitriones está autorizado a decirle a un cliente que va a ser despedido o penalizado si deja de venir».

373 miraran una máquina tragaperras que giraba constantemente. M. Dixon y R. Habib, "Neurobehavioral Evidence for the 'Near-Miss' Effect in Pathological Gamblers", *Journal of the Experimental Analysis of Behavior* 93, n.º 3 (2010), p. 313-328; H. Chase y L. Clark, "Gambling Severity Predicts Midbrain Response to Near-Miss Outcomes", *Journal of Neuroscience* 30, n.º 18 (2010), pp. 6180-6187; L. Clark y cols., "Gambling Near-Misses Enhance Motivation to Gamble and Recruit Win-Related Brain Circuitry", *Neuron* 61, n.º 3 (2009), pp. 481-490; Luke Clark, "Decision-Making During Gambling: An Integration of Cognitive and Psychobiological Approaches", *Philosophical Transactions of the Royal Society of London, Series B: Biological Sciences* 365, n.º 1538 (2010), pp. 319-330.

373 cheques devueltos en algún casino, H. Lesieur y S. Blume, "The South Oaks Gambling Screen (SOGS): A New Instrument for the Identification of Pathological Gamblers", *American Journal of Psychiatry* 144, n.º 9 (1987), pp. 1184-1188. En una carta para verificar datos, Habib escribió: «Muchos de nuestros participantes fueron clasificados como ludópatas basándonos en los otros tipos de conducta que desencadenaban las imágenes de la pantalla. Por ejemplo, para que una persona fuera catalogada como ludópata bastaba con que: 1) hubiera apostado para recuperar un dinero que había perdido apostando, y 2) en algunas ocasiones apostaban más de lo que tenían previsto. Utilizamos un umbral muy bajo para clasificar a nuestros participantes como ludópatas».

376 el circuito implicado en el bucle del hábito. M. Potenza, V. Voon y D. Weintraub, "Drug Insight: Impulse Control Disorders and Dopamine Therapies in Parkinson's Disease", *Nature Clinical Practice Neurology* 12, n.º 3 (2007), pp. 664-672; J. R. Cornelius y cols., "Impulse Control Disorders with the Use of Dopaminergic Agents in Restless Legs Syndrome: A Case Control Study", *Sleep* 22, n.º 1 (2010), pp. 81-87.

376 hay cientos de casos similares pendientes. Ed Silverman, "Compulsive Gambler Wins Lawsuit Over Mirapex", *Pharmalot*, 31 de julio 2008.

376 «...esos jugadores tienen el control sobre sus acciones...» Para más información sobre la psicología del juego, véase A. J. Lawrence y cols., "Problem Gamblers Share Deficits in Impulsive Decision-Making with Alcohol-Dependent Individuals", *Addiction* 104, n.º 6 (2009), pp. 1006-1015; E. Cognat y cols., "'Habit' Gambling Behaviour Caused by Ischemic Lesions Affecting the Cognitive Territories of the Basal Ganglia", *Journal of Neurology* 257, n.º 10 (2010), pp. 1628-1632; J. Emshoff, D. Gilmore y J. Zorland, "Veterans and Problem Gambling: A Review of the Literature", Georgia State University, febrero 2010, http://www2. gsu.edu/~psyjge/Rsrc/PG_IPV_Veterans.pdf; T. van Eimeren y cols., "Drug-Induced Deactivation of Inhibitory Networks Predicts Pathological Gambling in PD", *Neurology* 75, n.º 19 (2010), pp. 1711-1716; L. Cottler y K. Leung, "Treatment of Pathological Gambling", *Current Opinion in Psychiatry* 22, n.º 1 (2009), pp. 69-74; M. Roca y cols., "Executive Functions in Pathologic Gamblers Selected in an Ecologic Setting", *Cognitive and Behavioral Neurology* 21, n.º 1 (2008), pp. 1-4; E. D. Driver-Dunckley y cols., "Gambling and Increased Sexual Desire with Dopaminergic Medications in Restless Legs Syndrome", *Clinical Neuropharmacology* 30, n.º 5 (2007), pp. 249-255; Erin Gibbs van Brunschot, "Gambling and Risk Behaviour: A Literature Review", Universidad de Calgary, marzo 2009.

379 **«Parece que no tenga elección.»** En un correo electrónico, Habib me aclaró sus ideas sobre este tema: «Es una cuestión de libre albedrío y autocontrol, que pertenece tanto al ámbito de la filosofía como de la neurociencia cognitiva... Si decimos que la conducta de jugador de un paciente de Parkinson está fuera de su control y que se debe a la medicación, ¿por qué no podemos (o no utilizamos) el mismo argumento en el caso de los ludópatas, puesto que en ellos parecen estar activas las mismas zonas del cerebro? La única respuesta (un tanto insatisfactoria) que puedo dar (y que usted mismo ha mencionado) es que como sociedad nos sentimos más cómodos descargando la responsabilidad si existe un agente externo donde pueda trasladarse. Por lo tanto, en el caso del paciente de Parkinson es más fácil decir que la ludopatía es el resultado de la medicación, pero en el caso del ludópata, puesto que no existe ninguna influencia externa para su conducta (bueno, existen presiones sociales, vallas publicitarias que anuncian casinos, los problemas de la vida, etc., pero nada tan dominante como la medicación que ha de tomar una persona) somos más reticentes a culpar a la adicción y preferimos trasladar la responsabilidad de su conducta patológica a ellos mismos: "Deberían ser más conscientes y no jugar", por ejemplo. Creo que a medida que la neurociencia vaya sabiendo más —y teniendo en cuenta que el campo de las "modernas" tecnologías de imagen del cerebro cuenta sólo con 20-25 años de antigüedad—, quizás algunas de estas creencias erróneas de la sociedad (en las que a veces creemos incluso los neurocientíficos cognitivos) empezarán a cambiar gradualmente. Por ejemplo, revisando nuestros datos, puedo llegar fácilmente a la conclusión de que existen claras diferencias entre los cerebros de los jugadores

ludópatas y los de los no ludópatas, al menos cuando están jugando, e incluso podría decir que el "perder por poco" al ludópata le parece más un triunfo, mientras que el no ludópata lo ve más como una pérdida; no obstante, no puedo afirmar con toda seguridad que estas diferencias impliquen que el ludópata no tenga elección cuando ve una valla publicitaria anunciando un casino, que sea esclavo de sus actos. Ante la falta de pruebas contundentes, creo que lo mejor que puedo hacer es sacar deducciones por analogía, pero no hay nada seguro asociado a tales comparaciones».

384   el Club de la Metafísica. Louis Menand, *The Metaphysical Club: A Story of Ideas in America* (Farrar, Straus y Giroux, Nueva York, 2002).

385   «...sea éste lo que fuere.» William James, *Talks to Teachers on Psychology: and to Students on Some of Life's Ideals.*

386   «...reanuda el camino que ella misma había trazado antes.» James está citando el ensayo del psicólogo y filósofo francés Léon Dumont, "De l'habitude".